EUROPAVERLAG

Ferdinand Schwanenburg

MACHT ERGREIFUNG

ROMAN

EUROPAVERLAG

MIX
Papier aus verantwortungsvollen Quellen
FSC® C014889

© 2021 Europa Verlag in Europa Verlage GmbH, München
Umschlaggestaltung und Motiv: Hauptmann & Kompanie Werbeagentur, Zürich
Lektorat: Rainer Wieland, Berlin
Layout & Satz: Robert Gigler, München
Gesetzt aus der Simoncini Garamond
Druck und Bindung: Pustet, Regensburg
ISBN 978-3-95890-315-9
Alle Rechte vorbehalten.
www.europa-verlag.com

Meinem Lateinlehrer,
der mich gelehrt hat,
historisch zu denken

KAPITEL 1

»Der redet doch genau wie Hitler«, sagte Vater Sehlings ziemlich laut und aufgebracht zu seinem Sohn Friedrich. »Dass solche Nazis im deutschen Fernsehen wieder reden dürfen, als sei nichts gewesen, ist ein Skandal. Das haben wir nur dir und deinen Spießgesellen zu verdanken, dass Hitler mit all seinen unsäglichen Taten wieder gesellschaftsfähig wird.«

Friedrich Sehlings blickte seinen Vater erstaunt an. Seit Jahren hatte er den Namen des Führers nicht mehr in seiner Gegenwart erwähnt. Im Fernsehen lief die Sonntagabend-Talkshow, das Wort hatte ein leicht schwitzender älterer Herr mit Gartenzwergkrawatte und anthrazitfarbenem Trachtenjanker.

»Hör dir das doch mal an, Friedrich, der redet genauso wirres Zeug wie du!« Der Vater kam immer mehr in Rage.

Den Sohn wiederum machten diese Worte stolz. Den Führer wieder gesellschaftsfähig gemacht zu haben, das war auch sein persönliches Verdienst. Wenigstens etwas hatte er erreicht! Doch auch das konnte die tiefe Enttäuschung nicht vertreiben, die er in diesem Moment verspürte. Mit dem heutigen Tag drohte seine Mission zu scheitern. Das dämmerte Friedrich Sehlings, als er den verbraucht wirkenden Alten mit der Gartenzwergkrawatte auf dem Bildschirm sah. Dabei hatte alles so vielversprechend angefangen! Dieses Mal hätte es wirklich klappen können mit der Machtergreifung. Der Alte war die perfekte bürgerliche Fassade.

Dr. Adalbert Hausding, der gerade in der Sonntagabend-Talkshow über die Hitlerzeit redete, war der große Held der Deutschlandpartei. Er hatte sie gegründet, sie von Erfolg zu Erfolg getragen – und sie drei Jahre zuvor mit einem sensationellen Wahlergebnis von 13 Prozent in den Bundestag geführt. Seitdem war er nicht nur der Vorsitzende der Partei, sondern auch Vorsitzender der Bundestagsfraktion. Von Beginn an wollte Friedrich Sehlings unbedingt dazugehören, er wollte dabei sein, wenn es in Deutschland endlich wieder einen Führer gab. Doch seit dem heutigen Tag standen das Deutsche Herz, der völkische Flügel der Partei, und ihre Nachwuchsorganisation, die Jungdeutschen, unter der Beobachtung des Verfassungsschutzes – ein schwerer Rückschlag im Kampf um die Macht.

Der Sohn sagte nichts und wandte seine Aufmerksamkeit wieder dem Alten mit der Gartenzwergkrawatte zu: »Die deutsche Geschichte umfasst mehr als zwölf Jahre der nationalsozialistischen Herrschaft. Und auch diese dunkle Zeit hatte ihre lichten Momente. Unter den Soldaten des Dritten Reiches waren viele Helden. Viele Deutsche denken so. Erkennen Sie das doch endlich an!«

Die letzten Worte waren an den Verteidigungsminister der Christpartei und den Chef der Ökopartei gerichtet. Mit ihnen zusammen saß Hausding im Talkshow-Studio. Die beiden galten als die kommenden Männer in Deutschland.

»So ein Nazi, so ein elender Nazi! Und diesen Fernseh-Fritzen geht es doch nur um die Quote«, schimpfte der Vater.

Friedrich Sehlings blickte auf seinen Vater. Dann streifte sein Blick die weiße Bibliothekswand in der hellen, geräumigen Münchner Altbauwohnung mit den hohen Decken, in der sein Vater seit fast fünfzig Jahren lebte und in der er selber groß geworden war. Dort standen sie, Buchrücken an Buchrücken. Der ganze in Literatur gegossene Antifaschismus Nachkriegsdeutschlands: Günther Grass, Heinrich Böll, Max Frisch, Wolfgang Borchert, Bertolt Brecht und wie sie alle hießen.

Friedrichs Mutter war promovierte Literaturwissenschaftlerin und Gründungsmitglied der Ökopartei. Sie arbeitete in einem Münchner Verlag und veranstaltete in seinem Elternhaus regelmäßig Salons, bei denen allerlei Künstler zu Gast waren und Literaten aus ihren neuesten Werken vortrugen. Friedrich selber hatte lange Klavierunterricht, und auf ausdrückliche Anordnung der Mutter hatte er den Kanon jener antifaschistischen Literatur durchzuarbeiten, die dort im Regal stand. Wie verhasst war ihm das alles! Wie verhasst waren ihm die bleichen, verweichlichten Intellektuellen, die seine Mutter mit nach Hause brachte, die nicht zu ihrem Mann- und Deutschsein stehen wollten.

Die Mutter war schon vor Jahren gestorben. Seitdem besuchte Friedrich Sehlings seinen bald achtzigjährigen Vater einmal im Monat, immer sonntags. Es war ein Ritual. Sie hatten es auch dann beibehalten, als der Sohn einer der mächtigsten und einflussreichsten Männer der Deutschlandpartei geworden war.

Zum Abschluss des Tages mit Sonntagsbraten im Biergarten und anschließendem Parkspaziergang saßen Vater und Sohn stumm vor dem Fernseher und schauten sich die Polit-Talkshow des öffentlich-rechtlichen Fernsehens aus Hamburg an. Zwischen ihnen galt eine unausgesprochene Abmachung: Sie redeten nicht mehr über Politik. Zu unterschiedlich waren ihre Weltanschauungen.

Friedrich Sehlings' Vater war in seiner Studienzeit beim Sozialistischen Studentenbund SDS. Er war 1968 an Ort und Stelle, als es darum ging, in Berlin gegen den Schah zu protestieren. Später hat er sich dann zusammen mit seiner Frau bei der Ökopartei engagiert. Früher erzählte der Vater oft von seinen wilden Jahren in der Hoffnung, seinen Sohn von der Überlegenheit der sozialistischen Idee überzeugen zu können. Doch irgendwann hatte der Vater es aufgegeben. Zu oft hatte ihm sein Sohn das Wort »Lebenslüge« entgegengeschleudert.

Nach seinem Studienabschluss war der Vater nach München zurückgegangen, fing bei einem örtlichen Unternehmen an und diente sich bis zum Vorstandsvorsitzenden hoch. So wuchs Friedrich Sehlings in einem wohlbehüteten Elternhaus auf, versehen mit den Wohlstandsattributen eines bildungsbürgerlichen Lebens der Siebziger- und Achtzigerjahre. Er war der einzige Sohn, ein spät geborenes Wunschkind. Die Beziehung zu seinen Eltern war spannungsgeladen, mit seinem Großvater verstand er sich dagegen gut. Der lebte noch lange im Haus der Familie. Während des Kriegs war er bei der SS, bis zu seinem Tod hatte er niemals ein böses Wort über den Führer verloren. Und seinen alten SS-Dolch hatte er dem Enkel vermacht.

Nach seinem Abitur wollte Friedrich Sehlings einfach nur weg. Weg aus der geistigen Enge des Elternhauses, weg aus den verhassten grün-alternativen Künstlerkreisen seiner Mutter, weg aus der spießigen bayerischen Metropole. Er wollte Abenteuer erleben. Die ostdeutsche Provinz empfing ihn mit offenen Armen. Er kaufte sich mitten auf dem Land ein halbverfallenes kleines Bahnwärterhäuschen. Dort bekam der Dolch des Großvaters einen Ehrenplatz auf seinem Schreibtisch: ein mahnendes Relikt eines anderen, stolzen Deutschlands.

Ihren jahrelangen Komment, nicht mehr über Politik zu sprechen, hatte der Vater jetzt gebrochen. Vieles war in Deutschland in den letzten Jahren in die Brüche gegangen. Die Flüchtlingskrise hatte das Land verändert. Aber sie war nur der Anlass, nicht die Ursache. Die Zustände in Deutschland hatten die Menschen zornig werden lassen. Friedrich Sehlings hatte den Mentalitätswandel schon früh gespürt. Plötzlich wurde über Themen offen geredet, die jahrzehntelang ein Tabu waren.

Da war sie wieder: die große Angst. Jenes weite Spektrum von Ängsten, das die Deutschen bereits nach dem Ersten Weltkrieg beherrschte und sie Zuflucht bei einem charismatischen Führer nehmen ließ. Im Deutschland des Kalten Krieges war die große Angst vorübergehend unterdrückt, war ruhiggestellt. Jetzt brach sie sich wieder Bahn, und zwar in ihrer zerstörerischen Form, als Gesellschaft des Zorns. Eine solche Chance würde es so schnell nicht wieder geben. Das erkannte Friedrich Sehlings damals auf Anhieb.

In der Talkshow war jetzt der Bundesvorsitzende der Ökopartei an der Reihe. Steif saß der Mann in seinem Nadelstreifen-Dreiteiler im schwarzen Edelstahlsessel. Sein Haar war bereits vollständig ergraut, er war Anfang sechzig. In den Umfragen gewann seine Partei von Woche zu Woche in der Wählergunst. Nichts wünschte er sich sehnlicher, als Bundeskanzler zu werden, der erste grüne Regierungschef in Deutschland. Es wäre die Krönung seines Lebenswerkes, rund vierzig Jahre nach der Gründung der Partei, bei der er von Beginn an dabei war.

Der ergraute Politiker hob mahnend den Zeigefinger und begann zu dozieren: »Es gibt in unserem Land außer ein paar Wirrköpfen wie Ihnen, Herr Dr. Hausding, niemanden, der heute noch die Verbrechen der Wehrmacht und des Dritten Reiches verherrlicht. Sie werden gnadenlos scheitern. Niemand wird Sie wählen. Eigentlich brauchen wir uns mit Ihnen gar nicht zu beschäftigen.«

In das gleiche Horn wie der altgediente Politiker der Ökopartei stieß der junge Verteidigungsminister. Der kommende Star der Christpartei setzte ebenfalls alles daran, der nächste Kanzler der Bundesrepublik Deutschland zu werden. Er war Mitte dreißig, wirkte immer jugendlich-lässig, trug nie Krawatte und hatte ein Diplom als Umwelt-Ingenieur. Nach einer kurzen Zeit als Umweltminister hatte ihn die Kanzlerin auf den wichtigen Posten des

Verteidigungsministers befördert. Zusammen mit seinem Ehemann lebte er in einer schicken Altbauwohnung im Berliner Bezirk Prenzlauer Berg. Noch war seine Stunde nicht gekommen, doch dank seiner Eloquenz und seines guten Aussehens wurde er von Talkshow zu Talkshow gereicht.

»Rechts von der Christpartei hat es auf lange Sicht noch nie eine erfolgreiche Partei gegeben«, hob er an. »Und eine solche wird es auch in Zukunft nicht geben. Mit Ihrem rechtspopulistischen Gerede vertreten Sie eine extrem kleine Minderheit. Mit Ihnen werden wir spielend fertig.«

Seit Monaten hatte der Verteidigungsminister für die Beobachtung des völkischen Flügels der Deutschlandpartei durch den Verfassungsschutz gekämpft, auch gegen Widerstand in seiner eigenen Partei, in der viele mehr oder weniger offen Sympathien für die Rechtsaußenpartei hegten.

Dem Verteidigungsminister widersprach die Journalistin Dr. Florentine Fischer. Sie, Anfang dreißig, war eines der Nachwuchstalente des politischen Wochenmagazins *Demokratischer Beobachter*, der Hauspostille des linksliberalen Establishments. Die Zeitschrift war genauso alt wie die Bundesrepublik. Die erste Ausgabe erschien am 24. Mai 1949, als das Grundgesetz in Kraft trat, nachdem es einen Tag zuvor erlassen worden war. Der 24. Mai war ein Dienstag. Seitdem erschien das Magazin traditionell immer an diesem Tag. Dienstag war in Deutschland Beobachtertag.

Der Name *Demokratischer Beobachter* war bewusst gewählt, sah sich das Magazin doch von Anfang an als ein Wächter der Demokratie in der noch jungen Bundesrepublik. Die Zeitschrift war eine Institution, sie hatte im Lauf der Jahre unzählige Skandale aufgedeckt und das Denken der Deutschen geprägt. Ihren Hauptsitz hatte das Magazin in München-Schwabing, die Berliner Redaktion saß am Hohenzollerndamm in Berlin-Wilmersdorf, dem gutbürgerlichen Zentrum der einstigen Frontstadt des Kalten Krieges. Auch der alte Sehlings hatte seit Studienzeiten ein Abonnement und verschlang jeden Dienstag die neue Ausgabe.

»Auch wenn das Deutsche Herz und die Jungdeutschen jetzt unter Beobachtung stehen, ist die Gefahr nicht gebannt«, erklärte die junge Journalistin. »Die Deutschen haben Angst. Angesichts der Globalisierung haben sie Furcht vor einem Kontrollverlust. Viele fordern eine politische Kehrtwende, möchten zurück in eine alte Gesellschaftsordnung. Die Deutschlandpartei ist da nur ein Symptom für das Erstarken reaktionärer und autoritärer Tendenzen in der Gesellschaft.« Sie richtete ihren strengen Blick auf Dr. Hausding, der leicht das Gesicht verzog. »Viele Deutsche, das haben Sie heute wieder einmal eindrucksvoll gezeigt, leben längst in einer Parallelwelt und haben den Boden des Grundkonsenses bereits verlassen. Wir müssen als Gesellschaft aufpassen, dass uns da nicht etwas komplett entgleitet.«

Die Augen von Vater Sehlings glänzten. »So stelle ich mir eine Journalistin vor«, rief er freudig. »Eine klare Analyse und ein klarer Standpunkt. Die schaut nicht auf die Quote oder auf ihre persönliche Karriere. Anders hätte ich es vom *Demokratischen Beobachter* auch nicht erwartet.« Die Welt von Vater Sehlings schien wieder in Ordnung.

» «

Dr. Hausding verließ das Fernsehstudio über den Seiteneingang. Es nieselte, und er zog den Kragen seines Mantels hoch. Vor dem Gebäude wartete bereits ein Auto auf ihn. Am Steuer saß sein unverzichtbarer Mitarbeiter Herbert. Herbert gehörte zu jenen Menschen, die andere im Nu für sich einnehmen konnten. Mit vollem Namen hieß er Herbert Hahn, doch alle in der Partei nannten den gemütlichen, dicklichen, immer einen ärmellosen, brauen Pullover tragenden, stets zu einem Schwätzchen aufgelegten Mann nur bei seinem Vornamen.

Herbert ließ den Wagen an. »Nach Hause oder möchten Sie noch etwas essen?«, fragte Herbert. »Ich kenne hier abseits der Autobahn noch einen Laden, dessen Besitzer einen der besten Gulaschs macht, den Sie hier im Norden bekommen können. Ein wahres Gedicht.«

Herbert kannte immer irgendwo jemanden, der spätabends noch ein leckeres Essen auf den Tisch zaubern oder einem irgendwie behilflich sein konnte. Woher er alle diese Leute kannte, wusste Dr. Adalbert Hausding nicht, es interessierte ihn auch nicht sonderlich. Herbert hatte einmal erzählt, dass er Koch gelernt habe und auch schon mal Marktschreier für Wurstwaren gewesen sei.

Hausding schüttelte den Kopf. »Nein, vielen Dank, wir warten noch einen Moment.« Herbert ließ den Motor laufen. Kurz darauf öffnete sich die Wagentür, und auf den Rücksitz neben Hausding glitt eine junge Frau in einem Trenchcoat.

»Wir fahren zuerst Frau Dr. Fischer zu ihrer Wohnung in Berlin«, rief der alte Mann nach vorn. »Dann fahren Sie mich nach Hause.« Herbert schaute in den Rückspiegel und lächelte der hübschen blonden Journalistin zu. Auch wenn es für ihn einen ziemlichen Umweg bedeutete und er wohl erst mitten in der Nacht ins Bett kommen würde, rief er ohne zu zögern: »Jawohl!«

Hausding wollte sich gerade seiner hübschen Begleiterin zuwenden, da klingelte sein Telefon. Es war Martin Müller, der zweite Vorsitzende und Mitgründer der Deutschlandpartei.

»Guten Abend, Herr Dr. Müller«, sagte Hausding.

»Guten Abend, Herr Dr. Hausding«, erwiderte Müller ebenso formell. Seine Stimme klang aufgebracht. »Das ist doch alles eine einzige Katastrophe. Ich habe Sie in der Talkshow gesehen. Wie können Sie nur so über die deutsche Vergangenheit reden, jetzt, wo Teile unserer Partei unter Beobachtung stehen? Gerade jetzt müssen wir vorsichtig sein. Ich verlange, dass sich sofort der Bundesvorstand trifft. Wir müssen das Deutsche Herz und die Jungdeutschen aus der Partei ausstoßen, und zwar sofort.«

Dr. Hausding seufzte. »Wie wollen Sie das denn anstellen? Die sind integraler Teil unserer Partei. Sie gehören dazu.«

»Als Erstes müssen wir diesen Sehlings loswerden. Der hat uns diese ganzen Nazis doch erst ins Haus geholt.«

»Wie soll das denn gehen?« Dr. Hausding wollte sich nicht aus der Ruhe bringen lassen. »Sie haben doch selbst so viel Wert darauf gelegt, jedes neue Mitglied vor seinem Eintritt zu kontrollieren. Das war ihnen doch so unheimlich wichtig.«

Diesen Einwand überhörte der Co-Vorsitzende bewusst. »Die ganzen Nazis sind unser Untergang«, rief er. »Wir müssen sie schleunigst loswerden.«

Bei dem Wort Nazi schreckte Hausding zusammen. Zwar hatte er auch etwas gegen Kampfstiefel tragende Glatzen-Nazis. Aber er hatte auch etwas dagegen, jeden rechts eingestellten Menschen gleich als Nazi zu bezeichnen. »Nun übertreiben Sie mal nicht, Herr Dr. Müller. Wenn Sie alle, die Sie Nazis nennen, aus der Partei haben wollen, dann stehen Sie bald ziemlich alleine da. Das sind die Menschen, die uns wählen.«

»Der Sehlings ist die größte Gefahr für die Partei«, wiederholte Müller. »Wir konnten Sie sich nur mit dem einlassen und ihm so viel Macht verschaffen?«

Hausding überging die Frage seines Mitgründers und antwortete mit besänftigendem Tonfall: »Mir ist der Mann doch auch nicht besonders sympathisch. Aber solche Menschen brauchten wir damals, und wir werden sie auch zukünftig noch brauchen.« Hausding betonte dabei das Wort »noch«. »Er ist sicherlich nicht besonders intelligent, vielleicht bauernschlau. Der organisiert halt gerne und hat einen servilen Charakter.« Er machte eine kurze Pause. »Irgendwann stoßen wir diese Typen ab. Aber im Moment sind sie uns nützliche Idioten.«

»So nützlich, dass wir jetzt vom Verfassungsschutz beobachtet werden. Ich dachte, wir waren uns damals einig. Wir wollten mit unserer Partei die alte Christpartei wieder auferstehen lassen. Wir brauchen eine rote Linie nach rechts.«

»Nun beruhigen Sie sich doch!« Dr. Adalbert Hausdings Stimme wurde nun doch scharf.

Aber Dr. Martin Müller wollte sich nicht beruhigen. »Ich habe diesem Sehlings von Anfang an misstraut. Dieser Kleinbürger passt doch nicht zu uns«, tönte es ziemlich aggressiv und laut aus dem Mikrofon.

»Er gehört genauso zu unserer Partei wie Sie, Herr Dr. Müller«, sagte Hausding noch schärfer als zuvor.

»Wenn Sie das so sehen, dann haben wir beide wohl ganz unterschiedliche Vorstellungen davon, was die Deutschlandpartei will«, platzte es aus Müller heraus. »Es gibt genügend Leute, die denken schon lange über eine Spaltung der Partei nach. Und jetzt ist dann wohl der richtige Zeitpunkt dafür. Gute Nacht, Herr Dr. Hausding!« Dann beendete er das Gespräch.

Dr. Adalbert Hausding packte sein Mobiltelefon weg und wollte gerade einen neuen Versuch machen, sich seiner Mitfahrerin zuzuwenden, als das Telefon erneut klingelte. Er blickte über seine Brille hinweg auf das Display und seufzte. Dieses Mal war es der »Oberst«, ebenfalls Mitglied im Bundesvorstand der Deutschlandpartei und zusammen mit Müller einer der stellvertretenden Vorsitzenden der Bundestagsfraktion. Der Spitzname Oberst kam daher, dass er zuvor Generalstabsoberst der Bundeswehr war und die Partei jetzt wie eine militärische Einheit zu führen versuchte. Auch diesen Anruf nahm der Parteivorsitzende entgegen. Herbert und die junge Journalistin bemühten sich, möglichst unauffällig zuzuhören.

»Guten Abend, ich hoffe, ich störe Sie nicht, Herr Dr. Hausding«, sagte der Oberst. »Ich wollte mich nur kurz melden wegen der neuen Situation. Ich schlage vor, dass sich der Bundesvorstand schnellstmöglich trifft, um eine neue Beurteilung der Lage anzustellen.«

»Ich stimme Ihnen zu«, antwortete Hausding. »Ich werde den Bundesvorstand zu einer Sitzung einberufen, damit wir darüber reden können«, sagte Hausding.

»Ach, noch etwas«, fuhr der Oberst fort. »Ich werde demnächst interessantes Material aus der Vergangenheit von Friedrich Sehlings zugespielt bekommen, das ihn in einer äußerst verfänglichen Situation zeigt.« Er wartete kurz auf eine Reaktion von Hausding, dann fuhr er fort. »Ich hoffe, wir sind uns einig in der Beurteilung, dass dieser Feldwebel zu mächtig geworden ist und in seine Schranken gewiesen werden muss. Von ihm geht eine Gefahr für die Partei aus, auch wenn er Ihr Ziehsohn ist.«

»Die Bezeichnung Ziehsohn ist eine Zuschreibung der Presse«, entgegnete Hausding. »Ich habe sie nie gebraucht. Jedenfalls hat uns dieser Mann in der Vergangenheit gute Dienste erwiesen.«

»Na, dann sind wir uns ja einig, dass wir mittlerweile soweit sind, ohne ihn auszukommen. Gute Nacht.«

»Gute Nacht«, entgegnete Hausding und legte das Telefon zur Seite.

Dr. Florentine Fischer blickte Hausding mit ihrem typischen Kleinmädchen-Augenaufschlag an. »Ich hoffe, du bist mir nicht böse, dass ich in meinem Porträt von dir diesen Sehlings als deinen Ziehsohn bezeichnet habe. Das hat mir einige Pluspunkte bei unserem Chefredakteur gebracht.«

Der alte Mann lächelte die junge Frau etwas gequält an, wie Herbert mit einem kurzen Blick in den Rückspiegel beobachten konnte. Dann sagte er: »Ist doch schön, dass für dich alles so gut läuft.«

»Ich hoffe, ich habe dich in der Talkshow nicht zu hart angegriffen«, entgegnete die Journalistin. »Ich muss auf meine Karriere achten. Unser Chefredakteur beharrt darauf, dass wir immer angriffslustig sind. Das seien wir der linken und kritischen Tradition des *Demokratischen Beobachters* schuldig, sagt er.«

Jetzt lächelte Hausding der jungen Frau offen zu. »Nein, überhaupt nicht. Das war genau richtig. Das bringt uns noch mehr Anhänger, auch wenn die Situation gerade etwas schwierig ist. Du weißt ja: Bei den Leuten, die uns wählen, gilt der *Demokratische Beobachter* als Inbegriff des grünen und roten Establishments. Mach ruhig weiter so.«

Die Journalistin strahlte. »Ich muss in Zukunft wirklich ziemlich kritisch sein. Bald wird der Posten des Berliner Büroleiters frei. Den will ich unbedingt haben.« Für kurze Zeit herrschte Stille, dann fuhr sie mit leiser Stimme fort: »Übrigens, hättest du etwas dagegen, wenn ich den Oberst auf dieses Material anspreche, das er bezüglich Sehlings erwähnt hat?«

Hausding schüttelte leicht den Kopf. »Nur zu.« Dann wechselte er rasch das Thema: »Das war eine gute Idee, dass du mich heute wieder in die Talkshow geholt hast. Wie ist dir das überhaupt gelungen?«

Auch wenn es dunkel war und der Innenraum des Autos durch das Gegenlicht der entgegenkommenden Fahrzeuge immer nur kurz erhellt wurde, sah Herbert im Rückspiegel sehr deutlich, dass die junge Frau jetzt errötete.

»Ich habe … Ich hatte … Ich hatte mal was mit dem Redaktionsleiter. Der ist noch … Der ist noch immer scharf auf mich. Was denkst du, warum ich so oft eingeladen werde?«

Der alte Mann lächelte. Er hatte schon viel erlebt in seinem langen Leben. Diskret wechselte er das Thema. »Es wäre schön, wenn du mal wieder mit deinen Eltern zum Kaffee vorbeikommen würdest … So wie früher.«

Die Journalistin nickte: »Sehr gern. Sie sind dir immer noch dankbar, dass du mir damals geraten hast, Jura zu studieren.«

Hausding lächelte und sagte: »Ich habe jetzt endlich deine Doktorarbeit gelesen. Du hast da einige sehr interessante Dinge geschrieben.«

Die nächsten eineinhalb Stunden redeten die beiden nur über juristische Fragen. Vor einem frisch sanierten Gründerzeitbau im Prenzlauer Berg hielt Herbert an, stieg aus und öffnete der Journalistin die Wagentür. Sie gab Dr. Hausding einen Kuss auf die Wange und sagte zum Abschied: »Ich mache in der nächsten Printausgabe einen schönen kritischen Bericht über die Beobachtung durch den Verfassungsschutz. Gute Nacht, Onkel Adalbert.«

Dann stieg sie aus und verschwand in dem Haus, nicht ohne vorher auch Herbert einen Wangenkuss zu geben und ihm ein verführerisches »Schlaf auch du gut, Herbert!« zuzuhauchen.

» «

Nach dem gemeinsamen Tag mit seinem Vater fuhr Friedrich Sehlings noch in derselben Nacht von München aus zurück in die ostdeutsche Provinz, in sein geliebtes Bahnwärterhäuschen. Auch als er längst ein großer Mann und Strippenzieher der Deutschlandpartei war, hatte er es nicht aufgegeben. Zu Hause war er nur noch selten, dem Aufbau der Partei hatte er alles untergeordnet: seine Freizeit, sein Privatleben und seine Freundschaften, die er außerhalb der Politik und der Partei hatte. Zu wichtig war ihm seine Mission. Wenn es jetzt nicht klappte, dann würde Deutschland nie wieder einen Führer bekommen, da war er sich sicher.

Doch jetzt stand es schlecht um seine Mission: Die Beobachtung durch den Verfassungsschutz war ein Kampfmittel der etablierten Parteien mit dem Ziel, die Deutschlandpartei zu vernichten. Er machte sich nichts vor: In den nächsten Wochen würde es Hunderte, wenn nicht sogar Tausende von Austritten geben – von Leuten, die die Partei trugen, die sich genauso für die Mission engagierten wie er. Polizisten, Soldaten, Beamte, Angehörige des Öffentlichen Dienstes würden sich distanzieren, weil sie Angst um ihre Jobs und ihre Existenz hatten. Ihm fiel der Satz des ihm so verhassten Bertolt Brechts ein: »Erst kommt das Fressen, dann die Moral.«

Das Kampfmittel, das die Christpartei und mit ihr die anderen Systemparteien, wie die Mitglieder der Deutschlandpartei die anderen Parteien gerne nannten, benutzten, war altbekannt. Es hatte sich schon vor fast fünfzig Jahren im Kampf gegen die 68er-Bewegung bewährt. Friedrich Sehlings kannte sich aus in Geschichte. Geschichte war eine seiner großen Leidenschaften. 1972, zwei Jahre vor seiner Geburt, hatten der Bund und die Länder den Radikalenerlass beschlossen. Wer in den Öffentlichen Dienst wollte, dessen Treue zum Grundgesetz wurde von Verfassungsschützern überprüft. Viele der damals demonstrierenden und randalierenden Studenten wollten Lehrer oder Sozialarbeiter werden oder irgendeinen anderen mit Steuergeldern alimentierten Posten ergattern, also nahmen sie Abstand von ihren Idealen und kehrten in die spießige Bürgerlichkeit zurück. Der Radikalenerlass hatte die Gründung der Ökopartei um ein Jahrzehnt hinausgezögert, davon war Sehlings überzeugt. Er kannte sich aus damit, seine Mutter hatte ihm von deren Gründungszeit mindestens so oft erzählt wie sein Opa von seinen Kriegserlebnissen als SS-Mann. Für seinen Vater hatte der Radikalenerlass sogar direkte Auswirkungen gehabt. Er blieb seinen Idealen treu. Statt, wie geplant, Lehrer zu werden, ging er in die Wirtschaft, wurde Manager und schließlich Vorstandsvorsitzender.

Wie viele der Parteimitglieder, wie viele seiner Kameraden und alten Weggefährten würden jetzt die Biege machen und so tun, als wenn sie von der Deutschlandpartei noch nie etwas gehört hätten, fragte sich Sehlings. Er kannte das bereits. Die Deutschlandpartei war nicht die erste Partei, von der er gedacht hatte, dass sie das Sprungbrett sein konnte für seine Mission. Doch noch nie war er seinem Ziel so nahe gewesen. Die Deutschlandpartei saß mit über neunzig Abgeordneten im Deutschen Bundestag, war in allen Landtagen vertreten und auch im Europaparlament. Das alles brachte viel Geld ein und Posten, mit denen die Kämpfer für die Mission versorgt werden konnten. Es bildete die organisatorische Basis für die nächsten Schritte.

»Wir gehen in den Reichstag hinein, um uns aus dem Waffenarsenal der Demokratie mit deren eigenen Waffen zu versorgen«, hatte Joseph Goebbels im *Völkischen Beobachter* zum Parlamentseinzug der NSDAP im Jahr 1928 geschrieben. Sehlings hatte lange und sehr genau studiert, wie es Hitler und seinen Mannen von 1928 an in nur wenigen Jahren gelang, die Macht im Land zu ergreifen. Er kannte zahlreiche Passagen aus Hitler- und Goebbels-Reden auswendig und wusste alles über den nach Hitler einflussreichsten Mann des Dritten Reichs, Heinrich Himmler. Der Gedanke, dass seine Mission scheitern könnte, jetzt, wo sie so weit gekommen waren, machte Sehlings traurig und wütend zugleich. Er drückte seinen Fuß auf das Gaspedal und raste auf der Autobahn in der dunklen, kalten Winternacht Ostdeutschland entgegen.

Seine Gedanken kreisten um die Entwicklung der letzten Jahre. Seit seinem ersten Zusammentreffen mit Dr. Adalbert Hausding war für ihn vieles anders geworden. Er war jetzt Landtagsabgeordneter seiner Partei und stand einem der mitgliederstärksten und aktivsten Verbände der Deutschlandpartei vor. Zudem war er der Fraktionsvorsitzende im Landtag und Mitglied im Bundesvorstand. Er war der Ziehsohn von Dr. Adalbert Hausding. Er war einer der mächtigsten und gefürchtetsten Männer in der Partei. Dafür hatte er die letzten fünf Jahre hart gearbeitet.

Das Klingeln seines Mobiltelefons riss Sehlings aus seinen Gedanken. Er schaute auf das Display. Es war Ronny Matschinski. Was will der jetzt bloß von mir?, dachte er. Trotz seiner schlechten Laune nahm er den Anruf entgegen.

»Guten Abend, Kommandeur«, sagte der Anrufer. Seine Stimme klang ängstlich. »Ich habe den Führer in der Talkshow gesehen. Was machen wir jetzt? Wir müssen doch etwas tun. Sonst ist die ganze Sache verloren.«

Friedrich Sehlings kannte Matschinski schon lange. Auch für diesen war es nicht die erste Mitgliedschaft bei einer rechten Partei. Sofort nach dem ersten Zusammentreffen mit Dr. Adalbert Hausding hatte Sehlings viele seiner alten Kampfgenossen angerufen und reaktiviert. So auch den Rechtsanwalt Ronny Matschinski. Sehlings wusste: Wo immer es Posten zu verteilen gab, war Matschinski zur Stelle. Doch genauso schnell war er auch wieder weg, wenn Gefahr drohte.

Und dennoch musste er auf ihn zurückgreifen. Matschinski war einer der besten Druckverkäufer, die man sich vorstellen konnte. Er war ausgezeichnet darin, auch skeptischen Zeitgenossen eine Mitgliedschaft in der Deutschlandpartei anzudrehen, und in der Lage, selbst die abseitigsten politischen Themen zu verkaufen. Und genau solche Leute brauchte eine neue Partei. Mit diesen Fähigkeiten hatte Matschinski es innerhalb kurzer Zeit zu hohen Ämtern in der Partei gebracht: Auch er war einer der stellvertretenden Fraktionsvorsitzenden im Bundestag und Mitglied im Bundesvorstand.

»Ich habe schon mit einigen Mitgliedern des Deutschen Herzens gesprochen. Auch sie sind der Meinung, dass wir jetzt schnell einen Gegenangriff starten müssen, notfalls müssen wir radikaler werden. Wir müssen es denen da oben endlich zeigen«, redete Matschinski auf Sehlings ein.

»Nun mal ganz langsam, Ronny. Die Beobachtung heißt erst einmal gar nichts. Teile der Linkspartei werden seit Jahren beobachtet, und denen ist auch nichts passiert. Die stellen sogar einen Ministerpräsidenten.« Friedrich Sehlings versuchte seinem Kampfgefährten Mut zu machen. »Wir müssen das positiv sehen. Die Beobachtung ist doch so etwas wie eine Adelung für uns.«

»Aber wir müssen doch etwas tun! Diese elenden Feindzeugen werden von nun an noch stärker gegen uns vorgehen. Der Oberst reibt sich schon die Hände. Posaunt überall herum, dass es uns jetzt an den Kragen geht, besonders dir«, sprudelte es aus Ronny Matschinski heraus. »Der hat wohl was gegen dich in der Hand. Aus alter Zeit ...«

»Feindzeuge« war das Wort, das die Mitglieder des Deutschen Herzens für innerparteiliche Gegner verwendeten. Sie waren in ihren Augen Verräter, weil sie nicht an die Mission glaubten, sondern sich der Christpartei anbiederten, um möglichst schnell in Regierungsämter zu kommen. Die beiden schlimmsten Feindzeugen waren Dr. Martin Müller und der Oberst.

»Der Oberst hat etwas gegen mich in der Hand aus früherer Zeit?« Friedrich Sehlings runzelte die Stirn. »Weißt du Genaueres?«

»Noch nicht«, antwortete Matschinski. »Er hat in einem Gespräch mit Müller so etwas angedeutet, er tat recht geheimnisvoll. Ich stand zufällig daneben und habe mitgehört. Vielleicht ist auch gar nichts dran. Du weißt doch, wie großspurig der immer ist. Gerüchte aus deiner Vergangenheit kochen doch immer mal wieder hoch.«

»Bleib bitte trotzdem dran«, befahl Sehlings.

»Jawohl, Kommandeur!«

Sehlings wollte das Gespräch beenden und sagte: »Wir dürfen uns jetzt keinen Fehler erlauben. Wir sind gerade sehr verwundbar. Gute Nacht!«

»Ich mache mir wirklich Sorgen«, antwortete Matschinski. »Wir haben schon so viel erreicht. Es wäre schade, wenn wir das alles jetzt aufgeben müssten. Gute Nacht.«

Friedrich Sehlings war sauer. »Dieser elende Opportunist«, murmelte er vor sich hin. »Der hat doch nur Angst, dass er seine Pfründe verliert.« Sorgen machte er sich aber wegen des Obersts. Der konnte eine wirkliche Gefahr für ihn werden.

Doch weit kam Friedrich Sehlings mit seinen Gedanken nicht. Der nächste Anrufer war schon in der Leitung. Es war Hans-Jürgen Lehmann, der Vorsitzende des Deutschen Herzens. Der Inhaber eines Lebensmittelgeschäftes saß in keinem Landtag und auch nicht im Bundestag, er war nur eines von vielen Mitgliedern im Bundesvorstand. Als charismatisches Aushängeschild des völkischen Flügels der Partei war er jedoch immer mächtiger geworden.

»Die Zeit des Waldgangs ist gekommen«, flüsterte Lehmann ins Telefon. »Meine Truppen stehen zum Sturm auf das Winterpalais bereit. Wir müssen die Revolution jetzt machen.«

Sehlings stöhnte innerlich. Die Revolutionsfantasien haben ihm das Gehirn vernebelt, dachte er. Der glaubt tatsächlich, er sei sowas wie ein rechter Lenin. Leider brauchte Sehlings ihn noch. Mit dem biederen Dr. Adalbert Hausding hatte Friedrich Sehlings die ideale bürgerliche Fassade für seine Mission gefunden. Der frühere hohe Beamte war die Verkörperung der alten Bundesrepublik, ein intellektueller Vertreter der westdeutschen Christpartei der Siebziger- und Achtzigerjahre, einer Zeit, nach der sich die bürgerlichen Konservativen in Deutschland zurücksehnten. Was ihm damals aber noch fehlte, war eine Integrationsfigur auf der völkischen Seite. Dort gab es viele Splittergruppen und Möchtegern-Führer, die alle ihr eigenes Süppchen kochten, aber nicht den Anschluss an bürgerlich-konservative Kreise fanden. Sehlings war klar, dass seine Mission nur gelingen konnte, wenn beide Gruppen zusammen agierten. Dazu bedurfte es einer charismatischen Figur, der die Völkischen zu folgen bereit waren. Die meinte er in Hans-Jürgen Lehmann gefunden zu haben.

Denn die Deutschlandpartei bestand eigentlich aus zwei Parteien. Ihr Erfolg lag darin, zum ersten Mal in der Geschichte der Bundesrepublik einen Brückenschlag zwischen konservativen Bürgerlichen und Völkischen zu erreichen. An der Kluft zwischen beiden Gruppen waren bisher alle Versuche gescheitert, in Deutschland ein Viertes Reich zu errichten. Bis zur Gründung der Deutschlandpartei hatte die Christpartei die konservativen Bürgerlichen im Griff. Kaum ein Konservativer wollte es wagen, den Mutterschoß der Christpartei zu verlassen und eine eigene Partei zu gründen. All jene, die rechts außerhalb der Partei standen, galten als anrüchig. Über den neuen rechten Parteien schwebte auch immer das Damoklesschwert eines möglichen Parteienverbotes durch das Bundesverfassungsgericht.

Bis zum Jahr der großen Flüchtlingskrise hatte dieser Mechanismus des »Teile und Herrsche« gut funktioniert. Seitdem die Christpartei aber Abschied von ihrer langgepflegten gesellschaftlichen Aufgabe genommen hatte, die Konservativen am rechten Rand zu integrieren und damit unschädlich zu machen, und begann, ihr Heil in der urbanen, links und grün angehauchten Wählerschicht zu suchen, war alles anders.

Bei Hans-Jürgen Lehmann musste man vorsichtig sein. Der Mann war sensibel, konnte leicht aus der Haut fahren und bildete sich auf seinen Status als Star der Völkischen etwas ein. Allerdings war er auch leicht manipulierbar. Besonders historischen Vergleichen war er zugeneigt, hatte er doch vor seiner Karriere als Lebensmittelhändler Geschichte und Biologie auf Lehramt studiert.

»Ja, die Zeit des Umbruchs ist bald da«, antwortete Friedrich Sehlings. »Wir brauchen aber noch etwas Zeit, um alles richtig vorzubereiten. Manchmal muss man sich mit seinem Erzfeind erst verbünden, um ihn dann zu vernichten. Denk immer daran: Ohne Rapallo hätte es das Unternehmen Barbarossa nie geben können.«

Friedrich Sehlings wusste, an welchen Knöpfen er bei Lehmann drehen musste. Seine Staatsexamensarbeit hatte der Lebensmittelhändler über den Vertrag von Rapallo geschrieben. Der Vertrag zwischen Deutschland und Russland normalisierte einst die Beziehungen der beiden Staaten und führte sie aus der internationalen Isolation heraus, in die Russland infolge der Oktoberrevolution und Deutschland wegen des Ersten Weltkriegs geraten war.

»Das Deutsche Herz ist unsere Luftwaffe«, fuhr Sehlings fort. »Und unser Rapallo ist, dass wir das Deutsche Herz offiziell auflösen. Dann können wir es umso besser im Geheimen aufrüsten. Wie damals die Reichswehr die Luftwaffe für das ›Unternehmen Barbarossa‹.« Dass der einst so betitelte Angriff auf die Sowjetunion damals für die Deutschen fatal ausgegangen war, dieses Detail ließ Sehlings lieber weg. »Du verkündest schnellstmöglich die Auflösung des Deutschen Herzens. Es ist nur eine Frontbegradigung, bis wir den Angriff starten können.«

Das Ganze widerstrebte Lehmann zwar, aber gegen historische Argumente war er machtlos. Also erklärte er sich einverstanden. Doch ruhigstellen konnte Sehlings Lehmann immer nur für kurze Zeit – bis ihn ein anderer mit einer anderen historischen Anekdote zu etwas anderem beschwatzte.

Kaum hatte Lehmann aufgelegt, da rief Hausding an. Er und Herbert hatten Florentine Fischer gerade in Berlin abgesetzt.

»Guten Abend, Herr Sehlings, ich wollte sie nur kurz darüber informieren, dass der Müller jetzt doch wohl die von ihm lange geplante Parteitrennung durchziehen will. Machen Sie mal einen Plan, wie wir das verhindern können.«

Friedrich Sehlings antwortete nur knapp: »Jawohl, Herr Dr. Hausding. Ich kümmere mich darum.« Er sah auf die Uhr, er hatte erst gut die Hälfte der Strecke hinter sich. Eine halbe Stunde später klingelte sein Telefon erneut. Dieses Mal war es Herbert. Er hatte den Parteivorsitzenden gerade bei seiner Vorstadtvilla abgesetzt.

»Hallo Kommandeur, der Führer hat dich ja schon darüber informiert, dass der Müller die Partei spalten will. Er hat dir allerdings verschwiegen, dass der Oberst verfängliches Material aus deiner Vergangenheit in die Hand bekommen soll und es gegen dich verwenden will. Sieht so aus, als ob uns dieses Mal echte Gefahr droht. Die Nichte des Führers ist schon dran.«

»Ich danke dir, Herbert«, sagte Sehlings. »Dann ist jetzt wohl dringend eine Lagebesprechung der Küchenbrigade notwendig.«

»Sehr schön«, erwiderte Herbert. »Ich freue mich schon auf ein gutes Essen und auf den Cognac.«

Auf der nächtlichen Autobahn war Sehlings nun fast allein. Mit Tempo 180 raste er durch das Dunkel der Nacht. In den frühen Morgenstunden kam er endlich bei seinem Bahnwärterhäuschen an. Er schürte den Kamin an und setzte sich in einen der Lehnsessel, seinem Lieblingsort direkt vor dem Kaminfeuer. Es war der größte Raum in dem kleinen Haus aus den dreißiger Jahren. Einst bewohnte es ein preußischer Bahnwärter, und der Raum war die gute Stube der mehrköpfigen Familie. Jetzt war er ihm Bibliothek, Arbeitszimmer und geistiger Rückzugsort. Hier konnte Sehlings seine kleinbürgerliche Fassade fallen lassen. Ein großer Schreibtisch nahm die eine Seite des Raumes ein, die drei Lehnsessel vor dem Kamin füllten die andere Seite aus. Er goss sich einen Cognac ein. Die lodernden Flammen spiegelten sich in den Gläsern seiner Brille.

Sein Blick streifte über die Bücher auf mooreichenen Bibliotheksregalen, dicht an dicht gepackt bis unter die niedrige Decke: Handbücher der Machtmechanik, Lehrwerke zur Machtergreifung, Klassiker der militärischen und politischen Strategie. Sehlings hatte sie alle gelesen, immer wieder, sie penibel studiert in langen Nächten: Sunzi, Machiavelli, Clausewitz und Lenins *Was tun?*, eines der Hauptwerke der marxistisch-leninistischen Parteitheorie. Da stand auch die rechte Weiterentwicklung von Lenins Werk, das Buch *Für eine positive Kritik* des französischen Rechtsaktivisten Dominique Venner aus den sechziger Jahren, ebenso wie die *Gefängnishefte* des italienischen Marxisten Antonio Gramsci aus den dreißiger Jahren, in denen dieser seine Theorie der kulturellen Hegemonie darlegte.

Vor allem aber stand da ein Werk, das ihn immer wieder begeistert hatte. Das Buch war schon ziemlich abgegriffen, so oft hatte Sehlings es in die Hand genommen: Joachim C. Fests dickleibige Hitler-Biografie. Seine Eltern hatten sie ihm zu seinem fünfzehnten Geburtstag geschenkt. Sie dachten wohl, sie würden mit dem Buch des konservativen Historikers und Journalisten bei ihrem Sohn das Bild des Führers, das sein geliebter Großvater ihm malte, zurechtrücken können.

Doch Sehlings hatte das Werk mit ganz anderen Augen gelesen: als Blaupause einer erneuten Machtergreifung. Er nahm den mehr als tausend Seiten dicken Wälzer aufs Neue zur Hand und schlug das Kapitel »Die große Angst« auf, sein Lieblingskapitel. Es beschrieb das Spektrum jener Angstvorstellungen, die die Menschen in der Zeit der Weimarer Republik heimsuchten und sie in das Lager der extremen Rechten trieben. Das Kapitel zeigte all das Krisenhafte auf, das mentale Erkranken am Zivilisatorischen, die gesellschaftlichen Erregungszustände im Deutschland der Vorkriegszeit. Es zeigte, wie und warum die Deutschen in Adolf Hitler ihren Retter sahen.

Eine Zeit solcher gesellschaftlichen Erregungszustände erlebte er nun in Deutschland wieder. Die große Angst war wieder da. Allerorten spürte er bei den Menschen die Angst vor dem Untergang des Vertrauten, die Angst vor Kontrollverlust, die Angst vor Anarchie. Er spürte, dass die Menschen sich wieder nach einem Führer sehnten.

Sehlings fing an zu lesen, er kannte die Sätze fast schon auswendig: »Mit dem Hinzutreten Hitlers waren Energien vereint, die, unter krisenhaften Bedingungen, die Aussicht großer politischer Wirksamkeit besaßen. Denn die faschistischen Bewegungen haben sich in ihrer sozialen Substanz durchweg auf drei Elemente gestützt: das kleinbürgerliche mit seinen moralischen, wirtschaftlichen und gegenrevolutionären Indignationen, das militärisch-rationalistische sowie das charismatische des einzigartigen Führers. Er war die entschlossene Stimme der Ordnung, die dem Durcheinander, dem chaotischen Element, gebot, er hatte weiter geblickt und tiefer gedacht, er kannte die Verzweiflungen, aber auch die Rettungsmittel.«

Früh entwickelte Sehlings für sich seine Mission, die Ergreifung der Macht in Deutschland. Doch im Moment stand es schlecht darum: Die Beobachtung durch den Verfassungsschutz würde der Partei Mitglieder und Wähler kosten. Dr. Martin Müller plante die Parteispaltung. Der Oberst sollte bald verfängliches Material in Händen halten, das ihm das Genick brechen konnte. Und der schöne Lehmann war nur vorübergehend ruhiggestellt, plante womöglich schon die Wiederauflage des Sturms auf das Winterpalais, eine Revolution, einen Bürgerkrieg.

Jetzt war Sehlings zu müde, weiter darüber nachzudenken, ob die Arbeit der letzten fünf Jahre umsonst war. Er hatte nichts dagegen, in seinem Lehnsessel mit dem Hitlerbuch auf dem Schoß einzuschlafen. Sein matter Blick glitt zu seinem Schreibtisch. Dort lag er: Der SS-Dolch seines Großvaters, das Relikt eines vergangenen Deutschlands. Wie es jetzt aussah, würde dieses Deutschland wohl nie wieder auferstehen. Dann übermannte Sehlings der Schlaf. Im Traum glitt er zurück in die Anfangstage der Deutschlandpartei. Er sah sich selbst, wie er Dr. Adalbert Hausding das erste Mal gegenübertrat und ihm die Hand schüttelte …

KAPITEL 2

Die Deutschlandpartei war erst wenige Wochen alt, doch hatte sie bereits viele Anhänger. Immer mehr Deutsche sehnten sich nach einer Alternative zu den bestehenden Parteien. Und die Deutschlandpartei versprach ihnen, diese Alternative zu sein. Der Mann mit der Gartenzwergkrawatte war ihr Mitbegründer und einer der beiden Vorsitzenden. Die Vorsitzenden tourten durchs Land, sprachen in Festsälen von Landgasthäusern, um Mitglieder für die neue Partei zu gewinnen. Und die Menschen strömten ihnen zu, besonders dem greisen, vertrauenerweckenden Dr. Adalbert Hausding.

Friedrich Sehlings hatte sich aufgemacht, eine dieser Veranstaltungen zu besuchen. Vom Rand aus hatte er die Rede Hausdings aufmerksam verfolgt. Jetzt näherte er sich dem Pulk von Menschen, die Hausding umringten und auf ihn einredeten. Frauen und Männer – mehr Männer, vor allem alte Männer, aber doch auch ein paar junge. Das Gesicht des vortragenden alten Mannes wirkte eingefallen, geistesabwesend, als ginge ihn das alles nichts an, was da jetzt um ihn herum geschah. Er ließ es über sich ergehen.

Einer der Zuhörer klopfte ihm fest auf die Schulter, gluckste anerkennend und konnte sich gar nicht mehr einkriegen vor Lob. Auch das ließ der Alte stoisch über sich ergehen. Ein Mann aus einer anderen Zeit, aus einer anderen Welt. So stand er da mit seiner Gartenzwergkrawatte, seiner hellbraunen Bundfaltenhose und seinem anthrazitfarbenen Trachtenjanker.

Sehlings blieb einige Schritte außerhalb der Menge stehen, als wolle er nicht dazugehören. Er wartete geduldig, bis sich der Pulk allmählich auflöste. Zwei junge Männer wollten noch ein Autogramm. Der Alte wirkte unsicher, so als ob er zum ersten Mal ein Autogramm gab, und kniff die Augen zusammen. »Wo soll ich unterschreiben?« Wortlos reichte ihm der junge Mann den Flyer, der auf die Veranstaltung hinwies und den der Wirt des Gasthauses auf jeden Stuhl gelegt hatte. Zusammen mit kaum lesbaren, handkopierten Mitgliedsanträgen.

Die beiden Männer bedankten sich und gingen. Hausding blieb gedankenversunken zurück, reglos, den Blick auf den Boden gesenkt. Dann sah er sich um, als wüsste er nicht, wo er sich befand. Er bemerkte Sehlings, der immer noch wartete, einige Schritte entfernt. Ihre Blicke trafen sich. Sie sahen sich an. Er sagte nichts, aber man sah ihm an, was er dachte: »Bitte nicht noch so einer!«

Sehlings überlegte kurz, was er sagen sollte. Ihm fiel nichts Passendes ein. »Verzeihung, ich wollte nicht dazugehören«, rutschte es ihm heraus. Dann fing er sich, ging zu dem alten Mann und reichte ihm die Hand. Dessen unerwartet laffer Händedruck stand in einem merkwürdigen Kontrast zu den scharfen Worten eben auf dem Podium.

»Mein Name ist Friedrich Sehlings. Ich möchte bei Ihnen mitmachen. Sie unterstützen.« Er unterließ jedes Lob und jede Schmeichelei. Das hatte der Mann in der letzten Viertelstunde genug gehört. Lieber kam er sofort zur Sache. »Ich habe meinen Mitgliedsantrag schon ausgefüllt.«

Hausding sah ihn mit leerem Gesichtsausdruck an. »Wir können jede helfende Hand gebrauchen.« Es klang so, als hätte der Mann das in den vergangenen Wochen schon Hunderte Male gesagt.

»Nein, ich meine ... äh, ich meine, ich will helfen ... mitorganisieren«, stammelte Sehlings.

Auch das schien Hausding nicht zu überzeugen.

Jetzt wurde Sehlings direkter. »Sie haben wirklich eine tolle Rede gehalten. Aber das Drumherum stimmt nicht. Warum gibt es hier keinen Tisch mit einer Box, in die man seine ausgefüllten Mitgliedsanträge stecken kann? Warum gibt es hier nirgendwo ein Roll-up von der Partei?«

»Roll... was?« Hausding runzelte die Stirn und sah Sehlings an, als habe er von solchen Dingen noch nie etwas gehört. »Wir sind erst am Anfang, haben noch kein Personal.«

»Ich möchte Sie bei solchen Dingen unterstützen. Ich bin gut in sowas.«

Hausdings Gesichtsausdruck änderte sich nicht. Er schien etwas überfordert mit dem Angebot, das ihm da gerade unterbreitet wurde.

»Wann und wo halten Sie denn Ihre nächste Rede?«, fragte Sehlings in betont freundlichem Ton. »Ich könnte doch das Drumherum organisieren, wenn Sie nichts dagegen haben ...«

Wortlos sah sich Hausding um, er schien irgendetwas zu suchen. Sein Blick fiel in eine der Ecken des Saals, dort stand ein abgewetzter, brauner Lederkoffer. Bedächtig ging Hausding dorthin, ergriff ihn und kehrte zu Sehlings zurück. Umständlich öffnete er den Koffer und kramte ein braunes, in Leder gebundenes Notizbuch hervor. Es war genauso abgewetzt wie der Koffer und wohl auch genauso alt. Hausding schlug es auf. Er blätterte. »Am Samstag, in einem Gasthof irgendwo an der niederländischen Grenze, 19 Uhr.«

Sehlings zog sein iPhone aus der Jackett-Tasche und wischte auf dem Display herum. »Ja, passt, wunderbar«, sagte er. »Wer fährt Sie denn?«

Wieder blickte Hausding Sehlings etwas begriffsstutzig an. Schließlich sagte er müde: »Ich fahre immer selber.«

»Das geht doch nicht«, rief Sehlings empört. »Das sind doch mehrere hundert Kilometer. Ich fahre Sie. Geben Sie mir mal Ihre Telefonnummer. Ich rufe Sie morgen an. Dann können wir alles Weitere besprechen. Jetzt sind Sie sicherlich müde.«

Wieder öffnete Hausdings umständlich seinen Koffer, wühlte darin herum und holte schließlich einen Pack Visitenkarten, zusammengehalten mit einem roten Gummiband, hervor. Er zog langsam eine heraus und überreichte sie Sehlings.

Der schaute sie sich an und sagte: »Oh, sind das Ihre privaten? Das müssen wir auch ändern. Es gibt viel zu tun. Ich wünsche Ihnen eine gute Nacht.« Dann gab er Hausding erneut die Hand und spürte wieder den merkwürdig laffen Händedruck des alten Mannes.

Einige Wochen später stand Friedrich Sehlings erneut an der holzvertäfelten Wand eines großen Festsaals. Aus allen politischen Lagern strömten in jenen Tagen der Deutschlandpartei neue Anhänger zu. An erster Stelle ehemalige Mitglieder der Christpartei, denen ihre alte Partei zu links und zu urban geworden war. An zweiter Stelle Anhänger der Sozialpartei, die darauf hofften, dass sich die neue Partei für die kleinen Leute einsetzte. Die alte Sozialpartei war in ihren Augen längst eine Partei der Akademiker, der Journalisten und gut versorgten Angehörigen des öffentlichen Dienstes. Zahlreich waren, vor allem im Osten des Landes, auch ehemalige Mitglieder der Linkspartei. Sie sehnten sich nach einer neuen Protestpartei. Denn die alten Genossen waren im neuen System versackt und genossen die Pfründe des bundesrepublikanischen Politikbetriebes.

Vor allem aber profitierte die Deutschlandpartei von der Flüchtlingskrise. Sie war der Startschuss für eine Politisierung der Gesellschaft, das Schlüsselerlebnis für viele, sich politisch zu engagieren. Menschen, die vorher nicht politisch waren und erst recht nicht in einer Partei organisiert, wandten sich der Deutschlandpartei zu. Ihre Motive waren diffus: Angst vor Fremden, Hass auf das Establishment, Furcht vor Statusverlust, das Wiederaufbrechen einer längst verschwunden geglaubten Kluft zwischen Ossis und Wessis, die Sehnsucht nach der alten westdeutschen Wohlstandsgesellschaft der Achtzigerjahre, eine latente Unzufriedenheit mit der Demokratie. Was ihnen allen gemeinsam war: Sie fühlten sich von den alten Parteien nicht mehr vertreten. Sie alle vereinte der Protest gegen die gegenwärtigen Zustände in Deutschland.

Von der Rückseite des Saals aus hatte Sehlings alles im Blick. Ihm entging nichts. Nicht der Redner, nicht das Publikum und auch nicht seine drei Jungs. Der eine betreute den Informationsstand, der andere schob Wachdienst an der Tür, der dritte filmte mit einer Videokamera Hausdings Rede. Vorne zog Dr. Adalbert Hausding seine Show ab. Sehlings hatte die Rede jetzt bestimmt schon zwanzigmal gehört, er kannte inzwischen jedes Wort, jede Pointe, jeden rhetorischen Seitenhieb auf die Ökopartei und die Sozialpartei und vor allem auf die nach links abgedriftete Christpartei.

Die Säle der Landgasthäuser glichen einander: hölzerne Kneipenstühle, kitschige, das Landleben verherrlichende Ölschinken an den Wänden, umrahmt von alten Pferdehalftern oder anderen Devotionalien einer vergangenen altdeutsch-bäuerlichen Welt. Im Schankraum gab es meist große Schnitzel mit viel Pommes zu moderaten Preisen. Und noch eines hatten die Gasthöfe gemeinsam: Sie lagen alle in der Provinz, fernab der großen Metropolen. Hier wohnten, hier arbeiteten und hier verzweifelten die Menschen, die der Deutschlandpartei zuströmten.

Dr. Adalbert Hausding wirkte fremd unter diesen Menschen. Er war ein intellektueller Metropolenbewohner, verkehrte einst unter den Geistesgrößen der alten Bundesrepublik und hatte mit dem Ticket der Christpartei als promovierter Jurist eine glänzende Verwaltungskarriere gemacht. Jetzt war er alt, schon viele Jahre in Pension. Doch auch an ihm nagten die Zustände in Deutschland und in seiner einst so geliebten Christpartei. Sie hatte ihm einmal so viel bedeutet. Noch heute erzählte er stolz davon, wie er einmal vom alten Bundeskanzler der Christpartei in dessen Privathaus zum Saumagen-Essen eingeladen worden war.

Wie anders war nun die neue Christpartei. Mit einigen anderen Intellektuellen hatte Hausding eine Initiative zur Rettung seiner Partei gegründet. Sie hatten um ein Gespräch auf höchster Ebene gebeten. Was er dann erlebte, schilderte er in seiner Standardrede als den Schlüsselmoment zur Gründung der Deutschlandpartei.

»Wir wurden von einem jungen, zweitrangigen Referenten empfangen. Er führte uns wie Touristen durch die Parteizentrale. Am Abend lud er uns in ein vegetarisches Restaurant im Prenzlauer Berg ein. Da saßen wir dann unter den ganzen grünen, verwöhnten Latte-macchiato-Müttern. Der junge Referent erzählte uns etwas von der urbanen und hippen Christpartei, mit der man heute Wahlen gewinnt. Uns Alten und Erfahrenen wollte dieser Grünschnabel erst gar nicht zuhören.«

Sehlings wusste, was jetzt kam. Hausdings Stimme wurde lauter und aggressiv: »Solche Grünschnäbel sind es, die aus unserer schönen konservativen Saumagen-Christpartei eine grüne Vegetarier-Latte-macchiato-Christpartei gemacht haben. Diese Christpartei will aus unserem geliebten Deutschland ein grünes Multikulti-Projekt machen. Wir von der Deutschlandpartei kämpfen gegen dieses grüne Multikulti-Deutschland.«

Im Saal donnerte Applaus auf. Hausding setzte jetzt zum Endspurt seiner Rede an. Sehlings hielt einen Arm hoch und beschrieb mit ihm über seinem Kopf einen großen Kreis. Das war beim Militär das Zeichen für den Befehl zum Sammeln. Sofort setzten sich seine drei Jungs in Bewegung und kamen zu ihm. Dann folgte die Befehlsausgabe: »Nach der Rede des Führers drückt ihr jedem, der den Saal verlässt, einen Mitgliedsantrag in die Hand. Dann baut ihr ab. Ich gehe in der Zeit mit dem Führer im Schankraum noch etwas essen. Beeilt euch aber. Wir haben noch einen langen Weg vor uns.« Die drei nickten gehorsam.

»Der Führer ist wie ein Spielzeugtrommler«, fügte er hinzu. »Ihr wisst schon: Diese Blechtrommler, die wie wild trommeln, solange sie aufgezogen sind, und dann in sich zusammenfallen. Nach seiner Rede ist er anderer Mensch. Ich muss ihn dann abschirmen von den ganzen Verrückten, die ihn bedrängen und ihm wer weiß was erzählen. Ich muss immer wissen, wer was von ihm will, mit wem der Führer redet. Verstanden?« Die drei nickten wieder und machten sich davon.

Im Schankraum aßen Dr. Adalbert Hausding und Friedrich Sehlings nach dem Auftritt Schnitzel mit Pommes.

»Was ich Sie schon immer einmal fragen wollte …«, erhob Hausding das Wort, während er noch an einem besonders zähen Rest Schnitzel kaute. »Warum tragen die jungen Männer, die uns begleiten, eigentlich immer rote Krawatten und rote Hosenträger?«

»Das ist bestimmt so ein neuer Jugendtrend, ein Modetick. Statt Filzhaaren und zerschlissenen Jeans drücken die jungen Leute von heute ihren Protest und ihre Gesinnung eben mit roten Krawatten und mit Hosenträgern aus.«

»Ach so«, sagte Hausding. Die Erklärung schien ihm zu genügen.

Friedrich Sehlings kannte viele Leute, die der neuen Partei wohlgesinnt waren. Für die dritte Veranstaltung, zu der er Hausding begleitete, hatte er bereits einen Kleinbus organisiert. Die drei jungen Männer in Hosenträgeruniform waren immer dabei.

Sie fuhren die beiden Männer und kümmerten sich um alles Organisatorische. Hausding saß immer hinter dem Fahrer, Sehlings vorne auf dem Beifahrersitz.

Eines Abends, nachdem das Begleitkommando Hausding bei seiner Vorstadtvilla abgesetzt hatte, bekam Sehlings einen Anruf. »Hallo, hier ist Ronny Matschinski, erinnerst du dich noch?«, tönte es aus dem Smartphone.

»Na klar, das ist aber eine Überraschung«, sagte Sehlings. »Ist ja eine Ewigkeit her, dass wir uns das letzte Mal gesehen haben.«

Ronny Matschinski kam direkt zur Sache: »Ich habe gehört, dass du bei der Deutschlandpartei bist. Ich würde gerne bei euch mitmachen. Ich finde den Dr. Adalbert Hausding wirklich ganz toll. Das ist eine richtige Führerpersönlichkeit, wie wir sie uns immer gewünscht haben.«

»Das habe ich mir fast schon gedacht, dass du dich irgendwann meldest«, erwiderte Sehlings. »Schick mir deinen Mitgliedsantrag, ich kümmere mich um die Mitgliederverwaltung hier. Unser zweiter Bundesvorsitzender ist allerdings ein Kontrollfreak. Der kann Männer wie uns Kameraden nicht ab. Der kontrolliert alle Bewerber, ruft sie persönlich an und stellt Fragen. Er bekommt von mir zwar nur bereinigte Datensätze, aber der ist ziemlich misstrauisch. Wenn er bei dir anruft, dann erzähl ihm nicht, dass wir uns kennen, und auch nichts von den alten Zeiten.«

»Mensch, das waren echt wilde Zeiten«, rief Ronny Matschinski euphorisch. »Aber ich habe schon verstanden. Der bekommt von mir eine astreine Show geliefert.« Er lachte. »Du bist immer noch der alte Strippenzieher! Und den Trick mit den bereinigten Datensätzen hast du auch immer noch drauf. Ich freue mich echt.«

»Ich werde mich in den nächsten Wochen bei dir melden. Dann können wir überlegen, wie wir dich einbinden. In der Zwischenzeit tu mir bitte einen Gefallen: Ruf die alten Kameraden an und sag, dass sie eintreten sollen. Sie sollen mich aber vorher kontaktieren, damit wir sie ohne Verdacht einschleusen können.«

»Dein Wunsch war mir immer Befehl«, antwortete Ronny Matschinski.

» «

»Herbert, kleben Sie bitte die Benzinrechnung auf ein weißes DIN-A4-Blatt, beschriften es mit Datum und Fahrtziel und legen es mir dann mit der Reisekostenabrechnung vor.« Dr. Martin Müller war der zweite Bundesvorsitzende der Deutschlandpartei, zusammen mit Dr. Adalbert Hausding hatte er die Partei gegründet.

»Ich kümmere mich darum.« Herbert, griff nach der Rechnung und schloss die Wagentür. Sie kamen gerade von der monatlichen Sitzung des Parteivorstandes in einem Hinterzimmer eines Landgasthofes, zentral gelegen in Deutschland. Herbert fuhr.

Müller, Anfang vierzig, war ein Bürokrat, ein Aktenfresser und ein Kontrollfreak. Stets in einem tadellosen Anzug von der Stange, immer mit gestreifter Krawatte, war er die Verkörperung des spießigen, deutschen Staatsdieners. Auch wenn beide Parteigründer promovierte Juristen waren, gab es von Anfang an Spannungen zwischen den Männern um die Ausrichtung der neuen Partei. Zu deutlich war die Kluft zwischen dem gediegenen, aus großbürgerlichen Kreisen stammenden Hausding und dem kleinbürgerlichen Aufsteiger Müller, der es immerhin zum Vorsteher eines Finanzamtes in der Provinz gebracht hatte.

Am Tag, nachdem Friedrich Sehlings die erste Veranstaltung von Dr. Adalbert Hausding besucht hatte, war Herbert bei einer Hinterzimmerrede von Müller aufgetaucht und hatte sofort mit angepackt. Diese Hilfsbereitschaft hatte Dr. Martin Müller sehr imponiert. Bald übernahm Herbert für ihn die Organisation der Veranstaltungen und den Fahrdienst. Beide waren im gleichen Alter. Müller, der selbst langjährige Vertraute und Bekannte zu siezen pflegte, duzte ihn.

Der Wagen setzte sich langsam in Bewegung.

»Hast du gesehen, wie dieser Sehlings um den Hausding herumscharwenzelt«, begann Müller. Entgegen seiner sonst verschlossenen, stets bedachten Art schüttete er seinem Fahrer das Herz aus. »Der ist ein richtig untertäniges, kleinbürgerliches Faktotum. Und wie der aussieht mit seinem GI-Haarschnitt und dieser altertümlichen Brille!« Müller war nun kaum mehr zu stoppen. »Und was Dr. Hausding heute wieder für ein intellektuelles Zeug von sich gegeben hat! Warum nur jubeln die Menschen dem so zu? Warum wird er ständig in diese Talkshows eingeladen?«

Herbert lenkte den Wagen durch den Ort auf die Landstraße in Richtung Autobahn.

»Weißt du eigentlich, was dieser Sehlings früher gemacht hat und wovon der so lebt? Der ist immer und überall und reißt sich um jeden Organisationsjob. Ich habe nur gehört, dass er Feldwebel bei der Bundeswehr war. Der hat schon etwas Schützengrabenhaftes an sich. Etwas Brutales. Leider hat der sehr viel Einfluss auf Dr. Hausding.«

»Wie meinen Sie das?«, fragte Herbert neugierig.

»Dr. Hausding kann nicht organisieren. Das lässt der alles den Sehlings machen. Und hast du gesehen, Herbert? Der fährt Hausding schon nicht mehr selber. Der hat jetzt immer junge Männer in diesen albernen Hosenträger-Uniformen dabei, denen er seine Befehle zubellt.« Müller klang nun ziemlich aufgebracht. »Und ständig telefoniert er. Mit wem telefoniert der denn nur immer?«

Herbert zog nur die Schultern hoch, den Blick auf die Landstraße gerichtet. Vor ihnen erschien die Auffahrt der Autobahn.

»Ich traue dem nicht über den Weg. Und dann hat der sich auch noch darum gerissen, die Mitgliederverwaltung zu übernehmen. Aber das sag ich dir: Ich lasse mir die Listen mit allen Bewerbern vorlegen und kontrolliere das, die meisten rufe ich persönlich an.«

»Kam es dabei denn schon mal zu Unregelmäßigkeiten?«, wollte Herbert wissen, während er den Wagen auf die Autobahn einfädelte.

»Nein«, sagte Müller. »Aber da kann man interessante Leute kennenlernen. Kürzlich habe ich mit einem sehr respektablen Rechtsanwalt telefoniert, Ronny Matschinski. Der hat während des Studiums ein Jahr in den USA verbracht. Genau solche Leute brauchen wir in der Partei.«

»Ach, Ronny ist also auch wieder dabei«, murmelte Herbert für sich, sodass es Müller nicht hören konnte.

In der Zwischenzeit hatte Müller einen Packen Zeitungen aus seinem Koffer hervorgeholt, die er während der Fahrt durcharbeiten wollte. Herbert warf einen Blick zur Seite. Zuoberst lag das *Junge Deutschland.*

»Mein Medium ist ja der *Demokratische Beobachter*«, sagte Müller, als er Herberts Blick bemerkte. »Das lese ich seit dem Studium. Etwas linkslastig und sehr kritisch, aber auch sehr gut und objektiv. Aber auf den Veranstaltungen sprechen mich die Menschen immer wieder auf das *Junge Deutschland* an. Deshalb habe mir das jetzt auch im Abo bestellt. Eine unsägliche Zeitung, ziemlich viel braunes Zeug …«

»Was meinen Sie mit braunem Zeug, Herr Dr. Müller?«, fragte Herbert und setzte den Blinker, um den Lkw vor ihnen zu überholen.

»Diese ganze Verherrlichung des Zweiten Weltkrieges. Die Ausländerfeindlichkeit. Dieses Gerede von der jüdisch-freimaurerischen Weltverschwörung … Das *Junge Deutschland* bedient alle diese Themen. Und für unsere Mitglieder scheint es die Leib- und Magenzeitung zu sein. Ganz ehrlich: Ich habe die Sorge, dass sich unsere Partei in die falsche Richtung entwickelt.«

»Was meinen Sie denn mit falscher Richtung?«, bohrte Herbert weiter, während er den Wagen wieder auf die rechte Spur zog.

»Zu einer Nazipartei. Wie damals die Demokratiepartei oder die Rechtsstaatspartei. Du erinnerst dich vielleicht noch?«

»Ja, nur zu gut«, sagte Herbert und lächelte.

»Bei einer Veranstaltung kürzlich war dieser Oliver Felsenstier da, der Chefredakteur des *Jungen Deutschlands*. Der hat mich interviewt. Mal sehen, was der über mich schreibt …«

Müller war eitel und ehrgeizig, das hatte Herbert sofort erkannt. Der Parteivorsitzende schlug die Zeitung auf, und suchte nach dem Artikel über die Deutschlandpartei und fing an zu lesen. Plötzlich rief er laut aus: »Das gibt es doch nicht!«

»Was ist passiert?« Herbert nahm den Fuß vom Gaspedal.

»Unfassbar, was dieser Felsenstier über Dr. Hausding und mich schreibt!« Dann begann Müller laut vorzulesen: »Was Dr. Adalbert Hausding mit Intellekt und Rhetorik gelingt, das versucht Dr. Martin Müller mit Fleiß und Disziplin wettzumachen. Doch er hat als Parteigründer nicht das Format seines Mitgründers. Das Politikgeschäft ist für ihn eine Art Verwaltungsakt. Seine Sprache wirkt hölzern und klingt wie Juristendeutsch. Nur ein Beispiel aus einer seiner Reden: ›In die aktive Politik hat mich die Nichteinhaltung der rechtlichen Prozesse bei der Umsetzung der Einwanderung gebracht.‹ Mit solch einer Sprache gewinnt man keine Menschen, die sich in schweren Zeiten nach einer charismatischen Führerpersönlichkeit sehnen.«

»Oh, das ist bitter«, sagte Herbert und schüttelte den Kopf.

»Es geht noch weiter, hör mal!« Müller las vor: »Wie anders klingt da die erfrischende Rhetorik des Dr. Adalbert Hausding, wenn er davon spricht, wie aus der ›schönen konservativen Saumagen-Christpartei eine grüne Vegetarier-Latte-macchiato-Christpartei‹ geworden ist. Das reißt die Menschen vom Hocker. Deshalb strömen sie in Massen zur Deutschlandpartei.« Wütend faltete Müller die Zeitung zusammen und warf sie auf die Rückbank.

Herbert wollte den Parteivorsitzenden ablenken und fragte: »Waren Sie nicht auch mal bei der Christpartei?«

Müller nickte. »Ja, aber ich bin ausgetreten, wegen der Linksverschiebung. Inhaltlich hat Dr. Hausding ja durchaus recht. Die heutige Christpartei ist nicht mehr die, in die ich mal eingetreten bin. Die ist schon ziemlich grün geworden. Und ich kann das beurteilen: Ich war nämlich auch mal bei der Ökopartei«, erzählte Müller mit einem Anflug von Stolz in der Stimme.

»Was?« Herbert konnte es kaum glauben. »Sie waren bei der Ökopartei?«

»Ja, auch ich hatte meine wilden Jahre. Das war zu Beginn meines Studiums. Ich habe mich damals sehr für Umwelt- und Naturschutz interessiert. Ich war ein paar Monate Mitglied, habe sogar einige Zeit ausprobiert, vegetarisch zu leben«, berichtete Müller.

Herbert war wirklich erstaunt. »Das hätte ich nicht von Ihnen gedacht.«

»Doch Herbert, ich war ein ganz Wilder.« Auf Müllers Bubengesicht schlich sich ein Lächeln. »Ich habe sogar einige Zeit in einer Studentengruppe mitgemacht, die Tiere aus Universitätslaboren befreit hat.«

Herbert hatte Mühe, sich weiter auf den Verkehr zu konzentrieren. »Das haut mich jetzt aber echt um.«

»Ich habe natürlich nichts Verbotenes gemacht. Ich habe die Bekennerschreiben formuliert und als angehender Jurist aufgepasst, dass da nichts Strafbares drinsteht.«

»Aber Sie sind doch schon als Student in die Christpartei eingetreten, sagen Sie immer in Ihren Reden«, wunderte sich Herbert.

»Meine wilde Phase war ja auch nur ganz kurz. Dann habe ich gesehen, dass der Ansatz der Ökopartei nicht meiner ist, und bin in die Christpartei. Das war auch besser für meine Laufbahn«, erklärte Müller freimütig.

Was danach folgte, wusste Herbert: Nach dem Studium ging Müller in die Finanzverwaltung und kaufte sich schon in jungen Jahren ein Reihenhaus mit Garten in der Vorstadt.

»Etwas ist aber noch geblieben aus dieser Zeit.«

»Was denn?«, fragte Herbert, immer noch verblüfft über das Geheimnis, das ihm Müller gerade anvertraut hatte.

Müller lächelte breit. »Ich halte heute Hühner nach der Methode des ökologischen Landbaus und produziere meinen eigenen Bioeier. Vollkommen ohne Gift, nur mit den Kräften der Natur.«

Vor ihnen tauchte plötzlich das Heck eines Wiesenhof-Lasters auf mit der Aufschrift »Bruzzler – Mann, ist das eine Wurst«. Herbert trat auf die Bremse, es fehlte nicht viel, und sie wären in den Wagen hineingekracht. Ausgerechnet, dachte Herbert und unterdrückte ein Lachen.

»«

In der Zentrale der Kommunikationsagentur »Zum Silbernen Reh« in Berlin-Mitte herrschte routinierte Geschäftigkeit. Die Räume der Agentur nahmen die ganze Etage des alten backsteinernen Industriebaus ein. Wo einst, als Berlin noch eine bedeutende Industriemetropole war, Arbeiter an öligen Maschinen schraubten, tippten jetzt junge Kreativarbeiter in Großraumbüros angestrengt Texte in ihre Computer. Der Meetingraum, in dem der Umweltminister Platz genommen hatte, war nur durch

Glaswände von der geräumigen Fabriketage abgetrennt. Der Minister zählte rund drei Dutzend Frauen und Männer, die meisten in T-Shirts und Jeans, kaum einer über dreißig.

»Du brauchst einfach mehr Street Credibility«, redete der Inhaber und Chef der Agentur auf den Minister ein. Er trug eine kurze Hose, Turnschuhe und ein verwaschenes T-Shirt mit der Aufschrift »Einfach mal mit Profis arbeiten«. »Du hast keine Authentizität bei der nicht-urbanen Zielgruppe.«

»Du meinst bei den Provinzlern«, entgegnete der Minister mit säuerlichem Gesicht. Die im Meetingraum versammelte Runde, zu der neben den beiden Männern der Pressesprecher des Ministers und die junge Senior Consultant Julia gehörten, lachte über diese Bemerkung.

Der Minister, sein Pressesprecher und der Agenturchef waren alle im gleichen Alter, Mitte dreißig. Die drei hatten eine gemeinsame Vergangenheit. Mit vierzehn waren sie in die Jugendorganisation der Christpartei eingetreten, hatten auf so manchem Parteitag für die Erneuerung der Partei gefochten, waren zusammen nächtelang durch die einschlägigen Clubs der Hauptstadt gezogen. Erneuerung hieß für sie: den Muff der Achtziger- und Neunzigerjahre zu beseitigen und den Parteiapparat umzubauen zu einer modernen Partei für neue Wählergruppen.

»Wir haben uns da was ausgedacht«, fuhr der Agenturchef fort. Du machst eine Sofa-Tour in den wichtigsten Kleinstädten. Wir nennen das Sofa-Talks. Wir nehmen dein Sofa und stellen es auf den Marktplatz. Dort sprichst du mit ausgewählten Bürgern.«

Der Minister zog die Augenbrauen hoch. »Ich soll mit meinem schönen Designer-Sofa auf Marktplätzen herumturnen?«

Die junge Senior Consultant Julia registrierte die Bauchschmerzen, die der Minister beim Gedanken an die Fremdnutzung seines heimischen Sofas hatte, und reagierte prompt: »Das muss natürlich nicht Ihr eigenes Sofa sein. Wir können auch ein billiges von Ikea nehmen. Das kommt bei der Zielgruppe vielleicht auch authentischer rüber als ein teures Designer-Sofa.«

Diese Beratungsleistungen waren so etwas wie ein kostenloser Freundschaftsdienst für den Minister. Erst kürzlich hatte die Agentur den Zuschlag für den großen Werbeetat des Bundesumweltministeriums gewonnen. Der Agenturchef hatte eine Präsentation mit den Zeiten und Orten der geplanten Sofa-Talks an die Wand geworfen.

»Der Ort, wo die Tour starten soll, ist bewusst gewählt«, sprang der Pressesprecher bei. »In dem Bundesland sind bald Landtagswahlen. Es liegt ein EU-Förderbescheid für eine neue Ökokläranlange in dem Ort vor, wir können die Bekanntgabe noch etwas zurückhalten. Der Bürgermeister ist auch Landtagskandidat und kommt von unserer Partei. Dann kannst du nach deinem Auftritt dem Bürgermeister den Bescheid übergeben«, freute sich der PR-Profi.

Der Minister seufzte. »Dann in Gottes Namen!«

Einige Wochen später war es soweit. Auf dem kleinen, idyllischen Marktplatz, unter der mächtigen alten Eiche stand ein schwarzes Sofa aus der Sörvallen-Reihe von Ikea. Hinter dem Sofa hatten Mitarbeiter der Berliner Zentrale der Christpartei eine Stellwand mit dem Konterfei des Bundesumweltministers aufgestellt. »Einer von uns«, stand darauf. Die Dorfpolizisten hatten den Platz um die Eiche mit rotem Flatterband abgesperrt.

Es hatten sich schon einige Dorfbewohner eingefunden, die auf den jungen Politstar aus Berlin warteten. Die Mitarbeiter waren dabei, an die Wartenden Fähnchen der Christpartei zu verteilen, mit mäßigem Erfolg. Einige Meter entfernt von der Eckgarnitur briefte Senior Consultant Julia die Bürger, die nachher mit dem Minister auf dem Sofa Platz nehmen durften. Sie gab ihnen detaillierte Anweisungen, was sie sagen durften und was nicht.

Der Logenplatz war von rund einem Dutzend Journalisten eingenommen, darunter auch Kamerateams und Fotografen. Die Dorfbewohner waren auf einen Bereich weiter hinten verwiesen, ebenfalls abgesperrt mit rotem Flatterband.

Endlich kam die große, schwarze Limousine des Ministers angerauscht. Der Minister und sein Pressesprecher stiegen aus. Der junge Politikstar winkte den Dorfbewohnern zu, doch deren Reaktionen waren recht verhalten. Dann steuerte er auf die wartenden Journalisten zu, sprach in die Kameras und in die Radiomikrofone.

Nach einigen Minuten drängte der Pressesprecher den Minister. »Wir müssen weitermachen.« Auf dem Sofa hatten bereits die ersten ausgewählten Bürger Platz genommen. Der Politiker begrüßte sie. Die Kamerateams und Fotografen durften nun ganz nah ran. Sie filmten nur die ersten Minuten der arrangierten Gespräche. Dann hatten sie ihre Bilder im Kasten, und sie verschwanden mit den anderen Journalisten.

Nach einer halben Stunde war der »Sofa-Talk« beendet. Ein spärliches Häuflein von Dorfbewohnern hatte geduldig ausgeharrt. Der Minister wollte die Gelegenheit nutzen, Hände zu schütteln. Da kam eine wuchtige Frau auf ihn zu und kreischte auch schon los: »Was soll der Quatsch! Jetzt wollt ihr Homos uns auch noch einreden, dass ich keine Mutter mehr bin? Ihr habt sie ja nicht mehr alle!« Mit ihrer Erscheinung unterschied sich die Frau deutlich vom Rest der Gruppe. Sie trug einen marineblauen Rock mit einem blauen Gürtel, eine weiße Bluse und ein schwarzes Halstuch. Sie hatte braune Halbschuhe und lange graue Strümpfe an. Ihre langen, wasserstoffblond gefärbten Haare trug sie in einer Gretchenfrisur. Obendrein war sie stark geschminkt.

Der Minister schaute fragend den Pressesprecher, der Pressesprecher fragend den Minister an.

Die resolute Frau mit der Gretchenfrisur redete sich in Rage. »Na lest ihr Kanaillen denn nicht die *Deutsche Wahrheit*? Solltet ihr mal machen, statt immer nur für die Systempresse zu posieren. Dann wüsstet ihr, was eure feine Genossin im Kanzleramt so treibt. Ich soll nicht mehr Mutter sein dürfen, damit die Homos sich nicht diskriminiert fühlen.« Die Gruppe um die Wortführerin fing an zu johlen.

Der Minister ahnte, worauf die Frau hinauswollte. Er wollte sie beruhigen: »Aber das ist doch schön, dass wir in Deutschland Diversity leben und bei uns keiner diskriminiert wird.«

Weiter kam er nicht. »*Ich* werde diskriminiert!«, rief die Frau empört. »Ihr wollt, dass ich keine Mutter mehr bin. Ihr wollt nicht nur die Familie, ihr wollt Deutschland abschaffen. Ihr habt in eurem Raumschiff da in Berlin doch längst vergessen, wie wir normalen Menschen denken und fühlen.«

Der Minister wollte die Frau noch immer beruhigen. »Aber gute Frau, wir wollen doch nicht die Familie abschaffen. Wir wollen nur Diversity.«

»Ich bin nicht Ihre gute Frau«, schallte es dem Minister entgegen, »ich bin eine deutsche Wählerin. Aber Sie wähle ich garantiert nicht. Ich werde die Deutschlandpartei und ihren Führer Adalbert Hausding wählen.«

»Haus-ding wäh-len, Deutsch-land wäh-len«, skandierte die Protestgruppe im Chor.

Eins hatte der Minister schon früh in seiner Politikerlaufbahn gelernt: Steck keine Energien in Menschen, die du eh nicht als Wähler gewinnen kannst. Deshalb war der Fall für ihn erledigt. Er drehte sich um und steuerte seine Limousine an. Im Weggehen raunte er noch seinem Pressesprecher zu: »Elendes Pack.«

Leider sagte er es nicht leise genug.

»«

Es war Freitagabend, ein lauer Frühsommertag. Dr. Florentine Fischer war mit einigen ihrer Berliner Freunde in ihrem Viertel, im Prenzlauer Berg, auf Tour. Sie saßen gerade in einer hippen Kneipe, tranken Matcha-Latte und aßen Tofu-Snacks, als ihr Handy klingelte.

»Frau Dr. Fischer, gehen Sie mal sofort auf die Seite dieser neuen Internet-Zeitung *Deutsche Wahrheit*. Da ist so ein Video, da putzt eine Proletenbraut den Umweltminister runter, aber wie, und der bezeichnet sie als elendes Pack. Die Nazibraut will ich im Blatt haben. Beeilen Sie sich, die Konkurrenz schläft nicht. Im Notfall bieten Sie ihr Geld an.« Schon hatte der Chefredakteur wieder aufgelegt.

Die Journalistin rief auf ihrem iPad die Seite der *Deutschen Wahrheit* auf, während sie erklärend in die Runde rief: »Mein Chef will, dass ich irgend so eine durchgeknallte braune Provinztante ins Blatt bringe.«

»Du meinst die BDM-Braut?«, rief einer ihrer Begleiter begeistert. »Die Frau ist echt geil. Im Netz der to-ta-le Kult, geht gerade viral. Die soll angeblich von irgendeiner Satire-Show kommen, ziemlich schräg.« Er musste es wissen. Er gehört zu denen, die beruflich ständig im Internet herumhingen und ihr Geld damit verdienten, nach den neusten Trends Ausschau zu halten.

Gemeinsam sahen sie sich den Clip an. »Oh mein Gott, die kann nicht echt sein«, entfuhr es einer der Frauen entgeistert.

Am Samstagmorgen hatte Florentine Fischer die Nummer von Marie Köster recherchiert und rief bei der Frau an. »Ich spreche nicht mit der Systempresse und schon gar nicht mit so einem Blatt wie dem *Demokratischen Beobachter*. Ihr seid doch alle von der Regierung gekauft und bekommt eure Befehle direkt aus dem Kanzleramt«, fuhr Marie Köster sie an.

Die Journalistin stöhnte innerlich. »Sie haben bei uns die

Möglichkeit, Ihre Meinung frei zu sagen«, erklärte sie, »völlig unzensiert. Das garantiere ich Ihnen.«

»Ihr könnt uns viel erzählen. Ihr wollt uns kleine Leute doch nur vorführen.«

Die Journalistin reagierte schnell und änderte ihre Strategie: »Wir würden auch dafür bezahlen, wenn wir Sie exklusiv bekommen.« Schließlich hatte sie von ihrem Chefredakteur freie Hand bekommen.

Sogleich änderte sich am anderen Ende der Leitung die Tonlage: »Naja, reden können wir ja, aber ich will vorher sehen, was Sie über mich drucken.«

»Das verspreche ich Ihnen«, versicherte die Journalistin.

Noch am selben Tag fuhr Florentine Fischer in das Dorf, in dem Marie Köster wohnte, Hunderte Kilometer von Berlin entfernt, an der niederländischen Grenze. Es war nicht das Dorf, wo die Frau den Umweltminister heruntergeputzt hatte. Sie war gerade auf Besuch an ihrem Geburtsort, bei ihrer Mutter, als der Minister dort Stippvisite auf seiner Sofa-Tour machte. Aus ihrer ostdeutschen Heimat war sie weggezogen, weil sie als gelernte Fleischereifachverkäuferin dort keine Arbeit gefunden hatte. Jetzt lebte sie zusammen mit ihrem Mann, ihren vier Töchtern und fünf Hunden in einem grauen Einfamilienhaus aus den Fünfzigerjahren.

Das Haus hatte dringend eine Sanierung nötig, befand Florentine Fischer, als sie am Gartentor klingelte. Auch der Garten sah ziemlich verwildert aus. Ein bellender Schäferhund sprang ihr entgegen, dann erschien Marie Köster mit ihrer Gretchenfrisur. Sie sah tatsächlich genauso aus wie in dem Video. »Mein Mann und ich lieben Hunde, deutsche Schäferhunde«, erklärte sie zur Begrüßung und führte die Journalistin ins Haus.

Die Küche war ein Sammelsurium von Stilen der vergangenen vierzig Jahre. Der Spanholzplatten-Spülenunterschrank war wohl das neueste Modell aus dem Billig-Baumarkt. Der Küchenschrank dagegen war in einer Zeit modern, als beide Frauen noch gar nicht auf der Welt waren. Alles war abgewetzt und wie zufällig an seinen Platz gestellt. Die Tapete an den Wänden war fettig und vergilbt.

Die Deckenlampe war aus Plastik, in einem so quietschenden Orange, dass es in den Augen wehtat. Mit diesem Accessoire würde sie bei ihren Freunden im Prenzlauer Berg punkten können, dachte die Journalistin. Dort galten Gebrauchsgegenstände aus den Siebzigerjahren gerade als der letzte Schrei und wurden entsprechend teuer gehandelt. In dieser Kirche allerdings hing die Lampe wohl schon, seitdem sie das erste Mal modern war. Die Staubschicht darauf schien genauso alt zu sein.

Die beiden Frauen standen an dem großen Küchentisch, der mit einer dicken, bunt geblümten Wachstischdecke überzogen war. Marie Köster schmiss die Kaffeemaschine an und stellte zwei Kaffeepötte mit Motiven auf den Tisch. Florentine Fischer nahm ihren und sah sich das Motiv an. Es war eine Karte von Europa, darüber stand: »Deutschland in den Grenzen seiner größten Ausdehnung – November 1942«.

Marie Köster registrierte den erschrockenen Blick der Journalistin. »Ich war schon immer national eingestellt«, erklärte sie. »Deutschland ist mir heilig. Unsere Kinder tragen alte germanische Namen.« Sie zählte sie auf: »Brunhilde, Gunheide, Irmhild und Undine.« Die Journalistin machte sich Notizen und verkniff sich die Frage nach den Namen der Schäferhunde.

»Ich habe mich schon immer für die Germanen interessiert«, fuhr die Frau mit der Gretchenfrisur fort. Ich habe meinen Mann auf einer Sonnwendfeier kennengelernt.«

Auch das schrieb die Journalistin mit.

»Richtig politisch war ich nie. Aber seitdem die Syrer unser Land überschwemmen, da habe ich mir gesagt: Dagegen muss man doch etwas machen. Die gehören hier nicht hin. Seitdem verfolge ich intensiv die Politik. Da ist mir bewusst geworden, wie sehr die da oben uns kleine Leute verarschen. Da kommt dieser schnöselige Minister mit seinen ganzen Leuten aus Berlin angerauscht, zieht hier eine Show ab und quatscht irgendetwas von Diversity. Der weiß doch gar nicht, wie wir leben, was wir denken und fühlen.«

Florentine Fischer wollte langsam zur Sache kommen. »Wie haben Sie sich gefühlt, als Sie der Minister als elendes Pack bezeichnet hat?«

Marie Köster blickte entschlossen-empört. »Wenn in Deutschland heute die ehrlich arbeitenden Leute, die sich ein kleines Häuschen auf dem Land erspart haben, von unseren Politikern als Pack bezeichnet werden, trage ich diese Bezeichnung als Auszeichnung und mit Stolz.«

»Werden Sie sich in der Deutschlandpartei engagieren?«, fragte die Journalistin.

»Ich bin von Dr. Adalbert Hausding persönlich eingeladen worden, Mitglied der Partei zu werden und mit ihm eine Wahlkampfveranstaltung in meinem Heimatdorf zu machen. Und ich sage Ihnen: Da werden sehr viel mehr kommen als bei diesem Fake des Ministers. Der Aufstand hat gerade erst begonnen.«

Die Journalistin war erleichtert, als sie wieder in ihrem Auto saß. Sie hielt ihr Versprechen. Marie Köster konnte frei ihre Meinung äußern, das Interview wurde nicht zensiert. Es trug die Überschrift: »Der Aufstand des elenden Packs«. Von ihrem Chefredakteur bekam Dr. Florentine Fischer dafür ein dickes Lob.

» «

In der guten Stube des Bahnwärterhäuschens verbreitete der lodernde Kamin eine wohlige Wärme. Vor den Bücherregalen standen die beiden Männer, die Friedrich Sehlings zum Abendessen geladen hatte, sein treuer Kamerad Herbert und der Leiter des Newsrooms der Deutschlandpartei. Zur Feier des Tages hatte Friedrich Sehlings seine berühmten Rinderrouladen mit brauner Soße gekocht.

Friedrich Sehlings kannte Herbert schon sehr lange, beide waren im selben Alter. Sie hatten sich vor zwanzig Jahren bei der Rechtsstaatspartei kennengelernt. Der Mann, Typ gutmütiger Teddybär, war Sehlings sofort aufgefallen. Herbert konnte zwei Dinge: Organisieren und reden. Er gehörte zu den Leuten, die selbst einem eingefleischten Linken innerhalb von fünf Minuten eine Mitgliedschaft in der Deutschlandpartei aufschwatzen konnten.

Herbert war kein Ideologe, seine Aussagen zum Parteiprogramm durfte man nicht auf die Waagschale legen. Aber Herberts Rede- und Organisationstalent machte das mehr als wett. Worauf es ankam, war, dass Herbert an dieselbe Mission glaubte wie er: dass es in Deutschland wieder einen Führer geben musste. Er führte jeden Befehl unhinterfragt aus.

Auch dass Herbert eine bewegte Parteienlaufbahn hinter sich hatte, störte Sehlings nicht. Während seiner Ausbildung als Koch kam Herbert über die Jugendgewerkschaft zur Linkspartei, war dann in eine linke Splitterpartei abgerutscht. Später tauchte er bei der Liberalpartei auf, gelangte über deren Stahlhelmflügel zur Rechtsstaatspartei, die zu Beginn des neuen Jahrtausends einige Erfolge hatte, dann aber im Sande verlief. Noch war die Zeit nicht reif. Sehlings und Herbert stiegen schnell wieder aus, machten andere Projekte zusammen.

Sofort nach dem ersten Zusammentreffen mit Adalbert Hausding hatte Friedrich Sehlings ihn angerufen. »Hallo Herbert, ich habe mir heute diesen Hausding angeschaut. Das ist genau der Mann, den wir so lange gesucht haben. Wir sind wohl wieder im Geschäft. Schleus dich bei diesem Dr. Müller ein. Ich kümmere mich um Hausding«, befahl Sehlings.

»Jawohl, Kommandeur«, entgegnete Herbert zackig. Schon am nächsten Tag tauchte Herbert bei einer von Müllers Veranstaltungen auf, wurde sein Fahrer und Vertrauter.

»Ich bin immer wieder erstaunt, wie wohlgeordnet deine Bibliothek ist, Kommandeur«, sagte Herbert zu Sehlings, während sein Blick über das Fach zur Guerilla-Kriegsführung streifte. Er zog T. E. Lawrences *Die Sieben Säulen der Weisheit* aus dem Regal und blätterte darin.

»Lawrence von Arabien. Er beschreibt den arabischen Aufstand gegen das Osmanische Reich in den letzten beiden Jahren des Ersten Weltkrieges«, erklärte Sehlings. »Du kennst sicher den Film mit Peter O'Toole, Anthony Quinn und Omar Sharif.

»Sieben Oscars«, warf der Leiter des Newsrooms nickend ein, ein schlaksiger Zwei-Meter-Mann mit kurzatmiger Stimme. Er hielt Ernesto Che Guevaras *Partisanenkrieg* in der Hand, eine Ausgabe aus dem Jahr 1962, erschienen im Militärverlag der DDR.

»Solltet ihr mal studieren«, rief Sehlings.

»Und wer zum Teufel ist das … Carlos Marighella?« Herbert zeigte auf das Buch, das im Regal neben Che Guevara stand.

»Ein brasilianischer Revolutionär und Theoretiker der Stadtguerilla«, erklärte Sehlings, während er mit dem Schürhaken die Holzscheite im Kamin so positionierte, dass das Feuer wieder auflodern konnte. »Handelt von Flugzeugentführungen als Aktion bewaffneter Propaganda und gibt nützliche Ratschläge zur Störung und zum Sturz von Regimen.« Er legte den Schürhaken beiseite. »Leider komme ich ja nur noch sehr selten zum Lesen. Aber setzt euch doch. Ich bin gleich fertig in der Küche und gieße uns den Cognac ein.«

Das Abendessen war besonders als Anerkennung für den Leiter des Newsrooms bestimmt, dem die junge Partei einen mindestens so großen Teil ihres Erfolgs verdankte wie der emsigen Mitgliederwerbung Herberts. Friedrich Sehlings hatte schon einige Erfahrungen im Aufbau von Parteien gesammelt. Doch nun waren die Zeiten anders. Die Sozialen Medien hatten die traditionellen Zeitungen und Magazine, das Radio und auch das Fernsehen verdrängt. Es gab immer mehr Menschen, die gänzlich auf die traditionellen Medien verzichteten und sich nur noch über Facebook, YouTube und Twitter informierten. Viele Mitglieder und Fans der Deutschlandpartei lebten in einer Parallelwelt, in die Journalisten der »Systemmedien«, wie sie im Parteijargon genannt wurden, längst nicht mehr eindrangen.

Die Sozialen Medien waren nicht Sehlings' Welt, in dieser Hinsicht war er ein Dinosaurier. Er selber benutzte sie nicht und vermied es sogar, wenn es ging, Mails zu schreiben. Er gab seine Befehle lieber mündlich oder telefonisch. Die Machtergreifung würde im 21. Jahrhundert nur mit den Sozialen Medien funktionieren, davon hatte er sich schnell überzeugen lassen.

Hinter dem Begriff Newsroom verbarg sich bereits ein kleines Medienimperium der Partei, das der Leiter des Newsrooms in den vergangenen Monaten aus dem Boden gestampft hatte, bestehend aus unzähligen Facebook-Accounts, WhatsApp-Gruppen, YouTube-Kanälen, Chats und der parteieigenen Internetzeitung *Deutsche Wahrheit*. Der Newsroom-Leiter war ein absoluter Profi. Bevor er bei der Deutschlandpartei anheuerte, war er bei einer international arbeitenden Werbeagentur angestellt und machte Influencer-Kommunikation für Weltmarken.

Friedrich Sehlings goss seinen alten Weggefährten Cognac ein und reichte ihnen die Schwenker. »Auf die alten Zeiten«, sagte er. Dann setzten sie sich in die gemütlichen Sessel vor dem knisternden Kamin.

»Das waren damals schöne Zeiten«, sagte Sehlings. »Heute ist alles so hektisch.« Er wandte sich zu dem Newsroom-Leiter. »Erinnerst du dich noch an unser Lager in Frankreich und die Sache mit der Fahne?«

»Na klar!« Der Kommunikationsprofi nickte. »Das war schon ein Husarenstück damals, wann war das noch?«

»Das muss 1995 gewesen sein«, erwiderte Sehlings. »Ich habe sogar noch einige Fotos davon. In einem Karton mit Andenken aus alten Zeiten auf dem Dachboden.«

»Ich dachte, die hätten wir diesem Idioten von Kameraden damals alle abgenommen und vernichtet, bevor wir ihn so richtig verdroschen haben«, rief Herbert dazwischen.

Sehlings grinste. »Nicht alle. Einen Satz habe ich behalten. Was wir damals gemacht haben, das wäre heute gar nicht mehr möglich. Überall zücken sie heute gleich ihre Fotohandys. Ich bin echt froh, dass es in unseren wilden Zeiten noch kein Mobiltelefon mit Kamerafunktion gab.«

Herbert nickte. »Das Internet vergisst nie.«

»Es hat aber auch viele Vorteile«, nahm der Newsroom-Leiter den Faden auf. »Denkt nur an unsere BDM-Marie. So etwas wäre früher gar nicht möglich gewesen.«

»Da hast du recht«, sagte Sehlings. Vor ein paar Wochen hatte ihm sein Freund per SMS den kurzen Clip geschickt, aufgenommen von einem Bürgerjournalisten. Der Newsroom hatte eine Funktion eingerichtet, mit der besorgte Bürger Missstände melden und anprangern konnten. Ein solcher Bürgerjournalist hatte das Wortgefecht zwischen BDM-Marie und dem Umweltminister am Rande der Sofa-Tour gefilmt und an den Newsroom weitergeleitet.

Friedrich Sehlings wollte es zunächst nicht glauben, als er den Clip das erste Mal sah. Der Newsroom-Leiter witterte sofort die Chance. »Die Frau können wir zum Internet-Kult machen und zum weiblichen Star der Partei. Die hat genau die Street Credibility, die wir brauchen. Die ist 100 Prozent authentisch. Wir hypen sie zum völkischen It-Girl. Wir brauchen dafür nur noch dein Go.«

Friedrich Sehlings hatte sich mittlerweile mit der neuen schönen Kommunikationswelt abgefunden und fragte auch gar nicht mehr nach, was diese ganzen englischen Begriffe bedeuteten. Er vertraute da seinem alten Kameraden voll und ganz. Die PR-Leute waren im 21. Jahrhundert die wahren Politikmacher.

Noch an dem Abend, als er Dr. Adalbert Hausding das erste Mal getroffen hatte, hatte er seinen Freund aus alten Kampftagen angerufen. Der legte sofort los und richtete einen Facebook-Account für den Mann ein. Damals war Friedrich Sehlings noch skeptisch. »Ich glaube nicht, dass dieser alte Mann überhaupt weiß, was Facebook ist«, sagte er. Aber davon ließ sich der PR-Profi nicht abhalten. »Das braucht er auch nicht. Das machen alles wir. Ich trommle ein paar Leute zusammen. Wir brauchen Bewegtbilder. Schick mir deine Jungs rüber, dann bekommen sie Kameras und eine Einweisung. Aus den Reden schneiden wir dann Clips.« Sein Freund klang ganz aufgeregt.

Friedrich Sehlings' Skepsis, was die Macht der Sozialen Medien anging, schmolz innerhalb weniger Wochen dahin. Für den Facebook-Auftritt von Hausding schrieben die Mitarbeiter Kommentare, die haarscharf vor der roten Linie endeten, die das Gesetz zog. »Rassismus geht bei Journalisten immer«, erklärte der Newsroom-Chef. »Da fahren die total drauf ab.«

Und es funktionierte. Florentine Fischer bedankte sich mit einem Beitrag für den *Demokratischen Beobachter* mit der Überschrift: »Die Rassistenpartei«. Darunter ein ganzseitiges Foto von Dr. Adalbert Hausding. Im Artikel hieß es: »Der *Demokratische Beobachter* hat den Facebook-Auftritt des großen Vordenkers der Deutschlandpartei, Adalbert Hausding, analysiert. Das Ergebnis: Viele der Fans der bürgerlichen Vorzeigefigur der neuen Rechtspartei sind Rassisten.«

Die Journalistin führte rund ein Dutzend Kommentare als Beleg für ihre Aussage an. So schrieb eine Frau: »Wenn ich bestimmen könnte, wer nach meinem Tod meine Organe bekommt, wäre ich auch Spender, aber ich will nicht, dass irgendein Asylant meine Organe bekommt. Ich könnte nicht damit leben, dass mein deutsches Herz eventuell in einem Türken schlägt oder was auch immer.«

Den journalistischen Gepflogenheiten folgend, hatte die Nichte ihren Onkel mit den Kommentaren auf seiner Facebook-Seite konfrontiert. »Solche Aussagen sind nicht akzeptabel und entsprechen nicht meinen Überzeugungen«, erklärte er mit unschuldiger Miene. »Wir werden in Zukunft besser aufpassen, was gepostet wird. Ich werde mit den jungen Menschen, die meinen Facebook-Auftritt betreuen, das Gespräch suchen, dass sie demnächst sensibler sind. Ihnen muss klar sein, dass sich Menschen in den Sozialen Medien zu unüberlegten und einfach nur dummen Kommentaren hinreißen lassen. Die Posts der Deutschlandpartei anzulasten, ist allerdings falsch. Sie sind ein Symptom, dass es in unserem Land gärt. Die Kommentare sind ein deutliches Signal für die Zustände in Deutschland. Und die haben die Systemparteien zu verantworten.«

Der Leiter des Newsrooms rekrutierte eine Schar von jungen Freiwilligen, die sich der Medienarbeit für die Partei widmeten. Regelmäßig unterrichte er Sehlings über die neuesten Entwicklungen. »Wir haben jetzt SLAs, Kommandeur. Das steht für Service Level Agreements. Wir haben für uns unsere Reaktionszeiten festgelegt, so etwas macht heute jedes Dienstleistungsunternehmen. Wir reagieren auf Fragen oder Kommentare auf Hausdings Facebook-Account innerhalb von 15 Minuten, zwischen Mitternacht und fünf Uhr morgens innerhalb von 30 Minuten. Wer heute nicht schnell genug ist, der hat schon verloren.«

Der neueste Clou des Kommunikationsprofis war der Launch der Internetzeitung *Deutsche Wahrheit*. »Damit schaffen wir ein Alternativmedium, Kommandeur«, schwärmte er. »Das Ganze soll den Eindruck erwecken, dass es ein journalistisches Produkt ist. Es soll den Anschein von Objektivität haben. Wir bringen alternative Meldungen, all das, worüber die anderen Medien nicht berichten.« Zehn junge Journalisten arbeiteten an dem Projekt und füllten die Seiten der Zeitung Tag für Tag mit alternativen Nachrichten und Wahrheiten.

Sehlings erhob sich von seinem Sessel und prostete Herbert und dem Newsroom-Leiter zu. »Lasst uns anstoßen. Auf BDM-Marie! Eine echte Wuchtbrumme! Auf die *Deutsche Wahrheit*! Auf unsere Mission!«

Herbert und der Newsroom-Leiter taten es ihm nach. »Auf unsere Mission, Kommandeur!« Pling-pling, echoten die aneinanderschlagenden Cognacschwenker.

» «

»Informationen verlängern das Leben«, lautete einer der Lieblingssätze Friedrich Sehlings', er hatte ihn einmal in einem James-Bond-Roman gelesen und sich eingeprägt. Sehlings hatte es sich schon früh zur Gewohnheit gemacht, mitzuhören, was die Leute an Nebentischen sprachen. Er stand im Foyer der Stadthalle, in die die Deutschlandpartei erstmals zu einer größeren Kundgebung eingeladen hatte, und hielt nach neuen Talenten Ausschau. Die Veranstaltung war für das Mittagessen unterbrochen worden. Bei Sehlings am Tisch stand ein älterer Herr, der ihm einen Monolog über Kontrollverlust und die Notwendigkeit der Abriegelung der Landesgrenzen hielt. Plötzlich vernahm er aus einiger Entfernung eine laute, militärische Stimme: »Ich war Kommandeur eines Landeskommandos. Ich sollte eigentlich General werden. Doch meine linken Vorgesetzten haben das verhindert.«

Es waren nicht allein die Worte, die Friedrich Sehlings aufhorchen ließ, es war die Dominanz, die in der Stimme des Mannes lag. Die schnarrende Befehlsstimme übertönte das Gewirr des Small Talks an den Cocktailtischen und das leise, allgegenwärtige Kratzen, das entsteht, wenn Bockwürstchen auf billigem Porzellan zerschnitten werden.

Sehlings warf einen vorsichtigen Blick zur Seite. Am Nachbartisch stand ein Mann, der auf drei junge Parteimitglieder einredete. Alle drei waren sie einheitlich gekleidet: weiße Hemden, schwarze Hosen, rote Krawatten und dazu Hosenträger im gleichen Farbton.

Er hörte weiter zu. »Mit der Deutschlandpartei werden wir das Land wieder auf Vordermann bringen. Als Offizier hat man ja zu führen gelernt. Eine Partei braucht Männer, die sie führen.« Offenbar handelte es sich um einen ehemaligen Offizier der Bundeswehr. Die jugendlichen Zuhörer in den Hosenträger-Uniformen mampften scheinbar unbeteiligt ihren Kartoffelsalat. Sehlings tat weiter so, als lauschte er dem älteren Herrn an seinem Tisch. Unauffällig taxierte er den Mann am Nachbartisch: Mitte sechzig, übertrieben straffe Körperhaltung, mit einer Kombination von grauer Stoffhose und hässlichem Sakko, korrekt gebundene Krawatte, Typ deutscher Stabsoffizier in Zivil.

»Sind Sie denn schon Mitglied?«, unterbrach jetzt einer der jungen Zuhörer kauend den Redefluss des Ex-Militärs.

Der runzelte die Stirn, er war es nicht gewohnt, dass ihn jemand ins Wort fiel, erst recht nicht irgendein Grünschnabel. »Das ist nur noch eine Formsache. Ich regle das nachher mit dem Bundesvorsitzenden persönlich.« Die rüde Unterbrechung war für ihn das Zeichen, das Gespräch zu beenden, weiterzuziehen und sich neue Opfer zu suchen.

Die hatte er bald an einem anderen Tisch gefunden: zwei ältere, vornehme Damen. Sie waren willfährigere Zuhörer als die drei Hosenträger-Jungs. Sehlings holte sich einen Kaffee und stellte sich wie zufällig an den Tisch. »Darf ich?«

Der Ex-Militär nickte nur und redete weiter. »Als Kommandeur und Oberst trägt man natürlich eine große Verantwortung.«

»Sie waren Oberst bei der Bundeswehr?«, unterbrach Sehlings den Redeschwall mit einem Unterton gespielter Bewunderung.

Der Oberst schaute Sehlings tadelnd und erfreut zugleich an: »Sogar Oberst im Generalstabsdienst.« Dabei betonte er die Worte laut und deutlich. Der Mann schien ein großes Bedürfnis nach Abgrenzung zu haben.

Als ehemaliger Feldwebel kannte Sehlings die Marotten der Generalstabsoffiziere, denen während eines zweijährigen Lehrganges an der Führungsakademie in Hamburg-Blankenese immer wieder eingebläut wurde, dass sie innerhalb der Bundeswehr eine Elite bildeten. Das Gute an ihnen: Sie waren berechenbar. In ihrem Denken drehte sich alles um die Karriere. Für Sehlings war die Lage klar: Der Mann litt darunter, dass er für einen Generalsposten erst gar nicht in die engere Auswahl gezogen und als Oberst in Pension geschickt wurde. Jetzt suchte er wohl eine Möglichkeit, um es seinen alten Kumpels in Uniform noch einmal zu zeigen. Eine neue rechte Partei zog immer merkwürdige Typen an: Spinner, Versager, Überengagierte, Opportunisten und eben auch Glücksritter und diejenigen, die sich eine schnelle Karriere und lukrative Posten erhofften. Das kannte Sehlings schon zur Genüge.

»Das ist ja toll, dass auch Generalstabsoffiziere bei uns mitmachen wollen«, sagte Sehlings und ließ einen Versuchsballon starten.

»Wir haben viele Soldaten unter unseren Anhängern. Wir brauchen Männer, die gut organisieren und anpacken können.«

Der Oberst fühlte sich geschmeichelt. »Ich werde das gleich mit dem Bundesvorsitzenden besprechen, wie ich mich einbringen kann.«

»Sehr gut«, sagte Sehlings und nickte. »Plakate kleben, Infostände betreuen, Veranstaltungen im Wahlkampf organisieren. Das alles ist viel Arbeit.«

Der Ex-Militär verzog leicht das Gesicht: »Ja, ja. Das ist sicherlich sehr wichtig. Die Partei braucht jetzt aber erst einmal eine Strategie. Von meinen Erfahrungen als Generalstabsoffizier wird der Bundesvorstand sicherlich einiges lernen können.«

Für Sehlings war die Sache klar. Es war kaum zu erwarten, dass sich der Oberst die Hände schmutzig machen würde. Der war hier in eigener Mission unterwegs. Und die hieß: eine schnelle Karriere als Politiker.

Und instinktiv spürte Sehlings: Von diesem Oberst könnte irgendwann einmal Gefahr für ihn ausgehen.

» «

Es war bereits dunkel, als Friedrich Sehlings die Pfalz erreichte. Über der Landschaft lag zäher Nebel. Im Licht der Scheinwerfer erspähte Sehlings die Zugbrücke, die über den Graben auf die Anlage führte. Er lenkte den Wagen darüber und durch den Fachwerktorbogen auf den Hof. Barbarossa hatte an diesem Wochenende zu einem seiner exklusiven Deutschen Salons auf die Pfalz geladen.

Was von Barbarossa und seinen Anhängern die Pfalz genannt wurde, war ein altes Gehöft mit ausgedehnten Scheunen, Stallungen und Remisen und einem großen Fachwerkhaus im Zentrum. Einsam stand der alte Bauernhof in der kargen, menschenverlassenen Landschaft.

Der Graben umschloss die ganze Anlage, die nur über die hölzerne Zugbrücke erreichbar war. Die einzelnen Gebäude gruppierten sich um einen großen Hof mit Kopfsteinpflaster. Drumherum standen mächtige jahrhundertealte Eichen. Wenn es nötig war, ließ sich das Anwesen komplett abriegeln. Investoren hatten das halbverfallene Gehöft vor einigen Jahren gekauft und daraus ein Zentrum für Barbarossas Deutsche Salons gemacht. Teilnehmen konnte nur, wen Barbarossa höchstpersönlich eingeladen hatte, für das Seminar und die Unterkunft musste eine ordentliche Summe berappt werden. Viele warteten jahrelang vergeblich auf eine Einladung.

Genauso wie die Pfalz Teil einer großen Inszenierung war, war es auch deren Besitzer. Hochaufgeschossen und schon von Jugend an immer eine kerzengerade, straffe Haltung einnehmend, mit großen hervortretenden Augen, einer spitzen Nase, lockigem roten Haar und Bart erinnerte er an den legendären Stauferkönig Friedrich Barbarossa. Bereits auf dem Gymnasium beschäftigte er sich mit dem Mittelalter und pflegte einen exzentrischen Lebensstil. Mit den Jahren baute er diesen Spleen zu einer Attitüde aus und stilisierte sich selbst zu einer Art Kunstprodukt. Sein rotes Ziegenbärtchen ließ er nach dem Vorbild des Barbarossa-Denkmals auf dem Kyffhäuser zu einem langen Rauschebart wachsen. Er las sehr viel, darunter ausgefallene, vor allem rechtsgerichtete Denker und Publizisten. Seine Sprache entwickelte sich zu einer Mischung aus dem knarrenden, abgehackten Kommandoton des Kasernenhofes und intellektueller Verstiegenheit, wie man sie von rechtsintellektuellen Denkern wie Ernst Jünger, Oswald Spengler oder Martin Heidegger kannte, die er verehrte. Das ließ seine Erscheinung noch entrückter erscheinen.

Barbarossa polarisierte. Für die einen war er ein hochintelligenter Charismatiker, für die anderen einfach nur ein skurriler Spinner. Bereits als Jugendlicher hatte er einen Kreis von Gleichgesinnten um sich geschart, eine Art Literaturzirkel, in denen Texte zum Mittelalter, zur Nationalstaatswerdung Deutschlands und rechte, aber auch vereinzelte linke Autoren gemeinsam gelesen und diskutiert wurden. Die Gemeinschaft einte die Liebe zu einem versunkenen heroischen Deutschland, eine Vorliebe für alles Militärische, der Glaube, dass Deutschland eine Mission in der Weltgeschichte habe und dass es an ihnen sei, diese Mission im Namen Deutschland zu erfüllen.

Mit seinen Deutschen Salons zog Barbarossa neue Anhänger heran, die er in seinen Jüngerkreis integrierte. Er nannte diesen Kreis »Diskrepante Bewegung«. Rund zwei Dutzend junger Männer, meistenteils Studenten, Burschenschafter, junge Offiziere oder Reserveoffiziere der Bundeswehr, waren an diesem Wochenende auf die Pfalz gekommen. Zweieinhalb Tage ließen sie sich über die Welterklärungsansätze und Revolutionsvisionen Barbarossas unterrichten.

Das Seminar hatte bereits begonnen, als Friedrich Sehlings in den Pfalzsaal trat, der nur durch Kerzenlicht beleuchtet war. Geräuschlos setzte er sich in die letzte Stuhlreihe. Barbarossa stand kerzengerade und mit ernster Miene vor dem brennenden Kamin an der Stirnseite des Saals. Er trug einen Anzug aus grobem, dunkel-grauem Stoff, vor dem sich sein feuerroter Bart abhob. Das Jackett war bis an den Hals zugeknöpft. Es glich der Kluft, die der frühere nordkoreanische Diktator Kim Jong-Il immer trug.

»Ihr sollt die Avantgarde sein«, rief Barbarossa. »Ihr seid als intellektuell und theoretisch geschulte Männer die Elite der nationalen Bewegung.« Die Stimme Barbarossas war laut und pathetisch. »Eure Aufgabe wird sein, als Berufsrevolutionäre die völkische Bewegung anzuführen, um unsere Mission zu erfüllen und ein neues Deutschland zu erschaffen. Der erste Schritt wird es sein, eine Partei neuen Typus zu erschaffen. Die ersten Kundschafter sind bereits am Werk.«

Barbarossa hatte Sehlings unter den Zuhörern bemerkt und warf ihm einen Willkommensblick zu. Sehlings nickte zurück. Den Vortrag kannte er bereits, er hatte ihn in den letzten Jahren schon oft gehört. Bereits als Schüler hatte Barbarossa Lenins

Schrift *Was tun?* aus dem Jahr 1902 studiert und sich mit dessen Theorie der Kaderpartei beschäftigt. Danach waren für eine Revolution eine straff organisierte Kaderpartei mit Berufsrevolutionären und eine Parteielite notwendig. Nur eine solche »Partei neuen Typus«, wie Lenin sie nannte, sei berechtigt und in der Lage, die Führungsrolle zu übernehmen und die Massen zum Kommunismus zu erziehen. Von so einer Partei träumte auch Barbarossa, nur war ihr zu erreichendes Endziel nicht der Kommunismus.

»Die Kommunisten hatten eine Mission: eine ideale Gesellschaft. Die Berufsrevolutionäre mussten den Proletariern auf die Sprünge helfen, um sich ihrer Klasse bewusst zu werden. Heute müssen wir den Deutschen auf die Sprünge helfen, sich ihrer Auserwähltheit als Volk bewusst zu werden.«

Sehlings ließ seinen Blick über den Saal schweifen, eine größere Bauernstube. In dem eisernen Kronleuchter an der Decke, bestehend aus massiven Eichenbalken und grob bearbeiteten Holzbohlen, brannten Dutzende von Kerzen. Sie und der Kamin waren die einzigen Lichtquellen. In der Ecke stand eine Ritterrüstung, die im flackernden Schein des Kerzenlichts glänzte. An den nur mit Kalk geweißelten Wänden hingen Schwerter und andere Mittelalter-Devotionalien. Der Raum wirkte düster und heimelig zugleich.

Auf massiven Holzstühlen mit hohen, geschnitzten Rückenlehnen und strohgeflochtenen Sitzflächen saßen die zwei Dutzend Männer, alle zwischen zwanzig und dreißig. Die meisten trugen weiße Hemden, blutrote Krawatten und Hosenträger, dazu schwarze Stoffhosen mit Bügelfalte. Ihre schwarzen Lederschuhe waren blank geputzt.

»Wir erleben gerade ein Fatum, das eigentlich Unabwendbare doch noch abzuwenden und unser Land wieder heroischen Zeiten zuzuführen«, sprach Barbarossa und breitete die Arme aus. »Wir müssen die Gunst der Stunde nutzen. Sie ist der Funke. Aus dem Funken wird eine Flamme, aus der Flamme ein Flächenbrand«, sagte der Rotbärtige. Im Saal war es mucksmäuschenstill.

»Der Funke wird zünden«, fuhr er mit ruhiger Stimme fort, in der dennoch stets etwas Kommandomäßiges lag. Die im schummrigen Pfalzsaal Versammelten verstanden die Doppeldeutigkeit seiner Worte: *Der Funke* war auch die Zeitschrift, die Barbarossa herausgab, zunächst als Papierausgabe, seit Kurzem auch in einer Internet-Version.

Der Name war sehr bewusst gewählt: *Iskra*, russisch für Funke, hieß die Zeitschrift, die Lenin zu Beginn des 20. Jahrhunderts herausgab. Genau wie Lenin mit seiner Zeitschrift die verschiedenen Strömungen der Arbeiterbewegung in Russland versammelte, wollte Barbarossa mit dem *Funken* die verschiedenen rechten Strömungen in Deutschland sammeln. Sie war das Zentralorgan der Rechtsintellektuellen in Deutschland und Pflichtlektüre für seine Jünger.

»Jetzt müssen wir die kritische Masse erreichen, damit daraus ein Flächenbrand wird«, führte Barbarossa weiter aus. In seiner Stimmung lag jetzt Euphorie. So nahe wie jetzt war er seinem Traum einer Oktoberrevolution von rechts noch nie gekommen.

»Bevor wir die Macht ergreifen können, müssen wir die kulturelle Hegemonie erringen«, dozierte Barbarossa, auf die Theorie des italienischen Marxisten Antonio Gramsci anspielend. »Wir werden die Machtergreifung nicht durch bloßen Zwang erreichen. Wir müssen die Deutschen davon überzeugen, dass wir sie in die beste aller möglichen Welten führen. Dann werden sie uns freiwillig folgen.« Die Zuhörer hingen gebannt an den Lippen Barbarossas. »Bevor wir das verhasste System darniederringen, müssen wir erst die Schulen und Theater, die Kirchen und die Kinos erobern. Wir müssen die Köpfe der Menschen erobern.

Vor dem blutigen Systemwechsel kommt die schleichende Kulturrevolution.« Barbarossa machte eine Pause und suchte erneut den Blickkontakt mit Sehlings in der letzten Reihe. »Damit bereiten wir den Flächenbrand vor.«

KAPITEL 3

Der Gong ertönte Punkt 18 Uhr. Auf dem Bildschirm fuhren die Balken der ersten Prognose zur Landtagswahl hoch. Für den alten Sehlings war es ein Ritual, jahrzehntelang gepflegt: Egal, um welche Wahl es sich handelte: Er öffnete eine Flasche guten Rotwein und schaute sich die Wahlberichterstattung im ersten Programm an, bis spät in die Nacht. Ganz früher saß er mit seinem Vater und seinem Sohn vor dem Fernseher, mehr oder weniger einträchtig. Dann wurden die Zeiten stürmischer. Sein Vater und sein Sohn verbündeten sich gegen ihn. Die Wahlabende im Hause Sehlings wurden zum Kampfplatz der Ideologien.

Heute saß der alte Sehlings allein in seiner Münchner Altbauwohnung. Diese Wahl war anders als die Wahlen zuvor. Sein Sohn stand auf Platz zwei der Liste einer Partei, die der Vater rundheraus ablehnte. Für ihn war es eine Nazipartei. Dennoch fieberte er mit. Dass sein Sohn in den Landtag einziehen würde, war klar. Seit Wochen hatten die Meinungsforscher der Deutschlandpartei gute Ergebnisse vorhergesagt, sie bei mindestens zehn Prozent angesiedelt. Die Affäre um die »Provinzpack«-Äußerung des Umweltministers hatte sie in den Umfragen noch einmal um ein paar Prozente klettern lassen.

Doch die Umfrageinstitute lagen alle daneben. Mit einem so guten Abschneiden der neuen Partei hatte keiner gerechnet. Die Deutschlandpartei wurde mit 24 Prozent zweitstärkste Kraft im

Landtag und war damit der Christpartei mit ihren 27 Prozent dicht auf den Fersen. Die Ökopartei erhielt 19, die Sozialpartei 17 und die Linkspartei 13 Prozent. Die einzige mögliche Regierungsbildung bestand in einer sogenannten Kenia-Koalition aus Schwarz, Grün und Rot. Die Vertreter der anderen Parteien waren sprachlos, ja geschockt. Der grauhaarige Bundeschef der Ökopartei fand aber bald eine Sprachregelung, der sich die Politiker der anderen Parteien anschlossen: »Die Wahl ist ein Sieg für die Demokratie. Dreiviertel der Wähler haben sich für demokratische Parteien entschieden.«

Nach der zweiten Hochrechnung griff der alte Sehlings zum Telefon und wählte die Nummer seines Sohnes: »Hallo Friedrich, herzlichen Glückwunsch. Ich bin stolz auf dich.« Er kannte den Fleiß seines Sohnes, wusste, welchen Anteil er an dem Wahlerfolg hatte.

»Danke, Vater«, sagte Friedrich Sehlings schmallippig. Damit war das Gespräch auch schon beendet. Sehlings stand inmitten seiner johlenden Anhänger auf der Wahlparty der Deutschlandpartei. Er war gerührt, hatte feuchte Augen. Er dachte an sein Elternhaus, an seine Mutter, an seinen Vater, an seinen geliebten Großvater.

Später am Abend stieß der Co-Vorsitzende Dr. Martin Müller zur Wahlparty. Er kam direkt von den Hauptstadtstudios der TV-Anstalten, wo er den Journalisten nach Bekanntgabe der ersten Hochrechnungen Rede und Antwort stand. Diesmal war er nicht allein, sondern in weiblicher Begleitung, mit der er Händchen haltend Einzug hielt.

Friedrich Sehlings starrte gebannt auf die Frau an Müllers Seite. Nichts um ihn herum bekam er noch mit, nicht den Applaus, nicht Müllers Siegesrede, nicht das spontane Absingen der Nationalhymne. Er sah nur noch die schöne Frau, die da neben dem Bundesvorsitzenden auf der kleinen Bühne des Festsaals stand.

»Mit einer solchen Frau … Mit ihr an meiner Seite könnte ich«, murmelte er erregt vor sich hin.

Ihre Gestalt war makellos. Sie war schlank, hatte lange, naturblonde, wunderbar glänzende Haare, zu einem Pferdeschwanz gebunden, der keck wippte, wenn sie sich bewegte. Sie trug ein enges schwarzes Cocktailkleid mit einem recht gewagten, aber auch sehr geschmackvollen Dekolleté, dazu hatte sie schwarze High Heels an, auf denen sie sich mühelos bewegte. Sie musste so Mitte dreißig sein, schätzte Sehlings. Sie strahlte Intellektualität aus. Sie war eine Augenweide.

Abrupt wurde er aus seinen Gedanken gerissen. »Hallo Herr Sehlings, wollen wir nicht zusammen ein Sektchen schlürfen?« Sehlings blickte in das überschminkte Gesicht und die geistlosen Augen von Marie Köster, die vor ihm stand. »Ich habe mich ja noch gar nicht richtig dafür bedankt, dass Sie mich in den letzten Wochen so toll unterstützt haben. Dass Sie mich in die Partei geholt haben.« Mit diesen Worten riss sie ihn fest an ihren massiven Körper. Er rang nach Luft und versuchte sich zu befreien. Endlich ließ sie ihn los, während sie weiter auf ihn einredete. Sehlings hörte nicht zu, seine Augen suchten die Frau an Müllers Seite.

Das registrierte BDM-Marie. Ihr gerade noch freudestrahlender Blick verfinsterte sich schlagartig. »Schauen Sie sich nur dieses Flittchen an«, sagte sie mit verächtlichem Blick. »Den Typ Frau kenne ich. Die hüpft von einem Bett ins nächste. Die macht für den Müller doch nur die Beine breit, weil er der Parteivorsitzende ist. Macht macht eben sexy«, sagte sie verächtlich.

Sehlings starrte BDM-Marie an. Eine solche tiefgehende Analyse hatte er von dieser Frau gar nicht erwartet. Bevor er etwas sagen konnte, hatte Marie Köster ein neues Opfer entdeckt, ließ Sehlings stehen und drückte schon den nächsten Mann an ihren üppigen Busen. Sehlings Augen suchten wieder die Frau neben

Müller. Dann kam einer seiner Jungs auf ihn zugelaufen. Sehlings wurde gebraucht. Er war der Lenker im Hintergrund, der Zeremonienmeister des Abends. Für das Anhimmeln der schönen Frau war jetzt keine Zeit. Die Mission rief.

Sich Gedanken über die Schönheit an Müllers Seite konnte sich Sehlings erst wieder spät am Abend machen. Der Festsaal des Landgasthofes hatte sich schon fast geleert. Da vernahm er den Befehl des Obersts: »Sehlings, bringen Sie uns mal drei Sekt.« Der Rausch der Wahlergebnisse und wahrscheinlich auch der Genuss von einigen Gläsern Schaumwein hatten den Oberst vergessen lassen, dass er nicht im Offizierskasino war und Sehlings keine Ordonnanz, sondern frisch gewählter Abgeordneter eines deutschen Landtages.

Sehlings drehte sich um. Normalerweise hätte er auf den Befehl des Obersts gar nicht reagiert, doch dann sah er, dass der mit Müller und seiner blonden Schönen zusammenstand. Wortlos befahl er den jungen Mann in Hosenträger-Uniform, der sich wie sein Schatten immer zwei, drei Meter hinter ihm befand, zu sich. »Bring uns mal vier Gläser Sekt!« Sofort zischte der Mann los.

Sehlings ging zu der Dreiergruppe und stellte sich dazu, allerdings nahm keiner Notiz von ihm. Die drei redeten einfach an ihm vorbei.

»Frau Dr. Erdmann-Benz und ich haben uns im Fitnessstudio kennengelernt«, erzählte Müller stolz.

»Sehr interessant«, erwiderte der Oberst.

»Sie ist Philosophie-Dozentin an der Uni. Sie hat mich in ihr Seminar eingeladen«, gab Müller mit der Frau an seiner Seite an.

»Interessant, interessant«, wiederholte der Oberst. Er hatte wohl tatsächlich schon ein paar Gläschen zu viel intus, mutmaßte Sehlings.

Dann kam Sehlings' Schatten mit dem Sekt. Die vier stießen miteinander an, ohne dass einer der drei anderen Sehlings weiter beachtete. Der hörte jetzt zum ersten Mal die klare Stimme der Frau, die er so unverhohlen anstarrte.

»Ich unterrichte die Philosophie politischer Theorie und gebe gerade ein Seminar zur Demokratietheorie. In meinen Augen fehlt der Tagespolitik einfach die theoretische Durchdringung«, bemerkte die Schöne.

»Interessant, interessant«, warf der Oberst ein.

»Deshalb habe ich Martin gebeten, in meinem Seminar einen Gastvortrag zu halten. So können wir voneinander lernen«, fuhr sie fort. Dabei tätschelte sie Müllers Arm und blickte ihn verliebt an.

»Die Deutschlandpartei ist die Partei des demokratischen Aufbruchs in der Mitte der Gesellschaft in Zeiten der Abklärung«, dozierte die Philosophin weiter. »Und was wir jetzt brauchen, statt noch mehr Aufklärung, ist eine Abklärung.«

»Sehr interessant«, sagte der Oberst erneut. Sehlings hatte den Eindruck, dass der Oberst überhaupt nicht verstand, was die schöne und intelligente Frau da redete, waren doch dessen Augen fest auf den tiefen Ausschnitt der blonden Frau geheftet.

»Angelika hat nach ihrem Philosophie-Studium über irgendetwas mit Postdemokratie promoviert«, mischte sich jetzt Müller wieder ins Gespräch ein und sah seine Begleiterin zärtlich und mit einem Schuss Lüsternheit an. »Sie nimmt gerade das akademische Großprojekt in Angriff, die Gesamtausgabe der Schriften ihres Doktorvaters im Suhrkamp Verlag zu lektorieren«, erklärte Müller dem Oberst.

»Woher kommt der Doppelname?«, fragte der Oberst unverblümt. »Sind Sie etwa verheiratet?«

Diese plumpe Anspielung überhörte die Philosophin geflissentlich. »Den Namen Erdmann-Benz gibt es seit dem 19. Jahrhundert, mit der Heirat zweier Industrie-Dynastien. Das waren meine Ururur-Großeltern. Das Unternehmen ist noch heute im Familienbesitz.«

»Mit einer solchen Frau an meiner Seite …«, murmelte Friedrich Sehlings. Keiner der drei anderen hörte ihn, sie ignorierten ihn noch immer. Eine solche Gefährtin hatte er sich in seiner Kindheit und Jugend immer an seiner Seite gewünscht. Eine Schwester, mit der er gegen die grüne Spießigkeit des Elternhauses rebellieren konnte. Eine Freundin, der er seine jugendlichen Wünsche und Träume anvertrauen konnte. Das war ihm nicht vergönnt. Er musst sich seine Verbündeten außerhalb des Elternhauses suchen, außerhalb seines familiären Milieus, außerhalb der gesellschaftlichen Klasse, in die er hineingeboren wurde.

Noch in der Nacht setzte sich Sehlings in seiner Bibliothek vor den Laptop und lud die Doktorarbeit der schönen Philosophin herunter. Das Feuer im Kamin knisterte. Er druckte sie aus, 245 DIN-A4-Blätter. Dann setzte er sich in einen der Lehnsessel, goss sich einen Cognac ein, lehnte sich zurück und studierte das Deckblatt: *Parteipolitische Machtmechanik in Zeiten der Abklärung: Ein Beitrag zu einer Dialektik der Postdemokratie – Inauguraldissertation zur Erlangung des Doctor philosophiae von Magistra Artium Angelika Erdmann-Benz.*

Er blätterte um und las den ersten Satz der Arbeit: »Die Aufklärung war ein Großprojekt der europäischen Zivilisation …« Er las weiter. Im Schein des Feuers und seiner Leselampe studierte er die Doktorarbeit. Die Buchstaben verschwammen mit dem Bild der schönen Philosophin. Sie ging ihm nicht mehr aus dem Kopf.

Friedrich Sehlings hatte ein Frauenproblem. Er stand auf intellektuelle Frauen aus gutem Hause. Das war ein Überbleibsel seiner bildungsbürgerlichen Vergangenheit. Schon in seiner Jugend zog es ihn zum Typ sittsame höhere Tochter, zu jenen bildungsbeflissenen Mädchen, die den Salon seiner Mutter besuchten. Mit einigen von ihnen war er auch ausgegangen. Sie wollten mit ihm über Jean-Paul Sartre und die französische Literatur sprechen, er mit ihnen über die Helden der SS. Sie zierten sich, wiesen ihn zurück. Sie standen mehr auf die verweichlichten Künstler, die bei den Abenden in seinem Elternhaus im Mittelpunkt standen.

Er hasste diese feminisierten, antifaschistisch gesinnten Männer, suchte die Revolte. Ausgerechnet der von seiner Mutter so geliebte Bertolt Brecht setzte ihn aufs richtige Gleis. Sein Deutschlehrer erzählte einmal, dass sich der Dichter seine graue Arbeiterkluft aus bestem Material maßschneidern ließ. Die Brille im schlichten Kassengestell-Design war furchtbar teuer, der Proletarier-Look reine Inszenierung. Brechts Spiel mit den Identitäten gefiel dem jungen Sehlings. Er schor sich die Haare, änderte seinen Kleidungsstil, legte sich eine Brille wie Bert Brecht zu, eine Zeit lang trug er sogar einen Oberlippenbart wie der Arbeiterdichter.

In seinem Lieblingsbuch, Fests Hitlerbiografie, las er, dass die Trägerschicht der faschistischen Bewegungen das Kleinbürgertum war. Friedrich Sehlings wollte dazugehören. Er wollte auch Kleinbürger werden. Wie Brecht sich als Proletarier inszenierte, so versuchte er es fortan als rechter Kleinbürger. Er wechselte das Milieu, engagierte sich bei der Jugendorganisation der Christpartei, trat in eine arg konservative Pennäler-Verbindung ein, wurde Mitglied bei völkischen Wandergruppen. Er liebte die Lagerfeuerromantik, wo junge Männer noch Männer sein, sich noch über Männerthemen in Männersprache unterhalten durften.

Dort fand er einen Freund, der das gleiche Faible hatte wie er, der an die gleiche Mission glaubte. Sie gründeten einen Literaturzirkel, diskutierten mit anderen Jungs linke und rechte Theoretiker, schwelgten in Revolutionsfantasien. Die Mädchen, die Sehlings in den rechten Kreisen kennenlernte, waren handfester. Sie zierten sich nicht, protestmännliches Gehabe törnte sie erst richtig an. Sie verstanden es, wenn er von der SS erzählte, wünschten sich doch viele von ihnen so einen Helden zum Mann. Mädchen vom Typ BDM-Marie gab es dort viele. Doch die begehrte er nicht.

Er las die ganze Nacht, jedes kluge Wort der Doktorarbeit der schönen Philosophin, bis ihn in seinem Lehnsessel, mit dem Stapel Kopien auf seinem Schoß, die Augen zufielen. Sein schläfriger Blick fiel auf den SS-Dolch seines Großvaters. Was hätte sein Vorfahr jetzt an seiner Stelle getan? Wie konnte er Dr. Angelika Erdmann-Benz für sich gewinnen? Wie konnte er sie seinem Erzrivalen Dr. Müller ausspannen? Mit diesen Fragen im Kopf schlief der frischgebackene Landtagsabgeordnete der Deutschlandpartei in seinem Lehnsessel ein.

» «

Dr. Adalbert Hausding betrat sein neues, geräumiges und repräsentatives Büro im Landtag, das Büro des Fraktionsvorsitzenden. Er setzte sich an seinen Designer-Schreibtisch aus Glas und Edelstahl. Hinter ihm an der schneeweißen Wand hing ein Porträt von Charles Maurice de Talleyrand, dem französischen Staatsmann und Diplomat, der während der Französischen Revolution, der Napoleonischen Kriege und des Wiener Kongresses wirkte. Er diente insgesamt sechs verschiedenen französischen Regimen, und stets hatte er dabei hohe Ämter inne. Er galt als Meister des Opportunismus und der Anpassungsfähigkeit. Hausding hatte sich einst intensiv mit ihm befasst und auch einige Aufsätze über ihn veröffentlicht.

Die Büros und Möbel, die Computer und auch die Fernseher, die in jedem Büro hingen, stellte die Landtagsverwaltung den Fraktionen. Die Ausstattung war stets die gleiche, keine Fraktion wurde bevorzugt behandelt. Die Vorsitzenden erhielten stets die größten Büros, auch sie, was Größe des Raums und die Zahl der

Fenster betraf, völlig identisch. Sie hatten auch Anrecht auf einen Schreibtisch, der ein paar Zentimeter breiter war als der der normalen Abgeordneten. Ebenso standen den Fraktionsvorsitzenden ein Konferenztisch mit sechs Stühlen sowie eine Sitzgruppe mit vier schwarzen Ledersesseln mit Edelstahlgestell zu, geschaffen von dem Designer, der auch den Schreibtisch ersonnen hatte. Dazu ein niedriger, quadratischer Glastisch, ebenfalls mit einem Gestell aus Edelstahl.

Normale Abgeordnete hatten für ihr Büro nur Anrecht auf zwei Edelstahlsessel und einen wiederum um einige Zentimeter schmaleren Glastisch. Den konnten sie allerdings auf schriftlichen Antrag gegen drei Stühle und einen höheren Konferenztisch eintauschen, damit sie in ihren Büros Besprechungen abhalten konnten. Über die genaue Einhaltung der Vorschriften wachte die Landtagsverwaltung. Die Abgeordneten hatten auch das Recht, an den weißen Wänden »Raumschmuck ihrer Wahl« aufzuhängen, wie es in der Raumnutzungsanweisung hieß, die in einem dicken Ordner eingeheftet war, den die Landtagsverwaltung den hundert Abgeordneten per Post nach Hause schickte, noch bevor die Fraktionen sich konstituierten.

In diesem Ordner stand alles, was der neue Abgeordnete wissen musste. Aber auch Parlamentarier der anderen Fraktionen, von denen einige bereits in der fünften Legislaturperiode im Parlament saßen, bekamen die Ordner zugeschickt. Auch sie mussten den Erhalt mit einem vorausgefüllten Formular quittieren. In dem Ordner waren noch andere Insignien der Macht: der Landtagsausweis und eine Bahncard Erster Klasse. Damit konnten die Abgeordneten in ihrem Bundesland jederzeit jeden Zug kostenlos nutzen.

Wer eigene Bilder in seinem Büro aufhängen wollte, musste dazu einen schriftlichen Antrag bei der Landtagsverwaltung stellen. Denn nur den Hausmeistern des Landtages war es erlaubt, in die Wände des Landtagsgebäudes Nägel einzuschlagen. Bei der Einsatzplanung der Hausmeister galt die Reihenfolge des Eingangs des entsprechenden Formulars im Büro des Landtagspräsidenten. Der wurde mit einem Datum-Zeit-Stempel genau dokumentiert. Parlamentarismus bedeutete, wie die neuen Abgeordneten der Deutschlandpartei schnell feststellten, zuallererst einmal Bürokratie.

Dr. Adalbert Hausding hatte in seinem Büro nur das Porträt des französischen Staatsmanns aufhängen lassen. Das hatte er vor Jahrzehnten auf dem Flohmarkt erworben, seitdem begleitete es seine Karriere als Staatsbeamter. Bei jedem Dienstpostenwechsel, bei jeder Beförderung zog es mit um. Nach seiner Pensionierung war es zunächst auf den Dachboden der Vorstadtvilla gewandert, die Hausding bewohnte. Bei seinem Einzug in den Landtag wurde es entstaubt und wieder in Dienst gestellt.

Das Porträt Talleyrands war das erste Bild überhaupt, das die Hausmeister aufhingen. Sie scherten sich nicht um die festgelegte Reihenfolge. Sie alle hatten die Deutschlandpartei gewählt, einige waren sogar Parteimitglieder. Weiter hatte der Fraktionsvorsitzende keine persönlichen Dinge mit in den Landtag gebracht. Für ihn sollte es nur eine Zwischenstation sein. In nicht allzu ferner Zeit war Bundestagswahl. Dr. Adalbert Hausding wollte dorthin, wo es wirklich um etwas ging, wo wirklich Politik gemacht wurde. Er wollte ins Regierungsviertel nach Berlin.

Vor Hausding auf dem Schreibtisch lag ein riesiger Stapel mit Bewerbungsmappen. Große Lust, ihn durchzuarbeiten, hatte er nicht. Es waren 25 Bewerbungen auf die Position des Fraktionsgeschäftsführers, des Verwaltungschefs der Fraktion, der die Mitarbeiter führte, sich um die Finanzen kümmerte und für einen reibungslosen Ablauf der Parlamentsarbeit sorgte. Nach den Wahlen war die Deutschlandpartei mit 24 Abgeordneten ins Landesparlament eingezogen. Damit standen der Fraktion 150.000 Euro im

Monat zur Verfügung. Damit konnte sie sich einen ansehnlichen Mitarbeiterstab leisten: Sekretärinnen, Fachreferenten für die Parlamentsausschüsse, Presseleute und eben auch einen Fraktionsgeschäftsführer.

Hausding war in der ersten Fraktionssitzung zwei Tage nach der Wahl einstimmig zum Fraktionsvorsitzenden gewählt worden, Friedrich Sehlings zum Parlamentarischen Geschäftsführer, jenem Abgeordneten, der sich um die reibungslose Parlamentsarbeit und die inhaltliche Arbeit kümmert. Im englischen Parlament hieß diese Position Chief Whip, der Chef-Einpeitscher. Und das war auch Sehlings' neue Aufgabe: Er musste die frisch gewählten, unerfahrenen Abgeordneten auf Linie bringen.

»Wir sind 24 Neulinge im Parlament. Da habe ich genug zu tun«, erklärte Sehlings. »Ich werde mich nicht um die Personalauswahl für den Fraktionsstab kümmern können. Das kann alles der Fraktionsgeschäftsführer machen.« Um die Ausschreibung dieses Postens hatte er sich aber noch gekümmert. Die 25 aussichtsreichsten Kandidaten hatte er Hausding mit den Worten übergeben: »Der Fraktionsgeschäftsführer ist für Sie die wichtigste Person. Dem müssen Sie unbedingt vertrauen. Deshalb sollten Sie sich Ihren Mann selber aussuchen. Der Rest der Fraktion wird Ihrem Urteil zustimmen. Dafür sorge ich.« Dann fügte er noch hinzu: »Leider sind nicht viele gute Leute dabei. Bei einer jungen Partei mit unserer Ausrichtung bewirbt sich nur eine bestimmte Klientel.«

Was Sehlings meinte, wurde Hausding schnell klar, als er die ersten Bewerbungen aufschlug: »Ich habe immer gewusst, dass es wieder eine Führerpartei geben wird. Jetzt ist sie da. Jetzt möchte ich in erster Reihe mitmarschieren.« Ein Großteil dieser Bewerbungen kam von Leuten, die selbst Hausding als Nazis bezeichnen würde. Sie sahen in der Deutschlandpartei die Nachfolgerin der NSDAP. Auf alle schrieb Hausding nur ein Wort: »Absage«.

Nicht besser war die zweite Gruppe: die offensichtlichen Versager, die ihre eigenen Fehlleistungen den Ausländern und dem System in die Schuhe schoben. »Seit zwanzig Jahren bin ich arbeitslos, weil dieses links-grün-versiffte System lieber Asylanten Arbeit gibt als ehrbaren Deutschen.« Auch sie markierte er mit dem Wort »Absage«.

Schwieriger war es mit der dritten Gruppe: den rechtsintellektuellen Akademikern. Viele waren zwischen Mitte dreißig und Anfang fünfzig mit einem Dr. phil. vor ihrem Namen. Sie schlugen sich in irgendwelchen universitären Nischen oder als freie Publizisten durch. Jetzt witterten sie ihre Chance auf einen gut bezahlten Job im rechten Milieu und standen bereit, die Gedanken ihrer Leib-und-Magen-Denker in aktive Politik umzusetzen. »Meine Promotion schrieb ich über Alain de Benoist. Meine über 65 Aufsätze umfassende Publikationsliste zur Kulturrevolution von rechts habe ich dieser Bewerbung angeheftet. Meine Kenntnisse der Gedankenwelt gerade der kulturellen Hegemonie sollen die Grundlage der Arbeit Ihrer Fraktion sein.« – »Ein Projekt wie das der Deutschlandpartei muss auf der Grundlage der Philosophie von Dominique Venner stehen. Dafür will ich als Fraktionsgeschäftsführer sorgen.« Allen diesen Bewerbungen umwehte ein Hauch des Akademisch-Elitären, was Hausding eigentlich gefiel. Doch so richtig zufrieden war er damit auch nicht. Er wusste, dass diese Akademiker keine Ahnung von praktischer Politikarbeit und Verwaltung hatten. Sie sollten Kleine Anfragen, Parlamentsanträge und Reden schreiben, aber keine philosophischen Abhandlungen. Deshalb bekamen auch sie eine Absage.

Hausding war schon fast am Ende des Packens angelangt und hatte immer noch keinen gefunden, den er sich als Fraktionsgeschäftsführer vorstellen konnte. Er schlug die letzte Bewerbung auf. Da wusste er sofort: Den wollte er haben. Hier passte alles: Volljurist mit Prädikatsexamina, Promotion in Verwaltungsrecht,

Hauptmann der Reserve. Und das alles mit gerade einmal Anfang dreißig. Außerdem stand er sofort zur Verfügung. Der Name des Bewerbers: Dr. Lorenz Meyer.

Wenige Tage später stellte er sich vor. Friedrich Sehlings war bei dem Gespräch dabei und schaute immer wieder verstohlen auf seine Armbanduhr. Er hätte dies aber gar nicht heimlich tun müssen. Die beiden anderen Männer in den Designer-Ledersesseln in Hausdings Landtagsbüro nahmen kaum Notiz von ihm, so sehr waren sie in ihr juristisches Fachgespräch vertieft. Er hätte genauso gut woanders sein können. Doch Hausding bestand darauf, dass Sehlings bei dem Bewerbungsgespräch mit Dr. Lorenz Meyer dabei war. »Sie müssen ja auch mit ihm zusammenarbeiten. Sie sollten ihn deshalb auch kennenlernen.«

Es gab zwei Themen, bei denen Hausding aufblühte: Kniffelige juristische Verwaltungsprobleme und französische Kultur. Wenn er jemanden fand, mit dem er sich gleichrangig über diese Themen unterhalten konnte, dann vergaß er die Zeit und alles um sich herum. Außerdem glaubte Hausding an eine natürliche Hierarchie der menschlichen Gesellschaft: Unten waren die normalen Menschen, darüber kamen die Juristen und an der Spitze standen die Juristen mit Promotion.

Diese berufliche Kameraderie war es wahrscheinlich, die Müller und Hausding bei der Gründung der Deutschlandpartei zusammengeführt hatte. Beide waren promovierte Juristen. Dabei waren sie vollkommen verschieden, sie hatten ganz entgegengesetzte Ansichten von Politik. Doch die Zweckfreundschaft der beiden hatte schnell zu bröckeln begonnen.

Sehlings langweilte sich. Er musste einst auf Drängen seiner Mutter Französisch lernen, wurde von ihr mit den französischen Klassikern im Original malträtiert. Und Juristisches war ihm ein Graus. Aus der deutschen Geschichte wusste er: Keiner wechselt bei einem Umbruch des Systems schneller die Fronten als Juristen.

Endlich hatten die beiden ihr Gespräch beendet. Hausding sagte zu Sehlings: »Ich will Dr. Meyer oder keinen.« Sehlings nickte Hausding zu, schaute Meyer an. Auch der schaute Sehlings an. Beide lächelten. Ihr Plan hatte funktioniert.

Dr. Adalbert Hausding und Dr. Lorenz Meyer verstanden sich auf Anhieb. Schnell gewann der junge Jurist das Ohr seines älteren Fachkollegen. Der Fraktionsvorsitzende vertraute seinem Geschäftsführer und unterschrieb ungeprüft, was der ihm vorlegte. Der junge Mann war ein Workaholic. Im Nu hatte er die Mitarbeiter des Fraktionsstabes rekrutiert. Die meisten trugen bald rote Krawatten und rote Hosenträger.

Meyer wusste, dass die Parlamentsarbeit zweitrangig war. Keiner der Abgeordneten interessierte sich wirklich dafür. Es gab sogar welche, die ganz ungeniert vom Landtag als »Quasselbude« sprachen. Sie griffen damit auf ein Wort von Hermann Göring zurück, der einst den Reichstag so bezeichnet hatte. Zuallererst sahen die Abgeordneten die Fraktion als Basis für den Aufbau der Partei. Sie bot vom Steuerzahler finanzierte Räume und Computer, vor allem aber Posten für Mitarbeiter. All das ließ sich, wenn sie einige Regeln einhielten, auch anderweitig nutzen. »Wir müssen strengstens darauf achten, dass Fraktion und Partei getrennt sind. Wir dürfen keine Fraktionsgelder für die Partei verwenden«, hatte Dr. Lorenz Meyer in einer Fraktionssitzung den Abgeordneten erklärt. »Aber es gibt immer kreative Wege, die völlig legal sind und einem gewisse Vorteile bringen.«

Eine der ersten Maßnahmen, die er der Fraktion vorschlug, war, zwei Kleinbusse auf Fraktionskosten anzuschaffen. »Wenn die Busse nicht benutzt werden, können Mitarbeiter und Abgeordnete sie zum Selbstkostenpreis von der Fraktion mieten«, erklärte Meyer den Abgeordneten. Er hatte auch gleich eine schriftliche Verfahrensanweisung ausgearbeitet, die die Abgeordneten einstimmig beschlossen. »Damit sind wir juristisch auf der sicheren Seite.« Dass die Abgeordneten die Busse hauptsächlich für Parteizwecke nutzten, stand auf einem anderen Blatt.

Den Tipp mit den Kleinbussen und der Verfahrensanweisung hatte der Fraktionsgeschäftsführer von zwei Mitarbeitern des Landesrechnungshofes bekommen. »Das ist gängige Praxis«, hatten sie ihm erzählt. »Das machen alle so.« Meyer hatte schnell Kontakt mit den Mitarbeitern jenes Verfassungsorgans aufgenommen, das überwachen sollte, ob die Behörden des Landes und auch die Fraktionen die öffentlichen Zuwendungen so verwendeten, wie die Gesetze es vorschrieben. Die beiden Prüfer hatten sich sofort als Wähler der Deutschlandpartei geoutet. Sie hatten zwar hochdotierte Posten, aber eigentlich waren sie völlig machtlos. Immer wenn sie eine gesetzliche Regelung zu den Fraktionsfinanzen bemängelten, änderten die Fraktionen das Gesetz zu ihren Gunsten. Darin waren sich alle Parteien immer sehr schnell einig.

Im Landtag wurden die Abgeordneten und Mitarbeiter der Deutschlandpartei von den Reinigungskräften, Hausmeistern, Fahrern, Sicherheitsleuten und auch von vielen Sachbearbeitern freundlich willkommen geheißen. Die meisten von ihnen waren wohlwollend gegenüber der neuen Fraktion bis hin zu verdeckter Unterstützung. Die höheren Ebenen dagegen zeigten den Neuankömmlingen mehr oder weniger offen ihre Ablehnung. Die Landtagsverwaltung war ein mühsam austariertes System, bei dem die Positionen oft bis auf Referentenebene nach dem Parteibuch vergeben wurden. Jetzt war die Deutschlandpartei in dieses System eingedrungen. Viele hofften, dass die Partei nach fünf Jahren wieder aus dem Landtag verschwinden würde, sahen sie doch ihre Pfründen in Gefahr.

Die Befindlichkeiten der Landtagsverwaltung interessierten Dr. Lorenz Meyer wenig. Auch er sah die Fraktion nur als Mittel, um ein weitergehendes Ziel zu erreichen. Auch er kannte die berühmte Goebbels-Rede und zitierte sie oft im kleinen Kreis: »Wenn die Demokratie so dumm ist, uns für diesen Bärendienst Freikarten und Diäten zu geben, so ist das ihre eigene Sache.«

»«

Wenn Friedrich Sehlings das Bedürfnis hatte, sich das Herz auszuschütten, verabredete er sich mit Oliver Felsenstier, dem Herausgeber des *Jungen Deutschlands*. In aller Regel trafen sie sich im »Alten Fritz«, der Stammkneipe des Journalisten in Berlin-Kaulsdorf. Statt Latte macchiato und Tofu-Würstchen gab es hier Bier und Korn und große Schnitzel mit reichlich Pommes.

Zum ersten Mal war Friedrich Sehlings Felsenstier während seines Einsatzes als Fallschirmjäger auf dem Balkan begegnet. Während einer Lagebesprechung vor einer ziemlich heiklen Operation stand er da plötzlich im Briefingroom unter den Offizieren. Mit seinem Hawaiihemd und Jeans stach der kleine, gedrungene Mann mit Halbglatze deutlich hervor. Keiner stellte ihn vor. Sehlings, damals Feldwebel, hatte gelernt, dass man in solchen Situationen beim Militär besser keine Fragen stellte.

Immer wieder kreuzten sich ihre Wege. Wenn irgendwo eine neue rechte Partei oder Gruppierung entstand, war früher oder später Felsenstier zur Stelle. Bald entstand zwischen den beiden eine Freundschaft.

Oliver Felsenstier war ein Abenteurer. Er fühlte sich in den verschiedensten Milieus wohl, hatte in vielen Ländern gelebt, gearbeitet und gekämpft. Er sprach mehrere Sprachen fließend, darunter Russisch und Arabisch. Mochte er auch aussehen wie der nette Hausmeister von nebenan, umwehte ihn doch stets eine Aura des Geheimnisvollen.

Vor zehn Jahren hatte er die Wochenzeitung *Junges Deutschland* gegründet. Woher die Geldgeber kamen, wusste wohl nur er selber, er sprach nie darüber. Gerüchte besagten, die Investoren säßen irgendwo in der früheren Sowjetunion oder im Nahen Osten. Die Leser des Blatts interessierte es nicht. Das *Junge Deutschland* besetzte eine Marktlücke. Es sollte das rechte Gegenstück zum linksliberalen *Demokratischen Beobachter* sein, der immer dienstags seine Klientel bediente. Drei Tage zuvor, am Samstag, brachte das *Junge Deutschland* seine alternative Weltsicht an den Mann.

Die Zeitung bot ein buntes Spektrum an Themen. Dazu gehörten die Verherrlichung der heroischen Seiten der deutschen Geschichte, der Kampf gegen »Gender Mainstreaming« und den grünen Gesellschaftsumbau und die Anprangerung der Zustände in Deutschland im Allgemeinen. Einen hohen intellektuellen Anspruch hatte sie nicht. Barbarossa hatte nach seinem Studium der Geschichte und Philosophie eine Zeit lang als Redakteur beim *Jungen Deutschland* seine Brötchen verdient. Die Arbeit ödete ihn allerdings an. Er hielt die Zeitung für ein niveauloses rechtes Schundblatt und kehre ihr bald den Rücken.

Während der *Demokratische Beobachter* mit sinkenden Verkaufszahlen kämpfte, stieg die Auflage des *Jungen Deutschlands* mit jeder Krise im Land. Vor allem die Flüchtlingskrise und die Gründung der Deutschlandpartei und deren spektakulärer Einzug in den ersten Landtag kurz darauf hatten der Zeitung neue Leserströme zugeführt. Unter den Abonnenten waren Soldaten, Polizisten, Beamte und Angestellte des Öffentlichen Dienstes, aber auch Kleingeschäftstreibende und Freiberufler sowie rechtsgesinnte Lehrer. Sie war das Leib- und Magenblatt der Mitglieder und Wähler der Deutschlandpartei. Auch die werbetreibende Industrie hatte das Alternativmedium inzwischen für sich entdeckt. Die wachsende Wählerschaft der Deutschlandpartei, darunter viele junge Anhänger in der werberelevanten Zielgruppe, war keineswegs zu vernachlässigen. Bald gruppierte sich um die Zeitung herum auch ein florierender Buchverlag.

Journalisten anderer Medien rümpften die Nase über das *Junge Deutschland*. Doch das störte Oliver Felsenstier nicht. Er hatte nie den Anspruch erhoben, ein objektives, sich an den hehren Grundsätzen des deutschen Journalismus orientierendes Blatt herauszugeben. Für ihn war seine Zeitung ein Propaganda-Medium. Und ein Deckmantel für die vielen Geschäfte und Machenschaften, in die er involviert war.

Das *Junge Deutschland* hatte seine Redaktion auch nicht in Berlin-Mitte wie viele andere Medien, sondern in einem Reihenhauskomplex in Berlin-Kaulsdorf am östlichen Rand der Hauptstadt. In dem Einfamilienhausgebiet, hinter den endlosen Gartenzaunfronten wohnten auch viele der Abonnenten des *Jungen Deutschlands*, Mitglieder und Fans der Deutschlandpartei. In dieser Oase der Kleinbürgerlichkeit bewegte sich Oliver Felsenstier wie ein Fisch im Wasser.

Die beiden Freunde bestellten Bier. »Schön, dass es heute geklappt hat«, sagte Oliver Felsenstier. »Wir haben das in letzter Zeit viel zu selten gemacht.«

»Die letzten Monate waren wirklich stressig. So eine Partei ist wie ein Kindergarten«, erwiderte Sehlings. »Und dann bin ich ja auch noch Parlamentarischer Geschäftsführer einer Landtagsfraktion, gewissermaßen Abgeordneten-Dompteur. Und alle haben sie die Abgeordnetenkrankheit.«

Der Chefredakteur sah Sehlings fragend an. Das Wort kannte er noch nicht.

»In dem Augenblick, in dem sie registrieren, dass sie Abgeordnete sind, wechseln sie komplett ihr Verhalten«, erklärte Sehlings. »Plötzlich verfügen sie über finanzielle Ressourcen und denken, dass sie Macht über Menschen haben. Jeder macht vor ihnen den Bückling, ›Ja, Herr Abgeordneter!‹ – ›Sehr wohl, Herr Abgeordneter!‹ Das steigt zu Kopf. Sie führen sich auf wie Könige.«

»Verstehe.« Felsenstein kannte diese eingebildete Wichtigkeit von den Neureichen östlich der Elbe, denen das Ende des Kalten Krieges ein Vermögen zugespielt hatte.

»Ich kann dir sagen«, redete Sehlings weiter, »die Erfolge bei den Wahlen haben richtigen menschlichen Schrott in die Landtage gespült. Da sind einige dabei, die noch nie im Leben gearbeitet haben. Für sie ist das Mandat der letzte Anker.« Sehlings seufzte. »Es wurde jeder genommen, der die Hand hochhielt, besonders auf den hinteren Listenplätzen. Es wäre besser gewesen, wenn wir am Anfang nicht einen so großen Erfolg gehabt hätten.«

»Ja, ihr habt nicht gerade den besten Ruf«, sagte Felsenstier.

»Wenn es nur das wäre«, erwiderte Sehlings. »Die Lobbyisten gehen bei uns schon ein und aus. Schmierige Adelige, die uns wegen irgendwelcher Landrückgabe-Sachen nerven. Und die Jagd- und Kleinwaffenlobbyisten. Und unsere Abgeordneten sind ihren Verlockungen gnadenlos ausgeliefert.«

Bei dem Wort Waffenlobbyisten spitzte Oliver Felsenstier die Ohren.

»Du wirst es kaum glauben: Einer unserer Landtagsabgeordneten hat auf einer Sicherheitsmesse einen Lobbyisten des Waffenproduzenten GISSÜSS kennengelernt und ihn zu einer Produktvorstellung in den Landtag eingeladen. Das konnte ich gerade noch verhindern. Dann sind ein paar Abgeordnete mit dem Fraktionsbus zur Fabrik gefahren, haben die ganzen Waffen auf der Werksschießbahn ausprobiert. Und sich natürlich üppig bewirten lassen.«

Felsenstier schien ehrlich erschrocken. »Oh, Mann, wie gefährlich war das denn! Und das hat kein Journalist mitbekommen?«

»Ich konnte gerade noch verhindern, dass die Abgeordneten Bilder ins Internet stellen, auf denen sie mit den Waffen poussieren.«

Felsenstier schüttelte den Kopf.

Aber im Grunde interessiert das alles auch keinen«, fügte Sehlings hinzu. »Im Hintergrund läuft schon die Verbrüderung mit dem rechten Flügel der Christpartei. Da finden regelrechte nächtliche Sauftouren statt.« Sehlings schwieg einen Moment, dann fuhr er fort: »Ich kann es den Konservativen in der Christpartei auch gar nicht verdenken. Die Partei rutscht immer weiter nach links, und dann noch dieser schwule Umweltminister ...«

»Der neue starke Mann der Christpartei«, führte Felsenstier den Satz zu Ende. Er legte seine Hand auf den Arm von Sehlings und sagte leise: »Du weißt, Friedrich, wenn ich dir irgendwie helfen kann, ich bin für dich da.«

» «

Es war reiner Zufall, dass Florentine Fischer auf Hans-Jürgen Lehmann stieß. Sie war auf der Fahrt zu einem Termin in einer kleinen Provinzstadt. Unterwegs stellte sie fest, dass ihr die Papiertaschentücher ausgegangen waren, und sie fuhr den erstbesten Supermarkt an. Am Eingang fiel ihr ein Schild auf: »Klauende Asylanten bitte draußen bleiben«. Ihre journalistische Neugier war geweckt.

Sie fragte an der Kasse nach dem Inhaber des Ladens. Ein paar Sekunden später stand vor ihr ein schlanker, hochgewachsener Mann, geschätzt Mitte vierzig, mit stechenden, stahlblauen Augen. Offensichtlich trieb er regelmäßig Sport, er hatte einen athletischen Körper. Als sie sich als Redakteurin des *Demokratischen Beobachters* vorstellte, bezeichnete er sie als linke System-Journalistin, doch zeigte er keinerlei Scheu, der jungen Frau aus Berlin seine Weltsicht mitzuteilen. »Wir müssen uns doch mal ehrlich machen. Wer in der dritten oder vierten Generation in Deutschland lebt und einen deutschen Pass hat, ist deshalb noch lange kein Deutscher. Das sind Invasoren in unsere Ethnie. Wenn Sie mich fragen: Deutscher ist nur, wer für das Jahr der Reichsgründung 1871 vier deutsche Großeltern nachweisen kann.«

Trotz seiner merkwürdigen Vorstellungen machte der Mann großen Eindruck auf die Journalistin. Er war ein Charismatiker. Der Mann hatte Geschichte und Biologie studiert, wollte Gymnasiallehrer werden. Doch nach dem Referendariat änderte er seine Pläne: »Statt einer Laufbahn in unseren links-grünen Umerziehungsanstalten habe ich das Lebensmittelgeschäft meiner Eltern übernommen«, erklärte er mit sanfter Stimme. »So habe ich mir die Freiheit erhalten, zu sagen, was ich denke. So wurde ich nicht vom System zwangsentmannt.«

»Bingo«, dachte die Journalistin. Es war gerade ein paar Tage her, dass sie ihr Chefredakteur zu sich gerufen und erklärt hatte: »Mir reicht es mit den Stiefel-Nazis und den Trash-Nazibräuten à la BDM-Marie. Ich möchte den ganz normalen deutschen Next Door-Nazi im Blatt haben.«

Die blonde Journalistin saß mit ihrem Block auf den Knien vor dem Schreibtisch des Chefredakteurs und schrieb mit: »… Next Door-Nazi«.

»Es scheint in Deutschland doch mehr völkisch denkende Menschen zu geben, als wir wahrhaben wollen«, fuhr der Chefredakteur fort. »Machen Sie eine Porträt-Serie über die Völkischen in Deutschland. Fahren Sie durchs Land und spüren ein paar dieser bürgerlichen Nazis auf.«

Die junge Journalistin sagte nichts und schrieb fleißig mit. Sie wusste, dass ihr Chef nicht zuhörte, wenn er monologisierte. Oft diktierte er seinen Mitarbeitern die Story direkt in den Block. Sie hatte nichts dagegen, das sparte einem enorm viel Arbeit.

»Der Hausding ist ja wohl auch einer von diesen bürgerlichen Biedermännern und Brandstiftern. Der soll brauner sein, als wir alle denken«, redete sich der alte Journalist in Fahrt. Seine junge

Kollegin rutschte verlegen auf dem schwarzen Ledersessel hin und her, ihr wurde mulmig. »Der hatte doch hohe Posten in der Verwaltung inne. Wie kommt der eigentlich zur Deutschlandpartei? Das sollten Sie mal recherchieren.« Die Journalistin hörte auf mitzuschreiben. »Was wissen wir eigentlich über den, über seine Familie? Was macht so ein Typ Sonntagnachmittags? Trifft der sich zum Kaffee und Kuchen mit anderen Nazis?«

Dr. Florentine Fischer wurde rot, drückte sich tiefer in den Sessel. Doch der Chefredakteur sah sie gar nicht mehr, so sehr war er in seinem Redeschwall. »Da haben wir Milliarden für Programme gegen rechts ausgegeben! Heerscharen von Akademikern, eine ganze Antifaschismusindustrie lebt von solchen Projekten. Und alles hat nichts genützt.«

»Ich kümmere mich darum«, hakte die junge Journalistin ein, stand schnell auf und verdrückte sich aus dem Raum.

Und nun stand er vor ihr, in einem Lebensmittelladen in der Provinz, das Paradebeispiel des braunen Bürgers von nebenan. Die Journalistin konnte ihr Glück kaum fassen.

Der Text, den sie noch am selben Tag verfasste, gefiel dem Chefredakteur außerordentlich, er lobte die Autorin vor der versammelten Redaktion. »Sie haben das mit viel Einfühlungsvermögen geschrieben. Genau so einen wollte ich haben! Und was für ein höflicher Kerl: Er hat auf das Schild vor seinem Geschäft sogar extra ›bitte‹ geschrieben.« Der Text kam unverändert ins Blatt mit der Überschrift: »Der nette Nazi von nebenan«.

» «

Friedrich Sehlings stand am Herd in der engen Küche seines Bahnwärterhauses und rührte in der braunen Soße. Er trug eine Schürze mit der Aufschrift »Kommandeur der Küchenbrigade«. Sie war ein Geburtstagsgeschenk seiner beiden Freunde Herbert und Dr. Lorenz Meyer. Sie hatten den Spruch extra für ihn aufsticken lassen.

»Wir sind deine Küchenbrigade, so hieß bei uns das Küchenpersonal«, erklärte der gelernte Koch Herbert seinem Freund. »Bei der Bundeswehr kommandiert ein Kommandeur ja auch eine Brigade.« Überall sonst war Herbert es, der kochte. Aber hier unterwarf er sich gerne den Befehlen seines Freundes, wie er es sonst auch immer tat. Herbert und Lorenz Meyer saßen am Küchentisch. Der eine kümmerte sich um den Nachtisch, braune Schokoladencreme. Der andere bereitete den Salat vor.

Lagebesprechung der Küchenbrigade: So hatten die drei Freunde ihre gemeinsamen Kochabende im Bahnwärterhäuschen des Kommandeurs schon immer genannt, lange vor der Gründung der Deutschlandpartei. Nach dem Essen gingen sie stets in Friedrich Sehlings' Bibliothek. Bei einem guten Cognac am knisternden Kamin schmiedeten sie Pläne für die nächsten Etappen ihrer Mission.

Friedrich Sehlings mochte Herbert sehr, stets war der ihm treu ergeben. Er beneidete seinen Kameraden aber auch in zweierlei Hinsicht. Trotz seiner Beleibtheit und seines nicht sehr günstigen Aussehens hatte Herbert einen Schlag bei den Frauen. Doch da war noch etwas anderes: Herbert war ein wirklicher Kleinbürger. Er war in diese Gesellschaftsschicht hineingeboren, lebte die kleinbürgerlichen Werte, hatte sie verinnerlicht. Sehlings dagegen rutschte, wenn er unachtsam war, aus seiner Rolle raus. Dann ließ sich seine bildungsbürgerliche Herkunft nicht verleugnen.

Wie Herbert war auch Dr. Lorenz Meyer einer von Friedrich Sehlings' Schläfern, die er mit einem Anruf reaktivieren konnte, wenn sich eine neue Gelegenheit auftat. Dabei war er das genaue Gegenteil von Herbert: Er war Ideologe, wog jeden Satz, den er sagte, sorgfältig ab und sagte niemals ein Wort zu viel. Er verfolgte unbeirrt seinen Weg, Abweichungen und Verirrungen gab es nicht. Er wollte nicht auffallen, weder durch sein Äußeres noch durch sein Verhalten. Er war unnahbar. Manchmal auch für Sehlings und Herbert. Nur wenige kannten seine Schwächen. Er war ein »Mann ohne Eigenschaften«, wie Dr. Adalbert Hausding ihn einmal gegenüber Sehlings bezeichnet hatte.

Als Sehlings Meyer das erste Mal begegnete, war der ein 15-jähriger, hochintelligenter Gymnasialschüler auf der Suche nach seiner Identität. Es war bei einem Tag der Offenen Tür in der Kaserne, in der Sehlings als Fallschirmjäger diente. Meyer trat an den Feldwebel heran mit den Worten: »Sie sehen aus wie ein Mann aus einer früheren deutschen Epoche, den ich sehr verehre.« Da war der Entschluss gefasst, den jungen Mann unter seine Fittiche zu nehmen, er wurde sein Mentor und führte ihn in seine rechten Kreise ein.

Der Mentor erkannte sehr schnell die Intelligenz, das strategische Denken und die Arbeitsleistung des jungen Mannes. Sehlings schlug Meyer vor, nach dem Abitur die Laufbahn der Reserveoffiziere einzuschlagen und zur Fallschirmjägertruppe zu gehen. Vor seiner Abreise zur Offizierbewerberprüfzentrale ermahnte er ihn noch, bloß nicht seine Weltanschauung durchblicken zu lassen. Das war aber gar nicht nötig. Schon als Schüler hatte Lorenz Meyer das Tarnen und Täuschen so internalisiert, dass außerhalb des engeren Kreises der Gesinnungsgenossen keiner wusste, was er eigentlich dachte. Sein Jugendzimmer war so spartanisch eingerichtet, dass es an eine Gefängniszelle erinnerte. Keine Popstars an der Wand und auch keine Bilder von Panzern und Soldaten der Wehrmacht wie damals in Sehlings' Jugendzimmer. Sogar die Bücher, die er las, verschloss Meyer nach dem Lesen schnell wieder in seinem Schrank.

Bei all ihren biografisch bedingten Unterschieden verbanden Friedrich Sehlings, Lorenz Meyer und Herbert drei Eigenschaften: der unverrückbare Glaube an ihre Mission, eine nicht zu unterschätzende Skrupellosigkeit bei ihrer Durchsetzung und ein instinktives Gespür für Organisation. Das machte sie zu einer verschworenen Gemeinschaft. Sie konnten sich aufeinander verlassen.

Auf dem Küchentisch lag die Ausgabe des *Demokratischen Beobachters* mit Florentine Fischers Story über Hans-Jürgen Lehmann. »Dieser Lehmann ist genau der Mann, nach dem wir so lange gesucht haben«, sagte Friedrich Sehlings, während er am Herd in der braunen Soße rührte. »Der Leiter unseres Newsrooms war völlig aus dem Häuschen. Das ist das Holz, aus dem völkische Posterboys geschnitzt werden, sagte er.« Kaum hatte er das Porträt im *Demokratischen Beobachter* gelesen, hatte sich Sehlings schon auf den Weg gemacht, den Mann mit den blauen Augen zum Essen eingeladen und im Gespräch seine Vergangenheit abgecheckt. Er fragte ihn, ob er nicht in die Partei eintreten wolle, und sagte ihm jede Unterstützung zu. Lehmann willigte sofort ein.

Sehlings wusste, dass er selber alles andere war als ein Posterboy. Er konnte organisieren und netzwerken wie kaum ein anderer, aber er war kein Charismatiker. Wenn er redete, kam er immer wie ein Feldwebel rüber, der einer Kompanie Fallschirmjägern Befehle zubellte. Barbarossa kam für die Rolle der charismatischen Persönlichkeit, die er brauchte, nicht infrage. Zwar gab es viele rechtsintellektuelle junge Männer und Frauen, die ihn anhimmelten und unbedingt Mitglieder seines Jüngerkreises, der Diskrepanten Bewegung, sein wollten. Für die meisten aber war er ein verschrobener Spinner. Und er war schwer zu kontrollieren. Auch Lorenz Meyer war nicht der Richtige für diese Rolle. Mochte sein Aussehen auch so manches Frauenherz schwach werden lassen, so war er doch spröde, kalt und unnahbar. Ebenso ungeeignet war Herbert. Zwar konnte er reden wie Goebbels und war ein Organisationstalent, aber mit seiner Leibesfülle und dem gemütlichen und freundlichen Aussehen eines Teddybären schien er eher als Mann zum Knuddeln. Auch fehlte ihm intellektuelle Größe.

»Wir können wohl bald die ›Operation Bolschewiki‹ starten«, sagte Sehlings.

Lorenz Meyer sah von dem Salat auf, den er gerade anrichtete: »Jawohl, Kommandeur. Ich werde alles vorbereiten, um das Deutsche Herz zu gründen. Bringst du Lehmann und Barbarossa zusammen?«

Sehlings nickte. »Ja, ich fahre mit Lehmann zur Pfalz, damit er unseren Posterboy ideologisch ein wenig einfangen kann. Oliver hat ihn übrigens auch schon in der Mangel.«

Nach Lehmanns Parteieintritt hatte Oliver Felsenstier den Supermarktbetreiber nach Berlin-Kaulsdorf zu einem Interview mit dem *Jungen Deutschland* eingeladen. Lehmann fühlte sich geschmeichelt, war er doch seit Langem ein eifriger Leser. Der Blatt-Chef besaß eine ganz spezielle Art, Vertrauen aufzubauen und den Menschen auch noch das letzte Geheimnis zu entlocken.

Das Interview war mehr als ein Interview, es war klassische Gesprächsaufklärung, wie sie Nachrichtendienstler überall auf der Welt beherrschten. Felsenstier hatte Lehmanns Vorlieben und Schwachstellen im Nu herausgefunden: seine Bewunderung für Russland und dessen Autokraten und sein Faible für Nazireenactment, das Nachspielen der Geschichte des Dritten Reiches. Anschließend lud Felsenstier Lehmann in den »Alten Fritz« ein. Bei Schnitzel und Pommes entdeckten sie ihre gemeinsame Leidenschaft für russischen Wodka. Felsenstier war viel in den Ländern der früheren Sowjetunion herumgereist, und Lehmann sah in Russland einen natürlichen Verbündeten Deutschlands gegen die Dekadenz der USA. Der Wirt kam kaum hinterher, die Gläser immer wieder neu zu füllen.

»Du kannst in der Partei Großes erreichen«, sagte Felsenstier nach dem fünften oder sechsten Glas. »Du hast Charisma. Du faszinierst die Menschen, übrigens nicht nur die Frauen.«

»Meinst du das im Ernst?«, fragte Lehmann.

»Na klar.«

»Darauf lass uns trinken.« Sie stießen an. Die Gläser klirrten.

Felsenstier war trinkfest, das hatte er in Russland gelernt. Auch nach einer Flasche Wodka wusste er immer noch, was er tat. Dennoch hatte er dem Wirt vorsichtshalber ein Zeichen gegeben, ab da war in seinem Wodka-Glas nur noch Leitungswasser. Irgendwann sagte er zu Lehmann: »Du wirst der neue Führer.«

»Du scherzt?« Lehmanns stahlblaue Augen weiteten sich.

»Nein. Wir schaffen das!«

Die Führer-Idee schien Lehmann überaus zu gefallen.

» «

Dr. Martin Müller streckte wohlig die Beine aus und betrachtete die Zimmerdecke. Die feingewebte Seidenbettwäsche umspielte seinen nackten Körper. Vom Bett aus sah er sich jedes Detail der sorgfältig ausgearbeiteten und noch sorgfältiger restaurierten Stuckdecke an. Die Philosophin hatte er losgeschickt, Brötchen und Bioeier zu holen. Er fühlte sich wohl, sehr wohl. Bisher hatte er das Liebeslager stets nur mit den Sekretärinnen und Sachbearbeiterinnen seines Finanzamtes geteilt. Wie anders war diese Wohnung in dem Berliner Gründerzeithaus im Vergleich mit denen seiner früheren Gespielinnen: Seidenbettwäsche statt Baumwoll-Bezügen, Designer-Einrichtung statt Spanplatten aus dem Stadtrand-Möbelmarkt, hohe Decken statt der Wohnkäfige des sozialen Wohnungsbaus.

Er reckte die Arme und gähnte sich die letzte Müdigkeit aus dem Körper. Ein neuer Tag als Bundesvorsitzender der Deutschlandpartei konnte beginnen. Er schlüpfte in den seidenen Morgenmantel, den ihm seine Freundin zum Geburtstag geschenkt hatte, und ging ins Bad. Es war größer als die allermeisten Wohnzimmer. Dr. Angelika Erdmann-Benz hatte Geschmack, und ihre Eltern hatten Geld. Gleich nach ihrer Nominierung als Bundestagskandidatin hatte die Familie Erdmann-Benz die große Wohnung im Prenzlauer Berg in Berlin gekauft. »Die Frau sollte ich heiraten«, murmelte Müller vor sich hin. Bisher hatte er sich allen Hochzeitsabsichten entzogen, die Richtige war noch nicht dabei gewesen. Er stand auf jüngere Frauen, und manchen von ihnen schien der Vorsteher eines Finanzamtes eine gute Partie.

Er hörte, wie die Wohnungstür aufgeschlossen wurde, dann die klare Stimme von Angelika Erdmann-Benz. »Ich bin wieder da, Martin.«

Hast du die Bioeier bekommen, die ich haben wollte?«, rief Müller zurück.

Die Philosophin seufzte, rief dann aber freundlich: »Ja, habe ich. Das *Junge Deutschland* ist auch schon gekommen.«

Müller betrat die Küche und setzte sich an den Tisch, wo seine Freundin ihm die Zeitung hingelegt hatte. Sie bereitete am Herd die Rühreier zu.

Müller las die Überschrift. In riesigen Lettern stand da: »Der aufrechte Deutsche«. Darunter, die ganze Zeitungsseite einnehmend, war Hans-Jürgen Lehmann abgebildet. Er stand aufrecht, sein Blick weit nach vorne gerichtet, die rechte Hand heroisch zum winkenden Gruß erhoben. Diese Position kannte Müller von den Standbildern römischer Kaiser.

»Schau dir das mal an!«, kommandierte er seine Gespielin zu sich.

Die Philosophin ließ von den Eiern ab und trat an den Tisch.

»Was ist denn das wieder für ein Mist? Das ist doch dieser Nazi, über den der *Demokratische Beobachter* kürzlich geschrieben hat«, sagte Lehmann.

Sie setzte sich auf den Schoß des Politikers, beide lasen den Text, er leise, sie laut: »Die Deutschlandpartei soll eine nationale und vor allem soziale Partei werden, eine Partei der kleinen Leute.

Dafür will Hans-Jürgen Lehmann bis an das Ende seiner Tage kämpfen.«

Die Philosophin hörte auf zu lesen und schaute ihren Freund an: »National und sozial? Kommt mir irgendwie bekannt vor.«

Müller schaute grimmig. »Sei still! Mir ist jetzt schon übel. Da steckt doch bestimmt wieder dieser Sehlings dahinter.«

»Der Sehlings?«, fragte Angelika Erdmann-Benz erstaunt.

»Der hat doch auch diese Köster in die Partei geholt. Lies weiter!«, kommandierte er.

Der Artikel endete mit den Worten: »Auch die stellvertretende Bundesvorsitzende der Deutschlandpartei, Marie Köster, ist ganz begeistert von dem unbeugsamen und aufrechten Deutschen Hans-Jürgen Lehmann: ›Das ist wirklich mal ein richtiger deutscher Mann. Mit seinen tiefen blauen germanischen Augen hat er die Zukunft Deutschlands und unserer Partei im Blick. Er ist der neue Star unserer Partei.‹«

Die Philosophin war erbost. »Diese Schlampe!« Sie erinnerte sich noch gut an das erste Zusammentreffen mit BDM-Marie. Es war während der Wahlparty zum Einzug in den Landtag auf der Damentoilette des Landgasthofes. Als sich die Philosophin vor dem Spiegel den Lippenstift nachzog, stand die ihr damals gänzlich unbekannte Frau plötzlich hinter ihr und rief: »Willst noch was werden? Schmeißt dich deshalb wohl so an den Müller ran. Solche Flittchen können wir in der Partei gar nicht gebrauchen.« Dann drehte sich Marie Köster um und stampfte aus der Toilette. Seitdem herrschte Zickenkrieg zwischen den beiden Frauen.

Müller reagierte nicht darauf, was seine Freundin zu ihm sagte. Es roch verbrannt, und vom Herd stieg Rauch auf. »Himmel, die Eier!«, stieß er hervor.

Laut fluchend stürzte die Philosophin zum Herd.

» «

Die Aufregung war Hans-Jürgen Lehmann anzumerken, während der Fahrt rutschte er die ganze Zeit unruhig auf dem Beifahrersitz hin und her. Endlich kam die Zugbrücke zur Pfalz in Sicht. »Ich verehre Barbarossa seit Jahren, lese alles von ihm«, sagte er zu Friedrich Sehlings, als sie durch den Torbogen auf den Hof fuhren, »er ist ein großer Denker. Sehlings parkte den Wagen. Kaum waren sie ausgestiegen, rannten auch schon zwei Männer der Diskrepanten Bewegung in Hosenträger-Uniform auf die beiden zu, nahmen militärische Grundstellung ein und salutierten.

»Guten Tag, Herr Lehmann«, rief der eine. »Wir heißen Sie als Ehrengast auf der Pfalz herzlich willkommen. Dürfen wir Sie ins Haus geleiten?«

Lehmann wusste gar nicht, wie ihm geschah, und blickte Sehlings ungläubig an. Dann trottete er ihm und den beiden Uniformierten hinterher. Sie führten die Gäste in die Bibliothek, wo zwei Gläser mit Wasser für sie bereitstanden. »Vielleicht möchten Sie eine kleine Erfrischung«, rief der zweite Uniformierte. »Sie hatten ja eine lange Fahrt. Ihr Gepäck werden unsere Kameraden auf Ihre Stuben bringen. Der Vortrag geht gleich los.«

Während sie ihr Wasser tranken, wollte sich Lehmann in der schummrigen Bibliothek, die nur vom Kaminfeuer beleuchtet wurde, etwas umsehen. Er kam aber nicht weit. Ohne dass ihn jemand hätte hereinkommen hören, stand plötzlich Barbarossa mitten im Raum. Herzlich willkommen«, rief der Rauschbärtige mit pathetischer Stimme. »Ich begrüße einen aufrechten deutschen Mann auf meiner Pfalz.« Er trat näher und streckte Lehmann die Hand entgegen. »Ich freue mich besonders, dass gerade Sie heute unser Ehrengast bei meinem Vortrag sind und Sie einige der besten Kameraden meines Jüngerkreises kennenlernen dürfen.« Kurz und wortlos schüttelte er auch Friedrich Sehlings die Hand, dann rief er: »Es ist Punkt 16 Uhr, wir sollten beginnen. Pünktlichkeit ist eine deutsche Tugend, die hier noch gepflegt wird.«

Im selben Augenblick schlug auch schon die alte Standuhr vier Mal. Die beiden Uniformierten öffneten die Tür zum Pfalzsaal, stellten sich rechts und links kerzengerade auf und warteten. »Meine Herren …«, sagte Barbarossa, zu Lehmann und Sehlings gewandt: »Ich bitte Sie, mir zu folgen.« Er schritt durch die Tür in den Pfalzsaal, dahinter Lehmann, dann Sehlings.

Auf den Stühlen im Pfalzsaal saßen rund fünfzig junge Anhänger der Diskrepanten Bewegung in ihrer typischen Hosenträger-Uniform. »Achtung!«, schrie einer der Männer. Blitzschnell erhoben sich alle und nahmen militärische Grundstellung ein. »Barbarossa, ich melde Ihnen 51 Angehörige der Diskrepanten Bewegung in den Pfalzsaal zum Vortrag über die Bolschewistische Revolution eingerückt.«

Jetzt ergriff Barbarossa das Wort: »Guten Tag, deutsche Männer! Guten Tag, deutsche Frauen!«

»Guten Tag, Barbarossa«, schallte es im Chor zurück.

Barbarossa gab Handzeichen, dass sie sich setzen sollten. Er führte Lehmann zu einem Tisch, der vorn als eine Art Logenplatz aufgestellt war. Auf einem großen Schild stand: »Ehrengast Hans-Jürgen Lehmann«. Sehlings ging nach hinten und setzte sich wie üblich auf einen Stuhl außen in der letzten Reihe. Von hier aus konnte er sich das Theaterstück ansehen, das speziell für den heutigen Abend inszeniert worden war. Für einen einzigen Zuschauer: Hans-Jürgen Lehmann.

Mit lauter, klarer Stimme begann Barbarossa zu reden: »Deutsche Männer und Frauen! Ich begrüße euch heute sehr herzlich zu meinem Vortrag. Doch bevor ich beginne, möchte ich unseren heutigen Ehrengast begrüßen, den aufrechten Deutschen Hans-Jürgen Lehmann.«

Die Männer und Frauen begannen zu klatschen. Lehmann erhob sich zögernd und machte eine kleine Verbeugung.

Dann begann Barbarossa mit seinem Vortrag: »Wladimir

Iljitsch Lenin war ein sehr geschickter Kommunikator. Obwohl sie eigentlich die Minderheit waren, nannte sich sein radikaler Flügel der Sozialdemokratischen Arbeiterpartei Russlands einfach Bolschewiki, also Mehrheitler. Ihre Gegner nannten sie Menschewiki, die Minderheitler …«

Von seinem Platz in der letzten Reihe sah Sehlings, wie Lehmann auf Wolken schwebte. Endlich durfte er einer Vorlesung eines seiner geistigen Helden beiwohnen, er machte sich sogar Notizen. Sehlings unterdrückte ein Gähnen, den Vortrag Barbarossas konnte er inzwischen schon fast wörtlich mitsprechen.

Es gab Zeiten, da konnte er mit dem Pathos, mit dem Barbarossa sich zu umgeben suchte, besser umgehen. Beide kannten sich jetzt schon mehr als 30 Jahre. Als sie das erste Mal bei einer Wanderfahrt aufeinandertrafen, waren sie beide gleichaltrige Jungs auf der Suche nach einer rechten Identität. Sie mochten sich, freundeten sich an, gründeten einen Literaturzirkel. Schnell war die Arbeitsteilung klar. Barbarossa, damals noch mit einem schütteren Ziegenbärtchen, war mehr der intellektuelle Charismatiker, Sehlings mehr der Macher, der die intellektuellen Denkspiele Barbarossas in Handlungen umsetzte und der die Jünger des Rauschbärtigen so führen konnte, dass sie auch ihm willig folgten.

Einer dieser Jünger benutzte einmal aus einer Laune heraus für Friedrich Sehlings den Spitznamen »Commander«, was ihm jedoch sofort einen Rüffel Barbarossas einbrachte: »Ein deutscher Mann darf keine Spitznamen aus der amerikanischen Militärkultur tragen. Im deutschen Militär heißt das Kommandeur.« Seit dieser Zeit trug Friedrich Sehlings den Spitznamen Kommandeur.

Nach dem Vortrag führte Barbarossa Lehmann und Sehlings in die Bibliothek, Sie nahmen in den schweren, braunen Ledersesseln vor dem lodernden Kamin Platz. Ein Serviermädchen mit streng nach hinten geflochtenem Zopf, in weitem Rock, Schnürmieder und Schnürstiefeln brachte drei große steinerne Krüge Bier herein. Die drei Männer ergriffen die Krüge.

Lehmann war ganz beglückt. »Ich bin seit Langem ein großer Anhänger von Ihnen«, rief er. »Aber was ich heute hier erlebt habe, hat mich wirklich überzeugt.«

»Sie kennen meine Schriften und Bücher«, ergriff Barbarossa das Wort. »Dann wissen Sie ja auch, dass ich ein großer Kritiker der Deutschlandpartei bin. Sie ist, wie alle Parteien, ein waberndes Schleimgebilde, wie eine Qualle, nicht fassbar, nicht greifbar, ohne Geist. Es ist etwas Ekelhaftes.«

Lehmann nickte demonstrativ. Was Barbarossa sagte, war auch seine Ansicht.

»Es herrschen die Karrieristen, es herrschen die Postenjäger«, fuhr der Rauschbärtige mit theatralischer Stimme fort. »Es herrschen die, für die Politik nur ein Zeitvertreib ist. Die Partei wird von Männern dominiert, denen jegliches Verständnis für den deutschen Geist fehlt. Männer, die unser heiliges Deutschland längst aufgegeben haben für ihre eigenen geistlosen Ambitionen.«

Lehmann nickte immer heftiger mit dem Kopf.

»Erlauben Sie mir, dass ich eine sehr vereinfachte Form der Lenin'schen Theorie auf Ihre Partei anwende. Zu den Menschewiki gehört die Mehrheit in der Deutschlandpartei. Sie wollen Reformen, sie wollen Posten im Parlament und in den Regierungen und hoffen so, das Blatt umzuwenden. Aber das wird nicht funktionieren. Wir brauchen einen Umsturz, eine Revolution. Doch das geht nur mit einer Kaderpartei. Wenn Sie Erfolg haben wollen, müssen Sie die Deutschlandpartei zu einer Kaderpartei umbauen.«

Lehmann hing förmlich an den Lippen Barbarossas. Der strich sich den Rauschebart und fuhr fort: »Was Sie brauchen, sind geschulte Berufsrevolutionäre, die Ihr Handwerk verstehen. Sie brauchen uns. Ich möchte Ihnen gerne meine Männer und Frauen der Diskrepanten Bewegung zur Verfügung stellen. Sie werden die bolschewistische Kerngruppe sein, mit der Sie die Deutschlandpartei zu einer Revolutionspartei umbauen können. Man könnte sie Deutsches Herz nennen, denn sie ist das Herz der neuen nationalen und sozialen Bewegung. Auch der Führer hat sich damals eine solche Organisation geschaffen.«

Bei der Erwähnung des Wortes »Führer« leuchteten Hans-Jürgen Lehmanns stahlblaue Augen. Lehmann war wie berauscht von den Ideen Barbarossas, und ebenso berauscht war Barbarossa, dass er jemanden gefunden hatte, bei dem seine Revolutionsfantasien auf fruchtbaren Boden fielen.

Ruckartig stand Barbarossa auf, Lehmann und Sehlings taten es ihm gleich. Dann hob der Rauschbärtige den Krug und sagte mit kräftiger Stimme: »Auf das heilige Deutschland.« Die drei stießen miteinander an.

Friedrich Sehlings hatte sich die ganze Zeit vornehm zurückgehalten, er war höchst zufrieden mit dem Ablauf des Abends. Dass Lorenz Meyer und der Leiter des Newsrooms bereits einen detaillierten Fahrplan zur Gründung des Deutschen Herzens samt Logo und Corporate Design ausgearbeitet hatten, behielt er lieber für sich. Ihnen hatte bisher nur der richtige Mann an der Spitze gefehlt. Der war nun gefunden und in die Spur gesetzt. Jetzt brauchte Sehlings nur noch den Marschbefehl zu geben für die »Operation Bolschewiki«.

» «

Florentine Fischer blickte auf ihr Handy und gab die Adresse des »Alten Fritz« auf der Seite des Online-Kartendiensts ein. Vor dieser Pressekonferenz war sie noch nie in Kaulsdorf gewesen. Sie hatte sich in der Zeit verschätzt und kam zu spät. Am Eingang drückte ihr eine junge Frau in einem himmelblauen T-Shirt mit einem großen blutroten Herzen auf Brusthöhe einen Jutebeutel in die Hand. Der Saal des »Alten Fritz« war restlos überfüllt, sie musste an der Wand stehen. Das ärgerte sie. Die anderen Vertreter der Hauptstadt-Leitmedien saßen ganz vorne, direkt vor dem Tisch, an dem Marie Köster und Hans-Jürgen Lehmann Platz genommen hatten. Hinter ihnen war ein großes himmelblaues Rollup mit einem großen blutroten Herz in der Mitte. Ebensolche Fahnen hingen an den Wänden.

Seitdem sie vor knapp zwei Jahren, damals noch als Jung-Redakteurin, die Berichterstattung über die gerade gegründete Deutschlandpartei übertragen bekommen hatte, war viel geschehen. Die Partei war nicht nur als zweitstärkste Kraft in den ersten Landtag eingezogen, mit ihrem Onkel als Fraktionschef. Sie zog in ein Landesparlament nach dem anderen ein. Nun stand die Bundestagswahl an, und alle Demoskopen sagten voraus, dass sie auch in den Berliner Reichstag kommen würde.

Keiner ahnte bei ihrer Gründung, dass diese Partei so viel Erfolg haben würde. Alle dachten, das Ganze sei nur ein Strohfeuer – und dass die Deutschlandpartei genauso schnell wieder in der Versenkung verschwinden würde wie all die anderen Versuche in der Geschichte der Bundesrepublik, eine Partei rechts von der Christpartei zu etablieren. Ein alter Kollege, der im Berliner Büro des *Demokratischen Beobachters* für die Sozialpartei zuständig war, sagte damals zu ihr: »Na, Kindchen, da hast du dir ja einen echten Rohrkrepierer andrehen lassen.«

Florentine Fischer griff in den Jutebeutel und zog die Pressemappe hervor, ebenfalls himmelblau mit blutrotem Herz. Sie blickte auf den ebenfalls himmelblauen Jutebeutel, der jedoch anders bedruckt war: Statt des blutroten Herzens war in dessen Mitte das blutrote Schattenrisskonterfei von Hans-Jürgen Lehmann zu sehen, darunter in dicker weißer, gotischer Schrift die Worte: »Der aufrechte Deutsche«.

Die Journalistin griff noch einmal in den Jutebeutel. Irgendetwas Schweres war noch darin. Es war ein himmelblauer Kaffeebecher, ebenfalls mit dem blutroten Konterfei Lehmanns und der gleichen Aufschrift. Offenbar standen die Anhänger der Deutschlandpartei auf Personenkult, dachte sie.

Da begann auch schon die Pressekonferenz. Erst sprach Lehmann, dann Marie Köster. Florentine Fischer war ziemlich irritiert, und ihren Kollegen ging es ebenso. Hans-Jürgen Lehmann sprach nämlich gar nicht von der Deutschlandpartei und dem Deutschen Herzen, um dessen Gründung es an diesem Vormittag gehen sollte, sondern von der Sozialdemokratischen Arbeiterpartei Russlands, er sprach von Menschewiki und Bolschewiki und auch von Lenin.

Die Redakteurin des *Demokratischen Beobachters* hatte zu wenig Ahnung von der Russischen Revolution und vom Kommunismus, als dass sie verstand, worauf Lehmann eigentlich hinauswollte. Der frisch gewählten stellvertretenden Vorsitzenden des Deutschen Herzens, Marie Köster, schien es ebenso zu ergehen. Während Lehmann dozierte, spielte sie demonstrativ mit ihren blonden Zöpfen, bis sie endlich mit ihrem Statement an der Reihe war. Ihre Kernaussage verstanden die Journalisten sofort: Sie pries das Deutsche Herz als Verkörperung des Völkischen in der Deutschlandpartei und schloss mit den Worten: »Wir dürfen auch vor der Idee einer Spaltung der Partei nicht zurückschrecken, wenn die Bürgerlichen nicht machen, was wir Völkischen wollen.«

Es war fast schon ein Running Gag in der Deutschlandpartei: Immer wieder forderte irgendeiner die Spaltung oder kündigte sie mit großen Worten an. Mal wollten sich die Völkischen von den Bürgerlichen, mal die Bürgerlichen von den Völkischen trennen. Das wunderte die Journalistin nicht, sie wusste ja, wie groß die Bandbreite der Positionen in dieser jungen Partei war: Sie sog alles auf, mochte es noch so widersprüchlich sein.

Beim Hinausgehen fiel Florentine Fischers Blick auf den Papierkorb am Ausgang. Er war gefüllt mit den Jutebeuteln mit Lehmanns Konterfei. Offensichtlich hatten die meisten der versammelten Journalisten keine Verwendung für solcherlei Fanartikel. Sie überlegte kurz, ob sie ihren Beutel dazuwerfen sollte, dann besann sie sich und stopfte ihn in die Tasche ihres Trenchcoats.

Für die folgenden Wochen war der Terminkalender von Florentine Fischer dichtgepackt. Der Bundestagswahlkampf war in der heißen Phase, und zusammen mit ihrem Fotografen klapperte sie die Veranstaltungen der Deutschlandpartei ab. An diesem Tag waren sie auf dem Weg in ein Provinznest, wo Dr. Adalbert Hausding auf dem Marktplatz eine Rede halten sollte.

»Halt mal bitte an«, rief der junge Mann auf dem Beifahrersitz.

Florentine Fischer lenkte den Kleinwagen an den Rand der Landstraße. Der Fotograf griff nach der Kamera und sprang aus dem Auto. Er hatte ein ausgezeichnetes Auge für Symbolbilder. Wenn er ein passendes Motiv erspähte, dann gab es nichts, was ihn aufhalten konnte. Auch nicht der kalte Nieselregen, der durch die offene Beifahrertür hineindrang. Die junge Frau fröstelte.

Am Straßenrand schoss der Mann unzählige Fotos von einem Laternenmast, aus den verschiedensten Winkeln. Er diente als Halter für drei überdimensionierte Wahlplakate der Deutschlandpartei. Im Hintergrund, einige hundert Meter entfernt, war ein verlassenes und halbverfallenes Fabrikgebäude zu sehen, eine perfekte Kulisse.

Nach zehn Minuten saß der Fotograf wieder im Auto. Der Wagen rumpelte auf der mit Kopfstein gepflasterten Straße, umstanden von pittoresken Alleen, über die Schlaglöcher. »Warum nur muss die Deutschlandpartei ihre Wahlveranstaltungen immer in irgendwelchen gottverlassenen Käffern machen?«, murmelte die Journalistin leise fluchend vor sich hin. »Warum nicht einmal bei uns im Prenzlauer Berg?«

»Na, weil sie dort kein Schwein wählt«, sagte der junge Mann. »Hier ist Deutschland!« Er wies mit der Hand durch die Windschutzscheibe auf die endlosen Äcker, die sich rechts und links der Allee erstreckten. »Ist dir eigentlich aufgefallen, dass wir bisher noch kein Wahlplakat gesehen haben, dass nicht von der Deutschlandpartei stammt? Sieht fast so aus, als hätten die anderen Parteien die Leute hier aufgegeben.«

Florentine Fischer überlegte. Der Mann hatte recht. Seit sie den Berliner Speckgürtel verlassen hatten und auf dem platten Land unterwegs waren, dominierten die Plakate der Deutschlandpartei mit den immer gleichen Motiven und Slogans: »Islamfreie Schule«, »Konsequent abschieben«, »Heimat bewahren«, »Sicherheit für unsere Frauen und Töchter«, »Geld für Rente statt für illegale Migranten«.

Nach einer weiteren Dreiviertelstunde Autofahrt standen sie auf dem Marktplatz eines kleinen Städtchens. Die Polizei hatte den Marktplatz weiträumig abgesperrt, junge Polizisten lungerten in ihren Einsatzwagen herum. Ein paar Jungs in Hosenträger-Uniformen schmückten eine kleine Bühne mit Wahlplakaten, probierten die Mikrofone aus.

Es war noch reichlich Zeit, bis die Veranstaltung begann. Die Journalistin flüchtete vor der Kälte und dem Nieselregen in ein Café am Rande des Platzes. Sie setzte sich an das große Fenster, um das Geschehen im Auge zu behalten. Der Fotograf begrüßte derweil einen Kollegen, einen ungepflegten Mann, den sie auf etwa sechzig schätzte, mit einem langen Pferdeschwanz aus dünnem, grauem Haar. Er trug eine ausgebleichte Fotografenweste und hatte zwei Kameras mit riesigen Objektiven umgehängt. Florentine Fischer hatte den Mann schon oft bei Veranstaltungen der Deutschlandpartei gesehen.

»Wer ist denn der Typ?«, fragte sie ihren Fotografen, als er das Café betrat.

»Das ist Woody«, erwiderte er. »Der macht seit dreißig Jahren Fotos von Nazis und Rechten, reist durch ganz Europa von Veranstaltung zu Veranstaltung. Er hat ein riesiges Archiv und weiß extrem gut Bescheid.«

Dr. Florentine Fischer zeigte sich interessiert. »Vielleicht kann uns der mal behilflich sein. Hast du seine Nummer?«

Der Fotograf nahm sein Mobiltelefon und scrollte in seinem Adressbuch. »Na klar. Aber sei behutsam. Der Mann hat eine Obsession. Ein waschechter Linker. Der verkauft seine Bilder nicht an jeden.«

Während sich die beiden mit einem Tee wärmten, füllte sich der Platz. Immer mehr Zuschauer kamen herangeströmt, einige mit großen Deutschlandfahnen, andere schwenkten Wirmer-Flaggen mit schwarz-goldenem Kreuz auf rotem Grund, ursprünglich die Flagge der Widerstandskämpfer des 20. Juli 1944. Auch viele Regenschirme in den deutschen Nationalfarben waren zu sehen. Trotz des Regens war der Platz im Nu gerappelt voll.

Da rauschte auch schon der Bus mit Dr. Adalbert Hausding heran, eskortiert von zwei Streifenwagen. Er wurde immer mit dem Bus der Landtagsfraktion gefahren, nie mit dem schwarzen Mercedes, der ihm in seiner Eigenschaft als Fraktionsvorsitzender vom Landtag zur Verfügung gestellt worden war. Hausding saß stets direkt hinter dem Fahrer, umringt vom »Führerbegleitkommando«, wie die sieben jungen Männer in Hosenträger-Uniform intern genannt wurden: der Kommandoführer, ein Fahrer, zwei Pressebetreuer und drei Sicherheitsleute, die alle bei den Feldjägern gedient hatten. Sie hatten ein Auge für brenzlige Situationen.

Adalbert Hausding wurde von der Menge auf dem Marktplatz jubelnd begrüßt. Er war der Spitzenkandidat der Deutschlandpartei und im Wahlkampf der große Star – zusammen mit BDM-Marie. Sie war die ungekrönte Königin der völkisch Gesinnten und wusste, wie sich die Stimmung anheizen ließ. Und ihre Anhänger konnten sich darauf verlassen, dass ihnen eine gute Show geboten wurde. Sie schimpfte auf alles und jeden: die Systemparteien, die Mainstream-Medien, das Establishment, die Bonzen, die Amerikaner, die Ausländer, die Flüchtlinge, die Lehrer, die Singles. Kaum eine Gruppe wurde verschont.

Bei den Reden von Adalbert Hausding ging es gesitteter zu, er spulte stets seine gewohnte Ansprache ab, so auch diesmal auf dem Marktplatz. Nach wenigen Minuten steuerte er auf den ersten Höhepunkt zu, mit seinem Angriff auf die »Vegetarier-Latte-macchiato-Christpartei« und das »grüne Multikulti-Deutschland«. Die versammelten Anhänger johlten.

»Na, das kennen wir schon zur Genüge«, murmelte der Fotograf, während er nach Motiven in der Menge Ausschau hielt.

Auch die Polizeibeamten in den beiden Streifenwagen, die den Bus mit dem Parteivorsitzenden zum Veranstaltungsort eskortiert hatten, lauschten der Rede mit kaum verhohlener Sympathie. Einer der jungen Beamten hatte den Fahrer des Busses begrüßt mit den Worten: »Herzlich willkommen. Wir sind die Ehrenbegleitung für Dr. Hausding.« Und ein anderer ergänzte: »Wir hätten da nur eine Bitte. Könnten die Kollegen und wir nachher noch ein Foto mit Dr. Hausding machen? Wir sind nämlich große Fans.«

KAPITEL 4

In den Hinterzimmern der Landgasthöfe und auf den Marktplätzen fühlte sich die Deutschlandpartei schon in der Alleinregierung. Die Wirklichkeit allerdings sah anders aus. Bei der Bundestagswahl konnte sie zwar 13 Prozent der Wähler für sich gewinnen und zog mit über 90 Frauen und Männern in den Bundestag ein. Sie war damit die stärkste Oppositionspartei. Die Liberalpartei hatte elf, die Linkspartei zehn und die Ökopartei neun Prozent der Stimmen erhalten. Aber im Parlament war die Deutschlandpartei weitgehend machtlos, ihre Abgeordneten wurden von den anderen Fraktionen als Paria behandelt, niemand wollte mit ihr etwas zu tun haben. Die Christpartei, die 33 Prozent der Stimmen erhielt, und die Sozialpartei, auf die 20 Prozent entfielen, bildeten erneut eine große Koalition. Den Umweltminister beförderte die langjährige Bundeskanzlerin in das wichtige Amt des Verteidigungsministers, und es war für alle offensichtlich, dass sie dabei war, ihn zu ihrem Nachfolger aufzubauen.

Einige Monate nach der Wahl lud die Deutschlandpartei zu ihrem großen Bundesparteitag. Nach dem Gründungsparteitag drei Jahre zuvor sollte es der erste mit Vorstandswahlen sein. Bis auf Dr. Adalbert Hausding und Dr. Martin Müller wollte kein früheres Vorstandsmitglied wieder kandidieren, sie alle waren bereits im vorgerückten Alter wie Hausding. Viele Mitglieder waren schon sehr früh angereist, um sich die besten Plätze zu sichern, und drängten an den Eingängen. Alle wollten Adalbert Hausding erleben. Er war der neue Politstar in Deutschland. Ein großer kritischer Bericht im *Demokratischen Beobachter*, geschrieben von Florentine Fischer, hatte der Partei einmal mehr neuen Zulauf gebracht. Je heftiger das Magazin die Deutschlandpartei angriff, desto besser entwickelten sich die Mitgliederzahlen.

Junge Frauen und Männer in Hosenträger-Uniform besorgten den Einlass, Friedrich Sehlings war verantwortlich für die Organisation des Großevents. In den zurückliegenden Wochen war sein Einfluss weiter gewachsen. Nachdem Hausding in den Bundestag gewechselt war, war Sehlings zum Fraktionsvorsitzenden des Landtags und auch zum Landeschef gewählt worden. Von seiner Position aus im Foyer der großen Mehrzweckhalle hatte er einen strategischen Vorteil: Jeder Parteitagsbesucher musste an ihm vorbei. Sehlings kannte viele bereits persönlich, viele hatte er bei den Veranstaltungen von Hausding kennengelernt, mit nicht wenigen selbst Aufnahmegespräche geführt. Mit den meisten der Hereinkommenden wechselte er ein paar Worte, dankte ihnen für ihr Kommen.

Die ersten Wahlen des Parteitages verliefen unspektakulär. Die Mitglieder wählten Dr. Adalbert Hausding einstimmig erneut zum Vorsitzenden. Dr. Martin Müller hatte zwar einige Nein-Stimmen zu verzeichnen, doch auch ihn bestätigten die Parteitagsdelegierten im Amt. Beide hatten keine Gegenkandidaten. Aufsehen erregend allerdings war das Duell um den wichtigen Posten des ersten stellvertretenden Vorsitzenden und Parteistrategen. Alle Führungsmänner der Partei waren sich einig: Dieser Posten musste, schon als Zeichen für die Öffentlichkeit, an eine Frau gehen. Die Fehde zwischen Marie Köster und Dr. Angelika Erdmann-Benz wurde damit zu einer politischen Schlacht. Es war ein Duell der Gegensätze: bürgerlicher Flügel gegen den völkischen.

Die Philosophin war mit ihrer Rede als erste dran. Friedrich Sehlings, immer noch an der Seite des Saals stehend, hatte nur Augen für seine Angebetete an der Rednertribüne. In ihrem roten Kleid, ihren roten High Heels, mit ihrem naturblonden, glänzenden Haar und ihrem gewagten, aber wieder sehr geschmackvollen Dekolleté sah sie makellos aus.

Dann begann sie zu reden: »Die Deutschlandpartei ist die Partei des demokratischen Aufbruchs aus der Mitte der Gesellschaft in Zeiten der Abklärung.«

Sehlings hatte den Oberst neben sich gar nicht bemerkt. »Das Mädchen ist einfach nicht lernfähig«, sagte der Ex-Militär genervt. In den Bundestag mögen ihre intellektuellen Reden ja hinpassen, aber doch nicht auf einen Parteitag. Jetzt fängt sie schon wieder an mit diesem Mist von der Abklärung.«

»Das ist das Thema ihrer Doktorarbeit. Die sollten Sie mal lesen«, sagte Sehlings, ohne seine Augen von der Tribüne abzuwenden. »Die ist sehr interessant.«

Der Oberst sah Sehlings entgeistert an: »Sie haben ihre Doktorarbeit gelesen?« Das hatte der Generalstabsoffizier dem Feldwebel gar nicht zugetraut.

Sehlings' Blick war immer noch auf die Philosophin gerichtet. »Informationen verlängern das Leben.« Doch so begeistert wie Sehlings von der Rede der Frau waren nur wenige im Saal. Sie erhielt nur mäßigen Applaus. Sogar einige Buhrufe waren zu hören.

Ganz anders die Rede von BDM-Marie: »Diesen schwarz-rotgoldenen Ring aus deutschem Panzerstahl«, rief sie, wobei sie den Ring von ihrem Ringfinger abzog und in die Luft hielt, »habe ich von meinem Vater zu meinem 18. Geburtstag geschenkt bekommen. Seitdem habe ich ihn immer getragen. Dieser Ring soll mich immer daran erinnern, dass es nichts Wichtigeres, nichts Besseres, nichts Schöneres gibt als Deutschland. Hoch lebe unser deutsches Vaterland. Hoch lebe die Deutschlandpartei!«

Die Rede riss die Parteimitglieder von den Stühlen. Einige junge uniformierte Männer und Frauen stiegen sogar auf die Sitze, pfiffen und skandierten: »Marie, Marie!«

Ganz hinten in der Mehrzweckhalle stand Adalbert Hausding. »So, stelle ich mir vor, muss es 1933 gewesen sein, wenn Hitler sprach«, rief ihm Herbert von der Seite zu.« Hausding lächelte gequält. Denselben Gedanken hatte er auch gerade gehabt.

»Was für eine doofe Schlampe!«, schallte es ihnen plötzlich von hinten entgegen. Die beiden Männer blickten sich erschrocken um. Keiner von beiden hatte Angelika Erdmann-Benz bisher ohne Müller gesehen, stets war sie an seiner Seite. Aber vor allem ihre Ausdrucksweise erstaunte die beiden Männer. So etwas hatten sie von der sich sonst stets distinguiert gebenden Parteikollegin nicht erwartet.

Der Applaus und die Beifallspfiffe wollten gar nicht mehr aufhören. Marie Köster ließ sich auf der Bühne feiern wie ein Popstar. Mit großer Mehrheit wählte der Parteitag BDM-Marie zur stellvertretenden Parteivorsitzenden und Parteistrategin. Dr. Angelika Erdmann-Benz musste sich wohl oder übel mit einem der Beisitzerposten begnügen. Drei weitere Posten besetzten der Oberst, Ronny Matschinski und Hans-Jürgen Lehmann.

Damit war nur noch einer der acht Vorstandsposten unbesetzt. Adalbert Hausding beugte sich am Pult nach vorn, sodass sein Mund direkt vor dem kleinen Mikrofon war. Dann drückte er den Knopf. Der kleine Lichterkranz um das Mikrofon leuchtete rot auf. Hausding räusperte sich. »Ich schlage Friedrich Sehlings für den fünften Beisitzerposten vor. Er hat sich um unsere Partei in den letzten Monaten verdient gemacht und alle seine Zeit und all seine Kraft aufopferungsvoll in den Dienst der Partei gesteckt. Mit ihm zusammen habe ich die erste Fraktion der Deutschlandpartei in einem deutschen Parlament aufgebaut. Die Partei hat ihm viel zu verdanken.«

Eigentlich waren bei Kandidaten-Vorschlägen keine Begründungen vorgesehen. Doch der Parteitagspräsident dachte gar nicht daran zu intervenieren. Das Wort Hausdings hatte in der Deutschlandpartei mittlerweile so etwas wie Gesetzeskraft. Als dieser seine Fürsprache beendet hatte, brach lauter Jubel in der Halle aus. »Sehlings, Sehlings«, riefen sie im Chor. Martin Müller war wie zur Salzsäule erstarrt.

»Gibt es weitere Vorschläge?« Der Tagungspräsident blickte fragend in den Saal. Totenstille. Keiner wagte, einen Gegenkandidaten vorzuschlagen.

Dann hielt Sehlings seine kurze Bewerbungsrede: »Mein Name ist Friedrich Sehlings, ich wurde 1974 geboren und habe zwölf Jahre als Fallschirmjäger meinem Vaterland gedient. Jetzt möchte ich als Beisitzer ein demütiger Diener meiner Partei sein. Ich würde mich freuen, wenn Sie mich wählen.« Es folgte frenetischer Applaus.

Jetzt brach es aus Müller heraus. »Wie kann dieser Idiot nur diesen Kretin, diesen Nazi, diesen Kleinbürger vorschlagen?«, rief er Herbert zu. »Ist der noch bei Trost?« Müllers Stimme überschlug sich. Herbert erschrak. So aufgebracht hatte er Müller noch nie erlebt.

Schließlich wählte der Parteitag Sehlings mit nur einer Gegenstimme zum fünften Beisitzer im Parteivorstand. Auf dem Weg zur Toilette passte Müller Hausding ab: »Wie konnten Sie nur!«, zischte er erbost. »So einer gehört doch nicht in den Parteivorstand. Genauso wenig wie der Lehmann und Marie Köster. Und dieser Ronny Matschinski mit seinen schrillen Anzügen ist doch auch einer von diesen Völkischen!«

»Ich bin ja auch kein Fan von denen«, versuchte Hausding seinen Co-Vorsitzenden zu beschwichtigen. Aber das sind die Menschen, die unsere Partei auch ausmachen. Das sollten Sie nie vergessen, Herr Dr. Müller.«

Dann wandte er sich ab und steuerte auf die Toilette zu.

»Dieser Sehlings muss weg«, murmelte der Stehengelassene mit hochrotem Kopf. »Und zwar so schnell wie möglich!«

» «

»Das Wort hat die Abgeordnete Dr. Erdmann-Benz«, erklärte der Bundestagspräsident. Die schöne Politikerin erhob sich von ihrem blauen Polstersitz im Plenarsaal des Bundestags und schritt langsam zum Platz des Redners. Die Fraktion der Deutschlandpartei mit ihren mehr als 90 Abgeordneten war im Reichstag ganz rechts platziert worden. Sie hatte gefordert, den Platz in der Mitte des Saals einzunehmen, doch das war mehrheitlich abgelehnt worden. Die Mitte der Gesellschaft war hart umkämpft, die beanspruchte jede der im Bundestag vertretenen Parteien.

Dr. Adalbert Hausding und Dr. Martin Müller saßen rechts außen in der ersten Reihe, auf den beiden Plätzen dahinter Ronny Matschinski und der Oberst. Die beiden Männer schauten der schönen Frau nach. Sie sah wieder einmal bezaubernd aus. »Warum eigentlich ist die mit dem Müller zusammen? Mit diesem Besserwisser und Langweiler …«, flüsterte Ronny Matschinski dem Oberst zu. Der Oberst zuckte mit den Schultern und lächelte.

Dr. Erdmann-Benz begann ihre Rede. Die studierte Philosophin war die kulturpolitische Sprecherin der Fraktion. Diesmal ging es um den Dichter Theodor Fontane. Der Plenarsaal war so gut wie leer, in den Sitzreihen der anderen Fraktionen saßen nur ein paar Versprengte, allesamt Kulturpolitiker, und langweilten sich. Bei der Deutschlandpartei dagegen waren die Ränge bis auf den letzten Platz gefüllt.

Der Vorsitzende der Ökopartei war bereits für den folgenden Tagesordnungspunkt im Plenarsaal. Er setzte sich auf einen der hinteren leeren Plätze seiner Fraktion, um zu warten, bis er aufgerufen wurde. Er war ein alter Hase und kannte alle Tricks. Als er sah, dass die Fraktion der Deutschlandpartei geschlossen angetreten war, ahnte er, dass sie etwas im Schilde führte. Bis auf Hausding, der vor seinem Einzug in den Bundestag Landtagsabgeordneter war, waren alle Abgeordneten Parlamentsneulinge. Doch wussten sie nur zu gut, wie sie das Parlament für ihre Ziele nutzen konnten. Und das hieß vor allem: mediale Aufmerksamkeit erzeugen und die anderen Fraktionen dumm dastehen lassen.

Der Vorsitzende der Ökopartei ließ der kulturpolitischen Sprecherin seiner Fraktion durch einen Saaldiener eine Nachricht zukommen. Dienstbeflissen eilte sie zu ihrem Parteivorsitzenden nach hinten und erklärte ihm, worum es bei dem Tagesordnungspunkt ging: Irgendein neu gegründeter Fontane-Verein hatte Bundesmittel beantragt, und das lehnte die Ökopartei ab. Deshalb hatte die Deutschlandpartei das Thema auf die Tagesordnung setzen lassen. Eigentlich war das Ganze eine Petitesse, die in diesem hohen Haus nichts zu suchen hatte. Doch der Vorsitzende der Ökopartei bat seine Parteikollegin, ihren Part übernehmen zu dürfen. Die Frau atmete auf, sie hatte wenig Lust darauf, sich von der Deutschlandpartei vorführen zu lassen.

Die schöne Philosophin indessen hielt in wohlgesetzten Worten eine Art Germanistik-Vorlesung: »Theodor Fontane war stolz auf seine Heimat. Er war Mitarbeiter der konservativen *Kreuzzeitung* und hat in seiner journalistischen Arbeit ein durchaus kritisches, aber sehr würdiges Bild von den preußischen Werten gezeichnet. Zwischen Fontanes Gedankengut und den Ideen der Deutschlandpartei gibt es Überschneidungen, man denke nur an seine Heimatliebe.«

Die Politikerin faltete ihr Redemanuskript zusammen und setzte zum Endspurt an: »Die links-linke Bundesregierung weigert sich, diesen deutschen Schriftsteller zu ehren.« Die Politiker der Deutschlandpartei sprachen grundsätzlich nicht von der schwarz-roten, sondern immer von der »links-linken« Bundesregierung, um die Christpartei zu brandmarken.

»Wir von der Deutschlandpartei ehren Theodor Fontane«, verkündete sie. »Wir werden unsere zukünftige Parteizentrale in Berlin Theodor-Fontane-Haus nennen. Würde Fontane heute leben, wäre er auf jeden Fall Mitglied der Deutschlandpartei.« Es ertönte donnernder Applaus der versammelten Fraktion.

Jetzt war der Vorsitzende der Ökopartei an der Reihe. Während die Philosophin sprach, hatte er auf seinem iPad auf die Schnelle ein paar Dinge recherchiert und sich ein paar Zitate notiert. Er ging zum Rednerpult. Schon oft hatte er in den vergangenen Legislaturperioden hier gestanden. Doch dieser Bundestag war in vielerlei Hinsicht anders. Mit der Deutschlandpartei waren Ideen und Worte in das deutsche Parlament eingezogen, die der Mann, der jetzt am Pult stand, zutiefst verachtete. Der Chef der Ökopartei sprach frei und staatstragend, die Barrikadensprache, die ihn einst in politische Ämter gebracht hatte, hatte er schon lange abgelegt.

»Herr Präsident, liebe Kollegen, es ist offensichtlich, welche Show die Deutschlandpartei hier abzieht. Sie will uns hier alle wieder einmal vorführen.« Dabei schaute er in die Gesichter, die links von der Fraktion der Deutschlandpartei saßen. Dann wandte er sich nach rechts, wo Adalbert Hausding und seine Truppen saßen.

»Nachher erscheinen in Ihren rechten Medien, in Ihrer völkischen Filterblase dann die Videoclips, wie Sie es uns allen hier wieder einmal richtig gezeigt haben. Sie in voller Zahl versammelt, wir nur mit ein paar Frauen und Männern im Plenarsaal. Sie die Fleißigen, wir Demokraten die Faulen.«

Der Minister war ein Redeprofi und wusste seine Worte wohl zu setzen. Jetzt erhob er die Stimme: »Schlimmer ist aber Ihre langfristige Strategie. Die kommt von Antonio Gramsci. Sie versuchen, die kulturelle Hegemonie zu erringen. Für Sie ist die Kultur eines der wichtigsten Kampffelder. In den Kommunen, in den Ländern und jetzt auch hier im Bundestag.« Er lugte auf seinen Notizzettel. »Ich will nur zwei Beispiele nennen. Da lädt ein Stadttheater eine Journalistin, die ein Buch über rechte Christen geschrieben hat, zu einer Autorenlesung ein. Ein Stadtrat Ihrer Partei versucht, die Veranstaltung zu verhindern.« Der Minister sah wieder auf seinen Zettel. »Ich zitiere mal aus seiner Pressemitteilung: ›Es ist nicht der Sinn eines Theaters, links-grüne Parteiideologie zu verbreiten. Es muss geklärt werden, welche Steuergelder geflossen sind und inwieweit eine Zweckentfremdung von Theaterfinanzen vorliegt.‹«

Ein Abgeordneter der Deutschlandpartei rief laut dazwischen: »Vollkommen richtig! Das links-grün-versiffte Schmierentheater muss weg.«

Der Chef der Ökopartei ließ sich davon nicht ablenken und fuhr fort: »Da fragt einer Ihrer Landtagsabgeordneten in einer Kleinen Anfrage, wie viele Balletttänzer, Schauspieler, Sänger und Musiker an den Opern und Theatern des Landes keinen deutschen Pass besitzen, welche Staatsangehörigkeit die Künstler haben und wo sie ausgebildet wurden.« Der Redner trank einen Schluck Wasser. »Und heute kommt uns Ihre schöne Abgeordnete mit Fontane als Namensgeber Ihrer Parteizentrale.«

»Sie sind ja nur neidisch, dass sie nicht so schöne Frauen in ihrer Fraktion haben wie wir«, rief ein Abgeordneter der Deutschlandpartei dazwischen. Die kulturpolitische Sprecherin der Ökopartei in der ersten Reihe verzog angewidert das Gesicht – mehr noch wegen der Bemerkung ihres Parteivorsitzenden. »Schöne Abgeordnete«, das ging gar nicht. Der Chef der Ökopartei war bekannt dafür, dass er auf junge Frauen stand und in Sachen Feminismus noch nie der offiziellen Parteilinie gefolgt war. Das hatte seiner Parteikarriere aber auch nicht geschadet.

»Meine Damen und Herren von der Deutschlandpartei, Sie haben der Kultur in Deutschland den Krieg erklärt. Sie wollen unser reiches Kulturleben mit Ihrer nationalsozialistischen Ideologie zerstören. Ihre Abgeordnete Marie Köster ist doch das beste Beispiel. Sie tritt auch hier im Bundestag immer mit einer Uniform auf, wie sie die Frauen des Bund Deutscher Mädel getragen haben.«

Der Vorsitzende der Ökopartei war einer der Todfeinde von Marie Köster. Dass er eine weitere ihrer Todfeindinnen, die Philosophin, als schöne Abgeordnete bezeichnet hatte, machte die Sache nicht besser. Dennoch strahlte sie jetzt. Sie stand gerne im Mittelpunkt.

Der grüne Parteichef fuhr fort: »Und sie lässt sich ganz ungeniert BDM-Marie nennen. Auch seriöse Medien benutzen diesen Namen mittlerweile wie selbstverständlich. Sie kapieren gar nicht, dass sie damit die Sprache des Dritten Reiches wieder salonfähig machen.« Er nahm einen weiteren Schluck aus dem Wasserglas.

»Ihr einziges Ziel ist es doch, unsere liberale Gesellschaft mit der verrohten Sprache des Dritten Reiches zu vergiften. Ich kann Ihnen allen da nur wärmstens ans Herz legen, einmal das Buch *LTI* von Victor Klemperer über die Sprache des Nationalsozialismus zu lesen.«

Er sah auf seinen Zettel, auf dem er sich ein Zitat notiert hatte. Vor ein paar Wochen war ihm das Buch des jüdischen Sprachwissenschaftlers in seiner Bibliothek wieder in die Hände gefallen. Mit Erschrecken stellte er fest: Vieles, was der Autor über die Sprache des Dritten Reiches schrieb, galt heute wieder. Während des Nationalsozialismus waren es weniger die Reden und Pamphlete, die die Menschen beeinflussten, als vielmehr die stereotype Wiederholung der immer gleichen, mit dem nationalsozialistischen Denken verbundenen Begriffe. Der Titel *LTI*, die Abkürzung für *Lingua Tertii Imperii*, die Sprache des Dritten Reiches, war ein Seitenhieb des Autors auf die unzähligen Kürzel, die die Welt der Nazis beherrschten: BDM, HJ, DAF, NSKK, KdF.

Der Chef der Ökopartei zitierte aus dem Werk: »Ich war noch nicht ein bisschen abgestumpft, ich war noch ganz gewohnt, in einem Rechtsstaat zu leben, dass ich damals vieles für die tiefste Hölle hielt, was ich später höchstens für ihren Vorhof, für den Danteschen Limbo nahm. Immerhin: soviel schlimmer es auch kommen sollte, alles, was sich noch später an Gesinnung, an Tat und Sprache des Nazissmus hinzufand, das zeichnete sich in seinen Ansätzen schon in den ersten Monaten ab.« Dann verließ er die Rednerbühne. Ein Abgeordneter der Deutschlandpartei rief ihm noch hinterher: »Klemperer war doch auch so ein jüdischer Volksverräter.«

Zum Ende der Debatte erhielt noch einmal die Deutschlandpartei das Wort. Immer wenn Dr. Angelika Erdmann-Benz im Parlament zu einem Tagesordnungspunkt redete, wollte BDM-Marie auch dazu sprechen. Als stellvertretende Fraktionsvorsitzende und Führerin des völkischen Flügels der Fraktion konnte man Marie Köster dies schlecht verwehren.

Marie Köster stampfte zum Rednerpult. Ihre langen, wasserstoffblond gefärbten Haare hatte sie zu zwei Kleinmädchen-Zöpfen geflochten. Am Kragen ihrer Bluse trug sie einen großen Anstecker mit der Aufschrift »Ich denke völkisch.«

»Herr Präsident, liebe Deutsche«, begann sie wie immer ihre Rede, sich stets weigernd, die anderen Parlamentarier zu begrüßen, wie es im Bundestag Brauch war. »Ich weiß gar nicht, wovon Sie da gerade gesprochen haben«, wandte sie sich dem Chef der Ökopartei zu. »Sie sprechen von einer Strategie der Deutschlandpartei. Als stellvertretende Bundesvorsitzende bin ich auch die Parteistrategin. Ich kann Ihnen sagen: Wir haben gar keine Strategie«, verkündete sie mit dem Brustton der Überzeugung.

Die wenigen Abgeordneten der anderen Fraktionen begannen laut zu lachen. Hausding und Müller rutschten auf ihren Plätzen unruhig hin und her. Doch das war noch nicht das Ende von BDM-Maries Auftritt. Wieder an den Chef der Ökopartei gewandt, sagte sie: »Sie sprechen da von einem Herrn Gramsci, der für die Deutschlandpartei die Strategie geschrieben haben soll. Ich kenne gar keinen Herrn Gramsci. Und als Parteistrategin müsste ich ihn ja schließlich kennen!« Jetzt konnte selbst der sich sonst so staatstragend gebende Chef der Ökopartei nicht mehr an sich halten. »Man muss sie nur reden lassen, einfach nur reden lassen«, prustete er heraus.

Marie Köster legte noch einmal nach: »Sie kritisieren, dass alle mich BDM-Marie nennen. Die BDM-Mädel waren doch hübsche deutsche Frauen. Und ich bin auch ein schönes deutsches Mädel. Und darauf bin ich stolz.« Dann stampfte sie zu ihrem Platz zurück.

Die Vertreter der Deutschlandpartei in den vorderen Reihen klatschten nicht, aber die Hinterbänkler johlten, dort saßen die Anhänger von BDM-Marie. Der Bundestagspräsident sah sich genötigt einzuschreiten: »Ich erwarte ein angemessenes Verhalten auch von der Deutschlandpartei. Wir sind hier doch nicht auf dem Rummelplatz!«

» «

Im Büro des Chefredakteurs des *Demokratischen Beobachters* lief der Fernseher, auch er hatte die Spontan-Rede des Vorsitzenden der Ökopartei mitverfolgt. Während der Plenarwochen lief die Live-Übertragung aus dem Reichstag nonstop auf dem großen Flachbildschirm. Der Journalist griff zu seinem Mobiltelefon und schrieb seinem alten Freund eine WhatsApp-Nachricht: »Hallo, alter Sack, habe Deine Rede gesehen. Alles o.k.? Wirktest aufgewühlt, hast oft zum Wasserglas gegriffen.«

Der Chef der Ökopartei und der Chefredakteur waren gleich alt, sie hatten während ihres Studiums Ende der Siebzigerjahre gemeinsam in einer WG gelebt. Seitdem verband die beiden eine innige Männerfreundschaft. Der Journalist war Trauzeuge bei drei der vier Hochzeiten des Politikers, auch bei der letzten mit einer jungen Tofu-Aktivistin. Sie beide waren als Studenten auf den Barrikaden und kämpften zusammen gegen repressive Strukturen in den Universitäten, gegen das Patriarchat und für eine freiere, sozialere Gesellschaft. Nach dem Studium begann dann ihr Marsch durch die Institutionen. Der eine wurde schließlich Chefredakteur des wichtigsten Politikmagazins des Landes, der andere Chef der Ökopartei.

Der Journalist blickte wieder auf den Fernsehschirm, dort war jetzt BDM-Marie zu sehen. Die Kamera schwenkte zum Chef der Ökopartei in der ersten Reihe seiner Fraktion, wo eine junge Abgeordnete nach seiner Rede eilig ihren Platz für den Parteipatriarchen freigemacht hatte. Die Fernsehkameras fingen auch das ein. Der Chefredakteur sah, wie sein Freund zum Mobiltelefon griff und auf das Display schaute. Er hatte seine Nachricht erhalten.

Im Büro des Chefredakteurs machte es »Bling«, der Politiker hatte geantwortet: »Ich mache mir wirklich Sorgen. Hab Bock auf Currywurst. Zusammen essen? 13:00 Uhr im ›Il Teatro‹?« Auf dem Bildschirm flimmerte jetzt wieder BDM-Marie in Großaufnahme, während der Chefredakteur »o.k.« tippte.

Der Chef der Ökopartei brauchte im »Il Teatro« keinen Tisch zu bestellen. Sein Lieblingstisch war immer frei oder wurde ihm freigemacht, wenn er es wollte. Er war einer der mächtigsten Politiker Deutschlands, und das nicht erst, seitdem er Parteichef war. Er hatte einst die Ökopartei mitgegründet und keinen innerparteilichen Konflikt ausgelassen. Er hatte sie alle gewonnen und sich an die Spitze hochgekämpft. Dabei passte der Politikveteran gar nicht so richtig in die Ökopartei. Er war ein Machtmensch, ein Macho, ein Bonvivant. Schon als Student, als seine grünen Mitkämpfer-Männer mit Wollpullovern, langen Bärten und noch längeren Haare strickend auf den Parteitagen saßen und diskutierten, bevorzugte er Anzug und Krawatte. Äußerlich wirkte er steif, aber in seinem Innern brannte die Leidenschaft.

Sein alter Freund wartete schon vor dem Restaurant, als die schwarze Limousine des Politikers vorfuhr. Abgeschirmt durch mehrere Personenschützer umarmten sich die beiden Rebellen-Veteranen. »Na, alter Sack«, rief der Chefredakteur freudig. »Wie isses?« Der Politiker strahlte. Wenn sich die beiden trafen, fühlte er sich gleich wieder 40 Jahre zurückversetzt in die alten WG-Zeiten.

Auf seinem Lieblingstisch stand schon ein Korb mit dem Brot, das der Politiker so gerne aß. »Du hast Klemperer zitiert …«, begann der Chefredakteur. Er erinnerte sich daran, dass er seinem Freund das Buch *LTI* einst zum Geburtstag geschenkt hatte. Als Studenten hatten sie oft darüber diskutiert, welche Rolle die Sprache für ihren Kampf gegen den Faschismus und für die von ihnen erträumte neue Gesellschaft bedeutete.

Der Parteichef runzelte die Stirn, dann sprudelte es aus ihm heraus: »Die kopieren uns einfach. Die ziehen Gramsci voll durch. Die wollen alles zurückdrängen, wofür wir damals gekämpft haben.«

»Glaubst du das wirklich?«, fragte der Journalist.

»Die ziehen die gleichen Dinger ab, wie wir damals, nur spiegelverkehrt. Die haben uns genau analysiert. Die planen gerade ihren Marsch durch die Institutionen.«

Der Chefredakteur blickte nachdenklich.

»Am Anfang dachte ich, die wären ein kurzzeitiges Phänomen. Aber die setzen sich fest, ganz systematisch. Dahinter steckt ein großer Plan.«

»Aber doch nicht mit solchem White Trash wie dieser Marie Köster?«, warf der Chefredakteur ein.

»Vergiss die Köster. Die dient doch nur zur Belustigung des rechten Pöbels. Schau mal dort hinten …« Er wies dezent mit dem Kopf auf einen etwas entfernteren Tisch. »Da sitzt die Gefahr.«

Der Chefredakteur sah sich um. An einem Zweiertisch saßen Dr. Angelika Erdmann-Benz und Dr. Martin Müller.

»Uralter Industrieadel und aufsteigewilliger Karrierejurist. Eine gefährliche Mischung. Das war auch die Basis der Nazis. Erinnerst du dich noch, wie viele Juristen mit Doktortitel am Tisch der Wannseekonferenz saßen?«

Der Chefredakteur nickte. Die beiden hatten einst im Seminar über die Anatomie des SS-Staates zusammen ein Referat über die Wannseekonferenz gehalten.

»Meine Leute haben mir Dossiers erstellt«, fuhr der Politiker fort. Er blickte in Richtung Müller. »Sein Vater war mittlerer Finanzbeamter. Er hat Jura studiert, einen Visitenkarten-Doktor gemacht und ist dann in den höheren Dienst der Finanzverwaltung eingetreten. Ein klassischer Aufsteigertyp aus dem Kleinbürgertum. Einer, der früher bei der SS gelandet wäre.«

Der Journalist machte ein besorgtes Gesicht. Er wusste, dass die SS viele junge, karriereorientierte Männer aus dem Kleinbürgertum und den unteren Schichten angezogen hatte. Ihnen war der Aufstieg in der Wehrmacht und in Institutionen der Weimarer Republik verbaut. Dort herrschten noch die alten Eliten aus dem Kaiserreich. Die SS und die anderen NS-Institutionen boten dagegen gute Karrieremöglichkeiten für jedermann.

»Und das blonde Schnuckelchen?«, fragte der Chefredakteur.

»Die ist ein anderes Kaliber. Sie stammt aus einer alten, weitverzweigten Industriellen-Dynastie. Da sitzt richtig Kohle. Die Familie ist auch im Rüstungsgeschäft unterwegs.«

»Also eine gute Partie.«

Der Chef der Ökopartei nickte. »Sie hat Philosophie und Politik studiert. Promoviert mit summa cum laude. Ihr Doktorvater ist ein Parteifreund von mir. Sie soll richtig gut sein, wollte eigentlich habilitieren.«

»Und was macht so eine bei der Deutschlandpartei?«

»Du weißt doch, wie das an deutschen Unis läuft«, entgegnete der Politiker. »Mit dem Hintergrund und dem Aussehen, und dann noch mit ihrer konservativen Einstellung wurde sie schnell weggemobbt. Du kennst doch die linken Politikwissenschaftlerinnen mit ihren Filzhaaren.«

Der Journalist seufzte. In seiner Studienzeit hatten sein WG-Genosse und er so manche von ihnen abgeschleppt.

»Als sie dann den Vorsitzenden der Deutschlandpartei zum Gastvortrag in ihr Seminar holte, hat sie damit an der Uni ihr Todesurteil unterschrieben. Eine radikale linke Gruppe setzte ihren Professor unter Druck. Und der drehte bei und ließ seine beste Mitarbeiterin fallen. Er wollte nicht das erleben, was sein Kollege hier in Berlin erlebt.«

Der Chefredakteur runzelte die Stirn. Er erinnerte sich gut an den Fall. Ein Professor hatte in der Flüchtlingskrise die Willkommenskultur der Bundesregierung kritisiert und öffentlich eine restriktivere Asylpolitik gefordert. Eine obskure Trotzkistengruppe organisierte Demos und Online-Petitionen gegen ihn und sprengte seine Vorlesungen. Auch der *Demokratische Beobachter* hatte über den Spießrutenlauf des Wissenschaftlers berichtet. »An vielen Unis herrscht nur noch ein linker Mob.«

»Wenn wir nicht aufpassen, herrscht hier bald wieder der braune Mob«, erwiderte der Politiker. »Die Theater und Museen merken es schon jetzt. Die werden richtig unter Druck gesetzt. Da gibt es anonyme Hassmails, Mord- und Bombendrohungen, Strafanzeigen, Störaktionen, Demonstrationen gegen Kunstprojekte – die ganze Palette.«

»Wir werden eine große Geschichte darüber machen«, sagte der Journalist.

»Ich lasse dir von meinen Leuten mal die Vorfälle zusammenstellen.«

»Ich werde meine beste Frau darauf ansetzen.«

Der Chef der Ökopartei zog die Augenbrauen nach oben. »Du meinst diese süße Florentine Fischer? Die mit dem tollen Hintern?«

»Du bist immer noch ganz der Alte«, erwiderte der Chefredakteur.

Der Politiker lächelte. Dann kam ihre Edel-Currywurst mit Blattgold. Während des Essens waren die beiden alten Männer noch eine ganze Weile in Gedanken bei dem wohlgeformten Hintern von Dr. Florentine Fischer.

» «

Der Mann gefiel Florentine Fischer. Er war groß, schlank, durchtrainiert, sah gut aus. Außerdem hatte er diese leicht dominant-abweisende Art. Sie hatte ein bisschen recherchiert: Er war im gleichen Alter wie sie, hatte auch Jura studiert und dann ebenfalls promoviert. Und ihr Onkel sprach immer in den höchsten Tönen von ihm.

Doch erst einmal hatte sie ein berufliches Auge auf Dr. Lorenz Meyer geworfen, sie wollte einen Artikel über die Arbeit in den Fraktionsstäben schreiben. Sie hatten ein Treffen am Rande eines Landesparteitags der Deutschlandpartei vereinbart. Als für die Deutschlandpartei zuständige Berichterstatterin gehörten die Parteitage für die Journalistin zu ihren Routineterminen.

Sie setzte ihr Kleinmädchen-Lächeln auf, ging zu ihm hin, reichte ihm die Hand: »Guten Tag, ich bin Dr. Florentine Fischer. Mein Onkel hat mir schon so viel von Ihnen erzählt. Ich bin die

Nichte von Dr. Adalbert Hausding«, erklärte sie. Normalerweise verschwieg sie tunlichst, dass sie mit dem Parteichef der Deutschlandpartei verwandt war. Für das, was sie jetzt vorhatte, schien es ihr aber ganz nützlich. »Mein Onkel hat mir empfohlen, mich an Sie zu wenden«, sagte sie, eine Strähne ihres blonden Haarschopfes spielend.

Kühl, aber nicht unhöflich, erwiderte Meyer: »Sehr erfreut. Ich habe schon viel von Ihnen gelesen.« Florentine Fischer unterdrückte ein Kichern. Schließlich war sie hier beruflich unterwegs als Repräsentantin des *Demokratischen Beobachters*, des Flaggschiffs des Journalismus in Deutschland.

»Ich möchte mich gerne über die Mitarbeiter der Deutschlandpartei mit Ihnen unterhalten«, sagte sie, noch immer mit einer ihrer blonden Haarsträhnen zwirbelnd. Dabei neigte sie den Kopf leicht zur Seite. »Vielleicht können wir ja mal zusammen essen gehen?«

Der Mann schaute sie musternd an. »Wann passt es Ihnen?« Sie überlegte kurz: »Morgen Abend? ›Il Teatro‹, 20 Uhr? … Sie sind natürlich eingeladen«, schob sie hinterher. Die meisten Politiker der Deutschlandpartei ließen sich gerne auf Verlagskosten einladen. Sie schlugen stets die teuersten Restaurants vor und bestellten die teuersten Gerichte. In dieser Hinsicht war die Deutschlandpartei rasch im System angekommen.

»Das Essen geht natürlich auf mich – privat«, gab Meyer höflich zurück. »Es sei denn, Ihre Compliance-Regeln lassen das nicht zu. Ich möchte Sie keinesfalls in Schwierigkeiten bringen.«

Florentine Fischer war hocherfreut. »Das geht schon in Ordnung. Dann bis morgen Abend. Ich freue mich.« Ein letzter Augenaufschlag, und sie ließ den jungen Mann stehen. »Hoffentlich ist der nicht schwul«, schoss es ihr durch den Kopf. Sie hatte noch nirgendwo mit so vielen Schwulen zu tun gehabt wie in der Deutschlandpartei.

Der Parteitag des Landesverbandes lief recht unspektakulär ab. Während sie Meyer beobachtete, fiel ihr auf, dass er von Zeit zu Zeit seltsame Arm- und Handbewegungen machte. Einmal hielt er einen Arm hoch und wirbelte mit der gespreizten Hand, ein anderes Mal hielt er beide Arme hoch, spreizte die Hände und wirbelte mit beiden herum.

Sie fragte einen jungen Kollegen, der neben ihr auf den Journalistenplätzen saß, was es damit auf sich hatte. Der kannte sich aus. »Das lernst du beim Bund, das sind Führungszeichen. Das eine bedeutet ›Unterstellte Führer zu mir!‹, das andere ›Melder zu mir!‹.« Als Meyer das nächste Mal den Arm hochhielt und mit der Hand wirbelte, bemerkte sie es: Im Nu war er von sechs Männern in Hosenträger-Uniform umringt. Er gab einen weiteren Befehl, und schon hatten sich die sechs blitzschnell wieder im Saal verteilt, umringt von weiteren Hosenträger-Männern. Von diesen Gruppen gingen – je nach Bedarf – Klatschwellen oder Buhrufe aus, die sich im Saal fortpflanzten. Florentine Fischer war schwer beeindruckt: Der Mann, den sie anhimmelte, befehligte von seinem Posten aus eine militärisch organisierte Claqueur-Truppe.

Beim Schminken am nächsten Morgen, für das sie länger als gewöhnlich brauchte, dachte sie über ihre Eröffnungsstrategie nach. Sie entschied sich für den Frontalangriff. Sie hatte für ihr berufliches Rendezvous mit dem Fraktionsgeschäftsführer der Deutschlandpartei extra einen romantischen Tisch verlangt, als sie beim »Il Teatro« anrief.

Der Abend begann vielversprechend. Lorenz Meyer schob Florentine Fischer den Stuhl heran. Dann setzte er sich ihr gegenüber. Ein echter Gentleman. »Schön, dass es heute klappt«, sagte die Journalistin mit einem Lächeln. »Ich habe Sie auf dem Parteitag gestern beobachtet und dabei viel gelernt. Ich weiß jetzt, was militärische Führungszeichen sind.« Sie hielt den rechten Armen dezent in die Höhe, spreizte die Hand und wirbelte mit ihr herum. Dabei sah sie ihn mit einem kecken Lächeln an, das so viel sagen sollte wie: »Du Filou, ich habe dich erwischt.«

»Das heißt ›Unterstellte Führer zu mir!‹ Richtig?«, fragte sie, die Naive gebend, während die Hand, die gerade noch Zeichen gemacht hatte, jetzt mit einer Strähne ihres Haares spielte. Sie sah ihr Gegenüber an und suchte in seinem Gesicht nach einer Reaktion.

»Richtig.« Lorenz Meyer lächelte verbindlich.

Es folgte die zweite Welle ihres Angriffes. »Sind Sie mit dem Ergebnis des Parteitags zufrieden?« Immer noch spielte ihre rechte Hand mit der Haarsträhne.

»Ja, sehr«, sagte der Mann und lächelte weiter.

Florentine Fischer musste die Strategie wechseln. Sie überlegte, wie sie den Mann aus der Reserve locken konnte. »Wie ist denn Ihr neuer Fraktionsvorsitzender so?«, fragte sie, auf Friedrich Sehlings anspielend. »Der soll ja ganz schön rechts sein.«

»Als Fraktionsgeschäftsführer bin ich ein demütiger Diener meiner Abgeordneten und meines Fraktionsvorsitzenden«, entgegnete Meyer. »Ich mache einfach meine Arbeit.«

Auch damit kam sie nicht weiter. Sie entschied sich für eine neue Offensive. »Kennen Sie eigentlich diesen Barbarossa?«

»Barbarossa?« Ihr Gegenüber blickte nun doch etwas erstaunt.

»Ja. Hat einen roten Rauschebart und lebt auf einem alten Bauernhof auf dem Land. Dort züchtet er mit seiner Kinderschar Schafe und gibt Bücher heraus zur Revolution von rechts.«

Lorenz Meyer überlegte einen ganz kleinen Augenblick, bevor er antwortete. Das zeigte der Journalistin, dass sie möglicherweise einen Ansatz gefunden hatte.

»Ich lese seine Beiträge auf der Internet-Seite des *Funken*«, erklärte er, »aus beruflichen Gründen.«

»Der soll ja ziemlichen Einfluss auf die Deutschlandpartei haben.«

»Wer sagt denn das?« Wieder bemerkte die junge Frau einen Anflug von Staunen in seinem Gesicht.

»Die Antifa beobachtet die rechte Szene sehr genau. Die wissen sonst immer ganz gut Bescheid.«

»Aber können Sie sich vorstellen, dass sich so ein Mensch in die Strukturen einer Partei einordnen könnte?«, gab ihr Gegenüber zu bedenken.

Das war ein Punkt für ihn. »Da mögen Sie recht haben«, antwortete sie. »Der soll aber auch ziemlichen Einfluss auf die Jungdeutschen haben.«

»Die Antifa hat das Gerücht in die Welt gesetzt«, erwiderte Meyer. »Die wollen uns nur schaden. Aber in der Tat lesen viele Jungdeutsche seinen *Funken*.«

»Ich fahre morgen zu ihm, um eine Homestory zu machen«, sagte sie und versuchte, dabei ziemlich gleichgültig zu klingen.

Jetzt schien ihr Gesprächspartner nun doch verblüfft. »Oh, ich dachte, dass er Journalisten verabscheut.«

»Ich bin die erste Journalistin überhaupt, die mit ihm sprechen darf«, erzählte Florentine Fischer stolz. »Ich habe bereits vor einem Jahr bei ihm angefragt. Nun hat mir plötzlich seine Frau geschrieben, dass ich morgen kommen soll … Das wird eine ganz große Geschichte.«

»Seine Frau?«, fragte Meyer erstaunt.

»Na, woher denken Sie, kommen wohl die kleinen Kinder?«, erwiderte sie keck. »Ich habe heute mit ihr telefoniert …«

»Sie haben mit ihr telefoniert?«, echote Meyer.

Die Journalistin wunderte sich angesichts des plötzlichen Umschwungs seines Interesses. »Ja, sie scheint sehr nett zu sein. Aber die Frau tut mir echt leid, mit so einem Typen verheiratet zu sein.«

»Dann werden Sie sie morgen kennenlernen?«

»Das hoffe ich doch. Warum fragen Sie?« Die Reaktion ihres Gegenübers erstaunte sie.

»Na, Sie wollen doch eine Homestory machen. Und dazu gehören doch Mann und Frau. Oder denken Sie da anders? Ihr Onkel erzählte, dass Sie auch eher konservativ eingestellt sind. Sie sehnen sich doch sicherlich auch nach einem Zuhause und Mister Perfect?«

Die Journalistin war irritiert. Entweder war der Mann tatsächlich schwul, was durchaus möglich war, nachdem ihr hartnäckiges Flirten so gar keinen Eindruck auf ihn gemacht hatte. Die andere Möglichkeit: Er selbst baggerte sie auf ziemlich direkte Art an. Sie hoffte auf das zweite.

Der Kellner brachte die Speisekarten. Beide vertieften sich in die überdimensionierten Menüs. Das gab der Journalistin Zeit, ihre Strategie zu überdenken. Florentine Fischer wollte nicht länger über den skurrilen Barbarossa und seine Frau reden, sie wollte mehr erfahren über den so höflichen, etwas spröden Mann, der ihr gegenübersaß. Sie fragte nach dem Thema seiner Doktorarbeit. Jetzt hatte sie ein Thema gefunden, bei dem er nicht so kühl war. Das Eis schien gebrochen. Sie berührte sogar sanft mit ihrer Hand seinen Arm, den er auf den Tisch gelegt hatte. Er reagierte aber nicht so, wie sie es sonst von Männern gewohnt war.

Die Zeit verging wie im Flug. Am Ende tauschten sie ihre privaten Telefonnummern aus. »Wenn ich mal etwas habe, denke ich an Sie«, sagte Meyer.

»Vielleicht können wir das ja mal wiederholen«, erwiderte die Journalistin. Ihren Vorwand für das Treffen, etwas über die Arbeit des Fraktionsstabes zu machen, hatte sie während des Gespräches völlig vergessen. »Der ist eine harte Nuss«, sagte sie sich auf der Fahrt nach Hause, »aber die werde ich knacken.« Da war sich die junge Frau sicher.

In der Nacht konnte die Journalistin kaum schlafen. Ihre Gedanken kreisten um den Mann, mit dem sie noch vor ein paar Stunden zusammengesessen hatte. Doch sie musste früh raus. Zum Bauernhof Barbarossas waren es ein paar Stunden Autofahrt.

Pünktlich war sie am Treffpunkt, den ihr die Frau Barbarossas genannt hatte: ein verfallener Schafstall, rund 600 Meter entfernt vom eigentlichen Hof, am Rand einer großen Weide stehend. Sie hatte damit gerechnet, dass es von dort aus zur Pfalz ginge. Doch weit gefehlt: In ihrem Kostüm mit den hochhackigen Schuhen stakste sie durch den Stall dem Rotbärtigen hinterher, mitten durch die dicht gedrängt stehenden Schafe. Die interessierten sich mehr für sie, als ihr lieb war, und zupften mit ihren Mäulern an ihrem Kostüm herum.

Barbarossa trug auch bei der Arbeit im Stall sein graues Kim-Jong-Il-Gewand, dazu blank geputzte, schwarze lederne Schaftstiefel. Kerzengerade schritt er mit seinen wehenden roten Haaren durch den Stall. »Schafe sind ein gutes Beispiel, wie die Gesellschaft funktionierte, wenn sie nicht von Dekadenz unterhöhlt und ihrer Natürlichkeit beraubt wäre.« Er watete durch das Meer der Schafskörper, das sich vor ihm teilte. »Die Rangordnung der Tiere regelt das Zusammenleben. Der Widder dominiert die weiblichen Tiere, er deckt sie, verteidigt seine Position, misst seine Kräfte mit anderen Widdern im Zweikampf.«

Die junge, zierliche Journalistin hatte Mühe, mitzuhalten. Immer wieder stupsten Schafe sie an und warfen sie aus der Bahn. Sie kam gar nicht dazu, auf ihrem gezückten Journalisten-Notizblock mitzuschreiben. Ein Aufnahmegerät hatte sich Barbarossa verbeten.

Der Rotbärtige nahm auf sie keine Rücksicht. »Die weiblichen Schafe sind dafür da, den Nachwuchs zu gebären. Sie sind genügsam und anpassungsfähig. Schafe sind Herdentiere«, erklärte er.

»Die Böcke sind Einzelgänger. Genauso trägt ein Mann allein seine Pflicht gegenüber der Gesellschaft.«

Jetzt waren sie bei einem kleinen Gatter angelangt. Barbarossa öffnete es. »Kommen Sie!«, kommandierte er. »Ich zeige Ihnen mein Reich.« Die Journalistin schaute in seine Richtung. Vor ihr lag ein endloses Nichts, eine weite Wiese. Am Horizont war der Rand eines Waldstückes zu sehen.

Seine langen Beine trugen ihn mühelos über die Weide, seiner Besucherin immer zwei Meter voraus. Die versuchte, auf dem unebenen Boden die Balance zu halten, während sie die Worte des Rotbärtigen mitschrieb. »Statt der Familie wird die Sippe wieder die Grundlage der Gesellschaft werden. Sie muss der schützende Mutterschoß für alle Blutsverwandten sein.«

Der Weg führte sie immer weiter weg von der Pfalz hin zu dem Wald. Die Journalistin wurde langsam sauer. »Der verarscht mich doch«, murmelte sie vor sich hin.

»Wie der Landmann in alter Zeit einst gemäß der germanischen Sippenehre lebte«, schwadronierte Barbarossa, »so versuche ich mein bescheidenes Leben zu führen. Die Schafe versorgen mich mit dem, was ich zum Leben brauche. Ich habe der Welt mit ihrem Streben nach Kommerz und dem Geld entsagt. Mein Leben ist der heiligen Pflicht für die Mission gewidmet.«

»Was ist denn Ihre Mission?«, rief die Journalistin von hinten.

Der Rotbärtige antwortete nicht. Er war jetzt am Waldrand angelangt. Ohne sich nach der Journalistin umzusehen, schlug Barbarossa jetzt einen sandigen Waldweg ein. »Der urgewaltige deutsche Wald«, rief er mit pathetischer Stimme. »Er war unseren Vorfahren das Lebenselixier. Aus ihm schöpften die Germanen ihre Kraft.«

Florentine Fischer sah sich um. Sie liefen durch einen trockenen Kiefernforst auf sandigem Grund. »Der spinnt doch total«, sagte sie leise vor sich hin.

»Unsere Mission ist es, ein neues Reich zu schaffen …«, erklärte Barbarossa.

»Sie meinen ein Viertes Reich?«, hakte die Journalistin ein. Anders als vorher wich der Rotbärtige dieses Mal nicht aus. Er blieb abrupt stehen, drehte sich um und sagte nur: »Ja.«

Noch ganz außer Atem, nutzte Florentine Fischer die Pause und schob eine nächste Frage hinterher: »Und wann wird dieses neue Reich anbrechen?«

Barbarossa stand kerzengerade da und begann wieder zu monologisieren: »Die Katastrophe ist nah. Aber es gibt Menschen, die zum Widerstand, die zum Waldgang befähigt sind.«

Sie wusste, worauf sich Barbarossa bezog. Bei ihrem Studium der Online-Ausgaben des *Funken* war sie immer wieder auf Zitate aus *Der Waldgang* von Ernst Jünger gestoßen. Der Essay behandelte die Frage, wie sich der Mensch bei einer Katastrophe verhalten sollte. Es ging um das Recht auf Widerstand – und um die Pflicht zum Widerstand angesichts eines verbrecherischen Staates. Er war ein Schlüsseltext in rechten Kreisen.

Aus einer Intuition heraus wagte sie den Frontalangriff. »Haben Ihre Waldgänger die Deutschlandpartei unterwandert?«

Das Gesicht des Rotbärtigen verzog sich, sein Blick durchdrang die Journalistin. »Wer sagt das?«, fragte er bissig. Barbarossa hatte sein Männlichkeitsgehabe nun scheinbar völlig vergessen.

»Das sagen meine Quellen«, antwortete die junge Frau genauso bestimmend wie nebulös.

Das Gesicht Barbarossas lief rot an und er begann zu schreien. »Habt ihr Journalistenpack denn nichts Besseres zu tun, als immer nur im Dreck zu wühlen?« Er drehte sich um und stürmte den Waldweg voran. »Hiermit ist das Interview beendet!«

Dr. Florentine Fischer schaute dem Mann mit seinem wehenden roten Haar hinterher. »Da habe ich wohl einen Nerv getroffen«, sagte sie laut zu sich selbst. Dann drehte sie sich um und begann den Weg zurückzutrotten. Dabei ging sie im Kopf bereits den Anfang der Geschichte durch, die sie über Barbarossa schreiben wollte.

»«

Der frischgebackene Verteidigungsminister saß in seinem Büro und griff zu der Aktenmappe auf seinem Schreibtisch, die ihm sein Pressesprecher hingelegt hatte, der seinem Freund auch diesmal wieder in seinem neuen Amt gefolgt war. Mit dem Wechsel ins Verteidigungsministerium übernahm er die Leitung des Presse- und Informationsstabes des Ministeriums und war damit einer der mächtigsten Leute in der Bundeswehr.

Der Minister schlug die Akte auf und begann zu lesen. Sein treuer Mitarbeiter hatte für ihn ein Dossier erstellt, das die verfassungsfeindlichen Bestrebungen der Deutschlandpartei dokumentieren sollte. Nach dem letzten Parteitag der Deutschlandpartei war der Ruf nach einem Verbot immer lauter geworden. Der Verteidigungsminister hatte beschlossen, sich an die Spitze dieser Bewegung zu setzen. Denn er brauchte dringend ein neues Image. Als Umweltminister war er glaubhaft gewesen, weil er selber Umweltwissenschaften studiert hatte und Umwelt-Ingenieur war. Den Oberkommandierenden des Militärs hingegen nahm ihm kaum einer ab. Der Pressesprecher und der Agenturchef hatten daher beschlossen, ihn zum Antifaschisten und engagierten Kämpfer gegen den Vormarsch der Deutschlandpartei aufzubauen. Dieses Image passte perfekt zum neuen Kurs der Christpartei.

Aber bald wurde dem Verteidigungsminister bewusst: Die Chance, dass eine Partei durch das Verfassungsgericht verboten wurde, war äußerst gering. Zwar ließ es das Grundgesetz formal zu, eine Partei zu verbieten, wenn sie eine Gefahr für die freiheitlich-demokratische Grundordnung darstellte. Doch in der siebzigjährigen Geschichte der Bundesrepublik waren bisher insgesamt nur zwei kleine Parteien verboten worden. Und das zu einem Zeitpunkt, da beide eigentlich schon gar keine Rolle mehr spielten. Im Jahr 1952 traf es eine linksextremistische, 1956 eine rechtsextremistische Partei. Alle anderen Versuche, Parteien zu verbieten, waren früher oder später gescheitert, einmal sogar, weil bekannt wurde, dass in der Führungsebene einer rechtsextremistischen Partei eine Vielzahl von V-Leuten tätig war. Ein Parteienverbot war zwar theoretisch ein scharfes Schwert. In der Realität glich es jedoch eher einem stumpfen Küchenmesser.

Sein Pressesprecher hatte die zündende Idee: »Wie wäre es, wenn wir die völkische Truppe um Hans-Jürgen Lehmann und die Parteijugend mit ihren komischen Hosenträgern unter Beobachtung stellen lassen? Dieser Lehmann hat die zentrale ideologische und operative Macht in der Partei. Wenn das Deutsche Herz unter der Beobachtung des Verfassungsschutzes steht, wird dieser Lehmann stürzen. Und mit ihm bald die ganze Deutschlandpartei.«

Der Verteidigungsminister überflog die Papiere in der Mappe. Da waren Auszüge aus einer Rede von Marie Köster, in der sie erklärte, dass Deutschland »von kulturfremden Völkern wie Arabern, Sinti und Roma überschwemmt« werde. Darunter das Zitat aus ihrer Furore machenden Ansprache im Bundestag. Von »Kopftuchmädchen, alimentierten Messermännern und sonstigen Taugenichtsen« war da die Rede und von »barbarischen, muslimischen, gruppenvergewaltigenden Männerhorden«.

Auch Lehmann selbst war mit zahlreichen Beispielen vertreten. Einmal verglich er Deutschland mit Rom, das bekanntlich von den »Barbaren« zerstört worden sei. In einer anderen Rede erklärte er: »Wenn wir die gewaltsame Transformation des hergebrachten Nationalstaats in eine multikulturelle Zuwanderungsgesellschaft nicht bald stoppen, droht uns in Deutschland und

Europa tatsächlich eine kulturelle Kernschmelze.« Er las noch einmal die berüchtigte Rede Lehmanns auf der Gründungskonferenz des Deutschen Herzens: »Ich weise euch, ich weise dieser Partei einen langen und entbehrungsreichen Weg, aber es ist der einzige Weg, der zu einem vollständigen Sieg führt, und dieses Land braucht einen vollständigen Sieg der Deutschlandpartei.«

Der Verteidigungsminister rief seinen Pressesprecher herein. »Dieser Lehmann scheint ja wirklich von einer braunen Oktoberrevolution zu träumen.« Der Minister lehnte sich über den Schreibtisch und reichte die Mappe hinüber. »Das dürfte genügen. Geben Sie das Dossier an den Innenminister. Und eine Kopie an den *Demokratischen Beobachter*.

Die Idee für die Überschrift und das Titelbild für den Beitrag von Florentine Fischer kam dem Chefredakteur des *Demokratischen Beobachters* am Abend beim Fernsehen. Er war bei einer Dokumentation über den Irakkrieg hängen geblieben. Das Fernsehen zeigte GIs in Kampfmontur und Stahlhelm, die unter dem Jubel irakischer Männer der riesigen Statue des Diktators Saddam Hussein ein Stahlseil umbanden. Das andere Ende befestigten sie an einem Panzer. Wenig später hing die Statue im Neunzig-Grad-Winkel am Steinsockel herunter, im Hintergrund eine Moschee. Die Bilder vom Sturz des Diktators gingen damals um die Welt.

Die Statue zeigte den Tyrannen mit nach oben gerissenem rechten Arm, halb winkend, halb grüßend, und einem strengen Blick in die Ferne. In der gleichen Pose hatte sich der Lebensmittelhändler auf der Titelseite des *Jungen Deutschlands* neben dem personenkultverdächtigen Porträt ablichten lassen, das Oliver Felsenstier geschrieben hatte. Gleich am nächsten Tag in aller Frühe wollte der Chefredakteur in der Grafik-Abteilung eine Fotomontage für das Titelbild in Auftrag geben: Hans-Jürgen Lehmann als Statue, im Neunzig-Grad-Winkel vom Sockel hängend, von einem deutschen Leopard-Panzer zu Fall gebracht. Statt einer Moschee im Hintergrund der Reichstag hineinmontiert. Und darunter die Schlagzeile: »Der Sturz des Herrn Lehmann«.

KAPITEL 5

Gegen die riesige Fensterfront der Fabriketage der Agentur »Zum Silbernen Reh« in Berlin-Mitte peitschte der Februarregen. Die obere Hälfte des Fernsehturms war in Wolken gehüllt.

»Dass dieser billige Trick funktioniert, ist wirklich erstaunlich«, sagte der Agenturchef am Fenster stehend, den Blick in den Regen gerichtet. Heute trug er ein T-Shirt mit der Aufschrift »Menschen: Das Böse daran ist das Dumme darin«. Um den großen Konferenztisch herum saßen der Verteidigungsminister mit seinem Pressesprecher zusammen mit der Senior Consultant Julia. Auf dem Tisch lagen die Hauptstadt-Zeitungen mit der Schlagzeile des Tages: »Deutschlandpartei erklärt Deutsches Herz für aufgelöst.«

Der Agenturchef schüttelte langsam den Kopf. »Da verkündet dieser Hans-Jürgen Lehmann einfach mal so die Selbstauflösung des Deutschen Herzens, um der Beobachtung zu entgehen. Und alles ist gut: Kein Aufschrei bei den Mitgliedern. Nichts.«

»Diese Völkischen sind einfach nur dumm«, ergriff der Minister das Wort. »Deshalb nennen sie sich ja auch Deutsches Herz und nicht Deutsches Hirn.« Alle lachten.

»Damit werden sie ihren Niedergang nicht aufhalten können«, fuhr der Minister fort. »In den Umfragen sinken sie rapide. Und es gehen Gerüchte um, dass ihnen massenweise die Mitglieder weglaufen. Die Ankündigung der Beobachtung ist also ein voller Erfolg.«

Der Minister war stolz auf sich. Immerhin war er es, der in seiner Partei monatelang für die Beobachtung der Deutschlandpartei gekämpft hatte. Damit war ein weiterer wichtiger Schritt getan auf dem Weg zu seinem großen Ziel: Er wollte der nächste Bundeskanzler der Bundesrepublik Deutschland werden, und das in einer schwarz-grünen Koalition.

Seitdem die amtierende Kanzlerin angekündigt hatte, bei der nächsten Bundestagswahl nicht noch einmal antreten zu wollen, waren seine Chancen mächtig gestiegen. Er war jung, gutaussehend und eloquent und ständiger Gast in den Talkshows, ein Liebling der Medien. Aber er galt auch als abgehoben und wenig volksnah. Die Deutschlandpartei saß ihm und der Christpartei im Nacken. Dort gab es Volkstribunen, die kräftig im traditionellen konservativen Milieu der Christpartei wilderten, das mit dem von ihm persönlich vorangetriebenen Umbau der Partei überhaupt nicht einverstanden war.

Bis zur nächsten Bundestagswahl waren es noch eineinhalb Jahre. Genug Zeit, um am Image des Ministers zu arbeiten. Und dafür war einmal mehr die Agentur »Zum Silbernen Reh« zuständig.

»Sie scheinen wirklich Angst bekommen zu haben«, sagte der Pressesprecher des Ministers. Seine Aufgabe als Leiter des Presse- und Informationsstabes des Ministeriums war es, aus der Bundeswehr das Beste für die mediale Vermarktung seines Freundes herauszuholen. »Dass sie diesen Lorenz Meyer jetzt zum Vorsitzenden ihrer Jugendorganisation gemacht haben und er dort aufräumen soll, ist sehr bemerkenswert.« Der Pressesprecher griff zu der Mappe, die vor ihm auf dem Tisch lag, und begann vorzulesen: »Sehr gutes Abitur. Zweijährige Ausbildung zum Reserveoffizier bei der Fallschirmjägertruppe. Während seines Jurastudiums regelmäßige Wehrübungen. Volljurist mit Prädikatsexamina. Promotion in Verwaltungsrecht. Derzeitiger Dienstgrad: Hauptmann der Reserve. Seine MAD-Akte ist vollkommen sauber. Mehr noch: In seinen Beurteilungen steht, dass er ein vorbildlicher Offizier war. Jetzt ist er Fraktionsgeschäftsführer im Landtag, erst unter Dr. Adalbert Hausding, jetzt unter Friedrich Sehlings als Fraktionsvorsitzenden. Er gilt als Vertrauter von Hausding.« Dann schlug er die Mappe zu. »Alles in allem fast schon ein lupenreiner Demokrat.«

»Vielleicht meinen die es ja ernst und wollen sich wirklich entnazifizieren«, sagte der Verteidigungsminister.

Der Pressesprecher schüttelte entschieden den Kopf. »Das glaube ich erst, wenn sie solche Leute wie den Friedrich Sehlings rausschmeißen. Das ist doch der Schlimmste von allen.«

Der Agenturchef stutzte. Er verfolgte aufmerksam die Berichterstattung über die Deutschlandpartei und vor allem über das Deutsche Herz, schon aus beruflichen Gründen. Er hatte Respekt davor, wie deren PR-Experten es innerhalb kürzester Zeit geschafft hatten, aus der trashigen BDM-Marie und dem zwielichtigen Hans-Jürgen Lehmann Stars der neuen deutschen völkischen Bewegung zu machen, über die alle Medien freudig berichteten, weil sie damit Quote machten. Nicht zuletzt dank der Entwicklungen in den USA war Trash in Deutschland politikfähig geworden. Aus den Talkshows des »Bügelfernsehens« am Vormittag war er in die Abendnachrichten und politischen Talkshows übergeschwappt. »Friedrich Sehlings?«, fragte der Agenturchef. »Der mit dem GI-Schnitt und der Brecht-Brille?«

»Ganz genau«, sagte der Pressesprecher. »Ich habe mir auch über den Informationen eingeholt. Mitglied im Bundesvorstand und mächtiger Landes- und Fraktionsvorsitzender. Strippenzieher und einer der gefährlichsten Männer der Partei, sagen die Dienste. Bisher von den Medien aber eher unbeachtet, weil sich alle auf Lehmann und diese komische BDM-Marie stürzen.« Der Sprecher des Ministers schlug eine andere Mappe auf.

»Der hat eine MAD-Akte, die hat mehr Seiten als die früheren Telefonbücher von Berlin, Hamburg, München und Köln zusammen.«

Dann begann er aus dem Dossier zu zitieren: »Geboren 1974. Aus einer linken Münchener Bürgerfamilie stammend. Schon als Schüler war er bei einer als rechtsradikal bekannten Schülerverbindung aktiv. Nach dem Abitur wollte er Offizier werden. Doch er fiel im Assessment der Offiziersbewerberprüfzentrale in Köln durch. Der Prüfstabsoffizier bemerkte in einer Aktennotiz zur Begründung der Ablehnung: ›Der Bewerber verwechselt die Bundeswehr mit der SS. Der darf auf keinen Fall Offizier werden.‹«

Der Agenturchef schüttelte ungläubig den Kopf.

»Das ist noch nicht alles«, sagte der Pressesprecher und zitierte weiter: »Er wurde als Wehrpflichtiger bei den Fallschirmjägern eingezogen, verpflichtete sich erst für vier Jahre als Unteroffizier, dann für zwölf Jahre als Feldwebel, hatte die ganze Zeit Truppenverwendungen bei den Fallschirmjägern.«

»Wieso schmeißt die Bundeswehr so einen nicht raus?«, fragte jetzt Senior Consultant Julia erstaunt.

»Das ist leider gar nicht so einfach«, antwortete der Pressesprecher. »Man muss ihm ein konkretes Vergehen vorwerfen können. Der Mann ist wohl so schlau, dass er genau weiß, wie weit er gehen kann und wo die rote Linie ist. Es konnte aber verhindert werden, dass er Berufssoldat wurde. Nach zwölf Jahren hat er die Uniform ausgezogen. Er kam auch nie in Positionen, wo er hätte größeren Schaden anrichten können.«

»Statt auf seine Karriere bei der Bundeswehr hat er sich dann wohl auch auf seine Parteikarrieren konzentriert«, sagte der Pressesprecher.

Der Agenturchef stutzte wieder. »Parteikarrieren? Im Plural?«

Der Pressesprecher nickte. »Ja, der war immer sofort dabei, wenn in Deutschland eine neue rechte Partei gegründete wurde.

In seiner Jugend war er zwar für einige Jahre bei der Christpartei, doch dann ist er weiter nach rechts gezogen, wurde Mitglied der rechtsradikalen Demokratiepartei eines Münchener Journalisten, die Ende der Achtzigerjahre einige Erfolge hatte. Anfang des neuen Jahrtausends tauchte er dann bei der Rechtsstaatspartei auf, die in Hamburg sogar mal den Innensenator stellte. Er soll zu so ziemlich jeder rechten und rechtsradikalen Organisation in Deutschland Kontakte pflegen. Dann war er einer der ersten, der bei der Deutschlandpartei mitmachte.« Damit beendete der Pressesprecher seinen Vortrag.

Der Minister ergriff jetzt das Wort. »Solange die Deutschlandpartei solche Männer in einflussreichen Positionen hat, können wir davon ausgehen, dass sich nichts Grundsätzliches ändern wird.«

»Wir können nur hoffen, dass die Beobachtung die Soldaten, Polizisten und andere Angehörige des Öffentlichen Dienstes abschreckt und die wieder als Wähler zu uns zurückkommen«, erwiderte der Pressesprecher. »Wir dürfen aber auch unsere neuen Wähler nicht verschrecken, wenn das mit Schwarz-Grün und deiner Kanzlerschaft klappen soll. Wir müssen sehen, wie wir die Bundeswehr jetzt dazu nutzen können, um bei unserer neuen Zielgruppe zu punkten.«

Das war das Stichwort für den Agenturchef, auf das er gewartet hatte. »Ich habe da auch schon eine Idee. Du machst eine Tour mit einem LGBT-Truck durch die Kasernen der Bundeswehr. Das wird ein ganz großer Knaller. Wir nennen das Flecktarn-Diversity. Das kommt bei unserer neuen Zielgruppe total gut an.«

Der Pressesprecher und der Verteidigungsminister nickten. »Warum nicht«, sagte der Minister.

Die Senior Consultant Julia ergriff das Wort. »Ich kann mir nicht vorstellen, dass das bei den Soldaten so gut ankommt. Mein Vater ist ja auch Berufssoldat. Der ist weit weg davon, ein Fan der

Deutschlandpartei zu sein, und hat sein ganzes Leben die Sozialpartei gewählt. Aber ich glaube nicht, dass bei ihm LGBT-Themen ankommen. Homosexualität und Transsexualität sind jetzt nicht gerade die drängendsten Themen der Soldaten.«

Der Minister warf ihr einen tadelnden Blick zu. »Was interessieren mich die Soldaten. Wichtig ist doch, wie das außerhalb der Bundeswehr ankommt. Da sitzt unsere Zielgruppe.«

Die junge Frau ließ sich von den Worten des Ministers nicht beeindrucken. »Aber die Umfragen haben doch ergeben, dass Soldaten besonders häufig die Deutschlandpartei gewählt haben, weil sie mit der neuen politischen Ausrichtung der Christpartei nicht einverstanden sind. Sollten wir nicht versuchen, sie argumentativ und inhaltlich zurückzugewinnen, statt nur auf Abschreckung durch die Beobachtung zu setzen?«

Der Verteidigungsminister verlor die Geduld. »Was reden Sie denn da?«, fuhr er sie an. »Wir haben jahrelang für den Umbau der Partei gekämpft. Wir überlassen sie doch nicht diesen Ewiggestrigen.«

»Danke, Julia, dass du uns noch einmal die andere Perspektive aufgezeigt hast«, griff der Agenturchef ein. »Es ist immer wichtig, in einer Kampagne auch die Position des Gegners zu durchdenken.« Er musste seine Mitarbeiterin beschützen, die Senior Consultant Julia gehörte zu den Arbeitspferden seiner Agentur. Allerdings kannte er auch ihre schwache Stelle: Obwohl sie bereits eine geraume Zeit in der Politischen Kommunikation arbeitete, glaubte sie noch immer an das Gute in der Politik.

Der Agenturinhaber wusste auch um die Schwächen seines Freundes. Wenn es um seine Karriere ging, kannte der Minister kein Erbarmen. Wurde er kritisiert, fiel er aus seiner Rolle, wurde schnell jähzornig. Die Rolle des Charming Boy war mühsam einstudiert, erschaffen von seinen beiden Freunden, dem Agenturchef und dem Pressesprecher.

»Die LGBT-Tour könnte medial ein gutes Ablenkungsmanöver sein«, sprang der Pressesprecher dem Agenturchef bei. Er wusste, wie er seinen Freund besänftigen konnte. Nichts erregte den Politiker mehr, als sein Bild groß in der Zeitung zu sehen. »Wir werden bald zwei große Rüstungsprogramme einstellen«, erklärte der Pressesprecher. »Das ist ein bisschen heikel. Davon müssen wir ablenken.«

Der Minister war noch nicht ganz besänftigt. »Nicht, dass das mit dem LGBT-Truck wieder so ein Desaster wird wie Ihre Idee mit der Sofa-Tour. Das haben Sie damals ganz schön verbockt! Diese BDM-Marie führt mich damit heute noch vor«, pflaumte er die junge Frau an. Alle im Raum wussten, dass der Vorwurf ungerechtfertigt war und der Minister das mediale Fiasko der Sofa-Tour ganz allein zu verantworten hatte. Doch wenn der Minister einen seiner cholerischen Anfälle hatte, half kein Argumentieren, das wussten die Freunde. Also ließen sie die Schimpftiraden schweigend über sich ergehen.

Beim Hinausgehen fiel der Blick des Ministers auf die Meldung auf der Titelseite einer der ausliegenden Zeitungen. »Neuartiges Virus greift in China um sich.« »Was halten Sie davon«, fragte er seinen Pressesprecher.

»Wenn in China ein Sack Reis umfällt …«, erwiderte der lachend.

» «

Das Medienimperium der Deutschlandpartei wuchs und gedieh unter der Regie des Leiters des Newsrooms. Nach der Internet-Zeitung *Deutsche Wahrheit* als Alternative zu den etablierten Nachrichtenmedien waren nach und nach Special-Interest-Zeitschriften dazugekommen. Da gab es das Schwulen-Magazin *Deutscher Mann*, befanden sich doch unter den Mitgliedern und Wählern der Deutschlandpartei viele homosexuelle Männer, die Angst vor islamischer Homosexuellenfeindlichkeit hatten. Das Pendant mit der Zielgruppe völkische Lesbe war die *Germanische Sappho*. Das Magazin *Handschar* wiederum, benannt nach dem traditionellen arabischen Krummdolch, bespielte die deutschnational eingestellten Muslime. Es gab auch eine Internet-Zeitung auf Russisch und Deutsch, die sich an die Russlanddeutschen wandte. Und es gab das gedruckte Hochglanz-Lifestyle-Magazin *Deutsches Arkadien* für die neue, intellektuelle rechte Jugend mit Schmink- und Modetipps.

Das neueste vom Leiter des Newsrooms erdachte Produkt war ein Expertenblog mit Namen *Deutsche Sicherheit*. »Die Zielgruppe sind vor allem Soldaten und Polizisten. Um die müssen wir uns jetzt mit der Beobachtung ein wenig kümmern«, erklärte der PR-Profi Friedrich Sehlings. »Und wir müssen dein Image ein bisschen aufpolieren. Wir dürfen nicht zulassen, dass der Oberst die Rolle des Sicherheitsexperten der Partei übernimmt, auch wenn er im Verteidigungsausschuss des Bundestages sitzt. Das musst du werden.«

Friedrich Sehlings strahlte, als er dies hörte. Wenn es darum ging, dem alten Offizier eins auszuwischen, war er gerne dabei.

»Ich habe fünf Leute für den Blog angesetzt«, fuhr der PR-Experte fort. »Einige sind bis in höchste Bundeswehrkreise vernetzt. Im Ministerium ist gerade richtig Stimmung. Wir haben gesteckt bekommen, dass der neue Minister zwei wichtige Rüstungsprogramme streichen will. Ganz klammheimlich. Und dann will der Minister mit seinem LGBT-Truck durch die Kasernen kurven.«

»Mit seinem was?«, fragte Sehlings erstaunt.

»Ja, das gab es noch nicht, als wir beide gedient haben.« Der PR-Mann klärte ihn auf: »LGBT steht für Lesbian, Gay, Bisexual und Transgender. Die Bundeswehr hat einen Sattelschlepper angeschafft, der sich zur Bühne umfunktionieren lässt. Mit seiner Tour will der Minister für mehr Diversity in der Bundeswehr sorgen.«

»Ich verstehe«, erwiderte Sehlings ernüchtert. »Wir werden das mit der Einstellung der Rüstungsprogramme durch unseren Expertenblog streuen. Ich gehe mal davon aus, dass ein paar Systemmedien sofort darauf anspringen.«

Beim *Demokratischen Beobachter* stieß die Nachricht, kaum war sie veröffentlicht, auf fruchtbaren Boden.

»Frau Dr. Fischer, kommen Sie doch bitte mal in mein Büro«, rief der Chefredakteur im freundlichen Befehlston am Telefon. Eine Minute später betrat Dr. Florentine Fischer das Büro ihres Chefs, blieb vorsichtig bei der Tür stehen. Sie hatte ein mulmiges Gefühl. Entweder bekam sie einen Anschiss oder ein Lob. Das wusste man vorher nie. Noch öfter aber kam es vor, dass ihr Chefredakteur wieder einmal einen seiner tollen Einfälle hatte, um die Verkaufszahlen des Magazins zu steigern. Seit Jahren kämpfte der *Demokratische Beobachter* mit sinkenden Auflagen. Meistens musste sie dann die verkorksten Ideen des Chefredakteurs ausbaden.

Jetzt saß sie wieder vor ihrem Chef. »Kennen Sie schon den Blog *Deutsche Sicherheit*?«, fragte er. »Der ist relativ neu, von unabhängigen Sicherheitsexperten gemacht. Die schreiben, dass der Verteidigungsminister klammheimlich zwei wichtige Rüstungsprogramme einstellen will. Sie berufen sich da auf diesen Friedrich Sehlings von der Deutschlandpartei.«

Florentine Fischer wurde hellhörig. Kurz überlegte sie, ob sie ihrem Chef erzählten sollte, dass sie an einer ganz heißen Geschichte über diesen Sehlings dran war. Dann entschied sie, lieber nichts von dem mitgehörten Telefonat im Auto ihres Onkels zu erzählen. Sie hörte zu, den Schreibblock auf den Knien, und machte sich Notizen. Der Chefredakteur schwärmte, er sah schon die nächste Titelgeschichte vor seinen Augen: »Bedingt einsatzbereit. Das wird unser Titel. Wie damals, Sie wissen schon.«

Florentine Fischer schrieb mit: »...bedingt einsatzbereit wie damals.« Sie hatte die Angewohnheit, vieles wortwörtlich mitzuschreiben. Dann schaute sie ihren Chef mit großen Augen an, auf weitere Anweisungen wartend.

Der alte Journalist merkte, dass sie keine Ahnung hatte, wovon er sprach. »Sie wissen nicht, worauf ich hinauswill?! 1962, als der Verteidigungsminister gehen musste, nachdem unsere Konkurrenz herausgefunden hatte, dass die Bundeswehr für einen möglichen Dritten Weltkrieg mangelhaft ausgestattet war. ›Bedingt einsatzbereit‹ war damals der Titel der Geschichte. Das ist journalistisches Basiswissen, lesen Sie das mal nach!« Der Chef blickte grimmig. »Setzen Sie sich in Bewegung, Kindchen«, wies er seine Mitarbeiterin an. »Vielleicht schaffen wir es ja, diesen Lackaffen von der Christpartei zu stürzen.« Als die promovierte Juristin sein Büro verließ, sah er ihr nach, starrte auf ihren wohlproportionierten Hintern, dabei murmelte er: »Süßer Hintern, aber nicht die Allerhellste. Die wird es sicher noch einmal weit bringen.«

» «

»Was denken Sie denn von diesem Virus, über das die Medien jetzt alle schreiben?«, fragte Dr. Martin Müller den Oberst, während die beiden Männer die überdimensionierte Speisekarte studierten.

»Aus dem Osten kam noch nie etwas Gutes. Die Pest, der Leninismus, BDM-Marie und jetzt eben dieses komische Virus.« Der Oberst lachte über seinen eigenen Witz, sein Gegenüber lachte nicht. »Geflügelgrippe, Schweinepest, Pipapo. Das wird doch alles medial aufgebauscht, damit sich das deutsche Volk nicht mit dem beschäftigt, was eigentlich im Lande schiefläuft.«

Damit war für ihn das Thema durch. Die beiden Politiker saßen im »Il Teatro«. Auch die bürgerlichen Abgeordneten der Deutschlandpartei hatten den Treffpunkt der Politik-Schickeria der Hauptstadt schnell für sich entdeckt. Aus den Deckenlautsprechern erklang leise klassische Musik, Kellner in schwarzen Anzügen sorgten unaufgeregt für das Wohl der Gäste. Die beiden Politiker hatten sich für das Hähnchensteak mit Tomatenschaum, Babymangold und Minzplente entschieden. Sie klappten die Karten zu.

»Endlich können wir mal an einem zivilisierten Ort speisen. Sie haben die Gründungszeit ja nicht miterlebt«, klagte der Co-Vorsitzende. »Jeden Abend in einem anderen Landgasthaus. Ich konnte diese ewigen Schnitzel mit Pommes einfach nicht mehr sehen.«

Der Oberst hatte den Seitenhieb sehr wohl wahrgenommen. »In der Gründungszeit ist sicherlich einiges schiefgelaufen«, gab er zurück. »Aber wir sollten jetzt nicht über die Vergangenheit reden, sondern über die Zukunft. Wir müssen sehen, wie wir die Beobachtung durch den Verfassungsschutz schnell wieder loswerden. Mit dem Trick der Selbstauflösung der Deutschen Herzens werden sich unsere politischen Gegner nicht lange hinhalten lassen.«

In dieser Sache waren sich die beiden Männer einig. »Wenigstens wird Dr. Lorenz Meyer bei den Jungdeutschen aufräumen. Das ist ein anständiger junger Mann. Und Gott sei Dank Jurist«, sagte Müller.

»Er ist auch Offizier«, konterte der Oberst.

»Wie der mit dem Sehlings klarkommt?«, gab Müller zurück. »Dieser intelligente Mann muss doch richtig unter dem leiden?«

»Der Sehlings war ja nur Feldwebel«, sagte der Oberst. »Dr. Lorenz Meyer ist Hauptmann. Der wird mit dem schon fertig werden.«

»Dieser Sehlings war bestimmt so ein richtiger Schleifer«, sagte Müller. »Solche Typen habe ich schon in meiner eigenen Militärzeit gehasst.«

»Wie lange waren Sie denn dabei?«, wunderte sich der Oberst, der Müller für einen Ungedienten hielt.

»Nur zwölf Monate als Wehrpflichtiger. Das genügte mir. Da liefen mir zu viele Nazis rum. »Der Sehlings passt genau dazu.«

Jetzt reichte es dem Oberst. »Wollen Sie etwas andeuten, dass alle bei der Bundeswehr rechtsradikal sind?«, fragte er, deutlich zu laut für das Ambiente des »Il Teatro«.

Müller merkte, dass er zu weit gegangen war, schließlich trafen sie sich heute, um ihr Vorgehen gegen einen gemeinsamen Feind zu besprechen. Und der hieß Friedrich Sehlings. »Nein, nein«, ruderte er zurück. »Aber diesem Sehlings traue ich nicht. Ich habe mir in der Gründungszeit jeden neuen Mitgliedsantrag von ihm vorlegen lassen«, erklärte Müller.

»Und?«, hakte der Oberst nach.

»Immer alles korrekt«, antwortete Müller. Der Oberst wollte eine zynische Bemerkung über Müllers Arbeitseffizienz machen, verkniff sie sich aber.

Auch Müller wollte das Gespräch versachlichen und sagte im Juristenton: »Wir können nur hoffen, dass Dr. Lorenz Meyer mit diesem Hosenträger-Spuk bei den Jungdeutschen Schluss macht. Das kann uns in Teufels Küche bringen. Ich habe das mal überprüft.« Er setzte zu einem seiner gefürchteten juristischen Vorträge an. »Nach Paragraph 2 des Versammlungsgesetzes ist es verboten, öffentlich oder in einer Versammlung Uniformen, Uniformteile oder gleichartige Kleidungsstücke als Ausdruck einer gemeinsamen politischen Gesinnung zu tragen.«

Jetzt platzte dem Oberst endgültig der Kragen. »Aber, Herr Dr. Müller, übertreiben Sie da nicht? Statt zerschlissener Jeans drücken die jungen Leute heute ihre Gesinnung eben mit roten

Krawatten und roten Hosenträgern aus.« Der Oberst fand den neuen Kleidungsstil toll. Auch die meisten seiner Mitarbeiterinnen und Mitarbeiter seines Bundestagsbüros folgten ihm. Die Männer in schwarzen Hosen, weißen Hemden, mit roten Hosenträgern und roten Krawatten. Auch für die Mädchen gab es eine Uniform: schwarze Röcke, weiße Blusen, rote Halstücher und rote Damen-Hosenträger. Veranstaltungen der Jungdeutschen und Parteitage der Deutschlandpartei glichen inzwischen einem Meer von Schwarz, Weiß und Rot.

Die Snobs der Parteijugend allerdings, die sich für die intellektuelle Avantgarde hielten, verzichteten auf die Hosenträger-Uniform und trugen stattdessen die Hausding-typische Gartenzwergkrawatte. Das Modelabel »Deutsche Kluft« hatte sie nachproduzieren lassen, sie war ein Verkaufsrenner. Es gab eine ganze Kollektion mit dem Namen »Hausding Style«. Dazu gehörten der anthrazitfarbene Trachtenjanker mit Hornknöpfen und die hellbraune Bundfaltenhose. So mancher Mann auf den Veranstaltungen der Jungdeutschen sah aus wie eine junge Hausding-Version.

»Ich bin sehr gerührt, wie viele deutsche Frauen und Männer diese Uniform tragen«, fuhr der Oberst fort. Das ist doch ein gutes Zeichen. Stellen Sie sich mal zu Dienstschluss vor das Verteidigungsministerium in Berlin. Kaum einer der Generale verlässt das Ministerium in Uniform. Die schämen sich dafür.«

Der Oberst monologisierte weiter, in scharfer Offizierssprache, lauter als im »Il Teatro« üblich: »Wie weit muss ein Land heruntergekommen sein, dass selbst hohe Generale sich ihrer Uniform schämen. Eine Uniform ist ein Ehrenkleid. Selbst die Ökos, die Gutmenschen, die Alternativen trugen Uniform, bevor sie zu Maßanzügen wechselten. Das Palituch war das Zeichen ihres Widerstandes gegen Repression. Unsere Palis sind die roten Hosenträger. Es ist das Zeichen unseres Widerstandes.«

Müller wunderte sich darüber, wie emotional der Oberst werden konnte, und sagte dann: »Wir sollten über die Selbstauflösung des Deutschen Herzens reden. Lehmann hat die zwar verkündet, aber ob er es wirklich tut, steht auf einem anderen Blatt.«

»Es ist auch fraglich, ob das deren Mitglieder mittragen. Lehmann muss doch jetzt auch ziemlich unter Druck stehen.«

»Wir müssen uns eine Strategie überlegen, wie wir jetzt weiter vorgehen«, preschte Müller vor. »Ich denke ja, wir sollten uns von den Völkischen ganz trennen.«

»Sie meinen eine Spaltung der Partei? Das *überleben* wir nicht!« Der Oberst war aufgebracht.

»Das ist die einzige Möglichkeit, wenn wir wollen, dass die Christpartei nach der Bundestagswahl nächstes Jahr mit uns koaliert.«

»Die Völkischen werden sich radikalisieren«, warf der Oberst ein. »Ich mag gar nicht daran denken, zu was einige von denen fähig sind.«

»Wenn sie sich radikalisieren, werden sie verboten. Dann ist das Problem beseitigt. Dafür gibt es doch das Parteienverbot.«

»Sie glauben doch nicht wirklich, dass das Problem mit einem Verbot gelöst ist. Wir müssen sie einhegen. Und das können wir nur, solange wir zusammen sind. Ich bin für eine andere Strategie. Ich denke da eher an das alte Prinzip ›Teile und Herrsche‹.«

Müller blickte den Oberst verständnislos an.

»Wir müssen dafür sorgen, dass die schlimmsten Elemente unschädlich gemacht werden«, fuhr der Oberst fort. »Ich arbeite gerade daran, wie wir den Sehlings loswerden. Ich werde demnächst Material in Händen halten …«

Müller schaute nun sehr interessiert, schon einmal hatte der Oberst ihm gegenüber derlei Andeutungen gemacht.

»Ich kann Ihnen leider derzeit nicht mehr sagen«, ruderte der Oberst zurück. »Aber da platzt bald eine Bombe.«

Müller nickte zustimmend. Wenn es um Sehlings ging, war ihm jedes Mittel recht.

»Es muss uns gelingen, die Phalanx aufzubrechen und einige Elemente zu uns herüberzuziehen. Was halten Sie von diesem Ronny Matschinski?«

Müller zögerte erst und sagte dann: »Ich halte den für einen ziemlich eitlen Pfau. Krankhaft ehrgeizig. Aber eines muss man ihm lassen: Reden halten kann er.«

»Ist Ihnen nicht aufgefallen, dass er in den letzten Wochen in den Sitzungen des Bundesvorstandes ziemlich zahm geworden ist? Und bei der Beobachtungssache hatte ich das Gefühl, dass er eher auf unserer Seite war.«

Müller dachte nach. War Ronny Matschinski in letzter Zeit anders als vorher? Seine Anzüge jedenfalls waren so schrill wie immer.

»Ich denke, wir könnten den auf unsere Seite herüberziehen. Mit ihm zusammen hätten wir dann im Bundesvorstand die Mehrheit«, erklärte der Oberst. »Das wäre schon mal ein wichtiger Schritt.

Der Bundesvorstand der Deutschlandpartei bestand aus acht Mitgliedern: den beiden Parteivorsitzenden Müller und Hausding, der stellvertretenden Vorsitzenden Marie Köster und den fünf Beisitzern: Dr. Angelika Erdmann-Benz, die Freundin von Müller, Sehlings, Matschinski, Lehmann und der Oberst. Die Völkischen hatten mit Sehlings, Matschinski, Lehmann und BDM-Marie vier sichere Stimmen, die Bürgerlichen mit Müller, seiner Freundin und dem Oberst drei. Hausding ließ sich keiner der beiden Gruppen zuordnen. Ein Wechsel Matschinskis in das Lager der Bürgerlichen würde die Stimmenverteilung zugunsten der Bürgerlichen erheblich verbessern.

»Der Matschinski hat Angst um seine Posten und seine Pfründe. Das müssen wir ausnutzen. Wir müssen ihm klarmachen, dass er nur mit uns eine Chance auf ein Regierungsamt hat«, erklärte der Oberst. »Wir müssen ihn bei seinem Ehrgeiz packen.«

»Das klingt auf jeden Fall nach einem Plan«, sagte Müller. »Aber erst einmal kümmern Sie sich um Sehlings!«

Der Oberst senkte nun die Stimme und flüsterte. »Wir müssen vorsichtig sein. Die haben ihre Kundschafter überall.«

»Sie sind wirklich ein alter Krieger«, sagte Müller, halb bewundernd, halb belustigt. »Sie sehen wohl überall Spione.«

» «

In der Küche von Friedrich Sehlings herrschte bereits Hochbetrieb, auch wenn das Hauptgericht für den Abend der Küchenbrigade noch auf sich warten ließ. Sehlings kümmerte sich um die Knödel, während Lorenz Meyer Rotkohl schnippelte. Die Ente, die es dazu gab, wollte Herbert ganz frisch von einem Bauern besorgen, der auch Parteimitglied war.

»Die Idee mit der Selbstauflösung des Deutschen Herzens hat ja noch besser geklappt, als wir dachten.« Lorenz Meyer lachte. »Und auch unsere ›Operation Baldur‹. Ich hätte nie gedacht, dass sich der Vorstand einstimmig dafür ausspricht, dass ich Vorsitzender der Jungdeutschen werde. So eine Beobachtung durch den Verfassungsschutz hat doch nur Vorteile. Das schweißt die eigenen Reihen zusammen.«

»Nur gut, Lorenz, dass du so ein Genie des Täuschens und Tarnens bist«, erwiderte Sehlings. Der Jurist strahlte.

Jetzt klingelte es an der Haustür. Meyer ließ vom Rotkohl ab und öffnete Herbert die Tür.

»Entschuldigt, dass ich zu spät komme«, rief Herbert mit der gerupften Ente im Arm. »Aber ich bin noch im Büro des Obersts vorbei. Ich wollte erfahren, ob unsere Leute dort was wissen.«

»Und? Wissen die, was der Oberst vorhat?«, fragte Friedrich Sehlings, während er die Teigmasse zu Knödeln formte.

Herbert schüttelte den Kopf. »Leider nicht, Kommandeur. Aber der Oberst ist auf 180 wegen der Berichterstattung über die Rüstungsprogramme und darüber, dass du plötzlich als der große Sicherheitsexperte der Deutschlandpartei dastehst.«

»Ich kann mir gut vorstellen, dass das am Ego des Herrn Generalstabsoffiziers kratzt«, erwiderte Sehlings mit einem breiten Grinsen auf dem Gesicht. »Das ist eben ein ziemlich eitler Fatzke.«

»Müller berichtet mir das Gleiche vom Oberst«, bestätigte Herbert. »Den versorge ich ja noch immer mit bereinigten Informationen über Hausding.«

»Und der bekommt das wirklich nicht mit?«, fragte Meyer erstaunt.

Nicht die Bohne«, sagte Herbert und packte die Ente aus der Folie. »Gelernt ist gelernt!«

Nach dem vorzüglichen Essen wechselte die Küchenbrigade in die Bibliothek, wo bereits das Kaminfeuer loderte. Sehlings goss den Cognac ein, mit dem der zweite Teil ihrer Lagebesprechung traditionell startete.

»Ich muss euch was erzählen«, ergriff Meyer das Wort. »Die Nichte des Führers ist total verknallt in mich. Die textet mich auf WhatsApp regelrecht zu.«

»Du bist ja auch eine gute Partie«, antwortete Sehlings.

»Ich würde die nicht von der Bettkante schubsen«, sekundierte Herbert.

»Du kannst sie gerne haben«, erwiderte Meyer mit einem bösen Blick.

»Leider bist du von uns dreien der Mister Perfect, Lorenz«, sagte Sehlings lächelnd.

»So kämen wir vielleicht dahinter, was der Oberst gegen den Kommandeur in der Hand hat«, rief Herbert. »Du solltest dich opfern. Alles für die Partei, alles für die Mission.«

»Weiß Sie um deine Vorlieben?«, fragte Sehlings.

»Natürlich nicht!«, rief Meyer empört. Dann erhob er sich und ging zur Toilette.

»Ein bisschen pervers ist der schon«, sagte Herbert zu Sehlings. »Da schmeißt sich so ein schönes Mädel an seinen Hals, und der will nicht.«

»Du kennst doch unseren Lorenz und sein dunkles Geheimnis«, gab Sehlings zurück.

»Sage ich doch. Der ist einfach nur pervers. Dabei hat die Nichte des Führers so einen süßen Po«, sinnierte Herbert. Dann schwiegen die beiden Männer und betrachteten die Flammen des Kaminfeuers.

Als Meyer zurückkam, stellte er sich vor die beiden Freunde und sagte feierlich: »Also gut, ich mache es für unsere Mission. Ich schlafe mit ihr.«

Dann setzte er sich hin, nahm sein Cognacglas und trank es mit einem Schluck aus, als ob er eine bittere Medizin herunterspülen musste.

Sehlings nickte anerkennend. »Sehr gut, Lorenz, opfere dich. Du wirst unser Romeo-Agent. Wir starten die Operation ›Geli Raubal‹.«

»Was um aller Welt ist Geli Raubal?«, fragte Herbert.

»Nicht was, Herbert, sondern wer«, entgegnete Meyer.

»Geli Raubal war die Nichte des Führers«, erklärte Sehlings. »Sie und Hitler hatten am Prinzregentenplatz in München eine gemeinsame Wohnung. Es gab Gerüchte, dass sie eine Liebesbeziehung hatten. Sie hat sich dann in der Wohnung erschossen.«

Herbert schüttelte ungläubig den Kopf. »Was ihr nicht so alles wisst!«

»«

Dr. Florentine Fischer lenkte den Wagen in die schummrige Tiefgarage neben dem Pornokino. »Für wen hält der sich? Für Deep Throat?«, murmelte sie unwillig.

Sie dachte an den Film *Die Unbestechlichen* über die Watergate-Affäre mit Robert Redford und Dustin Hoffman. Darin traf sich der legendäre Journalist Bob Woodward von der *Washington Post* mit seiner Hauptquelle Deep Throat auch in einer Tiefgarage. Hinter Deep Throat steckte ein hoher Beamter des FBI. Am Ende brachten die Journalisten mit ihrer Berichterstattung den amerikanischen Präsidenten Richard Nixon zu Fall.

Wen sie hier treffen sollte, wusste die Journalistin allerdings ganz genau. Am Tag zuvor hatte der Oberst sie angerufen und als Treffpunkt die Tiefgarage in Charlottenburg genannt, wo sie um 13 Uhr auf ihn warten sollte. Florentine Fischer fuhr auf das fast ausgestorbene Parkdeck und stellte den Motor ab. Dann sah sie ihn vor dem Ausgang zum Treppenhaus, mit einer Aktentasche in der Hand. Sie stieg aus dem Wagen. An ihr Ohr drang das Rauschen der nahen Stadtautobahn.

Die Journalistin nickte dem Oberst zur Begrüßung zu. »Sie sagten, Sie hätten Informationen für mich und wollten mir ein Geschäft vorschlagen?«

»Guten Tag, Frau Dr. Fischer«, gab der Politiker zurück.

»Was ist denn das für ein Geschäft?«, fragte die Journalistin.

»Ich möchte, dass Sie zukünftig, wenn es um Sicherheitsfragen geht, mich kontaktieren. Ich bin der Verteidigungsexperte der Deutschlandpartei, nicht Sehlings. Ich bin Generalstabsoberst, und dieser Sehlings war ja nur Feldwebel. Der hat auch gar keine Ahnung, was auf strategischer Ebene so abgeht«, erklärte der Oberst.

»Dafür dass er nur Feldwebel war, wie Sie sagen, scheint er aber ganz gut vernetzt zu sein. Die Information, dass der Verteidigungsminister plant, wichtige Rüstungsprogramme zu beenden, kam jedenfalls von Sehlings und nicht von Ihnen. Und Sie sitzen immerhin im Verteidigungsausschuss des Bundestages.« Nach einer kleinen Pause fuhr sie fort. »Aber angenommen, ich würde Sie zukünftig kontaktieren. Was bekomme ich dafür?«

Der Oberst holte einen braunen Umschlag aus seiner Aktentasche und übergab ihn wortlos.

Die Journalistin öffnete den Umschlag und holte einen Packen großer Fotos heraus. Sie sah sie sich sehr genau an. Dann fragte sie ihn: »Wann war das?«

»1995, in Frankreich, bei einem Kameradschaftstreffen von Neonazis.«

»Gibt es auch eins, wo er und die Hakenkreuzfahne zusammen drauf sind?«

Der Oberst schüttelte den Kopf.

»Woher haben Sie die?«

»Von jemandem, der mit Herrn Sehlings noch eine Rechnung offen hat. Von früher.«

Florentine Fischer packte die Fotos zurück in den Umschlag. »Ich prüfe das, und wenn die Fotos authentisch sind, machen wir ein Porträt von Ihnen als großen Sicherheitspolitiker. Um Sehlings müssen Sie sich dann wohl keine Sorgen mehr machen. Der dürfte nach der Geschichte durch sein.« Sie ging zurück zu ihrem Wagen, stieg ein und fuhr los.

Sie fühlte sich tatsächlich wie Bob Woodward. Der Journalist hatte einen Präsidenten gestürzt! Und wenn sie schon nicht den Verteidigungsminister mit dieser Transen-Truck-Geschichte zu Fall bringen konnte, dann wenigstens den Ober-Braunen der Deutschlandpartei. Sie war gut gelaunt. Auf dem Rückweg legte sie einen Zwischenstopp bei einem der schicken Dessous-Läden am Ku'damm ein. Am Abend wollte ihr neuer Freund sie das erste Mal besuchen. Doch vorher wollte sie auch noch bei ihrem Onkel vorbeischauen.

Stunden später war es endlich soweit. Diesem Moment hatte Dr. Florentine Fischer seit Wochen entgegengefiebert. Dr. Lorenz Meyer lag mit ihr auf dem Bett in ihrem Schlafzimmer und küsste sie. Doch irgendetwas schien ihn zu stören. Während seine Zunge mit der Zunge der jungen Journalistin spielte, suchten seine Augen das Schlafzimmer ab. Er sah die Spiegelwand, die die Front des riesigen Kleiderschranks bedeckte. Er sah die Frottee-Bettdecke, die mit lustigen Teddybär-Motiven bedruckt war. Er sah die Pferdeposter an der Wand, die in Rahmen aus weiß lasiertem Eichenfurnier eingepasst waren, im gleichen IKEA-Design wie das Bett, der Kleiderschrank und eine große Kommode, die an der Seite stand.

Dann hatte er den Lusttöter entdeckt: Es war der Teddybär, der auf der Kommode saß. Er trug einen ärmellosen, braunen Pullover, genau das Modell, wie es Herbert immer trug. Der Teddy schaute dem Juristen ins Gesicht, schien ihn regelrecht anzulächeln. So ging das nicht. Wenn ein kleiner Plüsch-Herbert ihn anschaute, konnte er beim besten Willen nicht.

Er zog seiner Freundin das Seiden-Negligé aus, das sie sich extra für diese Nacht zugelegt hatte. Er tat so, als würde er es achtlos zur Seite werfen, dabei hatte er ein ganz bestimmtes Ziel. Das Negligé landete mitten im Gesicht von Plüsch-Herbert. Jetzt konnte Dr. Lorenz Meyer endlich loslegen.

Florentine Fischer hatte stets das Bedürfnis, nach dem Liebesakt zu reden. Eng an ihren Freund geschmiegt, fragte sie ihn: »Was weißt du eigentlich von diesem Sehlings?«

Meyer blickte angespannt. »Von Sehlings? Warum fragst du?«

»Eine meiner Quellen hat mir Informationen zukommen lassen, die belegen, dass der aus einer ganz braunen Ecke kommt.«

Auf diesen Augenblick hatte Meyer schon den ganzen Abend gehofft, doch er versuchte, sich seine Aufregung nicht anmerken zu lassen: »Was für Infos denn?«

Die junge Journalistin stand auf und ging in den Flur. Sie kam zurück mit dem braunen Umschlag und reichte ihn ihrem Freund. Der schaute sich die Bilder an. Mehrere davon zeigten Friedrich Sehlings in kurzer Lederhose, wohl auf einem Zeltlager. Auf anderen war ebenjenes Zeltlager zu sehen. Und auf einem davon wehte auf einem Fahnenmast über den Zelten eine Hakenkreuzflagge, wie sie zwischen 1933 und 1945 Deutschland millionenfach übersät hatten.

»Willst du die veröffentlichen?«, fragte Meyer tonlos.

»Auf jeden Fall. Das ist meine große Chance. Ich will Berliner Büroleiterin werden. Ich muss noch ein paar Recherchen machen, und dann kommen sie in der übernächsten Ausgabe ins Blatt«, erklärte die Frau.

»Hast du sie deinem Onkel gezeigt?«

Florentine Fischer nickte. »Er will, dass ich sie veröffentliche. Sehlings war ihm nie ganz geheuer. Der soll ruhig mal einen Dämpfer bekommen, hat er gesagt. Sonst wird der noch zu mächtig.«

In den frühen Morgenstunden verließ Lorenz Meyer die Wohnung der Journalistin. Noch im Hausflur wählte er die Nummer von Sehlings. »Guten Morgen Kommandeur, der Oberst hat ihr Bilder gegeben, wo du in Lederhose bei in einem Zeltlager zu sehen bist. Und da weht auch eine Hakenkreuzfahne im Lager.«

Sehlings stellte die gleiche Frage wie vorher Florentine Fischer. »Gibt es welche, wo ich mit Fahne zusammen drauf bin?«

Meyer verneinte.

Sehlings vermied es, seinen Mitarbeiter nach Details der Liebesnacht mit der Journalistin zu fragen, obwohl es ihm auf der Zunge lag. »Danke Lorenz«, sagte er stattdessen, »ich weiß das Opfer, das du bringst, wirklich zu schätzen.«

» «

Friedrich Sehlings und Oliver Felsenstier hatten sich im »Alten Fritz« verabredet. Sehlings hatte um das Treffen gebeten. »Ich brauche dich«, hatte er am Telefon erklärt. Fast hätte er es mit dem Wagen gar nicht nach Kaulsdorf hinaus geschafft. Die Ökorebellen hatten wieder einmal mit einer ihrer Aktionen die Innenstadt lahmgelegt – diesmal blockierten sie die Frankfurter Allee. Als Sehlings leise fluchend im Schritttempo an den Blockierern vorbeifuhr, kam eine der Aktivistinnen heran, gekleidet im knallgelben Shirt mit dem schwarzen Totenkopf-Logo der Organisation, versetzte seinem Wagen einen Tritt und schnauzte. »Lass die Karre doch einfach stehen!«

Jetzt saßen Sehlings und Felsenstier an ihrem Tisch und tranken Wodka, während sie auf ihre Schnitzel mit Pommes warteten. Der Chef des *Jungen Deutschlands* berichtete von seinen Russland-Projekten. »Nächste Woche fliege ich mit einigen Abgeordneten wieder mal in die ehemalige Sowjetunion. Der Verein zur Förderung des eurasischen Parlamentarismus hat sie zu einer Wahlbeobachtermission eingeladen. Ronny Matschinski wird auch dabei sein. Hans-Jürgen Lehmann ist übrigens auch ein großer Fan des russischen Autokraten. Ich arbeite gerade daran, zwischen den beiden ein Treffen zu arrangieren.«

»Sehr gut«, erwiderte Sehlings und nickte.

»Ich war ja schon mit einigen Bundestagsabgeordneten bei diesen speziellen Missionen. Mit Partys und Mädchen und allem, was Politiker sonst noch so mögen. Wenn es etwas umsonst gibt, sind eure Leute immer sofort dabei.«

Sehlings nickte erneut: »Leider. Wenn sie zu Lobbyveranstaltungen eingeladen werden, kennen unsere Abgeordneten keine Hemmungen. Die fallen wie die Heuschrecken ein und sind meistens die letzten, die gehen. Die saufen bis zum Schluss.«

»Ich sehe das ja bei den Parlamentarischen Abenden in Berlin. Die machen sich ruckzuck über das Buffet her«, sagte Felsenstier.

In diesem Augenblick brachte der Kneipenwirt zwei Teller mit Riesenschnitzeln und Pommes satt. »Lass es dir schmecken, Kommandeur«, rief der Wirt. »Du bist ja schon richtig abgemagert. Bekommst du in der Landtagskantine nicht genug zu essen?« Offensichtlich hatten die beiden eine gemeinsame Vergangenheit.

»Es ist der Stress«, sagte Sehlings.

»Da kommt noch einiges auf uns zu«, fuhr der Wirt fort. »Mit diesen durchgeknallten Ökokriegern, die unser gesamtes Land lahmlegen. Und wenn dann noch dieses Virus über Deutschland rollt … Ich sag dir, wir werden alle vor die Hunde gehen – wie in den Zwanzigerjahren mit Wirtschaftskrise, Massenarbeitslosigkeit, Chaos und Bürgerkrieg. Das wird alles in einer Katastrophe enden!«

»Mir soll's recht sein«, murmelte Friedrich Sehlings halblaut.

Der Wirt hatte die Bemerkung nicht gehört. »Jetzt lass ich euch aber allein«, sagte er. »Lasst es euch schmecken.«

Während sie aßen, kam Sehlings auf den Grund für das Treffen. »Apropos Katastrophe. Ich habe da gerade ein ziemlich großes Problem mit gewissen Bildern.«

Der Journalist runzelte die Stirn. »Wie kommt das denn? Du bist doch sonst so vorsichtig?«

»Es liegt mehr als 25 Jahre zurück. Irgend so ein Zeltlager in Frankreich. Da habe ich mal die Hakenkreuzfahne gehisst. Und ein Idiot hat davon Bilder gemacht. Wir haben den Kerl gezwungen, sie und die Negative zu vernichten. Aber er hat wohl nicht alle zerstört.«

»Ich verstehe«, entgegnete Felsenstier ernst.

»Die Bilder hat jetzt die Fischer vom *Demokratischen Beobachter*. Kennst du die?«, fragte Sehlings.

»Nicht persönlich«, entgegnete der Chefredakteur. Die würde nie ein Wort mit mir wechseln. Aber süß ist die schon.«

»Die ist übrigens jetzt mit Lorenz zusammen«, sagte Sehlings.

Felsenstier fiel fast das Glas aus der Hand. »Du spinnst! Wie kann die denn auf Lorenz stehen? Der *Demokratische Beobachter* ist doch ein linkes Blatt.«

»Die ist total konservativ. Sie ist übrigens die Nichte vom Hausding.«

»Wie bitte?« Der Journalist sah ihn mit großen Augen an.

»Ja, da staunst du.«

»Weiß sie denn um Lorenz' Vorlieben?«

»Natürlich nicht!«, rief Sehlings.

Der Journalist grinste. »Schade, dass wir im *Jungen Deutschland* keine Klatschspalte haben. Das wäre echt eine tolle Story.«

»Mach bloß keinen Blödsinn. Die hat jetzt die Bilder und will sie in der nächsten Ausgabe bringen. Das hat sie Lorenz gesteckt.«

»Können wir irgendwie an die Bilder kommen?«

»Ich habe noch einen kompletten Satz auf dem Dachboden, auch die zerstörten. Die kann ich raussuchen.«

»Ich brauche die Bilder so schnell wie möglich.« Oliver Felsenstier tätschelte Sehlings den Arm. »Uns wird schon etwas einfallen.«

» «

Vier Tage bevor der *Demokratische Beobachter* mit der großen Story über Friedrich Sehlings erscheinen sollte – die Seiten mit Florentine Fischers Reportage waren bereits gesetzt –, bekam die Journalistin einen Anruf des Mitarbeiters von Adalbert Hausding.

»Hallo Florentine, Herbert hier. Ich darf das eigentlich nicht tun, aber ich schicke dir gleich mal einen Text und Bilder, die morgen im *Jungen Deutschland* erscheinen. Ich habe zufällig mitbekommen, dass der Oberst herumerzählt hat, dass er dieser Journalistin vom *Demokratischen Beobachter* so richtig eins ausgewischt habe. Und ich habe irgendwie das Gefühl, dass es damit zu tun haben könnte.«

Florentine Fischer war erstaunt und bedankte sich: »Ich schau mir das mal an.« Als sie dann die Geschichte mit den Bildern auf ihrem Bildschirm sah, fiel sie fast in Ohnmacht. Die Bilder stammten aus derselben Serie, von denen sie auch welche hatte. Sehlings hatte dieselbe Lederhose und Kluft an wie auf ihren Fotos, und es war dieselbe Flagge und derselbe Fahnenmast. Nur hatte sie diese Bilder nicht. Sie hatte gar keine, auf denen Sehlings und die Fahne zusammen drauf waren. Auf dem Bild hier hatte er sie sogar in der Hand und hantierte mit ihr am Flaggenmast herum. Es war allerdings nicht zu erkennen, ob er die Fahne gerade befestigte oder abmachte.

Für die Journalistin waren die Fotos der fehlende Beweis, dass Sehlings die Fahne gehisst hatte. Für das *Junge Deutschland* waren sie der Beweis, dass Sehlings das Hissen der Fahne verhindert hatte. Die Geschichte beschrieb Sehlings als einen Mann, der schon in frühester Jugend gegen rechte Machenschaften gekämpft hatte. So habe er bei einem friedlichen Zeltlager 1995 in Frankreich Neonazis im letzten Moment daran gehindert, die Hakenkreuzfahne zu hissen. Wie die alten Fotos zweifelsfrei bewiesen. Das *Junge Deutschland* erklärte Friedrich Sehlings damit zum »Nazijäger«.

Florentine Fischer brach der Schweiß aus. Sie musste ihre Geschichte sofort zurückziehen, wenn sie nicht zur Lachnummer werden wollte. Auf der Redaktionskonferenz wurde sie von ihrem Chefredakteur vor versammelter Mannschaft zur Schnecke gemacht. Als Strafe für die versägte Geschichte verdonnerte der Chef sie dazu, auch noch die Berichterstattung über die Ökorebellen mitzuübernehmen: »Damit Sie mal lernen, richtig zu recherchieren.« Dabei sah sie in die schadenfroh grinsenden Gesichter ihrer Kolleginnen. Es war richtig demütigend.

Am darauffolgenden Samstag erschien das *Junge Deutschland* mit seiner Geschichte. Und viele der neuen Internet-Zeitungen und Online-Magazine, die dem *Demokratischen Beobachter* zunehmend Konkurrenz machten, übernahmen den Spin. Die *Deutsche Wahrheit*, der *Deutsche Mann*, die *Handschar* und selbst das Lesben-Magazin *Germanische Sappho* feierten Friedrich Sehlings als mutigen Antifaschisten. Und alle warteten in ihren Artikeln mit demselben Zitat ihres Onkels auf: »Ich habe nie auch nur im Geringsten daran gedacht«, erklärte da der Parteivorsitzende Dr. Adalbert Hausding, »dass wir es bei Friedrich Sehlings mit einem Rechtsextremisten zu tun haben könnten. Wir haben einen hochgebildeten, hochreflektierten Menschen vor uns, der eine hervorragende Parteiarbeit macht. Friedrich Sehlings ist die Mitte der Gesellschaft.«

KAPITEL 6

Es war einer der heißesten Tage des Sommers, das Thermometer zeigte über 30 Grad. Aber kaum einer – außer den Aktivisten der Ökorebellen – redete über den Klimawandel, das alles beherrschende Thema war das weltweit grassierende Virus. In den ersten Wochen des Lockdowns, den die Regierung im Frühjahr verhängte, war die Solidarität der Menschen groß, die Bundesregierung schien die Lage im Griff zu haben. Der Verteidigungsminister und stellvertretende Bundesvorsitzende der Christpartei ergriff seine Chance und präsentierte sich als großer Organisator. Seine Beliebtheitswerte stiegen, und kaum einer zweifelte daran, dass er der nächste Kanzler sein würde. Und auch die Umfragewerte der Christpartei kletterten in Höhen, wie man sie lange nicht mehr gekannt hatte.

Je länger die Einschränkungen aber dauerten, desto mehr Widerstand regte sich. Menschen unterschiedlichster Herkunft und politischer Einstellung gingen gemeinsam auf die Straße, um zu demonstrieren: Impfablehner mit Abtreibungsgegnern, Verschwörungstheoretiker mit Menschen, die sich dafür einsetzten, dass Deutschland wieder einen Kaiser bekam; westdeutsche Studenten, die den Sozialismus für sich wiederentdeckt hatten, zusammen mit ehemaligen Kadern der SED, die sich durch die Wende betrogen sahen; Altnazis aus Westdeutschland mit jungen Neonazis aus den neuen Ländern; Feminismusfeinde mit Esoterikern und Maskengegnern. Was sie alle vereinte, war die Ablehnung des politischen Systems und derjenigen, die es repräsentierten. Die Medien hatten auch bald einen Titel für die Protestierenden gefunden: die Andersdenker.

Der Oberst setzte den Blinker und hielt vor dem Haus, in dem Dr. Angelika Erdmann-Benz wohnte. Ein paar Sekunden später kam auch schon Dr. Martin Müller herausgeeilt, wie immer in Anzug und gestreifter Krawatte, dazu eine schwarze Maske im Gesicht. Gleich nach der Bundestagswahl war er bei der schönen Philosophin in der schicken Altbauwohnung im Prenzlauer Berg eingezogen. Ein eigenes kleines Apartment zu mieten, wie es die meisten Parlamentarier taten, die nicht aus Berlin oder Umgebung kamen, hatte er gar nicht erst in Erwägung gezogen. »Da können wir doch eine Menge Geld sparen«, hatte er seiner Freundin erklärt.

Der Oberst öffnete die Beifahrertür und begrüßte den Co-Parteivorsitzenden mit einem Kopfnicken. »Wollen Sie sich nicht eine Anzugserleichterung gönnen? Machen Sie es doch wie ich, legen Sie ab und krempeln Sie die Ärmel hoch«, schlug er vor.

Müller nickte. Er zog sich das Jackett aus, faltete es bedächtig zusammen und legte es auf die Rückbank. Umständlich krempelte er sich die Ärmel hoch und überlegte kurz, ob er noch seine Krawatte ablegen sollte, entschied sich aber dagegen, trotz der unerträglichen Hitze. Es war der Rest einer Formalität, die ihm Halt gab.

»Wir müssen einen kleinen Umweg fahren«, sagte der Oberst, nachdem Müller auf dem Beifahrersitz Platz genommen hatte. Jackett und Krawatte hatte er am Morgen gar nicht erst angelegt, seine Maske lag in der Ablage zwischen den Sitzen. »In Berlin-Mitte ist wieder eine dieser großen Andersdenker-Demos.« Gekonnt manövrierte der Ex-Militär seinen schweren Wage durch den beginnenden Berliner Feierabendverkehr.

»Diese Andersdenker sind wirklich die Pest«, sagte Müller, dem das Reden in der Hitze mit Maske vorm Mund sichtbar schwerfiel. »Leider machen bei diesen Demos auch viele von unseren Leuten mit. Sogar Landtags- und Bundestagsabgeordnete.«

Der Oberst nickte. »Und die Menschen laufen denen hinterher. Diesem komischen TV-Koch und diesem Aluhut-Rapper. Eine richtige Freakshow.«

»Und unsere Umfragewerte rauschen in den Keller«, erwiderte Müller. »Die Deutschlandpartei wird von den Menschen als überflüssig angesehen, seitdem wir wieder einen starken Staat haben.« Er holte tief Atem. »Das ist genau das, was sich viele unserer Wähler wünschen.«

»Abwarten«, gab der Oberst zurück. »Je länger die Schose dauert, desto besser für uns. Wir haben uns etabliert, wir sitzen in allen Landtagen, im Europaparlament, im Bundestag und in fast allen deutschen Kommunalvertretungen. Wir müssen jetzt nur aufpassen, dass wir die Völkischen einhegen. Dann werden wir auch die zurückgewinnen, die von solchen Typen wie Lehmann, Sehlings und BDM-Marie abgeschreckt werden.«

»Ich habe Ihr Strategiepapier gelesen«, entgegnete Müller. »Ich bin froh, dass uns die gemeinsame Fahrt etwas Zeit gibt, unter vier Augen zu reden.« Keiner durfte von dem konspirativen Treffen wissen, zu dem sie unterwegs waren. Als Treffpunkt hatten sie einen abgelegenen Gasthof außerhalb des Regierungsviertels vor den Toren der Hauptstadt gewählt. Nicht einmal Angelika Erdmann-Benz hatte Müller eingeweiht.

Sie hatten jetzt den Prenzlauer Berg verlassen und fuhren auf einer der großen Ausfallstraßen in Richtung Osten. »Ich habe auch den Anhang mit dem Personaltableau gelesen«, fuhr der Co-Vorsitzende fort. »Ganz ehrlich: Halten Sie diesen Hallodri wirklich für ministrabel? Das ist doch nur ein provinzieller Winkeladvokat. Außerdem soll er ein ganz fürchterlicher Schürzenjäger sein.«

Der Oberst schüttelte den Kopf. »Ich halte den auf gar keinen Fall für kompetent. Aber die politische Sachlage zwingt uns dazu. Ohne dass wir ihm einen attraktiven Posten anbieten, wird er nicht auf unsere Seite kommen. Der weiß genau, welchen Wert er für uns hat.«

Müller sagte nichts darauf. »Und was denken Sie über den Posten, den ich für Ihre Freundin vorgesehen habe?«, fuhr der Oberst mit fröhlicher Stimme fort.

Jetzt hellte sich Müllers Gesicht unter der Maske auf. »Meine Verlobte«, rief der Co-Vorsitzende stolz.

Der Oberst schaute Müller mit großen Augen an. »Ihre Verlobte?«

»Ja, meine Verlobte. Ich habe kürzlich um ihre Hand angehalten.«

»Herzlichen Glückwunsch, Herr Dr. Müller. Sie ist ja auch eine wirklich schöne Frau.«

»Das stimmt.« Der Co-Parteivorsitzende platzte fast vor Stolz. »Und ein Staatssekretärsposten für sie ist in Ordnung, jedenfalls bis die Kinder kommen. Das ist auch kein Problem, ich werde dann ja Minister sein. Ein Mann sollte immer über seiner Frau stehen.«

Der Umweg, den die beiden Männer aufgrund der Andersdenker-Demo machen mussten, führte dazu, dass sich die beiden verspäteten. Ronny Matschinski war schon von Weitem zu sehen. Breitbeinig saß er an einem Tisch mitten auf der Terrasse. Die Sonne spiegelte sich auf seinem blank rasierten Schädel, ebenso in seinem grellgrauen Hemd, das über dem Bauch spannte. Im Sonnenlicht machte es den Eindruck einer angegossenen Rüstung. Dazu trug er eine breitgestreifte grüne Anzughose und schwarze Lackschuhe.

»Schauen Sie sich diesen Pfau an«, sagte Müller zum Oberst und rückte sich die Maske auf seinem Gesicht zurecht.

»Ist Ihnen eigentlich schon einmal aufgefallen, dass er sich nie die Ärmel hochkrempelt, nicht einmal in der brütendsten Hitze?«, bemerkte der Oberst.

Sie gingen auf die Terrasse zu. Breit lächelnd erhob sich Ronny Matschinski und streckte Müller beide Arme entgegen. Der zuckte zurück, er hatte sich das Händeschütteln abgewöhnt, seitdem das Virus grassierte. Doch da hatte Matschinski seine Rechte schon fest im Griff und schüttelte sie beherzt. Müller spürte unangenehm-feuchtwarmen Schweiß in seiner Hand.

Matschinski war das Zögern Müllers nicht entgangen. »Sie glauben doch nicht etwa an diesen Virus-Unsinn?!«, rief er lachend. »Und was, bitte schön, soll dieser Lappen im Gesicht?«

» «

Dass Florentine Fischer von ihrem Chef nun auch noch die Berichterstattung über die Ökorebellen aufgebrummt bekommen hatte, wurmte die junge Journalistin gewaltig. Sie bekam die Kids auf der Straßenkreuzung, und ihre älteren Kollegen speisten mit den Parteigranden der Ökopartei in den Spesenritterlokalen in Berlin-Mitte. »Das sind doch sowieso nur unbedarfte Kinder, die da ein bisschen Rummel machen«, hatte der Chefredakteur ihr erklärt und damit auch gleich die Richtung vorgegeben, wie er die Klimaschutz-Guerilleros in seinem Blatt beschrieben sehen wollte.

Im Frühjahr, kurz vor der Verkündung des Lockdowns, hatte Florentine Fischer die Anführerin der Bewegung, Simone Satellit, während einer ihrer Blockade-Aktionen zu einem Interview getroffen. Die Führerin der Ökorebellen galt ihren Anhängern als Charismatikerin, auf die Journalistin machte sie nicht diesen Eindruck. Umringt von zahlreichen Anhängerinnen und diversen PR-Leuten, saß Simone Satellit im Schneidersitz mitten auf der

Kreuzung auf dem Asphalt. Ihre Gesichtszüge unter den langen Filzhaaren waren hart, sie hatte eine Hakennase und einen durchdringenden Blick. Das gelbe T-Shirt mit dem Totenkopf, das sie wie alle Anhänger der Bewerbung anhatte, flatterte ihr um den ausgemergelten Körper. Dazu trug sie eine blaue Cargohose und Turnschuhe.

Die Klima-Aktivistin reichte der Journalistin die Hand, blieb aber sitzen. Florentine Fischer war irritiert: Sollte sie sich mit ihrem Business-Kostüm und den hochhackigen Schuhen etwa zu ihr auf den blanken Asphalt setzen? Einer der Presseleute, der die Irritation der Journalistin bemerkte, brachte eine Decke herbei und breitete sie auf dem Boden aus.

Das anschließende Interview gestaltete sich zäh. »Jeder, der uns in unserem Kampf gegen den Weltuntergang unterstützt, ist uns willkommen. Auch die Presse«, begann die Klima-Aktivistin in ihrem typischen Duktus, eine seltsame Mischung aus Monotonie und Pathos.

Die Journalistin kam gar nicht dazu, ihre Fragen zu stellen. »Ihr großes Thema ist die Klima-Krise«, begann sie, da wurde sie auch schon unterbrochen. »Wir kämpfen für viel mehr«, erklärte Simone Satellit resolut. »Wir sind auch gegen den Massenmord an Tieren, für die Aufnahme von Flüchtlingen, gegen korrupte Politiker, die die Menschheit zerstören, gegen das kapitalistische Gesellschaftssystem.« Immer wieder fiel die Aktivistin der Journalistin ins Wort und spulte ihre vorbereiteten Sätze ab: »Die Welt steht kurz vor dem Ende. Die Demokratie hat versagt. Wir werden die Menschen mit Aktionen zivilen Widerstandes dazu zwingen, umzudenken. Wir führen den Kampf auf der Straße, nicht im Parlament.«

Auf die Frage der Journalistin »Wie stehen Sie denn zur Gewalt?«, reagierte die Chefin der Ökorebellen mit nebulösen Andeutungen: »Wir wollen, dass die Gesellschaft in Panik gerät.«

Dann wurde Florentine Fischer von dem Pressemann auch schon beschieden, dass ihre Zeit zu Ende sei. Das Ganze kam der Journalistin eher wie eine Audienz vor.

Nach dem Lockdown legten die Ökorebellen wieder los, fast täglich erhielt Florentine Fischer Anrufe von der Pressecrew der Bewegung, in der wieder eine neue Aktion zivilen Widerstands auf einer der großen Kreuzungen der Hauptstadt angekündigt wurde. »Es geht um Leben und Tod«, hieß es dann. »Das dürfen Sie auf keinen Fall verpassen.«

Was die Journalistin dann meistens vorgeführt bekam, waren Sitzblockaden, garniert mit unbeholfenen Performances. Einmal stellte eine Jungmädchenschar tanzend die Bäume des Regenwaldes dar. Die Bäume wehrten sich kräftig gegen die schwarz gekleideten maskierten Männer, die Holzfäller. Am Schluss lagen sie alle tot am Boden, Bäume wie Holzfäller. Das Leben auf der Erde war ausgelöscht. Florentine Fischer fand das alles nur mäßig interessant und ärgerte sich über die PR-Strategen der Bewegung. Das Vorgehen glich den Aktionen von Greenpeace vor dreißig, vierzig Jahren, als die Umweltbewegung noch Avantgarde war.

Mit dem Trick, ihre Aktionen möglichst geheimnisvoll anzukündigen, zwangen sie die Journalisten zu kommen, in der Hoffnung, es würde sich etwas Spektakuläres ereignen. Waren die Medien erst einmal vor Ort, dann brachten sie auch etwas darüber. Fotografen und Kameraleute waren teuer, wenn sie losgeschickt wurden, sollten sie nicht mit leeren Händen zurückkehren. Keine Frage: Bei den Ökorebellen waren ausgebuffte PR-Leute am Werk. Sie verstanden die Handlungslogik der Medien sehr genau.

Bei einer dieser Kreuzungsblockaden war Florentine Fischer eine ungewöhnliche Frau aufgefallen. Sie stand am Rand und sah so ganz anders aus als die anderen Aktivistinnen. Sie trug nicht das allgegenwärtige Outfit der Ökorebellen, bestehend aus gelbem T-Shirt mit Totenkopf und Schlabberhose. Stattdessen hatte sie einen glatten, schwarzen Rock an, der bis zu den Waden fiel, eine weiße, gebügelte Bluse und schwarze Schnürstiefel. Ihr Haar hatte sie sorgfältig hochgesteckt, und im Gesicht trug sie eine farblich passende Stoff-Maske. Ihr Blick war nicht verklärt-verbiestert wie der von Simone Satellit, sondern sanft-durchdringend. Die Frau, sie mochte wohl Mitte zwanzig sein, passte einfach nicht hierher, sie passte auch nicht in diese Zeit.

Unwillkürlich musste die Journalistin an Rosa Luxemburg denken. Die Frau, die da einige Meter entfernt stand, erschien ihr wie eine Kopie der deutsch-polnischen Vertreterin der europäischen Arbeiterbewegung und Kämpferin für die Rechte des Proletariats.

Die journalistische Neugier von Florentine Fischer war geweckt. »Wer ist denn das?«, fragte sie den Pressebetreuer, der der Journalistin zugeteilt war. Mit der würde ich gerne mal sprechen.« Der reagierte barsch: »Das Gesicht unserer Bewegung ist Simone Satellit. Wenn sie Zeit hat, wird sie Ihnen gern alle Ihre Fragen beantworten.«

Die Journalistin behielt die ungewöhnliche Frau weiter im Auge. Sie witterte eine Geschichte. Als sie den Presseaufpasser losgeworden war, sprach sie sie an: »Guten Tag, mein Name ist Dr. Florentine Fischer vom *Demokratischen Beobachter*. Ich würde Sie gerne interviewen.«

Die Frau sah die Journalistin mit ihren durchdringenden Augen an. »Gerne, aber nicht hier. Wir werden schon beobachtet.« Mit der Hand deutete sie auf einen jungen Mann, der ein paar Meter entfernt stand. »Es gibt Leute, die wollen nicht, dass ich mit Journalisten spreche.« Nicht nur in ihren Augen, auch in ihrer Stimme lag etwas, das die Menschen in Bann zog.

Hastig überreichte die Journalistin ihre Visitenkarte. »Rufen Sie mich an.« Dann ging sie weiter. Anscheinend herrschte bei den Ökorebellen ein striktes Regiment.

Nur zwei Tage später war die Journalistin zusammen mit ihrem Fotografen auf dem Weg zum Interview mit der ungewöhnlichen Frau. Annerose Nesserland wollte sich mit der Journalistin an der großen Kreuzung am Frankfurter Tor in Friedrichshain treffen. »Das ist ein symbolischer Ort«, hatte sie am Telefon erklärt.

»Weißt du eigentlich, warum die Ökorebellen immerzu Kreuzungen blockieren und keine Autobahnen …?«, fragte der Fotograf auf dem Weg zum Interview. »Effektiver wäre es natürlich, Autobahnen zu blockieren. Autobahnen sind die Lebensadern unseres Landes. Die würde der Staat sofort räumen.« Daran hatte die junge Journalistin noch gar nicht gedacht.

»Ein paar Kreuzungen zu blockieren, legt ja nichts wirklich lahm«, fuhr der Fotograf fort. »Solange die Menschen einen Umweg zur Arbeit fahren und die Konsumgüter weiter rollen können, ist die Wirtschaft nicht ernsthaft beeinträchtigt. Es nervt einfach nur.«

Die Straßenblockierungen der Ökorebellen waren inzwischen Routine: Die Pressesprecher ließen am Vorabend an die Medien durchsickern, welche Kreuzungen am nächsten Morgen blockiert würden. Die Radiostationen berichteten darüber in ihren Verkehrsmeldungen, sogar eine Blockade-App gab es mittlerweile. Die Bürger stellten den Wecker etwas früher und planten den Umweg zur Arbeit mit ein.

Es gab zwei Arten von Blockaden: Zum einen die Performance-Besetzungen, deren Ziel es war, Berichterstattung in den Medien zu generieren und die zumeist jungen Anhänger der Bewegung bei der Stange zu halten. Und es gab die Kurzzeit-Blockaden im Berufsverkehr, morgens, wenn die Menschen zur Arbeit fuhren, oder abends, wenn sie auf dem Weg nach Hause waren.

Zwei oder drei Dutzend Ökorebellen setzten sich mitten auf die Kreuzung und sorgten so dafür, dass eine Stunde der Verkehr nicht rollen konnte.

Zu Ausschreitungen war es bisher nicht gekommen. Die Polizei schickte meist nur ein bis zwei Mannschaftswagen. Die Polizisten blieben meist in ihren Wagen sitzen und schritten nicht ein. Politisch war das so gewollt.

»Die Deutschen sind ein geduldiges Völkchen«, sagte der Fotograf. »Aber da braut sich was zusammen. Irgendwann wird es knallen.«

»Meinst du wirklich?«, fragte die Journalistin. Mittlerweile waren die beiden Journalisten an der großen Kreuzung angekommen. Florentine Fischer und ihr Fotograf hatten keine Probleme, die Frau auf dem belebten Platz rund um die große Kreuzung am Frankfurter Tor ausfindig zu machen. Auch diesmal trug sie ihr Rosa-Luxemburg-Outfit, es schien ihr Markenzeichen zu sein. Annerose Nesserland stand vor einem mannshohen Glaskasten für Reklameplakate, an dem ein Stadtplan von Friedrichshain angebracht war.

»Ich liebe Stadtpläne«, begann Annerose Nesserland das Gespräch. »Man kann an ihnen so viele soziale Entwicklungen ablesen. Schauen Sie sich die engen, planvoll angelegten Straßen an. Friedrichshain war immer ein Arbeiterbezirk. Die Nationalsozialisten haben hier nie Fuß fassen können. Hier fanden Schlachten zwischen Kommunisten und Nationalsozialisten statt. Hier war richtig Bambule.«

Die Journalistin hörte interessiert zu, ebenso ihr Fotograf, der sich bei ihren gemeinsamen Terminen eher selten für den Inhalt der Gespräche interessierte. Er war für die atmosphärischen Bilder zuständig, und meist verging keine Minute, in der er nicht auf den Auslöser seiner Kamera drückte. Heute blieb sein Finger lange Zeit still.

»Nirgendwo lebten mehr Menschen so dicht gedrängt wie hier, das soziale Elend war groß.« Die Journalistin blickte sich um. Um sie herum standen hohe Häuser im Stil des sowjetischen Zuckerbäckerstils. Direkt vor ihr waren zwei Türme, deren obere Teile sie an den Deutschen und den Französischen Dom am Gendarmenmarkt erinnerten.

»Diese Bauten kamen erst in der Stalinzeit«, fuhr die Frau fort. »Es sollten Arbeiterpaläste sein. Sie waren auch ein Instrument im Kalten Krieg. Sie sollten dem Westen zeigen, dass das System des Ostens überlegen war.«

Auch der Fotograf blickte sich jetzt um. Bisher hatte er seine Augen nicht von der Frau lassen können. Sie war keine Schönheit, doch strömte von ihr eine intellektuelle Exotik aus. Die Frau hatte Charisma.

Sie zeigte auf die Hauptstraße, die von der Kreuzung nach Osten wegführte. »Das ist die Frankfurter Allee. Sie führt nach Kaulsdorf, Mahlsdorf, Biesdorf. Eine riesige Einfamilienhaus-Idylle. In diesem Kleinbürgergebiet erzielt die Deutschlandpartei ihre besten Ergebnisse.«

Obwohl er es eigentlich wusste, fragte der Fotograf: »Und wer lebt heute hier in Friedrichshain?« Er wollte ein wenig Aufmerksamkeit erheischen.

Sie lächelte ihn an. »Hier wohnen keine Arbeiter mehr. Hier wohnen Intellektuelle, Kreative, Medienschaffende. Die wählen die Ökopartei, die Linkspartei und einige wenige die noch verbliebenen Reste der Sozialpartei.« Sie machte eine kurze Pause und ließ ihren Blick über die viel befahrene Kreuzung schweifen. »Dennoch gibt es hier viele Arbeitsplätze, die direkt ins Prekariat führen. Friedrichshain ist voll von Callcentern, die gerade mal Mindestlohn zahlen. Die dort arbeiten, wohnen aber meist nicht hier. Sie kommen aus anderen Vierteln, aus den großen Plattenbauvierteln im Osten oder aus dem Umland.«

Sie zeigte nach Norden in Richtung Prenzlauer Berg. »Dort lebt die gut verdienende Mittelschicht, schlürft ihren Latte macchiato in hippen Cafés. Was glauben Sie, wo die wohnen, die ihnen den Kaffee bringen, und was die an Lohn bekommen?«

Florentine Fischer wurde rot. Ihr Kollege sagte: »Garantiert nicht im Prenzlauer Berg.«

»Das Ökosystem des Prenzlauer Berg lebt von einem Heer schlecht bezahlter Kellner, Küchenhilfen, Verkäufer, die täglich anreisen müssen. Und dann blockieren diese Latte-macchiato-Schlürfer und deren verwöhnte Kids denen, die sie bedienen, auch noch die Kreuzungen. Sehen Sie, wo der Systemfehler ist?«

Der Fotograf nickte energisch. »Es ist die soziale Frage, die wir lösen müssen.«

»Genau«, stimmte die Sozialrebellin zu. »Keine der Parteien kümmert sich um die Heerscharen von prekär lebenden Callcenter-Mitarbeitern, Auslieferungsfahrern, Mitarbeitern in Fast Food-Läden, um das Dienstleistungsproletariat. Die Deutschlandpartei versucht sich zwar als soziale Partei zu verkaufen, aber sie spricht mehr die um ihre Besitztümer und ihren Status bangende Mittelschicht an.«

»Kann sich das ändern?«, fragte der Fotograf. Er hatte die Gesprächsregie übernommen, Florentine Fischer kam sich fast überflüssig vor.

»Noch springt das Prekariat nicht auf die Parolen der Partei an. Die Ausländerfeindlichkeit schreckt ab. In den Callcentern arbeiten Deutsche, Türken, Kurden, Albaner, Kopftuch tragende Muslimas mit freizügigen Atheistinnen zusammen. Sie konzentrieren sich aufs Überleben. Noch schreckt die Deutschlandpartei diese Menschen ab.«

»Können Sie verstehen, wenn jemand die Deutschlandpartei wählt?«, fragte der Fotograf weiter.

»Die Menschen sind zornig«, sagte Annerose Nesserland. »Die Deutschlandpartei nimmt diesen Zorn auf. Und die Ökorebellen machen alles, um die Gesellschaft des Zorns noch voranzutreiben.«

»Und warum sind Sie dann dabei?«, wollte der Fotograf wissen.

»Ich hoffte, dass mit ihr eine Bewegung von unten entsteht, die sich um die sozialen Fragen kümmert, die das Problem der sozialen Spaltung annimmt, die das Prekariat ernst nimmt. Die Politik machen will, die in eine vernünftige soziale Gesetzgebung mündet.«

Der Fotograf ließ nicht locker. »Das heißt, Sie könnten sich vorstellen, eine Partei zu gründen?«

»Ich bin mehr für direkte Demokratie. Aber eine Partei als parlamentarischen Arm braucht man.«

Jetzt mischte sich Florentine Fischer in den Dialog der beiden ein. »Simone Satellit lehnt die Gründung einer Partei strikt ab, sie möchte anscheinend die parlamentarische Demokratie, wie wir sie heute haben, abschaffen. Sind Sie ihre große Gegenspielerin?«

»Die Medien brauchen immer eine Art von Duell, eine personalisierte Konfliktsituation«, erwiderte Annerose Nesserland. »Von mir aus können Sie mich als Gegenspielerin von Simone Satellit sehen. Das lenkt aber nur von den wirklichen Problemen ab. Den gleichen Fehler haben die Medien ja schon bei der Deutschlandpartei gemacht. Da interessiert die Journalisten auch nur, welcher Funktionär wieder was gesagt hat, wer mit wem im innerparteilichen Streit liegt. Keiner hat sich damit beschäftigt, was wirklich hinter dem Aufstieg der Partei steckt.«

Florentine Fischer fühlte sich ertappt. Sie wusste genau, wie die Medien funktionierten, und auch, welche Rolle sie selbst dabei spielte.

Annerose Nesserlands Miene verdüsterte sich. »Vielleicht sind die Medien, so wie sie heute arbeiten, gar nicht mehr in der Lage, Demokratie zu fördern. Möglicherweise tragen sie eine Mitschuld an der Radikalisierung und Spaltung der Gesellschaft.«

Auf dem Weg zurück in die Redaktion kam der Fotograf aus dem Schwärmen gar nicht mehr heraus, so beeindruckt war er von der Frau, die sie interviewt hatten. Florentine Fischer dagegen war verärgert. »Du hättest auch allein hingehen können, mich hat es hier ja gar nicht gebraucht.« Aber sie war ihrem Kollegen nicht wirklich böse, sie hatte mehr als genug Stoff für ein schönes Porträt.

» «

Hans-Jürgen Lehmann starrte in die hochschlagenden Flammen und hatte Mühe, sich zu konzentrieren. Seit Stunden schon saß er zusammen mit einer Handvoll Männern, darunter Friedrich Sehlings, und einigen Jungs der Diskrepanten Bewegung in Hosenträger-Uniform um das riesige Lagerfeuer und lauschte den Worten Barbarossas. Er hatte auch bereits einige Humpen Bier intus. Eine Schar junger Mädchen in Dirndl-Tracht und Gretchenfrisur, kommandiert von Barbarossas geschäftstüchtiger Frau, versorgte die durstigen Männer mit immer wieder neu gefüllten Bierkrügen.

Das Biwak auf den Wiesen hinter dem Schafstall war der traditionelle Auftakt für das alljährliche sommerliche Reenactment-Spektakel der Pfalz. Die Teilnehmer kamen aus ganz Deutschland, um drei Tage lang Schlüsselszenen der deutschen Geschichte in originalen Kostümen nachzuspielen. Dieses Jahr stand die Schlacht um Stalingrad auf dem Programm, im Jahr zuvor war es der Marsch auf die Feldherrnhalle und vor zwei Jahren die Schlacht bei Tannenberg.

Das rechte Veranstaltungszentrum Barbarossa GmbH hatte neben den Deutschen Salons für das zahlende jüngere Publikum noch zahlreiche andere Events im Angebot. Richtig Geld machte das Unternehmen mit völkischen Lifestyle-Erlebniswochenenden für finanzkräftige Männer. Zu den Kunden zählten Manager großer Unternehmen, hochrangige Beamte der Staatsverwaltung, Offiziere der Bundeswehr, Ärzte, Ingenieure, Selbstständige. Im diskret geschützten Raum der Pfalz konnten sie ihrer Neigung zum völkischen Lifestyle bedenkenlos frönen.

Ein weiteres lukratives Standbein waren die mehrtägigen Workshops für rechte Gruppen und Parteien aus ganz Europa. Italiener, Franzosen und Österreicher zog die Pfalz ebenso an wie Osteuropäer rechter Couleur. Unterrichtsthemen waren zum Beispiel Untergrundarbeit, Vernetzungsstrategien und Propagandatechniken. Friedrich Sehlings war, bevor er als Berufspolitiker in den Landtag wechselte, jahrelang Leiter dieser Workshops.

Hinter dem Erfolg der Barbarossa GmbH stand vor allem die geschäftstüchtige Frau des Rotbärtigen. Mit Hilfe eines russischen Investors hatten sie das halbverfallene, abseits gelegene Gehöft einige Jahre zuvor gekauft und zur Marke für die internationale rechte Szene aufgebaut. In den ehemaligen Stallungen und Remisen richtete die gelernte Hotelfachfrau Zimmer im Mittelalterstil ein. Dort saß die Redaktion des *Funken* und der angeschlossene Polyphem Verlages für rechtsintellektuelle Literatur. Seit Kurzem war das abgelegene Gehöft auch der Sitz des Modelabels »Deutsche Kluft«. So wuchs die Pfalz innerhalb weniger Jahre zum Thinktank der rechten Szene in Deutschland – ein Rundumdienstleister für die eher intellektuell angehauchte völkische Klientel.

Barbarossa begrüßte die Teilnehmer der Seminare stets persönlich, seine mitunter skurrilen Auftritte waren fester Bestandteil des Tagungsprogramms. Man konnte ihn auch für auswärtige Auftritte buchen. Die Schafzucht und der Bauernhof dagegen waren nichts weiter als ein teures Steckenpferd, ein Zuschussgeschäft.

Für das große Sommer-Biwak bauten die Mitglieder der Diskrepanten Bewegung jedes Jahr ein großes Militärlager aus ausrangierten Mannschaftszelten der Bundeswehr auf den Wiesen auf. Eigentlich war ein solches Event aufgrund der Virus-Auflagen in diesem Jahr verboten, doch darum kümmerte sich niemand. Auch diesmal war wieder alles aufgeboten, was das rechte Herz begehrte: Bier in Massen, deftiges Essen vom Grill, völkisches Gedankengut in Form von Büchern des hauseigenen Verlages, dazu das Modesortiment der »Deutschen Kluft« mitsamt Accessoires, etwa Sticker mit der Aufschrift »Ich denke völkisch«.

Am großen Lagerfeuer in der Mitte saß wie immer Barbarossa, um den Aspiranten auf der Suche nach nationaler Identität und völkischem Bewusstsein seine Weltsicht nahezubringen. »Das Virus ist unsere historische Chance«, rief Barbarossa in die Runde, während er sich über den Bart strich. »Es rüttelt die Menschen auf. Sie gehen auf die Straße, lassen sich nicht mehr den Mund verbieten. Das Virus ist das Fatum des deutschen Volkes. Diese ganzen Andersdenker-Demos sind nur der Vorbote dessen, was noch über unser Volk kommen wird. Wir müssen sie nutzen, um die Grenzen des Machbaren zu verschieben.«

Barbarossa redete sich in Fahrt. »Wir haben in den vergangenen Jahren schon erreicht, dass das Wort völkisch rehabilitiert wurde. Es ist eine neue stolze Selbstbezeichnung für uns. Diesen Weg müssen wir weitergehen.«

»Und was können wir jetzt praktisch tun?«, fragte einer der Hosenträger-Männer dazwischen.

»Zum Beispiel mit unseren Ansteckern auf die Straße gehen. Bei der Deutschen Kluft gibt es jetzt eine ganz neue Virus-Kollektion, zum Beispiel mit der Aufschrift ›Masken sind Faschismus‹.«

»Seine Frau hat ihn ziemlich gut im Griff«, murmelte Friedrich Sehlings vor sich hin. »Zwischen all den Welterklärungsergüssen ein wohlpositionierter Werbeblock für das Unternehmen, darin ist er echt gut.« Dabei bereiteten ihm die ganzen, teils sehr aggressiven Anti-Virus-Demos, die sich über das Land wälzten, Kopfzerbrechen. Über Nacht hatte sich die ganze Lage verändert. Überall, selbst in den kleinsten Provinzstädten, krochen die Andersdenker aus ihren Löchern und organisierten Widerstandsdemos. Und die Deutschlandpartei stand daneben und schaute zu. Die Andersdenker, davon war Sehlings überzeugt, waren brandgefährlich für seine Mission. Sie stellten das Monopol auf Widerstand gegen das politische System, das sich die Deutschlandpartei in den vergangenen Jahren so mühsam erarbeitet hatte, infrage. Bisher war es vor allem seine Partei gewesen, die die Unzufriedenheit der Menschen kanalisierte und in Politik umsetzte. Die Deutschlandpartei sah sich auch weniger als Partei denn als Bewegung, unter deren Dach sich Unzufriedene aller Fasson sammeln konnten. Dabei war es völlig egal, wogegen sich die Menschen wandten oder welche Werte sie vertraten. Viele Journalisten und Wissenschaftler beurteilten die Deutschlandpartei nach den Maßstäben einer traditionellen Partei, und bemängelten, dass ihr ein festgefügtes Wertesystem und ein klares Programm fehlte. Dabei übersahen sie das Wesentliche: Gerade die Beliebigkeit war das Programm der Partei. Und damit war sie bisher sehr erfolgreich. Dieser Erfolg war jetzt ernsthaft in Gefahr.

Barbarossa wollte seinen Monolog gerade fortsetzen, als eine Frau an die Männerrunde am Lagerfeuer herantrat. Die Mitzwanzigerin schien in ihrer Wucht wie eine jüngere Ausgabe von BDM-Marie, genauso dominant, allerdings mit einem intelligenteren Blick. Auch sie trug eine Gretchenfrisur. Die war jetzt der letzte Schrei, nicht nur bei national gesinnten jungen Frauen. Marie

Köster hatte einen Trend gesetzt, sogar in linken Kreisen wurde sie als Trash-Ikone gesehen. Das Tragen dieser Frisur galt dort als ironisches Statement gegen Rechts, als Dekonstruktion faschistischer Ideen.

Barbarossa schaute die Frau scharf an. Die ließ sich von ihrem Tun nicht abhalten. Sie war Lehmanns persönliche VIP-Betreuerin für die drei Tage des Events. An ihn gewandt, sagte sie: »Die Belagerung von Stalingrad beginnt morgen Früh pünktlich um 9 Uhr im Pfalzsaal. Die passende Uniform eines SS-Standartenführers habe ich auf Ihrer Stube bereitgelegt. Ich habe sie extra für Sie noch einmal aufgebügelt und Ihre Stiefel blank geputzt.« Dann zog sie wieder ab.

Friedrich Sehlings nutzte die Unterbrechung, um sich aus der Runde am Feuer davonzuschleichen. Mehr von den Ergüssen Barbarossas konnte er an diesem Abend nicht vertragen. Und mehr Bier auch nicht. Eigentlich hasste er Bier. In seinem großbürgerlichen, linken Elternhaus wurde Wein getrunken. Doch in der Welt, in die er sich hineingemogelt hatte, war Bier das Leitgetränk. Die Saufgelage in den Studentenverbindungshäusern, die Kameradschaftsabende bei der Bundeswehr, das Lagerfeuergegröle der rechten Szene – all das musste er, wenn er dazugehören wollte, wohl oder übel mitmachen.

Zwischen den Verkaufsständen und den Bierkrüge schleppenden Mädchen erblickte er Adela, die Frau Barbarossas, auf ihrem Kontrollgang. Sie sprach ihn an: »Schön, dass du mal wieder zu uns herauskommen konntest, Kommandeur.« Sie machte ein ziemlich besorgtes Gesicht.

»Ist alles in Ordnung bei euch?«, fragte er.

»Seitdem du, Lorenz und Herbert Politik machen, hat sich hier vieles verändert. Ihr fehlt.«

»Habt ihr etwa finanzielle Probleme? Es scheint doch ganz gut zu laufen.« Er blickte sich um, das Feldlager war voll.

Adela schüttelte den Kopf. »Darauf achtet Lorenz schon. Auch Herbert kommt ja noch ab und zu vorbei. Und OIiver auch, aber nur, wenn Barbarossa nicht da ist. Wir können uns vor Arbeit kaum retten. Es entsteht sogar schon Konkurrenz zu uns«, sagte Adela stolz.

»Hast du deshalb damals die Florentine Fischer angerufen, damit sie sich mit Barbarossa trifft?«

»Ich musste ja irgendwie herausstellen, dass wir das Original sind. Eine bessere Werbung als die Geschichte im *Demokratischen Beobachter* konnte ich mir gar nicht vorstellen. Danach sind die Anfragen noch einmal sprunghaft gestiegen.«

»Was ist es dann?« Sehlings setzte ein mitfühlendes Gesicht auf. »Er dreht langsam ab. Ist es das?«

Adela nickte. »Seitdem du diesen Lehmann angeschleppt hast, redet er nur noch von der Revolution. Der Lehmann ist ziemlich oft hier. Dann ziehen sie sich in die Bibliothek zurück und bauen ihre Luftschlösser.«

» «

Es war Herbert gar nicht recht, dass er noch herumfahren musste, um auf die Schnelle frischen Fisch zu besorgen. Er stand mehr auf Fleisch – je mehr, desto besser. Er hatte in einem Steakhaus gelernt und als Marktschreier für Wurstwaren gearbeitet. Dieser Tätigkeit verdankte er auch einen wesentlichen Teil seiner sprachlichen Verführungskünste. Er hatte von den Menschen auf der Straße gelernt. Deshalb ging es ihm gehörig gegen den Strich, dass Friedrich Sehlings bei ihm für die heutige Lagebesprechung der Küchenbrigade in seinem Bahnwärterhäuschen Fisch geordert hatte.

In der bewährten Arbeitsteilung der drei Freunde war Herbert für den Einkauf zuständig. Er kannte immer irgendwo jemanden, der einem Spitzenware zum günstigen Preis lieferte. Herbert war ein Organisator und eine Händlernatur, selbst in der Kleidungsbranche mischte er mit. So bezog er die von ihm geliebten ärmellosen Pullover als Dutzendware billig aus Polen. Die braunen behielt er für sich, die in den anderen Farben verschacherte er.

Immer wenn es ihm schlecht ging, wollte Friedrich Sehlings Fisch kochen. Und seit einigen Tagen ging es ihm richtig schlecht. Daran war Herbert nicht ganz unschuldig. Vor einigen Tagen war Martin Müller freudestrahlend zu ihm ins Büro gekommen und hatte ihm erzählt, dass er sich mit Angelika Erdmann-Benz verlobt hatte. Herbert sah es als seine Pflicht an, dem Kommandeur diese wichtige Information sofort zu melden.

Leider war die Verlobung der schönen Philosophin nicht die einzige Schreckensnachricht, die er seinem Freund zu verkünden hatte. Die zweite hatte er vorsichtshalber bis zum heutigen Abend zurückgehalten. Auf dem Rücksitz lag neben der Tüte mit dem Fisch eine alte abgegriffene Aktenmappe. Darin war ein Ausdruck des geheimen Strategiepapiers des Obersts samt Anhang. Was der Ex-Militär plante, würde Friedrich Sehlings überhaupt nicht gefallen.

Herbert hatte das Papier von Müllers Büroleiterin im Bundestag erhalten. Er hatte sie selbst für Müller ausgesucht und ihm empfohlen. Die ersten Jahre war Herbert Müllers Fahrer und Mädchen für alles. Mit dem Einzug der Deutschlandpartei in den Bundestag übernahm der ehemalige Marktschreier dann die Leitung des Büros des Partei- und Fraktionsvorsitzenden Dr. Adalbert Hausding, intern »Obersalzberg« genannt. »Ich lasse dich ziehen«, hatte Müller damals gesagt, »aber nur unter zwei Bedingungen. Du musst mich immer auf dem Laufenden halten, und du musst mir einen Ersatz bringen, der genauso gut ist wie du.«

Das tat Herbert und installierte bei Müller eine Frau mit zwei Berichtslinien: eine offizielle an Müller und eine zweite inoffizielle an ihn selbst. So wusste Herbert immer, was Müller vorhatte, gleichzeitig versorgte er ihn mit gefilterten Informationen aus Hausdings Büro. Die Frau kannte er schon lange. Sie war eine der ersten weiblichen Mitglieder der Diskrepanten Bewegung. Lange hatte Barbarossa sich geweigert, in seinen Jüngerkreis Frauen aufzunehmen. Doch irgendwann hatte die Emanzipation auch vor der Pfalz nicht länger haltmachen können.

Bevor Herbert die gut bezahlte Stelle als Büroleiter bekam, war er bei der Barbarossa GmbH als Event-Manager angestellt und organisierte dort das alljährliche große Reenactment-Spektakel im Sommer. Für das »Unternehmen Zitadelle« – so der Deckname für den legendären Angriff auf den sowjetischen Frontbogen um die Stadt Kursk im Sommer 1943 – ließ das Beschaffungstalent Herbert sogar echte russische Panzer auf den Wiesen neben dem Schafstall auffahren.

Herbert parkte den Wagen direkt vor dem Bahnwärterhäuschen und klingelte. Lorenz Meyer öffnete ihm. »Gut, dass du da bist. Das mit seiner Angebeteten hat den Kommandeur echt umgehauen«, sagte Meyer noch an der Tür, während er seinem Freund die Tüte mit dem Fisch abnahm.

»Ich habe hier leider noch mehr schlechte Nachrichten«, sagte Herbert und tippte auf die Aktentasche in seiner Hand.

Beide Männer gingen in die Küche, wo Friedrich Sehlings mit umgebundener Kommandeursschürze an der Spüle stand und Kartoffeln wusch. Herbert setzte sich an den Tisch und holte aus der Aktentasche eine Mappe heraus. »Das solltet ihr euch ansehen.«

Sehlings sagte nichts und konzentrierte sich weiter auf seine Kartoffeln. Jede einzelne bürstete er akribisch unter dem laufenden Wasserhahn ab.

Herbert reichte die Mappe an Meyer, der sie vor sich auf den Küchentisch legte. Er öffnete den Deckel und las das Titelblatt vor: »Führen wollen – Führen können. Strategiepapier zur Entwicklung der Deutschlandpartei«. Meyer blickte auf Herbert. »Hast du das etwa geschrieben?«

»Red keinen Quatsch!«, gab Herbert zurück. »Das hat der Oberst geschrieben. Es ist streng geheim.«

Meyer überflog den Text und las einige Stellen laut vor: »Führen zu wollen heißt, mit der Christpartei möglichst schnell koalitionsfähig zu werden, um den Vizekanzler und mehrere Minister stellen zu können.« Meyer blickte auf. »Der glaubt tatsächlich daran, dass er nach der nächsten Wahl Vizekanzler wird.«

»Er lebt halt in einer Traumwelt«, entgegnete Herbert. »So rapide, wie unsere Umfragezahlen in den Keller gehen, können wir glücklich sein, wenn wir überhaupt wieder in den Bundestag reinkommen. Das Virus macht uns die Arbeit der letzten fünf Jahre zunichte.«

Sehlings pfriemelte immer noch an derselben Kartoffel herum, als wäre es ein roher Diamant. Es schien, als hörte er gar nicht zu.

Meyer las weiter: »Das Führenkönnen erfordert, möglichst schnell regierungsfähig zu werden. Mit dem Personal, was die Partei derzeit hat, wird es schwierig, Regierungsfähigkeit zu erlangen. Das ist eines der Probleme.« Der Jurist schaute zu Sehlings in Erwartung einer Reaktion. Doch der Kommandeur hielt den Blick weiterhin auf die Spüle gesenkt.

Meyer las die nächste Passage vor: »Die Partei muss sich verbürgerlichen und beruflich erfolgreiche Hochkaräter in die Partei holen. Dadurch wird sie sich automatisch professionalisieren. Irgendwann haben die Bürgerlichen eine kritische Masse erreicht. Dann kann man die Völkischen leicht aus der Partei drängen, wenn sie nicht sowieso von allein gehen. Bis dahin muss man mit den Völkischen leben, sie akzeptieren, sie einhegen und punktuell mit ihnen zusammenarbeiten. Gemäßigte Völkische lassen sich aus der Phalanx herausbrechen und für die bürgerliche Seite gewinnen – notfalls mit dem Versprechen auf Regierungsposten.«

Meyer räusperte sich. »Um diese beruflich erfolgreichen Bürgerlichen von der Deutschlandpartei zu überzeugen, muss sie inhaltlich anschlussfähig an viele Menschen bleiben. Scharfe inhaltliche Konturen sind da eher hinderlich. Man muss inhaltliche Angebote schaffen, die verschiedene Zielgruppen ansprechen, gerade auch die vielen konservativen früheren Mitglieder und Wähler der Linkspartei und der Sozialpartei. Und noch braucht die Partei die Anhänger und Wähler im rechten Spektrum, um an die Macht zu kommen. Deshalb müssen auch sie ihre Wünsche in die Partei hineinprojizieren dürfen. Erst wenn die Bürgerlichen die Partei dann gereinigt haben, kann man programmatisch arbeiten.«

»Eins muss man ihm lassen«, sagte Meyer, »Strategiepapiere schreiben kann er. Das hat er als Generalstabsoffizier sicher oft genug für irgendwelche Generale tun müssen. Und die Analyse ist ja nicht falsch: Noch brauchen wir beide Flügel der Partei. Aber jetzt wissen wir wenigstens, was er vorhat.«

»Warte, es geht noch weiter«, sagte Herbert. Er öffnete wieder seine Aktenmappe und zog ein einzelnes Blatt hervor. »Es gibt noch einen Anhang, so eine Art Geheimes Zusatzprotokoll. Nur teilt man hier nicht Polen auf, sondern Regierungsposten.«

Er reichte das Blatt an Meyer weiter, der laut vorlas: »Mögliches Personaltableau in alphabetischer Reihenfolge. Erdmann-Benz, Dr. Angelika: Kulturstaatsministerin. Hausding, Dr. Adalbert: kann aus der Beurteilung herausgenommen werden, da mit seinem baldigen Ableben zu rechnen ist. Meyer, Dr. Lorenz: eignet sich in einem unwichtigen Ministerium zum Staatssekretär.«

»Siehst du, Lorenz«, unterbrach Herbert, »das ist doch mal eine gute Nachricht: Der Herr Oberst sieht dich als Staatssekretär in einem unwichtigen Ministerium.«

Meyer fuhr fort: »Müller, Dr. Martin: Innen- oder Wirtschaftsminister. Matschinski, Ronny: Justizminister.« Meyer blickte erstaunt hoch, wollte etwas sagen, doch er kam nicht dazu.

In diesem Augenblick drehte sich Friedrich Sehlings herum, feuerte die kleine Kartoffel, die er so liebevoll geputzt hatte, mit Wucht auf den Boden, sodass sie zerschmetterte und sich die Einzelteile in der ganzen Küche verteilten. »Diese elende Ratte!«, brüllte er. »Das habe ich doch geahnt, dass der sich denen verkauft wie eine billige Nutte.«

Das Essen der Küchenbrigade verlief an diesem Abend wortkarger als sonst. Danach gingen sie, wie immer, in die Bibliothek zum Cognac. Der Kamin blieb diesmal aus. Stattdessen standen die Fenster offen, sodass der kühlende Abendwind durch den Raum zog. Sehlings begann von seinem letzten Besuch auf der Pfalz zu erzählen.

»Hast du auch bei der Schlacht von Stalingrad mitgemacht?«, fragte Herbert.

Sehlings schüttelte den Kopf. »Ich hatte absolut keine Lust, Lehmann als SS-Standartenführer Befehle herumbrüllen zu sehen. Ich bin schon am Morgen nach dem Eröffnungsabend wieder gefahren.« Dann trank er seinen Cognac. Alle drei Männer schwiegen.

Dann ergriff Sehlings wieder das Wort. »Vielleicht ist der Lehmann doch nicht der richtige Mann für den Job, dem wir ihn zugedacht haben. Der hängt an den Lippen Barbarossas und betet alles unreflektiert nach. Ich glaube, der entgleitet uns.«

Herbert und Meyer wussten genau, worauf der Kommandeur anspielte. Erst kürzlich hatte Lehmann einem Journalisten erklärt, die Worte Barbarossas seien für ihn »geistiges Manna«.

»Geistiges Manna!«, rief Sehlings spitz. »Wie kann man nur öffentlich einen solchen Schwachsinn erzählen!«

»Können wir ihn nicht austauschen?«, fragte Herbert.

»Wir haben keinen anderen. Wir müssen irgendwie aufpassen, dass Barbarossa ihn mit seinen Revolutionsfantasien nicht noch mehr das Gehirn vernebelt.« Sehlings schüttelte den Kopf. »Und ich selber habe ihm noch vorgeschlagen, dass er beim nächsten Parteitag als Bundesvorsitzender kandidiert.«

In diesem Augenblick klingelte das Mobiltelefon von Lorenz Meyer. Er schaute auf das Display. »Es ist Hausding«, sagte er etwas verwundert. »Um diese Zeit … Ich geh lieber mal ran.« Er stand auf und ging in den Flur.

Nach ein paar Minuten kam er wieder herein. Er wirkte etwas durcheinander. »Hausding hat mir gerade gesagt, dass ich Fraktionsgeschäftsführer der Bundestagsfraktion werden soll«, erklärte er seinen Freunden. »Den alten hat er heute Abend rausgeschmissen. Da gab es wohl Unregelmäßigkeiten mit den Finanzen.«

»Na, endlich«, rief Herbert. »Das war so ein alter versnobter Typ, ein Kumpel von Hausding aus alten Christpartei-Zeiten. Um den hätten wir uns schon längst kümmern sollen. Lorenz, ich gratuliere dir.«

»Herzlichen Glückwunsch, Lorenz«, schloss Sehlings sich an. »Manchmal spielt das Glück einem auch in die Hände.« Er goss Cognac nach, auf dass sie miteinander anstoßen konnten.

Meyer schien immer noch perplex, mit dem Jobangebot hatte er nicht gerechnet. »Hausding hat schon mit allen anderen fünf Mitgliedern des Fraktionsvorstands gesprochen«, sagte er. »Sie werden wohl alle für mich stimmen. Angelika Erdmann-Benz hat gesagt, sie könne sich keinen Besseren für den Posten vorstellen als mich.«

KAPITEL 7

Angelika Erdmann-Benz stand am Herd und bereitete Rühreier zu. Martin Müller kam in seinem seidenen Morgenmantel in die Küche, setzte sich an den bereits gedeckten Tisch, nahm die bereitgelegte Morgenzeitung und schlug sie auf.

Die Philosophin blickte vom Herd auf. »Ich hab das gestern Abend nicht so ganz kapiert, Martin. Lass es mich noch mal zusammenfassen: Ich soll jetzt statt Lorenz Meyer plötzlich diesen Bauerntrampel zum Fraktionsgeschäftsführer wählen, weil der Matschinski was mit ihr hatte und sie jetzt droht, ein Sexfilmchen zu veröffentlichen, das die beiden zusammen gedreht haben?«

»Ganz genau«, sagte Müller, gar nicht erst von seiner Morgenlektüre aufblickend. »Was ist denn daran nicht zu verstehen? Das habe ich dir doch gestern alles erklärt. Wir sind die Partei, die die Ehe und die Familie hochhält. Da können wir es uns nicht leisten, dass seine Ehe durch den Schmutz gezogen wird.«

Am Vorabend war Müller aus dem Bundestag nach Hause gekommen. Noch im Flur, beim Ausziehen seines Mantels, rief er seiner Verlobten zu: »Der Oberst und ich haben jemanden gefunden, der weitaus besser für den Posten des Fraktionsgeschäftsführers geeignet ist als Lorenz Meyer.«

»Besser geeignet als Lorenz?«, rief sie zurück. »Wer soll das denn sein?«

Müller nannte ihr den Namen: »Artemis Schneider, die Büroleiterin von Ronny Matschinski.« Die Philosophin konnte gar nicht glauben, was ihr Verlobter ihr da weismachen wollte. »Dieser Bauerntrampel soll besser qualifiziert sein als unser Lorenz? Wie kommt ihr denn darauf?«

Müller sah sie an und sagte mit betont geduldiger Stimme: »Schau mal, Kleines. Die Frau Schneider hat jetzt schon drei Jahre Erfahrung als Büroleiterin von Matschinski im Bundestag. Sie weiß, wie der Hase läuft. Lorenz Meyer kennt nur einen Provinzlandtag. Das ist doch überhaupt kein Vergleich. Außerdem hatte sie davor schon andere Führungspositionen inne.«

»Welche denn?«, fragte Dr. Angelika Erdmann-Benz in ziemlich trotzigem Ton.

»Sie hat einen Schrottplatz geleitet, und sie war bei der Bundeswehr.«

»Und das soll diese impertinente Person befähigen, unsere Fraktion zu führen?« Die Philosophin wusste ganz genau, wie sie ihrem Verlobten eine Retourkutsche geben konnte. »In unserem Unternehmen würde so eine Person noch nicht einmal eine Stellung als Pförtner bekommen.«

Müller kannte mittlerweile die Familie seiner Verlobten. Alle ihre Brüder hatten, wie es die Tradition der Industriedynastie Erdmann-Benz vorsah, nach dem Abitur eine zweijährige Reserveoffizierslaufbahn eingeschlagen. Danach studierten sie Jura oder Wirtschaft, machten ihren Doktor und traten in den Konzern ein. Die Mädchen studierten Kunstgeschichte, Literaturwissenschaften oder Philosophie. Der Doktor war ihnen freigestellt.

»Ein bisschen Dreistigkeit kann in dem Job doch nicht schaden«, sagte Müller. »Da darf sie sich ja auch nicht von solchen Menschen wie Marie Köster auf der Nase herumtanzen lassen.«

Die Erwähnung ihrer Erzfeindin brachte bei der Philosophin das Fass zum Überlaufen. Sie stellte sich in die Mitte der Küche, stemmte die Hände in die Seite und rief laut: »Es reicht! Du sagst mir jetzt sofort den wahren Grund, warum ich diesen Bauerntrampel wählen soll, oder es herrscht hier für die nächsten Tage Lysistrata.«

Müller wurde bleich. Er wusste, was das bedeutete. Als sie diese Drohung das allererste Mal ausgestoßen hatte, musste er nachschlagen, worum es ging. Der Sohn eines mittleren Finanzbeamten hatte bis dahin noch nie etwas von dem Stück des griechischen Dichters Aristophanes gehört, in dem sich die Frauen ihren Gatten verweigerten, bis die den Krieg beendet hatten. Der Mann wusste: Wenn er jetzt seiner Verlobten nicht reinen Wein einschenkte, würde sie ihn auf unbestimmte Zeit nicht mehr ranlassen. Also erzählte er ihr in aller Kürze die wahre Geschichte: Matschinski hatte ihn und den Oberst aufgesucht und um Rat gefragt. Er hatte einmal eine kurze Affäre mit der Frau, und sie hatten aus Spaß die Kamera mitlaufen lassen. Jetzt drohte Artemis Schneider damit, dieses Filmchen Matschinskis Frau zu senden. Sie würde die ganze Sache aber sicherlich vergessen, wenn man ihr anböte, Fraktionsgeschäftsführerin zu werden, hatte Matschinski erklärt.

»Wir haben hin und her überlegt«, sagte Müller. »Aber wir können uns jetzt, ein Jahr vor der nächsten Bundestagswahl, keinen solchen Skandal leisten. Du weißt ja selber, wie schlecht unsere Umfragewerte sind.« Er blickte seine Verlobte mit einem fürsorglichen Lächeln an. »Du willst doch auch, dass wir mit der Christpartei koalieren und du Kulturstaatsministerin wirst, wie ich es dir versprochen habe.«

Missmutig, aber dennoch pflichtbewusst, weil er ihr die Wahrheit gesagt hatte, verweigerte sich die schöne Philosophin ihrem Verlobten an diesem Abend nicht. Aber überzeugt davon, Artemis Schneider anstelle von Lorenz Meyer zum Verwaltungschef der Bundestagsfraktion zu wählen, war sie nicht. Deshalb sprach sie das Thema am nächsten Morgen noch einmal an.

»Wir können die doch nicht wählen, nur um die Ehe von diesem Lüstling Matschinski zu schützen«, sagte die Philosophin, während sie die Frühstückseier briet. »Ist dir schon mal aufgefallen, wie wollüstig der mir immer nachstarrt?« Sie holte zwei Teller aus dem Schrank und schaufelte die Eier darauf.

»Es geht hier nicht darum, die Ehe von Matschinski zu schützen«, sagte Müller leicht genervt. »Es geht darum, unsere Partei zu schützen. Das nennt man Parteiraison. Den Begriff solltest du in deinen Philosophieseminaren schon mal gehört haben.«

Sie seufzte, ihr Freund konnte ein richtiges Ekelpaket sein. Demonstrativ knallte sie die Teller auf den Tisch. Der Co-Parteivorsitzenden schaute auf den Teller, dann auf seine Verlobte. Sie hatte sich an ihren Platz ihm gegenübergesetzt. »Du weißt doch, wie ich die Eier auf dem Teller positioniert haben will«, maulte er. »Immer auf der linken Seite, damit rechts noch Platz für das Brötchen bleibt. Wie oft habe ich dir das schon erklärt!«

Die Philosophin stocherte missgelaunt in ihrem Rührei herum und erwiderte nichts. Sie war schon sauer genug.

Auch Müller stocherte mit der Gabel auf dem Teller herum.

»Ist noch etwas falsch mit den Eiern?«, fragte sie.

»Die schmecken irgendwie komisch. Sind das etwa keine Bioeier?«

»Sie hatten keine mehr.«

»Dann hättest du in den Bioladen gehen müssen«, fuhr Müller sie an.

Jetzt war es mit Dr. Angelika Erdmann-Benz' Geduld vorbei. Sie stand auf, lief in den Flur, nahm ihren Mantel von der Garderobe und verließ wortlos ihre Wohnung.

Zwanzig Minuten später saß sie in einem kleinen Restaurant im Regierungsviertel, das für sein Early Bird Breakfast bekannt war. Einige Restaurants rund um den Bundestag hatten sich auf dieses frühe Frühstück spezialisiert, bei denen Abgeordnete mit Journalisten oder Lobbyisten Gespräche führen konnten, noch bevor der Parlamentstag begann.

»Nimmst du auch die Rühreier, Angelika?«, fragte Herbert die Philosophin. Herbert war der Mann, dem die Frauen vertrauten. Auch Dr. Angelika Erdmann-Benz. Wenn sie Stress mit ihrem Verlobten hatte, frühstückte sie mit Herbert.

»Hör mir bloß auf! Mir wird schlecht, wenn ich das Wort Rührei nur höre. Der hat eine Eier-Macke«, sagte sie erbost. Herbert beschloss, auf die Eier mit gebratenem Speck zu verzichten, und wählte stattdessen das Frühstück »Wursteplatte«. »Was ist denn los?«

Sie erzählte, was am Abend und am Morgen vorgefallen war, nur die Sache mit Lysistrata ließ sie weg. Und auch, dass Müller ihr den Posten der Kulturstaatsministerin versprochen hatte.

»Was wirst du tun?«, fragte Herbert mitfühlend.

»Ich stecke da in einem Dilemma. Aus Parteiraison werde ich sie wohl mitwählen. Ich hoffe, Lorenz nimmt mir das nicht übel.«

»Ich denke nicht, Angelika«, antwortete Herbert und tätschelte ihr den Unterarm.

Sie schaute ihn mit sanfter Miene an. »Ach, wenn alle Männer doch so verständnisvoll wären wie du.«

Jetzt steckte Herbert in einem Dilemma. Am liebsten hätte er gesagt: »Ich kenne da jemanden, der würde dich nie so behandeln wie Müller. Der würde dich auf Händen tragen. Der himmelt dich an, seitdem er dich das erste Mal erblickt hat.« Stattdessen sagte er: »Wir können nur hoffen, dass die Frau versagt und freiwillig das Feld räumt.«

Nach dem Frühstück mit der schönen Philosophin machte sich Herbert auf den Weg in den Bundestag. Vor dort wollte er Friedrich Sehlings anrufen und ihn über die Lageänderung informieren. Aber Dr. Adalbert Hausding war schon da, früher als sonst. Er rief seinen Büroleiter auch gleich zu sich und erklärte: »Ich habe heute Morgen erst einen Anruf vom Oberst erhalten, dann einen von Müller. Sie sagen, sie hätten eine Bessere gefunden als Dr. Lorenz Meyer.«

Herbert heuchelte Unkenntnis. »Wen denn?«

»Eine gewisse Artemis Schneider«, sagte Hausding. »Kennen Sie die?«

»Das ist die Büroleiterin vom Matschinski. Ziemlich robustes Mädchen, große Oberweite, vorlautes Mundwerk, ziemlich dominantes Auftreten.«

Hausding konnte sich Namen schlecht merken, er kannte nur die Mitarbeiter in seiner unmittelbaren Umgebung. Doch bei der Beschreibung machte es bei ihm Klick. »Ach die. Ein grässliches Weib. Und auch nicht besonders intelligent, oder?«

Herbert nickte: »Und extrem ehrgeizig.«

»Die will ich nicht. Ich will Dr. Lorenz Meyer.«

»Aber wenn Müller und der Oberst für sie stimmen, dann sicherlich auch Frau Dr. Erdmann-Benz, und natürlich Matschinski selber. Das sind vier von sechs Stimmen im Fraktionsvorstand«, warf Herbert ein.

»Sie haben recht. Ich werde mal Sehlings anrufen. Der ist doch sonst immer ganz gut informiert.« Hausding kramte sein Mobiltelefon aus der Jackentasche. Der Parteivorsitzende mochte Sehlings nicht besonders, aber er ließ ihn gewähren. Besonders für Schmutzarbeiten konnte man ihn heranziehen. Und hier sah es ganz nach Schmutzarbeit aus. Wie Sehlings diese Angelegenheiten dann immer regelte, wollte der greise Mann gar nicht erst wissen. Entscheidend war, dass diese Arbeiten erledigt wurden.

Während Hausding an seinem Mobiltelefon herumnestelte, sagte er zu Herbert: »Kannst du mir mal bitte meine Morgenpillen aus dem Koffer geben.«

Herbert nahm den abgewetzten Aktenkoffer seines Chefs und

öffnete ihn. Er war voller Döschen und Schächtelchen. »Äh, welche jetzt?«

»Die wichtigsten sind die in der blauen und in der roten Dose. Morgens die blauen und abends die roten. Sonst passiert ein Unglück«, erklärte Hausding.

Herbert schaute seinen Chef fragend an: »Was für ein Unglück denn?«

»Wenn ich die vertausche, sagt mein Arzt, werde ich erst sehr schwach, und nach einigen Tagen kommt dann der Exitus.«

»Dann sollten wir aber gut aufpassen«, meinte Herbert verständnisvoll und reichte seinem Chef die Dose mit den blauen Pillen.

Als sein Chef Sehlings anrief, verließ Herbert das Büro des Fraktionsvorsitzenden und suchte sich auf den ausgedehnten Fluren des Bundestagsgebäudes ein ruhiges Plätzchen. Er wusste: Sobald Hausding das Gespräch mit Sehlings beendet hatte, würde der Kommandeur ihn sofort anrufen.

Nach ein paar Minuten klingelte es auch schon. »Was ist denn da bei euch auf dem Obersalzberg los?«, fragte Sehlings. Herbert briefte den Kommandeur in aller Kürze.

»Das glaube ich nicht«, erwiderte Sehlings.

»Du glaubst nicht, dass der eine Affäre mit der hatte und die ihn jetzt mit einem Film erpresst?«, fragte Herbert verwundert.

»Doch, das schon. Ich glaube nicht, dass der seine Ehe schützen will. Alle wissen doch, dass der hinter jedem Rock her ist. Der prahlt doch sogar damit herum. Außerdem dürfte es diesem Erzopportunisten doch sehr gelegen kommen, wenn er sein Betthäschen in eine solche Schlüsselposition bringen kann.«

»Da magst du recht haben«, sagte Herbert.

»Ich denke, die viel gefährlichere Erpressung liegt woanders. Matschinski erpresst Müller und den Oberst: Wenn sein Betthase nicht Fraktionsgeschäftsführerin wird, tritt er nicht in deren Lager über. Wie auch immer: Wir müssen die Frau unschädlich machen, damit Lorenz den Posten bekommt.« Sehlings war jetzt in seinem Element. »Was wissen wir denn über die Frau?«

Herbert hatte Informationen über alle, die für die Deutschlandpartei im Bundestag unterwegs waren: Abgeordnete, Mitarbeiter der Abgeordneten und die Mitarbeiter der Fraktion. Neben seinem gut funktionierenden Informantennetzwerk half ihm dabei seine soziale Ader: Ein Schwätzchen hier, ein Early Bird Breakfast dort. Herbert war stets auf dem Laufenden. Deshalb wusste er auch über Artemis Schneider Bescheid: »Sie kommt aus dem Ort, wo Matschinski seine Anwaltskanzlei hat, war dort Vorarbeiterin an der Autopresse auf einem Schrottplatz. Und genau so benimmt sie sich hier im Bundestag. Große Klappe, völlige Selbstüberschätzung, extrem ehrgeizig und sehr weit rechts. Sie bezeichnet sich selber als Faschistin.«

»Das ist ja interessant. Was noch?«

»Sie war davor bei der Bundeswehr. Als Stabsunteroffizier. Acht Jahre.«

Sehlings wurde hellhörig. »Weißt du, wo?«

»Wohl bei verschiedenen Einheiten. Genaueres bekomme ich sicher noch raus.«

»Ein Wanderpokal also«, sagte Sehlings.

»Wanderpokal?«, fragte Herbert.

»Einen Soldaten, den man nicht haben will, schiebt man zur nächsten Einheit weiter. Das deutet darauf hin, dass sie eine Problemsoldatin war. Besorg mir die Informationen über ihre Einheiten. Dann mache ich mal ein paar Anrufe bei alten Kameraden.«

»Jawohl, Kommandeur!«

» «

Florentine Fischer überquerte die große Kreuzung am Frankfurter Tor in Friedrichshain in Richtung Osten. Hier hatte sie sich vor ein paar Tagen mit Annerose Nesserland getroffen. Ihre Geschichte mit dem Titel »Das soziale Gesicht der Ökorebellen« hatte Furore gemacht. Viele Kollegen waren durch sie auf die ungewöhnliche junge Frau aufmerksam geworden. Die Sozialrebellin war ihre Entdeckung.

Jetzt war die Journalistin auf dem Weg nach Kaulsdorf, um sich mit einer anderen ihrer Entdeckungen, Hans-Jürgen Lehmann, im »Alten Fritz« zum Interview zu treffen. Hier hatte vor einiger Zeit auch die Pressekonferenz zur Gründung des Deutschen Herzens stattgefunden. Als Lehmanns Pressesprecher ihr den Ort nannte, erinnerte sie sich daran, was Annerose Nesserland über diesen Ortsteil am östlichen Rand der deutschen Hauptstadt erzählt hatte. »In diesem Kleinbürgergebiet erzielt die Deutschlandpartei ihre besten Ergebnisse.«

Lehmann hatte öffentlich angekündigt, dass er in den nächsten Bundestag einziehen und sich um den Vorsitz der Bundespartei bewerben wolle. Er saß zwar bereits im Bundesvorstand der Partei, doch hatte er bisher kein Abgeordnetenmandat, das ihm ein finanziell sorgenfreies Leben als Berufspolitiker ermöglichte. Im Hauptberuf war Lehmann noch immer Lebensmittelhändler in der Provinz.

Vor dem Interview wollte sie Kaulsdorf ein wenig erkunden. Sie wollte wissen, wo und wie die Wähler der Deutschlandpartei wohnten. Zwar fiel die Partei in den Umfragen gerade ab, doch hegte die Journalistin die Hoffnung, dass sich der Wind wieder drehte. Sie hoffte sogar auf so etwas wie eine große Krise. »In Krisenzeiten blühen radikale Parteien auf«, hatte ihr linker Geschichtslehrer damals in der Schule erzählt. Florentine Fischers Karriere war aufs Engste mit der Deutschlandpartei verwoben, für die sie zuständig war. Ging es der Partei schlecht, war das schlecht für ihre Karriere. Dann sank auch ihr Stern bei ihrem Chefredakteur, und ihre Beförderung zur Leiterin des Berliner Büros rückte in weite Ferne.

Sie stellte den Wagen ab, um zu Fuß durch das Viertel zu streichen. Sie lief erst ein paar Minuten, da stand sie plötzlich vor dem aus mehreren Einfamilienhäusern bestehenden Redaktionskomplex des *Jungen Deutschlands*. Sie hatte gedacht, die Redaktion säße wie alle Hauptstadt-Medien in irgendeinem feinen Bürohaus im Regierungsviertel. »Die haben sich ja mitten im Kreis ihrer Leserschaft angesiedelt«, rief sie halblaut.

Sie ging zu Fuß weiter zum »Alten Fritz« und zu Hans-Jürgen Lehmann. Der machte auf die Journalistin mit seinen stechend stahlblauen Augen den gleichen großen Eindruck wie bei ihrem ersten Zusammentreffen im Lager seines Kaufmannsladens, als er da schlank und hochgewachsen in seinem weißen Arbeitskittel zwischen Verpackungskartons und Cola-Kisten vor ihr stand. Nur ein bisschen dicker war er geworden, das Politikerleben hatte wohl auch bei ihm seine Spuren hinterlassen. Außerdem trug er einen Maßanzug. Und noch etwas war anders als bei ihrem ersten Treffen. Er war nun immer umringt von einer Entourage von Männern und auch einigen Frauen in Hosenträger-Uniform, die sich um ihn kümmerten. Kein Bundesminister, den sie kannte, hatte so viele Kofferträger um sich herum wie er. Auch sein persönlicher Pressesprecher war einer von diesen beflissenen Hosenträger-Geistern. Er ließ die Journalistin nicht eine Minute aus den Augen.

Zu Beginn stellte die Journalistin ein paar unverfängliche Eingangsfragen, die der Politiker auch alle brav beantwortete. Dann fragte sie nach Barbarossa. Einem Kollegen hatte Lehmann kürzlich verkündet, dass die Worte Barbarossas für ihn »geistiges Manna« wären. Sie ging zum Angriff über. »Haben die Anhänger Barbarossas die Deutschlandpartei unterwandert?«

Sie hatte die letzten Worte kaum ausgesprochen, da mischte sich der Pressesprecher in das Gespräch ein: »Darf ich mal kurz unterbrechen? Dieses Thema war nicht angekündigt.«

Florentine Fischer sah den Pressesprecher gar nicht erst an, sondern wandte sich direkt an den Politiker: »Herr Lehmann, das Interview hatten wir besprochen. Ich hatte gesagt, es geht nicht um Ihre Kandidatur als Bundesvorsitzender, sondern um die Deutschlandpartei und ihr Umfeld. Und dazu gehört diese Frage.«

Lehmann wechselte den Gesichtsausdruck, und auch sein Tonfall wurde ziemlich aggressiv: »Wir haben hier ein manifestes Problem. Das wird entsprechende Konsequenzen für die vertrauliche Zusammenarbeit zwischen Politiker und Journalisten haben. Sie spüren doch auch, dass wir mittlerweile in einem Stadium angekommen sind, wo Politiker und Journalisten nicht mehr offen miteinander reden können, weil man das Gefühl hat, dass der Journalist nicht mehr neutral ist, sondern dass er irgendwie einen politischen Auftrag exekutiert. Wir beenden das Interview. Nur dann ist klar, dass es mit mir kein Interview mehr für Sie geben wird. Wir wissen auch nicht, was kommt …«

Die Journalistin war verwirrt. »Was meinen Sie damit?«

Lehmann fixierte sie mit seinen stahlblauen Augen. »Vielleicht werde ich mal eine interessante politische Person in diesem Lande. Könnte doch sein.«

»Ist das eine Drohung?«, entgegnete die Journalistin. Dann stand sie auf und ging. Der Personenkult war dem Lebensmittelhändler eindeutig zu Kopf gestiegen. Im Weggehen rief sie Lehmann noch zu: »Ich werde das beobachten. Schönen Tag noch.«

» «

Jeden Montagnachmittag um 15 Uhr tagte im Bundestagsbüro von Dr. Adalbert Hausding der Fraktionsvorstand. Herbert saß in seinem Büro, das zugleich das Vorzimmer von Hausding war. Er teilte sich das Zimmer mit der Sekretärin des Fraktionsvorsitzenden. Nach seinem Wechsel von Müller zu Hausding als dessen Büroleiter hatte er unter den Abgeordneten und ihren Mitarbeitern bald den Spitznamen »Türsteher des Obersalzberg«. Herbert war fast immer an der Seite seines Chefs und schirmte ihn ab. Wenn er einmal nicht da war, übernahm diese Aufgabe die Sekretärin. Herbert hatte die junge Frau unter den weiblichen Mitgliedern der Diskrepanten Bewegung gecastet.

Die körperliche Dominanz der Frau glich der von BDM-Marie. Auch sie trug eine jener modischen Gretchenfrisuren. Allerdings schlug sie Marie Köster in Sachen Intelligenz bei Weitem. Ihre wahre Stärke zeigte die Frau, wenn wieder einmal ein Abgeordneter im Vorzimmer des Fraktionsvorsitzenden stand und unbedingt Hausding sprechen wollte. »Sie kommen hier nicht rein«, machte sie dem Abgeordneten dann in einem ziemlich autoritären Ton klar. »Wenden Sie sich mit Ihrem Anliegen an die dafür zuständigen Mitarbeiter der Fraktion.« Wenn ein Parlamentarier das nicht verstand, baute sie sich mit ihrem massiven Körper direkt vor der Tür zum Büro des Fraktionsvorsitzenden auf und wiederholte in noch bestimmterem Ton: »Nein. Sie kommen hier nicht rein.« Bisher hatte das noch jeden abgeschreckt.

Herbert war stolz auf seine Personalauswahl. »Sie müssen die Tür des Führers notfalls mit ihrem Körper verteidigen«, hatte er ihr eingebläut. »Zum Führer dringt keiner ohne meine Erlaubnis vor. Ich muss immer wissen, wer mit ihm spricht, wer was von ihm will. Verstanden?« Die junge Frau bestätigte den Befehl laut mit: »Jawohl«.

Wie jeden Montag saß die Sekretärin an ihrem Schreibtisch auf der einen Seite der Tür zum Fraktionsvorsitzenden, Herbert an seinem auf der anderen. Der Weg dazwischen war der Laufsteg. Den Beginn des Defilees machten Dr. Martin Müller und seine Verlobte, meist Händchen haltend. Doch heute ging Müller voraus, die schöne Philosophin trottete mit einen halben Meter Abstand und einem ziemlich mürrischen Gesicht hinterher. Als sie Herbert sah, lächelte sie ihm zu.

Im Abstand von einigen Minuten kam dann der Oberst, immer jovial, immer zackig. Jedes Mal stand die Sekretärin auf, nahm Haltung an und sagte: »Guten Tag, Herr Oberst.« Üblicherweise schlossen den Reigen Marie Köster und Ronny Matschinski. Doch das war seit ein paar Wochen anders. Matschinski kam jetzt immer demonstrativ zusammen mit dem Oberst. Nun beendete Marie Köster allein den Vorbeimarsch der stellvertretenden Fraktionsvorsitzenden.

Herbert schloss die Tür hinter ihr und setzte sich wieder an seinen Schreibtisch. Fünf Minuten nach 15 Uhr sagte er leise zu sich: »Showtime!« Er fuhr sein iPad hoch, klickte die Seite der *Deutschen Wahrheit* an und sah das, was ihm der Leiter des Newsrooms für exakt 15:05 Uhr angekündigt hatte – wenn gewiss war, dass die Sitzung des Fraktionsvorstandes begonnen hatte.

Herbert las die Überschrift der Geschichte, die gerade online gegangen war: »Die Hitlergruß-Soldatin«. Dann betrachtete er das Bild. »Die Flecktarn-Uniform spannt sich ganz schön über Artemis' Oberweite, wenn sie den rechten Arm nach oben streckt.« Herbert überflog den Artikel. Er entsprach dem, was der Kommandeur in seinen Gesprächen mit Kameraden herausgefunden hatte. Bei der Bundeswehr hatte Artemis Schneider immer wieder mit anderen Soldaten zusammen gezecht und dabei ihre rechte Gesinnung heraushängen lassen. Im Suff war so manches verfängliche Foto entstanden.

»Wahnsinn, was der Kommandeur für einen Riecher hat«, sagte Herbert halblaut vor sich hin. Dann sah er auf die Uhr. Gleich würde die Wahl des neuen Fraktionsgeschäftsführers beginnen. Herbert betrat leise das Büro seines Chefs, legte das iPad vor ihm auf den Tisch und sagte: »Das sollten Sie sich sofort anschauen.« Dann verließ er den Raum, setzte sich an seinen Schreibtisch und wartete.

Nach kaum einer Minute war es soweit. Durch die geschlossene Tür war Adalbert Hausdings brüllender Befehl zu hören: »Ich will, dass Sie diese Frau auf der Stelle entlassen, Herr Matschinski. Dr. Meyer wird unser neuer Fraktionsgeschäftsführer.«

» «

Wenn Friedrich Sehlings sich wirklich Sorgen machte und er besonderen Beistand brauchte, traf er sich mit Oliver Felsenstier nicht im »Alten Fritz«, sondern lud ihn zu sich nach Hause ins Bahnwärterhäuschen ein. Friedrich Sehlings hatte einen Instinkt dafür, wenn ihm Gefahr drohte, ahnte meist, aus welcher Richtung sie kam, und konnte dann entsprechende Maßnahmen ergreifen. Dieses Mal hatte er keinen blassen Schimmer. Deshalb hatte er seinen alten Freund eingeladen und für ihn gekocht.

Jetzt saßen sie beim Wodka in Sehlings' Bibliothek. Vor ihnen lag die neuste Ausgabe des *Demokratischen Beobachters* mit dem Artikel von Florentine Fischer über Hans-Jürgen Lehmann. »Der größenwahnsinnige Herr Lehmann«, lautete die Überschrift.

»Der wird allmählich wirklich größenwahnsinnig«, sagte Sehlings.

»Wie sein Mentor Barbarossa«, erwiderte der Journalist. »Es wird auch für mich immer schwieriger, an Lehmann ranzukommen. Du erinnerst dich doch noch, wie es damals bei Barbarossa und mir war. Jetzt ist es mit Lehmann fast genauso.«

Friedrich Sehlings erinnerte sich nur allzu gut: Entzweit hatte die beiden Männer der Islam. Für Barbarossa, damals Redakteur bei Felsenstiers *Jungem Deutschland*, war der Islam ein Verbündeter im Kampf gegen die Moderne mit all ihren dekadenten Versuchungen. Für seinen Chefredakteur war er etwas, mit dem man Geld machen konnte: in Deutschland mit den Ängsten vor einer Islamisierung des Abendlandes, im arabischen Raum mit dem Kampf gegen die Dekadenz des Westens.

Barbarossa wollte eine Hommage über die 13. Waffen-Gebirgs-Division der SS »Handschar« schreiben, die sich aus muslimischen Freiwilligen des Balkans zusammensetzte und sogar einen jungen Mufti als geistlichen Ratgeber hatte. »Wir müssen die weltanschauliche Verbundenheit zwischen dem Nationalsozialismus und dem Islam herausstellen«, hatte Barbarossa gesagt. »Das lassen wir mal lieber. Sonst kündigen wieder ein Haufen Leser ihr Abo«, erwiderte sein Chefredakteur. »Unsere Zielgruppe steht nicht so auf Islam.« Oliver Felsenstiers Ideologie war der Pragmatismus.

Barbarossa räumte ohne ein weiteres Wort seinen Schreibtisch, nahm die große Wirmer-Flagge von der Wand, faltete sie sorgsam zusammen und verließ schnurstracks das Redaktionsgebäude. Und kam nie mehr zurück. Er entfloh in die Provinz, entsagte der Welt, züchtete Schafe und gründete seine eigene Zeitschrift, den *Funken*.

Bald jedoch geriet Barbarossa in finanzielle Nöte. Er hatte Schwierigkeiten, seine Frau und seine neun Kinder zu ernähren. Kinder waren sein ganz persönlicher Beitrag zur Rettung des Abendlandes. Seiner Frau Adela und seinen Jüngern erklärte er es so: »Um dem Ansturm der Invasoren auf Europa etwas entgegenzusetzen, bedarf es einer grundsätzlichen Neuausrichtung unserer Reproduktionsstrategie. Wir Europäer müssen wie die Ausbreitertypen möglichst viele Nachkommen zeugen, um zu überleben.«

Oliver Felsenstier, der seine Augen und Ohren überall hatte, bekam bald mit, welche Tragödie sich bei seinem Freund abspielte. Er hatte die Idee, den Hof zu kaufen und zum Seminarzentrum auszubauen. Zusammen mit Sehlings und der Frau Barbarossas entwickelte er einen Plan, und er fand bald auch einen russischen Investor für das Projekt Pfalz.

Adela trieb Barbarossa dazu, sich mit dem reichen Russen zu treffen. »Wer seine Kinder und seine Frau nicht ernähren kann, ist es nicht wert, als deutscher Mann bezeichnet zu werden«, hatte sie ihm ins Gesicht geschleudert. Das saß. Und Oliver Felsenstier hatte den richtigen Riecher gehabt: Die Pfalz florierte und war nun das Hauptquartier eines stetig wachsenden völkischen Konzerns.

»Ich habe dich aber nicht wegen Lehmann eingeladen«, sagte Sehlings. »Es geht um etwas anderes. Irgendetwas hat der Müller gegen mich vor, und zwar bei der nächsten Bundesvorstandssitzung. Der erzählt überall herum, dass er endlich etwas gegen mich in der Hand hat, dass dann eine Bombe platzt.« Sehlings nahm noch einen Schluck Wodka. Nur mit Oliver Felsenstier zusammen trank er Wodka, sonst war er mehr der Cognac-Typ. »Wir haben alle Kanäle angezapft. Es ist nicht herauszubekommen, was genau er vorhat.«

»Gibt es da vielleicht noch mehr Aktionen wie die mit der Flagge?«, fragte der Journalist.

»Da gibt es sicherlich einiges, aber ich habe immer aufgepasst, dass es keine Bilder gibt«, erwiderte Sehlings.

»Hast du irgendwann einmal so ein armes Ding geschwängert, hast es sitzen lassen, und jetzt steht deine 20-jährige Tochter vor der Tür?«

Sehlings lachte. »Auch da habe ich immer aufgepasst.«

»Warst du eventuell mal Mitglied bei der Ökopartei und hast deine Parteimitgliedschaft vergessen?«, fragte Felsenstier weiter.

»Mach dich nicht lächerlich.«

»Man muss immer alles in Betracht ziehen, so abwegig es auch ist. Meistens sind es die ganz kleinen Verfehlungen, über die große Männer stolpern.« Der Journalist wusste, wovon er sprach.

»Was soll ich denn jetzt machen?«

»Wenn du es nicht verhindern kannst, weil du nicht weißt, was es ist, musst du dafür sorgen, dass es abgemildert wird.«

Sehlings schaute seinen Freund fragend an.

»Überleg doch mal«, fuhr Felsenstier fort. »Bombe platzen lassen, das heißt, es geht darum, irgendetwas über dich öffentlich zu machen. Wie macht man etwas öffentlich? Man geht an die Öffentlichkeit. Wer macht die Öffentlichkeit? Journalisten.«

»Da hast du recht«, erwiderte Sehlings. »Aber worauf willst du hinaus?«

»Der Müller will die Bombe am Tag der Bundesvorstandssitzung platzen lassen. Das wissen wir. Also müssen die Journalisten an dem Tag eine Gegengeschichte bekommen, die größer ist als seine Geschichte. Du musst seine Geschichte entgleisen lassen. Derailment-Strategie heißt das auf Neudeutsch.«

Daran hatte Sehlings noch gar nicht gedacht. Er nickte.

»Jetzt müssen wir nur noch etwas finden, mit dem wir Müllers Geschichte entgleisen lassen können. Hast du mir neulich nicht etwas von dem Strategiepapier des Obersts erzählt. Damit könnte man es doch versuchen. Spiel es seriösen Medien zu.«

»Also nicht dir«, sagte Sehlings im Scherz.

»Nein, natürlich nicht mir«, erwiderte Felsenstier. Beide Männer lachten.

»Einen Versuch ist es auf jeden Fall wert«, sagte Sehlings und leerte den Rest seines Wodka-Glases.

» «

»Frau Dr. Fischer, bitte sofort in mein Büro!«, rief der Chefredakteur des *Demokratischen Beobachters* ins Telefon. Eigentlich hatte Florentine Fischer mit einem dicken Lob für ihre letzte Story über Hans-Jürgen Lehmann gerechnet. Stattdessen musste sie sich jetzt Vorhaltungen machen lassen.

Die Journalistin hatte noch gar nicht richtig Platz genommen, da legte er schon los. »Warum haben diese Geschichte mit der Hitlergruß-Tussi aus dem Bundestag nicht wir im Blatt, sondern diese komische Internetzeitung?« Der Chefredakteur war sauer. »Die Deutschlandpartei ist Ihr Ressort, und wenn da irgendeine Tussi den rechten Arm hebt, müssen wir das zuerst wissen. Dafür bezahle ich Sie.«

Jeder in der Redaktion wusste, dass der Chefredakteur einen Fetisch für die Zeit des Nationalsozialismus hatte. Hakenkreuze, Hitlergrüße und das Absingen des Horst-Wessel-Liedes: Die Aktivitäten von irgendwelchen Alt- oder Jungnazis waren immer für eine Aufreger-Story gut. Getoppt wurde das nur dadurch, wenn es eine Gelegenheit gab, Adolf Hitler selbst aufs Titelblatt zu hieven. »Der Alte hitlert wieder herum«, hieß es dann im Haus. »Wir haben den Führer wohl öfter auf dem Titelblatt gehabt als der *Völkische Beobachter*«, lästerte der Leiter der Bildredaktion. 75 Jahre nach seinem Tod war der Führer noch immer ein verlässlicher Quotenbringer.

»Und dann schauen Sie sich mal das an«, sagte der Chefredakteur und warf ihr die neueste Ausgabe des *Jungen Deutschlands* herüber. Die Journalistin sah sich die Titelgeschichte an. Es war eine Geschichte zum 65. Geburtstag der Bundeswehr. Sie konnte an der Geschichte nun wirklich nichts Besonderes finden und fragte: »Was meinen Sie denn jetzt?«

Der Chefredakteur blickte seine Mitarbeiterin entgeistert an. »Kindchen, Sie müssen dieses Naziblatt schon aufschlagen«, blaffte er. »Dann sehen Sie, dass die immer mehr Anzeigenkunden haben. Und viele darunter, die früher mal bei uns waren.« Die Journalistin blätterte durch die Zeitung. Es stimmte, was ihr Chef sagte.

»Naziblatt«, so nannte ihr Chef das *Junge Deutschland* immer. Sie kannte den Herausgeber Oliver Felsenstein nur vom Sehen, eher so ein Hausmeister-Typ. Obwohl er oft auch auf den Pressekonferenzen und Veranstaltungen der Deutschlandpartei war, hatte sie noch nie ein Wort mit ihm gewechselt. Es galt in Journalistenkreisen als anrüchig, mit ihm Kontakt zu haben.

»Und wissen Sie, was dieser sogenannte Chefredakteur von dem Naziblatt will?«, rief der Chef des *Demokratischen Beobachters* empört. »Der hat einen Antrag gestellt, in den Chefredakteursclub aufgenommen zu werden. Stellen Sie sich das mal vor!«

Der Chefredakteursclub war ein ziemlich elitärer Verein, bestehend zum größten Teil aus Männern, die den Leitmedien der Bundesrepublik Deutschland vorstanden. Der Chefredakteur des *Demokratischen Beobachters* war der Vorsitzende dieses Clubs, genau wie sein Vorgänger und dessen Vorgänger.

Florentine Fischer freute sich heimlich, dass ihr Chef seine Eingangsfrage vergessen hatte und ein anderes Opfer gefunden hatte. Normalerweise musste man ihn nur reden lassen, dann beruhigte er sich schon irgendwann wieder. Doch dann brach es über sie herein. »Hallo, Kindchen, schlafen Sie? Ich will von Ihnen wissen, warum die *Deutsche Wahrheit* diese Geschichte mit der Hitlergruß-Soldatin hatte und nicht wir«, donnerte er.

Darauf war sie nicht vorbereitet. »Ich habe gerade so viel zu tun. Ich muss mich ja auch um die Ökorebellen kümmern, und jetzt auch noch um die Andersdenker«, sagte sie, ohne darüber nachzudenken, dass ihr das als Schwäche ausgelegt werden konnte.

Noch bevor der Chefredakteur darauf reagieren konnte, hatte sie sich aber schon wieder gefangen und einen Ausweg aus ihrer

Misere gefunden. In ihrer Handtasche steckte das Strategiepapier des Obersts. Eigentlich wollte sie es ihrem Chef erst bei ihrem nächsten Regeltermin präsentieren, doch jetzt brauchte sie dringend einen Feuerlöscher.

»Und außerdem …«, sagte sie und machte eine Spannungspause, »… arbeite ich gerade an einer Geschichte, die vieeel besser ist.« Sie öffnete theatralisch die Handtasche, holte das Papier des Obersts heraus und übergab es ihrem Chef. Der überflog es und erkannte sofort die Brisanz.

»Woher haben Sie das?«, fragte der Chefredakteur.

»Es wurde mir zugespielt«, entgegnete sie triumphierend. Und das war nicht gelogen. Als sie vor drei Tagen nach Hause kam, hatte sie es in ihrem Briefkasten gefunden, zusammen mit einer Karte, die eine handschriftliche Mitteilung trug: »Für eine gute Journalistin. Machen Sie etwas daraus. Ein Freund.« Die Handschrift kannte sie nicht. Erst war sie misstrauisch, doch Lorenz Meyer bestätigte ihr abends im Bett die Echtheit, ebenso Herbert, dem sie das Papier am nächsten Tag zeigte.

»Das ist echt?«, fragte der Chefredakteur.

Die Journalistin nickte. »Zwei unabhängige, absolut zuverlässige Quellen haben mir das bestätigt.«

Normalerweise fragte der Chefredakteur seine Top-Journalisten nicht nach ihren Quellen. Doch erinnerte er sich nur zu gut an das Unglück mit der Hakenkreuz-Fahnen-Geschichte, das nur in allerletzter Minute verhindert werden konnte. »Wer sind diese Quellen?«

Florentine Fischer zögerte einen Moment, dann sagte sie: »Der Büroleiter von Dr. Adalbert Hausding.«

»Dieser fette Typ mit dem brauen Pullover?«

Die Journalistin nickte.

»Und die andere Quelle?«, fragte der Chef des *Demokratischen Beobachters*.

Jetzt wurde sie nervös. Sie fixierte ihr Gegenüber, dann sagte sie: »Der neue Fraktionsgeschäftsführer im Bundestag. Dr. Lorenz Meyer.«

Sie wartete. Keine Reaktion. Ihr Chef schien nichts zu wissen, ja noch nicht einmal etwas zu ahnen. »Wie nah sind Sie an dem Mann dran?«, fragte er nur.

»Sehr nah drin«, entfuhr es der Journalistin. »Äh ... Ich meine natürlich dran. Ich bin sehr nah dran an dem Mann, wollte ich sagen.«

Der Chefredakteur wunderte sich ein wenig über die plötzliche Nervosität seiner Mitarbeiterin. »Na, dann sollen Sie noch mal eine Chance bekommen«, sagte er in mildem Ton. »Das wird die Titelgeschichte der nächsten Ausgabe.«

Florentine Fischer war heilfroh, dass sie jetzt den Raum verlassen konnte. Sie war puterrot.

» «

Wochenlang hatte Dr. Martin Müller auf diesen Augenblick gewartet. Niemandem hatte er etwas von seiner Entdeckung erzählt, auch seiner Verlobten nicht, und nur vage Andeutungen gemacht. Bei der Bundesvorstandssitzung am Montag wollte er die Bombe platzen lassen.

Für die geheime Besprechung am Abend zuvor hatte er extra einen Tisch in einem der Separees reservieren lassen, die das »Il Teatro« für Zusammenkünfte bereithielt, bei denen fremde Ohren absolut unerwünscht waren.

Jetzt saß er mit dem Oberst und Ronny Matschinski in einem dieser abgetrennten Räume. Endlich konnte er sein so sorgsam gehütetes Geheimnis loswerden. Triumphierend erklärte er: »Friedrich Sehlings hat seine Mitgliedschaft in der Christpartei verschwiegen!«

Die beiden anderen Männer sahen sich verwundert an, dann ergriff der Oberst das Wort: »Aber er erzählt doch in fast jeder seiner Reden, dass es ihm in der Wendezeit bei der Christpartei zu muffig geworden und deren Jugendorganisation nur ein Sammelbecken für überehrgeizige und angepasste Jurastudenten war.«

Müller schaute den Ex-Militär streng an. Er selbst war als Jurastudent von der Ökopartei zur Christpartei gewechselt.

»Und das war vor 30 Jahren«, fügte der Oberst hinzu. »Ist das nicht längst verjährt?«

»Das mag ja alles sein«, sagte Müller. »Aber das spielt in diesem Fall gar keine Rolle. Er hat es bei seiner Kandidatur als Landtagsabgeordneter auf dem Formular nicht angegeben. Ich habe das genau geprüft und das Formular im Archiv der Bundesgeschäftsstelle selber herausgesucht.« Daran zweifelten weder der Oberst noch Ronny Matschinski. Müller war bekannt für seinen Kontrollfetischismus.

»Ja, aber der war doch auch Mitglied in der Demokratiepartie, damals in München: die Partei dieses ehemaligen SS-Mannes und Journalisten. Und später in Hamburg bei der Rechtsstaatspartei dieses Hamburger Richters und Innensenators, der dann nach Südamerika abgehauen ist«, sagte Ronny Matschinski, der Sehlings' Parteienhistorie genau kannte, weil sie seiner ziemlich ähnlich war.

»Die hat er ja auch ordnungsgemäß angegeben«, erwiderte Müller. »Nur seine Mitgliedschaft in der Christpartei eben nicht.«

»Dann hat er es eben vergessen«, sagte der Oberst missmutig. Müllers groß angekündigte Enthüllung hatte sich für ihn als Seifenblase herausgestellt.

Müller schüttelte energisch den Kopf. »Ein Vergessen kennt unsere Satzung nicht. Auf dem Bewerbungsformular steht, dass man alle früheren Parteizugehörigkeiten angeben muss. Das hat er nicht getan. Damit hat er gegen unsere Parteisatzung verstoßen. Und wer dagegen verstößt, soll auf Beschluss des Bundesvorstandes ausgeschlossen werden.«

Süffisant lächelnd holte er die Kopie von Sehlings' Mitgliedsantrag aus seiner Aktentasche und gab sie dem Oberst. Der starrte das Papier ungläubig an, bevor er es an Matschinski weiterreichte. Auch der schaute etwas ungläubig auf das Formular.

»Sie meinen doch nicht im Ernst, dass wir Sehlings mit einem solch billigen Trick aus der Partei entfernen können?«, fragte der Oberst genervt.

»Es ist die einzige Möglichkeit, ihn loszuwerden«, entgegnete Müller. Er war sauer, weil die beiden Männer nicht die Großartigkeit seines Plans erkannten.

»Damit machen wir uns doch zum Gespött der Leute«, entfuhr es dem Oberst. »Wir wollen doch eine seriöse Partei werden.«

»So schlecht finde ich die Idee gar nicht«, sagte Matschinski. »Im Bundesvorstand haben wir Bürgerlichen die Mehrheit. Wir drei, Frau Erdmann-Benz und Hausding: Macht fünf gegen drei. Das ist die demokratische Mehrheit.«

»Und was passiert dann?«, fragte der Oberst.

»Was meinen Sie damit?«, fragte Müller. »Der Sehlings wird ausgeschlossen, muss alle seine Parteiämter zurückgeben und wird den Rest der Legislaturperiode als fraktionsloser Abgeordneter in den hinteren Reihen seines Landtages verdämmern.«

»Und Sie glauben, die Völkischen lassen sich das gefallen?«, gab der Oberst zurück. »Der Lehmann und die Köster werden ihre Truppen mobilisieren. Vielleicht werden sie sogar die Partei spalten.«

»Aber das ist doch genau, was wir wollten«, erklärte Müller.

»Und was, wenn sie sich weiter radikalisieren? Die Achtundsechziger-Bewegung hat sich damals auch gespalten. Ein Teil wurde zu den Grünen, hat sich selbst gezähmt, ist durch die Institutionen marschiert und war so erfolgreich, dass wir, wenn wir nicht aufpassen, nächstes Jahr einen grünen Kanzler haben«, dozierte der Oberst. »Der andere Teil wurde zur RAF.«

»Sie meinen doch nicht etwa, dass die Völkischen sich zu einer braunen RAF entwickeln könnten«, fragte Matschinski aufgeregt.

»Als Offizier lernt man, bei einer Lagebeurteilung immer alle Möglichkeiten in Betracht zu ziehen und zu analysieren. Ich denke, dass die Möglichkeit besteht. Und das wird eine gefährlichere RAF als damals. Das waren doch alles nur Pfarrerstöchter und Bürgersöhnchen, denen die Stasi erst einmal beibringen musste, wie herum eine Waffe zu halten ist. Bei den Völkischen dagegen haben wir es mit ausgebildeten Militärs, Polizisten und Nachrichtendienstlern zu tun, die ihr Handwerk verstehen«, sagte der Oberst.

Matschinski nickte, war er doch bis vor Kurzem selbst Teil von ihnen.

Auch wenn der Oberst von Müllers Plan nicht gänzlich überzeugt war, stimmte er schließlich zu. Eine andere Möglichkeit, Friedrich Sehlings loszuwerden, wusste er auch nicht.

Am nächsten Morgen stand der Oberst extra früh auf, um sich auf die entscheidende Sitzung des Bundesvorstandes vorzubereiten. Wie immer ging er Brötchen holen. Bei seinem Stammbäcker lag die druckfrische Ausgabe des *Demokratischen Beobachters* auf dem Glastresen.

Er wollte seinen Augen nicht trauen. Die Titelseite zierte sein Gesicht, mit einem breiten Grinsen, dazu die Überschrift »Obristen-Putsch: Deutschlandpartei will Kanzleramt übernehmen«. Der Oberst griff eines der Exemplare und schlug die Seite mit dem Artikel auf. Er begann zu lesen: »Nazis und Kommunisten sollen Ex-Militär an die Macht in Deutschland bringen.«

Der Oberst kochte vor Wut. Über sein Strategiepapier wurde mit Zitaten in den Medien berichtet. Irgendjemand aus seinem engsten Kreis musste es an diese Florentine Fischer durchgestochen haben. Er las weiter, mit hochrotem Kopf im Bäckerladen stehend: »Nach einem geheimen Strategiepapier, das der Redaktion vorliegt, will der Fraktionsvorsitzende der Deutschlandpartei möglichst schnell die Macht in Deutschland übernehmen. Dazu solle die Deutschlandpartei profillos bleiben, um für alle Wähler wählbar zu sein. Erst nach der Machtergreifung würde er mit seinen Widersachern abrechnen, so die Strategie des Ex-Obersts der Bundeswehr.«

Dann zitierte die Autorin wörtlich aus seinem Papier: »Die Partei muss anschlussfähig an viele Menschen bleiben. Man muss inhaltliche Angebote schaffen, die verschiedene Zielgruppen ansprechen, gerade auch die vielen konservativen früheren Mitglieder und Wähler der Linkspartei und der Sozialpartei.« Der Oberst las weiter. »Noch braucht die Partei die Anhänger und Wähler im rechten Spektrum, um an die Macht zu kommen … Erst wenn die Bürgerlichen die Partei gereinigt haben, kann man programmatisch arbeiten.«

Der Appetit auf frische Brötchen war dem Oberst gründlich vergangen. Laut fluchend packte er sich die Ausgabe des *Demokratischen Beobachters* unter den Arm und lief, ohne sie zu bezahlen, aus dem Laden.

» «

Der Bundesvorstand der Deutschlandpartei tagte jeden Montagmorgen in einem Berliner Hotel. Jede Woche gaben die beiden Vorsitzenden Dr. Adalbert Hausding und Dr. Martin Müller danach eine Pressekonferenz am selben Ort. In der Regel kamen dazu nur noch etwa ein Dutzend Journalisten, diejenigen, die in den Hauptstadtredaktionen der großen Zeitungen, der Fernsehsender und der Nachrichtenagenturen für die Partei zuständig waren. Seitdem das Virus Deutschland in Atem hielt und die Umfrageergebnisse sanken, war das Interesse an der Deutschlandpartei geschwunden.

An diesem Tag aber war alles anders. Der Saal der Pressekonferenz war schon 20 Minuten vor Beginn gut gefüllt, auch einige Kamerateams waren da. Alle Medien wollten wissen, was die beiden Vorsitzenden zu den Putschabsichten ihres Parteifreundes sagen würden. Florentine Fischer saß in der ersten Reihe und sonnte sich in ihrem Erfolg. Schließlich war sie es, die den »Obristenputsch« enthüllt hatte. Sie wusste: Auch wenn die Journalisten der anderen Medien ihr gratulierten, war der Neid groß. Und Florentine Fischer genoss den Neid ihrer Kollegen. Diese Story sollte eine weitere, entscheidende Stufe auf ihrer Karriereleiter sein.

Während der achtköpfige Bundesvorstand tagte, warteten Lorenz Meyer und Herbert vor der Tür auf dem Flur des Hotels. Von ihrem Posten aus hatten sie den Eingang zum Pressekonferenzsaal im Auge.

»Da kommen ja immer mehr«, sagte Herbert. »Das wird sicher ein Spektakel. Und Florentine ist auch schon da. Sag mal, Lorenz, wie lange seid ihr jetzt schon zusammen? Ihr müsstet doch bald Viermonatiges haben?«

Lorenz Meyer blickte seinen Freund böse an. »Sei still«, zischte er. »Das mache ich doch nur für die Mission.« Nur Friedrich Sehlings und Herbert wussten von der Beziehung der beiden. Kein anderer durfte davon erfahren. Die Nachricht, dass die Journalistin des linken *Demokratischen Beobachters* mit dem Vorsitzenden der Jungdeutschen und Fraktionsgeschäftsführer der Deutschlandpartei im Bundestag liiert war, hätte ihr den Job kosten können.

Missgelaunt wies Meyer seinen Freund zurecht: »Mach dir mal lieber Gedanken, was der Müller gegen den Kommandeur ausgeheckt hat. Das kann uns noch genug Probleme bereiten.«

In dem Moment öffnete sich die Tür, und Friedrich Sehlings kam kreidebleich heraus. Er eilte direkt auf die beiden Männer zu. »Die haben mich gerade aus der Partei geschmissen, weil ich auf einem Formular meine Mitgliedschaft in der Christpartei nicht angegeben habe. Und Angelika Erdmann-Benz hat auch gegen mich gestimmt.«

Die beiden schauten Sehlings mit großen Augen an. »Wie? Du hast deine Mitgliedschaft in der Christpartei nicht angegeben?«, fragte Meyer verblüfft.

»Ja, in dem Formular zur Kandidatur für den Landtag habe ich vor vier Jahren alle meine früheren Parteimitgliedschaften angegeben. Nur die Christpartei habe ich vergessen.«

»Wie vergessen?«, fragte Herbert.

»Ja, Herbert, ich habe es ganz einfach vergessen«, blaffte Sehlings seinen Freund an. »Ich muss hier weg, ich muss hier einfach nur weg.« Er drehte sich um und eilte davon. Wenig später war er im Ausgang zur Tiefgarage verschwunden.

»Findet die Machtergreifung jetzt nicht statt, weil der Kommandeur bei einem Formular geschlampt hat?«, fragte Herbert ungläubig.

Müller nickte. »So sieht es aus, Herbert. Lenin hatte mit seinem Spruch doch recht. Wenn die Deutschen einen Bahnhof stürmen wollen, kaufen sie vorher noch eine Bahnsteigkarte. Und für eine ordnungsgemäße Machtergreifung brauchen wir Deutschen eben ein korrekt ausgefülltes Formular.« Es war einer jener seltenen Augenblicke, in denen der sonst so nüchterne Meyer Zuflucht im Zynismus suchte.

Da kam auch schon Hausding auf seine beiden engsten Mitarbeiter zugelaufen. »Das war heute eine heftige Sitzung«, erklärte er. »Erst die Strategie des Obersts. Und dann haben wir gerade Sehlings' Parteiausschluss beschlossen. Vier gegen drei Stimmen. Ich habe mich enthalten. Sehlings ist eine Gefahr für die Partei, aber was der Oberst, der Müller und dieser opportunistische Matschinski da abziehen, das ist eine noch größere Gefahr. Wie sieht es im Pressekonferenzsaal aus?«

»Gerammelt voll. Die sind alle wegen dem Strategiepapier da«, entgegnete Herbert, als der Oberst aus dem Tagungsraum kam und den drei Männern im Vorbeieilen zurief: »Auf Wiedersehen!«

»Moment mal! Wo wollen Sie hin?«, rief Hausding dem Oberst nach. »Sie bleiben gefälligst hier. Sie haben uns diese Suppe eingebrockt, Sie löffeln sie jetzt auch aus. Sie kommen mit aufs Podium.«

Hausdings Befehl hatte seine Wirkung nicht verfehlt. Der Oberst blieb stehen, drehte sich um und sagte kleinlaut: »Jawohl.« Dann schlich er sich in Richtung Pressekonferenzsaal davon.

»Ich muss mich noch kurz sammeln«, sagte Hausding und ging, bedächtig wie immer, auf den Saal zu, wo die Journalisten warteten.

Als nächste stampfte Marie Köster aus dem Sitzungssaal, gefolgt von Lehmann, der bei den beiden Freunden stehen blieb. Auch er war aufgebracht. »Das ist alles eine Farce, was hier abläuft. Wo ist denn Sehlings so schnell hin?«

»Der musste mal frische Luft schnappen«, log Meyer, der ahnte, wohin sein Freund unterwegs war: in sein Bahnwärterhäuschen, um sich dort zu verkriechen. Nur wenige Male hatte er den Kommandeur bisher so erlebt. Aber er war sich sicher: Dass seine angebetete Angelika Erdmann-Benz gegen ihn gestimmt hatte, machte die Niederlage noch schlimmer.

»Das sind doch alles Verräter«, schimpfte Lehmann. »Und Matschinski ist der schlimmste. Einer aus den eigenen Reihen. Den müsste man sofort am nächsten Baum …« Weiter kam Lehmann nicht, denn jetzt schritten Müller, Matschinski und Angelika Erdmann-Benz aus dem Konferenzraum.

Ich gehe lieber, bevor ich mich noch vergesse«, sagte Hans-Jürgen Lehmann und eilte davon.

Das Trio war sichtlich gut gelaunt. »Wir haben es geschafft. Wir sind ihn endlich los«, rief Müller den beiden Mitarbeitern zu. Dann zogen die drei weiter zum Saal der Pressekonferenz.

»Was denkst du, was jetzt passiert? Wie sich Friedrich wohl fühlt?« Nur in sehr seltenen Fällen benutzte Herbert statt des Spitznamens Kommandeur den richtigen Vornamen von Sehlings.

»Wahrscheinlich ungefähr so wie Adolf Hitler am Mittag des 9. November 1923«, entgegnete Meyer.

Herbert sah seinen Freund fragend an. Er war keine Leseratte wie Meyer. Dafür schaute er immer sehr gern die im deutschen Fernsehen zu jeder Tages- und Nachtzeit laufenden Dokumentationen über den Führer und das Dritte Reich, bei denen auch die menschlichen Seiten der Führungselite der NSDAP nicht zu kurz kamen. Gegen das Detailwissen seines Freundes kam er damit nicht an.

»Beim Marsch auf die Feldherrnhalle am 9. November 1923 schoss die Polizei die Marschierer zusammen«, erklärte Meyer. »Adolf Hitler flüchtete in einem Krankenwagen in das Landhaus von Putzi Hanfstaengl in Uffing am Staffelsee. Dort versteckte er sich. Dessen Frau Helene soll Hitler davon abgehalten haben, sich zu erschießen.«

»Putzi Hanfstaengl? Das war doch dieser Pianist, oder?«

Meyer nickte. »Er war eigentlich Kunsthändler und einer der ersten finanziellen Unterstützer des Führers. Später war er Auslands-Pressechef der NSDAP. Er hat dem Führer immer auf dem Klavier vorgespielt. Während des Marschs durch das Brandenburger Tor am 30. Januar 1933 soll eine Komposition von ihm gespielt worden sein namens ›Junge Helden‹.«

»Das muss ich mir merken«, sagte Herbert.

»Das kannst du auch gleich wieder vergessen«, erwiderte Meyer. »Putzi Hanfstaengl ist ein Verräter. Er hat sich 1937 nach Großbritannien abgesetzt und ist zum Feind übergelaufen.«

»Schade, ich hatte da gerade so eine schöne Idee.«

»Ich kann mir vorstellen, wofür. Putzi Hanfstaengl war übrigens 1923 in München mit dabei. Und auch Hermann Göring. Der wurde von Schüssen in Oberschenkel und Lenden getroffen und dann mit Morphium behandelt, von dem er abhängig wurde.« Das historische Wissen sprudelte aus dem Juristen nur so heraus.

»In die Lenden? Konnte er danach denn noch …« Herbert brach ab, da es ihm despektierlich erschien, die Manneskraft des Reichsmarschalls infrage zu stellen.

Die beiden Männer hatten sich während ihres Gesprächs langsam auf den Weg zum Pressekonferenzsaal gemacht. Meyer schaute seinen Freund von der Seite an, der mit seiner Statur dem beleibten Reichsmarschall doch recht ähnlich sah. »Ich glaube schon, Herbert. Der hatte ja später auch noch Kinder.«

Herbert nickte zufrieden. »Ach ja, ich erinnere mich, Edda Göring.«

Sie waren jetzt bei der Saaltür angekommen und schlichen sich in den brechend gefüllten Raum. Ganz hinten fanden sie noch zwei freie Plätze. Als Florentine Fischer sah, dass ihr Freund den Raum betrat, huschte ein Lächeln über ihr Gesicht. Sofort setzte sie wieder ihre ernste Journalistinnenmiene auf.

Die Eingangsstatements der beiden Parteivorsitzenden hatten die beiden Freunde verpasst. Müller hatte mit großer Genugtuung verkündet, dass sie Friedrich Sehlings gerade aus der Partei geworfen hatten. Doch das interessierte an diesem Tag niemanden, nur wenige Medien erwähnten es überhaupt. Der Putschversuch des Obersts war das Thema des Tages.

Die Journalisten nahmen den Oberst jetzt in die Zange. Der wand sich wie eine Schlange, doch es half nichts. Als einer der jungen Journalisten ein zweites Mal dieselbe Frage stellte, verlor er die Fassung. »Ich erkläre Ihnen jetzt mal, wie Politik funktioniert«, fuhr der Oberst ihn im Kommandoton an.

»Bingo!«, rief ein anderer Journalist. Mehrere Pressevertreter lachten, was den Oberst nur noch wütender machte.

»Mensch, der lernt es nie, dass er Journalisten nicht so behandeln kann wie seine Rekruten«, sagte Meyer leise zu Herbert. »Der ist doch jetzt auch schon bald fünf Jahre in der Politik.«

Doch sosehr Herbert sonst das Spektakel genoss, wenn Journalisten den Oberst in die Enge trieben, war er diesmal doch mit seinen Gedanken woanders. »Glaubst du, dass der Kommandeur an Selbstmord denkt … wie damals Hitler?«, fragte er plötzlich.

Meyer machte ein nachdenkliches Gesicht und sagte dann leise: »Ich hoffe nicht.«

KAPITEL 8

Über den Dächern der Hauptstadt erhob sich ein strahlend blauer Himmel, die Bäume standen in voller Blüte. Überall saßen die Menschen draußen in den Cafés und wärmten sich in der Frühlingssonne. Der zweite, noch härtere Lockdown, der zu Beginn des Winters verhängt worden war, hatte sich bis ins Frühjahr hingezogen. Nun genossen die Berliner ihre wiedergewonnene Freiheit. Die nervenzehrenden Monate der Schließungen und Einschränkungen schienen Lichtjahre entfernt, auch wenn die Andersdenker weiter unverdrossen ihre Demos abhielten. Während des Lockdowns hatte sich die nebelhafte und konturlose Bewegung radikalisiert und sich sogar vereinzelte Straßenschlachten mit der Polizei geliefert. Doch fehlte ihr eine Führungsfigur, die in der Lage gewesen wäre, die Proteste politisch zu kanalisieren.

In wenigen Monaten, im September des Jahres, sollte ein neuer Bundestag gewählt werden. Auch wenn er wegen der drastischen Anti-Virus-Maßnahmen in die Kritik geraten war, galt der Verteidigungsminister der Christpartei als der zukünftige Kanzler. Auf dem Parteitag, der mitten im Lockdown digital stattfand, war er mit überwältigender Mehrheit zum neuen Vorsitzenden und zum Kandidaten für das Amt des Regierungschefs gewählt worden. Der neue starke Mann der Christpartei war mit einer eindeutigen Koalitionsaussage angetreten: Die nächste Regierung würde seine

Partei zusammen mit der Ökopartei bilden. Zusammengenommen hatten beide Parteien in den Umfragen eine satte Mehrheit.

Auch der Vorsitzende der Ökopartei hatte sich öffentlich für eine Koalition mit der Christpartei ausgesprochen. Allerdings war sein Wahlergebnis als Spitzenkandidat längst nicht so fulminant wie das seines konservativen Pendants. Er hatte viele innerparteiliche Gegner, vor allem unter den Frauen und Feministinnen und im fundamentalistischen Flügel der Partei, die mit der behäbigen Realpolitik des alten Parteipatriarchen nicht mehr einverstanden waren. In all den Jahren, so der innerparteiliche Vorwurf, habe die Partei ihre Ideale verloren.

Auch setzten der Ökopartei die Angriffe von Simone Satellits Ökorebellen zu. Seit ihrer Gründung vor 40 Jahren war es der Ökopartei gelungen, das Thema Umwelt zu monopolisieren. Doch nun stand der Partei erstmals eine außerparlamentarische Opposition gegenüber, die in ihrem Auftreten aggressiver war als die Ökopartei selbst in ihren radikalen Zeiten. Gegen die junge charismatische Anführerin der Ökorebellen sah der Parteipatriarch ziemlich alt aus.

Von dem Kandidaten der Sozialpartei redete fast niemand. Sie konnte sich noch so sehr bemühen in der Regierung, in der Wählergunst schlug sich das nicht nieder. Ähnlich erging es der Deutschlandpartei. Von den Protesten der Andersdenker konnte sie nicht profitieren, ihre Umfragewerte blieben im Keller. Zwar liefen bei den Demos auch einige völkische Hinterbänkler mit, doch die Führungspersonen der Völkischen wie Hans-Jürgen Lehmann oder Marie Köster hielten sich zurück. Martin Müller und der Oberst hatten schon früh öffentlich erklärt, dass sie die Andersdenker für einen nicht ernst zu nehmenden chaotischen Haufen hielten.

Manch politischer Beobachter hatte erwartet, dass Friedrich Sehlings nach dem Parteiausschluss sein Heil bei den Andersdenkern suchen würde, doch das war nicht geschehen. Seit der Verkündung des Beschlusses vor einigen Monaten war er auf der politischen Bühne nicht mehr gesehen worden. Florentine Fischer war sein Rauswurf damals nur ein paar Zeilen wert. Warum sich mit jemandem beschäftigen, der auf der politischen Bühne keine Rolle mehr spielte? Ehemalige Führungsgrößen, die die Partei im Lauf der vergangenen sechs Jahre im Streit verlassen hatten, gab es zuhauf. Ein paar hatten es mit eigenen Parteigründungen probiert. Andere drängten mit Abrechnungsbüchern zurück ins Rampenlicht. Sie waren samt und sonders in der Versenkung verschwunden. Mit abgehalfterten Politikern ohne Macht und Einfluss ließ sich keine Quote machen, das galt auch für Friedrich Sehlings.

Angelika Erdmann-Benz schlug ihrem Verlobten vor, ins »Il Teatro« zu gehen, es waren nur ein paar Schritte zu Fuß.

»Aber nur, wenn du zahlst«, sagte er ihr.

»Meinetwegen«, entgegnete die Frau. Sie kannte das schon. Ihr Verlobter war unheimlich geizig.

»Prima. Dann lass uns losgehen. Ich habe schon richtig Hunger«, sagte er. Angelika Erdmann-Benz seufzte. Wenn sie bezahlte, schlug er beim Bestellen richtig zu.

Das »Il Teatro« war brechend voll. Der halbe Bundestag schien dort zu essen. Auch die Volksvertreter wollten ihr Leben nun wieder genießen. Der schönen Philosophin behagte das gar nicht. Obwohl die Deutschlandpartei jetzt bereits fast eine ganze Legislaturperiode im Bundestag saß, behandelten die Parlamentarier der anderen Fraktionen ihre Politiker immer noch wie Aussätzige. Nur zu Abgeordneten des rechtens Flügels der Christpartei gab es einige Kontakte, aber auch das nicht öffentlich.

Dabei konnte die Frau es den anderen Fraktionen gar nicht übel nehmen, dass deren Parlamentarier sie und ihre Kollegen verachteten. Einige von ihnen verhielten sich im Plenum wahrlich rüpelhaft. Je näher die Bundestagswahl rückte, desto mehr drehten sie hoch. Sie sammelten für den Wahlkampf einschlägige Videoclips von ihren Bundestagsreden. So konnten sie ihren Anhängern beweisen, dass sie es »denen da oben« wieder einmal so richtig gezeigt hatten. Besonders Marie Köster tat sich dabei hervor.

Gerne hätte die schöne Philosophin ihre Erzfeindin an diesem schönen Frühlingstag vergessen. Aber kaum hatten sie an einem der noch wenigen freien Zweiertische Platz genommen, da monologisierte Müller auch schon los. »Was für einen Schwachsinn die Köster heute wieder rausgehauen hat! Und Hausding macht nichts dagegen. Er sitzt den ganzen Tag nur im Plenarsaal herum, auch bei Themen, die ihn eigentlich gar nicht interessieren, und lässt alles laufen.«

Dr. Adalbert Hausding interessierte sich kaum für die Organisation der Fraktion. Das überließ er seinen fünf Stellvertretern, die aber alle ihre Probleme miteinander hatten. Müller hasste die übertriebene Zackigkeit und das Soldatengetue des Obersts. Der wiederum konnte Müllers Juristen-Attitüde nicht ausstehen. Beide hassten Marie Köster und sahen Matschinski als großen Opportunisten an. Marie Köster hatte eine Abneigung gegen alle Bürgerlichen und besonders gegen ihre Erzfeindin Angelika Erdmann-Benz, aber seit dessen Seitenwechsel auch gegen den »Feindzeugen« Matschinski. Einig waren sich der Oberst und Müller, was die schöne Philosophin anging: Ihrer Meinung nach gehörten Frauen an den Herd und nicht in den Bundestag. Und die Philosophin fühlte sich gekränkt, weil beide Männer in ihr nur eine schöne Frau sahen, aber keine ernst zu nehmende Intellektuelle.

Das Vakuum, das aus der Nichtkooperation der Führungsriege entstand, nutzte vor allem zwei Männern: Herbert und Lorenz Meyer. Nach seinem Wechsel auf die Position des Geschäftsführers vor einigen Monaten hatte Meyer die Organisation der Fraktion auf neue Füße gestellt, strafferer Prozesse eingeführt und eine Reihe von Fraktionsreferenten durch Diskrepante in Hosenträger-Uniform ersetzt. Hausding vertraute diesen beiden Männern voll und ganz und unterschrieb fast alles ungelesen, was sie ihm vorlegten.

Die Philosophin hörte gar nicht richtig zu, was ihr Verlobter redete, sie studierte lieber die Speisekarte.

»Und ist dir aufgefallen: Hausding greift jetzt immer öfter in seinen Pillen-Koffer. Wenn der das Zeitliche segnet, werden die Karten komplett neu gemischt«, sagte er aufgeregt. »Aber jetzt kommt erst einmal der Bundesparteitag. Und da mache ich dich zur stellvertretenden Bundesvorsitzenden und Parteistrategin.« Nach den beiden Vorsitzendenposten war das das höchste Amt in der Parteihierarchie.

Die Philosophin war ein wenig erstaunt, wie selbstsicher ihr Freund war. Sie legte die Speisekarte zur Seite. »Hast du denn gar keine Angst, dass der Lehmann dich schlagen könnte? Der will doch auch Bundesvorsitzender werden?«

Dr. Adalbert Hausding und Dr. Martin Müller waren bisher auf jedem Bundesparteitag wiedergewählt worden, einen Gegenkandidaten gab es nie. Für den anstehenden Bundesparteitag, der aufgrund der Virus-Krise immer wieder verschoben worden war, hatte Hans-Jürgen Lehmann seine Kandidatur gegen Müller bereits vor einem Jahr angekündigt.

Müller schüttelte den Kopf, während er sich über den Brotkorb hermachte. »Ich habe das alles fest im Griff. Gegen mich hat der keine Chance.«

Die Philosophin war skeptisch. »Aber er ist recht aktiv, reist herum, macht Werbung für sich, auch bei den Bürgerlichen. Und seit Sehlings' Rausschmiss hat er richtig Kreide gefressen.«

»Der Lehmann ist ja ganz rührig«, rief Müller kauend. »Aber der hat doch keine Ahnung von Politik, der Provinzkleinkrämer.«

»Und ob ich gegen die Köster gewinne, ist auch alles andere

als sicher«, sagte sie. »Erinnerst du dich an den letzten Parteitag? Mit ihrer Ring-Rede hat sie mich regelrecht weggeputzt.«

Müller puhlte mit dem Finger ein Stückchen Brot zwischen seinen Zähnen hervor. »Hast du kein Kleid mit einem tiefen Ausschnitt? Das wird die Mitglieder schon überzeugen. Streng dich gefälligst ein bisschen an!«

Die Philosophin war sauer. Sie hatte schon versucht, ein wenig Wahlwerbung zu machen und mit verschiedenen Abgeordneten des gemäßigt-völkischen Lagers gesprochen, von denen sie wusste, dass sie das Gebaren von BDM-Marie ebenfalls kritisch sahen. Einer hatte ihr geradeaus erklärt: »Wir können Sie nicht wählen. Das geht gar nicht gegen Sie. Aber Sie sind eben die Marionette von Müller. Da nützt selbst die Fürsprache von Friedrich Sehlings für Sie nichts.«

Die Philosophin war verwundert. »Sehlings macht Wahlwerbung für mich? Ich dachte, der hätte die Partei verlassen und wäre untergetaucht.«

»Haben Sie eine Ahnung! Der Müller und der Oberst wissen wirklich, wie man sich Feinde macht. Dabei hält Sehlings sehr viel von Ihnen und zitiert auch dauernd aus Ihrer Doktorarbeit.«

Da war die schöne Philosophin noch mehr verwundert. »Der zitiert aus meiner Doktorarbeit? Spielt der denn noch eine Rolle in der Partei?«

»Glauben Sie denn, ein Sehlings lässt sich so mir nichts, dir nichts aus der Partei werfen?«, antwortete der Abgeordnete mit einem wissenden Lächeln im Gesicht.

Müller, an einer neuen Scheibe Brot kauend, erklärte: »Ich kann schon verstehen, dass sie dich nicht wählen wollen. Du bist halt keine Juristin. Eigentlich bräuchten wir für den Job als Parteistrategen einen Volljuristen.«

Angelika Erdmann-Benz seufzte. »Hast du eigentlich mal wieder von Sehlings gehört?«

»Der ist wohl bei ein paar Parteiveranstaltungen in der Provinz gesehen worden«, entgegnete ihr Verlobter. »Muss sich wohl ein bisschen anbiedern. Hier nach Berlin traut er sich aber nicht.«

Sie ließ nicht locker. »Friedrich Sehlings macht Wahlwerbung in der Partei für mich. Wusstest du das?«

»Kapier es doch endlich, Kleines«, erwiderte Müller genervt. »Den haben wir letztes Jahr aus der Partei geschmissen. Der spielt keine Rolle mehr. Wenn du Juristin wärst, würdest du nicht so naiv argumentieren. In einer Partei kann nur Einfluss haben, wer auch Mitglied ist.«

Sie hörte schon gar nicht mehr hin, was ihr Verlobter sagte. »Sehlings war nur der Anfang«, zischte er. »Ich reinige die Partei. Als Nächstes sind Lehmann und die Köster dran.«

Die schöne Philosophin dachte an den Mann, an dessen Parteirausschmiss sie selber mitgewirkt hatte, der jetzt aber Wahlwerbung für sie machte und sogar aus ihrer Doktorarbeit zitierte. »Ich werde mal Herbert fragen«, murmelte sie vor sich hin.

»«

»Sie hat nach mir gefragt? Sie hat wirklich nach mir gefragt?« Friedrich Sehlings war ganz aufgeregt. Beinahe hätte er sich beim Kartoffelschälen in den Finger geschnitten. Die Küchenbrigade war dabei, Kartoffelgratin vorzubereiten, als Herbert nebenbei erwähnte, dass am Nachmittag Angelika Erdmann-Benz zu ihm ins Büro gekommen war und sich nach dem Kommandeur erkundigt hatte.

»Was hat sie gesagt?« Sehlings hatte die Kartoffel weggelegt und starrte gebannt auf das Gesicht des feisten Herberts.

»Irgendjemand hat ihr wohl erzählt, dass du herumläufst und aus ihrer Doktorarbeit zitierst.«

»Das hat sie gesagt? Was noch?«, wollte Sehlings wissen.

»Sie wollte wissen, wie's dir geht.«

»Was hast du ihr erzählt?«

»Ich habe gesagt, dass du an neuen Projekten für deine Zukunft arbeitest. Das war doch nicht gelogen?« Herbert grinste breit.

Nach dem Essen gingen die drei wie üblich in die Bibliothek. »Wir haben heute viel zu besprechen«, sagte Sehlings, immer noch ganz beschwingt. »Wir müssen den Parteitag planen, und wir müssen Angelika zur stellvertretenden Bundesvorsitzenden und zur Parteistrategin machen.«

Friedrich Sehlings' Rauswurf aus der Partei war jetzt über ein halbes Jahr her. Zwei Tage nach seiner Flucht aus dem Berliner Hotel hatte er seinen beiden Freunden eine SMS geschickt: »Macht euch keine Sorgen. Ich ziehe mich für einige Zeit für die ›Operation Landsberg‹ zurück.« »›Operation Landsberg‹ klingt irgendwie nach Brot und Wasser«, bemerkte Herbert damals. Und Meyer entgegnete: »Vertu dich da mal nicht, der Führer saß damals in Landsberg im Luxusknast. Wenigstens wissen wir jetzt, dass der Kommandeur lebt.«

Adolf Hitlers Festungshaft dauerte 264 Tage, Friedrich Sehlings' selbstverordneter Rückzug ins Bahnwärterhäuschen nur 40 Tage. Dann hatte er seinen neuen Masterplan ausgearbeitet und seine beiden Freunde zu einer Lagebesprechung in sein Bahnwärterhäuschen bestellt.

Die beiden staunten nicht schlecht, als sie ihn vor sich sahen, er sah komplett verändert aus. Er hatte keinen Kurzhaarschnitt mehr, sondern trug einen dunklen, vollen Haarschopf und einen Vollbart wie die Hipster-Männer in den angesagten Vierteln Berlins. Die Bert-Brecht-Brille hatte er gegen eine dicke, schwarze Nerd-Hornbrille getauscht. Das lange Haar, der Bart und die neue Brille verdeckten das Schützengrabenhafte, das seit der Schulzeit Friedrich Sehlings' Markenzeichen war. Mit dem neuen

Look hätte er auch für einen linksintellektuellen Philosophie-Professor durchgehen können.

Herbert und Lorenz Meyer schauten sich gegenseitig an. »Wie siehst du denn aus?«, entfuhr es Herbert.

»Gehört alles zu unserer neuen Strategie«, rief Sehlings aufgedreht. »Kommt doch erst mal rein. Heute kochen wir vegetarisch. Ich habe in den vergangenen Wochen viel mit heller Soße herumexperimentiert.«

Schon immer hatte Herbert Probleme, seinen massiven Körper durch den engen Flur des Bahnwärterhäuschens zu bugsieren. Doch diese Schreckensnachricht hätte ihn fast stolpern lassen. Nur mit Mühe gelang es ihm, sich auf den Beinen zu halten. »Wie vegetarisch?« Mit Fisch konnte der ehemalige Marktschreier für Wurstwaren noch eben leben, vegetarische Küche aber lehnte er strikt ab.

»Eine etwas gesündere Ernährung könnte dir auch nicht schaden«, erwiderte Sehlings, ohne sich umzudrehen. »Dein Ränzchen spannt sich ganz schön unter deinem braunen Pullover.«

Diesen Seitenhieb überhörte Herbert absichtlich. »Und auch keine braune Soße?«, fragte er kleinlaut. Er fürchtete, dass der Abend noch weitere Überraschungen bereithielt.

Während Lorenz Meyer am Küchentisch Kartoffeln schälte und Herbert am anderen Ende missgelaunt Zwiebeln schnitt, stand Friedrich Sehlings in seiner Kommandeursschürze an der Spüle, wusch Petersilie und erklärte seinen Freunden seine neue Strategie. »Wir sind das bisher völlig falsch angegangen. Wir müssen uns mehr auf die bürgerliche Mitte konzentrieren. Wir müssen scheinbar bürgerlicher werden. Wir dürfen nicht mehr so radikal sein.«

Herbert hätte sich fast in den Finger geschnitten, als er das hörte. »Wir sollen jetzt so werden wie der Müller und der Oberst?«, rief er erbost.

»Du hast das Wort *scheinbar* überhört, Herbert«, erwiderte Meyer. »Wir sollen nur so tun, als ob.«

Herbert schaute seinen Freund an. »Du meinst Wölfe im Schafspelz?«

»Ganz genau«, sagte Sehlings, die beiden von der Spüle anblickend. »Ich habe in den letzten Wochen noch einmal die Strategie unserer Vorgänger analysiert. Wir müssen es so machen wie 1928 nach der Reichstagswahl.«

Herbert verstand gar nichts. »Kann mir mal jemand erklären, von was ihr beide da redet?«

Sehlings wollte etwas sagen, doch Meyer war schneller: »Die Reichstagswahl 1928 war für die NSDAP ein Desaster. Danach hat sie sich dem Schein nach entradikalisiert, um neue Wählergruppen anzuziehen. Mit Erfolg: Vier Jahre später war sie stärkste politische Kraft im Reich.«

»Und ein halbes Jahr darauf war Hitler Reichskanzler«, ergänzte Sehlings, das kleine Küchenmesser, mit dem er die Petersilie schnitt, in die Luft haltend. »Natürlich half da auch die Weltwirtschaftskrise und das Chaos, das sie verursachte.« Sehlings machte eine Pause, dann fuhr er fort: »Die Virus-Krise kann die große Chance für unsere Mission sein. Ihr habt ja gesehen, wie die Menschen auf die Barrikaden gehen. Wir werden die Auswirkungen noch langfristig zu spüren bekommen.«

»Ihr meint, das Virus ist so etwas wie unser Schwarzer Freitag?«, fragte Herbert.

Sehlings legte das Küchenmesser neben das Hackbrett mit der geschnittenen Petersilie. »Wenn wir Glück haben, wird sich die Virus-Krise zur Weltwirtschaftskrise entwickeln. Und auf dieses Chaos müssen wir uns vorbereiten … Wir können es natürlich auch etwas befördern. Die zweite Lehre, die der Führer aus der Niederlage von 1928 zog, war, dass die NSDAP mehr auf die Macht der Straße setzte.«

Meyer nickte heftig. »Da hast du vollkommen recht, Kommandeur. Wir haben die Macht der Straße vergessen! Wer die Straße erobert, kann auch den Staat erobern. Das wusste schon Joseph Goebbels. Und dafür war die SA da.«

Herbert blickte skeptisch. »Ihr meint aber doch jetzt nicht, dass von diesen Andersdenkern unsere Mission abhängt? Das sind doch zum größten Teil nur Idioten, die da auf die Straße gehen.« Herbert hatte ein Gespür für die Bedürfnisse der Menschen auf der Straße, doch bei den Andersdenkern war er skeptisch: zu unstrukturiert, zu undiszipliniert, ohne Führungspersonal.

»Auf keinen Fall«, sagte Sehlings. »Solange die nicht jemand auf Vordermann bringt und solange die keine eigene Partei gründen, bedeuten die keine Gefahr für uns. Die Entscheidungen treffen in Deutschland immer noch die Parteien.«

»Du meinst, wir sollen dem Haufen der Andersdenker etwas Strukturiertes und Diszipliniertes entgegensetzen«, ergänzte Meyer.

»Wir müssen uns eine disziplinierte paramilitärische Truppe schaffen, die notfalls auch vor Rangeleien nicht zurückschreckt«, entgegnete Sehlings.

Herbert wurde hellhörig. »Die Diskrepanten …?«

Meyer rümpfte die Nase. »Das sind zum größten Teil doch Studenten und Akademiker. Intellektuelle, aber keine Schläger.«

»Dann müssen wir sie eben etwas umbauen«, erklärte Sehlings. Arbeite doch mal einen Operationsplan aus, Lorenz.«

»Jawohl, Kommandeur«, antwortete Meyer und warf die Kartoffel, die er in den Händen hielt, mit Schwung in den bereitstehenden Kochtopf.

Herbert runzelte die Stirn. »Wenn die Situation sich so weiterentwickelt, hat sich das vielleicht aber auch alles erübrigt. Das Virus nützt nur der Christpartei. Wir können machen, was wir wollen. Wir verlieren jeden Tag Wähler und Mitglieder.«

Sehlings strich sich über seinen neuen Bart und lächelte. »Uns kann doch gar nichts Besseres passieren, als dass die Regierung einen guten Job macht.«

Die beiden Freunde schauten sich ungläubig an und dann ihren Freund.

»Wir haben seither die Unterwanderung der Partei gut vorangetrieben«, fuhr der Kommandeur fort, »aber wir haben sie noch nicht unter Kontrolle, wie mein Rauswurf gezeigt hat. Bevor wir die nächsten Schritte ergreifen können, müssen wir unsere innerparteiliche Macht konsolidieren. Vor der äußeren Machtergreifung kommt die innere.«

»Da ist was dran«, pflichtete Meyer bei.

»Das können wir aber nur, wenn die Bürgerlichen geschwächt werden«, sagte Sehlings. »Wenn wir bei der Bundestagswahl nur knapp wieder ins Parlament einziehen, wird man das den Bürgerlichen anlasten. Dann haben wir leichteres Spiel ...«

Lorenz Meyer ging ein Licht auf. »Verstehe. Und du kommst nach der Wahl wie Cincinnatus um die Ecke, um die Partei zu retten. Dein Comeback!«

Herbert war verwirrt. »Wie wer?« Den Namen Cincinnatus hatte er in den zahlreichen Fernsehdokumentationen über das Dritte Reich noch nie gehört.

Wieder half Lorenz. »Cincinnatus war ein römischer Held. Er pflügte gerade sein Feld, als der römische Staat in Kriegsnot geriet. Die Senatoren wussten weder ein noch aus. Sie baten ihn, die Feinde zu besiegen und machten ihn zum Diktator. Nachdem er die Feinde geschlagen hatte, ging er nach 16 Tagen wieder auf sein Feld zurück und pflügte seelenruhig weiter. So jedenfalls erzählt es die Legende.«

»Ich verstehe«, sagte Herbert. »Und der Kommandeur ist die letzte Hoffnung der Deutschlandpartei, und die macht ihn zum Diktator ...«

Sehlings lachte. »So ähnlich. Nur dass ich nicht nach 16 Tagen seelenruhig zu meinem Pflug zurückkehre. Noch einmal lasse ich mich nicht vom Hof jagen.«

»Genug geredet! Jetzt gilt es erst mal, unsere Leute von unserer neuen Strategie zu überzeugen. Ich werde viel an der Basis herumreisen müssen.«

Seit jener ersten Lagebesprechung nach seinem Rausschmiss hatte Sehlings ganze Arbeit geleistet. Hinter den Kulissen warb er für seine neue Strategie und konnte viele überzeugen, sogar Hans-Jürgen Lehmann. Dabei leistete auch Barbarossa seine Dienste: Vor der Revolution war eine bürgerliche Phase vorgesehen, das galt auch schon bei Lenin. Doch von seinem Vorhaben, Vorsitzender werden zu wollen, ließ sich der Lebensmittelhändler nicht abbringen.

Nun stand der entscheidende Bundesparteitag an. Zu dessen Vorbereitung hatte Friedrich Sehlings die neuerliche Lagebesprechung einberufen.

»Ich kann ja verstehen, dass dir Angelika am Herzen liegt, aber wir sollten systematisch vorgehen«, gab Lorenz Meyer zu bedenken. »Florentine will auch immer kreativ und spontan sein. Das nervt echt.«

Herbert und der Kommandeur grinsten. Das Verhältnis des Fraktionsgeschäftsführers der Deutschlandpartei mit der Redakteurin ging nun fast schon ein Jahr.

Meyer warf ihnen einen bösen Blick zu. »Hausding dürfte gesetzt sein, oder?«

»Der ist gesetzt«, bestätigte Sehlings. »Hält der noch durch bis zur Wahl?«

»Der nimmt seine Pillen«, erwiderte Herbert. »Morgens die blauen, abends die roten. Solange er die nicht verwechselt, wird er uns erhalten bleiben.«

»Kommen wir zum zweiten Vorsitzenden …«, sagte Meyer.

»Ich möchte, dass der Oberst zweiter Vorsitzender wird«, befahl der Kommandeur.

»Aber der tritt doch gar nicht an«, warf Herbert ein. »Müller tritt gegen Lehmann an.«

»Dann müssen wir eben dafür sorgen, dass er es tut. Ich will, dass Müller überhaupt nicht mehr in den Vorstand kommt. Hat jemand eine Idee?« Als Nachdenkhilfe goss Sehlings allen noch einen Cognac ein.

Über Herberts Gesicht zog sich ein breites Lächeln. »Moment mal … Findet ihr beide nicht auch, dass ein radikaler Tierschützer auf gar keinen Fall zum Vorsitzenden der Deutschlandpartei gewählt werden darf?«

Sehlings und Meyer schauten ihren Freund verwundert an. »Ein was?«, rief der Kommandeur.

Herbert erzählte seinen beiden Freunden, was ihm Müller vor nunmehr sechs Jahren bei einer Autofahrt offenbart hatte: dass er für illegale Tierschutzbefreiungen die Bekennerschreiben geschrieben hatte.

»Sehr gut.« Sehlings schien zufrieden. »Kümmerst du dich darum, Herbert?«

Herbert nickte.

»Wenn Müller nicht antritt, können wir den Oberst in Stellung bringen. Ich bereite das vor«, sagte Meyer. »Es könnte aber knapp werden. Lehmann mobilisiert schon seit Langem seine Truppen. Und das Strategiepapier des Obersts ist vielen noch in guter Erinnerung.«

»Bereitet dafür einen Notfallplan vor«, kommandierte Sehlings. »Lehmann soll in den Vorstand als Beisitzer. Wir werden ihn noch brauchen in den kommenden Krisenzeiten. Wir dürfen ihn nur nicht zu stark werden lassen.« Nach einer kurzen Pause fügte er hinzu: »Und Frau Dr. Erdmann-Benz wird stellvertretende Vorsitzende und Parteistrategin. Die Köster und der Matschinski dürfen nicht mehr in den Vorstand reinkommen. Ich hoffe, das ist euch klar.«

»Jawohl, Kommandeur«, riefen die beiden Freunde.

»«

Am Morgen des Bundesparteitages strömten die Delegierten und Mitglieder schon früh in die große Mehrzweckhalle. Viele waren bereits in der Nacht aufgebrochen, um rechtzeitig da zu sein. Einige waren auch schon am Vortag zu dem zweitägigen Event angereist und hatten die Nacht im Hotel verbracht.

Vor dem Eingang wartete auf jeden Besucher ein Geschenk: ein kostenloses Exemplar der jüngsten Ausgabe des *Jungen Deutschlands*. Mädchen in Hosenträger-Uniform verteilten sie vor der Mehrzweckhalle. »Guten Morgen, Herr Dr. Müller«, begrüßte eine von ihnen lächelnd den ankommenden Co-Parteivorsitzenden. »Die neuste Ausgabe des *Jungen Deutschlands*. Die Titelstory wird Sie sicherlich interessieren.« Geistesabwesend nahm er ein Exemplar, dankte und ging weiter.

Noch im Gehen schaute er sich die erste Seite an und blieb schlagartig stehen. Das Titelblatt zeigte ihn als Fotomontage vor einer Flagge der Ökopartei. Dazu die Schlagzeile: »Martin Müller: Ein Öko und krimineller Tierschützer. Investigativbericht von Oliver Felsenstier«. Hastig begann er zu lesen: »Ist der sich so bieder gebende Saubermann Dr. Martin Müller in Wirklichkeit ein Krimineller? Wurde er von den Ökos eingeschleust, um die Deutschlandpartei zu zerstören?« Die Wut stieg in Müller hoch, die Buchstaben verschwammen vor seinen Augen: »Mitglied der Ökopartei«, »radikaler Tierschützer«, »Politikaktivist«, »Verräter«, »Chefideologe« …

Oliver Felsenstier hatte ganze Arbeit geleistet und die Flugblätter, die Müller ein Vierteljahrhundert zuvor geschrieben hatte, aus dem Universitätsarchiv ausgegraben. Ausgiebig wurde in dem Artikel daraus zitiert. Das Schlimmste kam zum Schluss. Der Journalist hatte einen mittlerweile pensionierten Polizeikommissar ausfindig gemacht, der damals die SOKO »Labortiere« geleitet hatte. »Ich kann überhaupt nicht verstehen, wie heute jemand einem Finanzamt und einer Partei vorstehen darf, der früher an solchen kriminellen Handlungen beteiligt war«, wurde dieser zitiert. »Da glaubt doch keiner mehr an den Rechtsstaat.« Das *Junge Deutschland* hatte zudem in Erfahrung gebracht, dass bei einer der Befreiungsaktionen ein Wachmann verletzt worden war. Auch diesen alten Mann zitierte Oliver Felsenstier: »Das waren schlimme Halunken. Die haben mich brutal zusammengeschlagen.«

Zornig wälzte sich Müller durch den Pulk der Parteitagsbesucher am Eingang der Halle. Keiner der Jungdeutschen, die den Einlass besorgten, wagte den Mann aufzuhalten. Im Foyer stand Lorenz Meyer im Gespräch mit zwei Parteimitgliedern.

»Das müssen Sie verbieten«, brüllte Müller, mit der Zeitung wedelnd. »Sie müssen Ihren Mädchen sofort verbieten, dieses Machwerk zu verteilen.«

»Ich weiß gar nicht, was Sie meinen«, entgegnete Meyer ungerührt. »Da müssen Sie sich schon an den Chefredakteur des *Jungen Deutschlands* wenden. Der hat die Mädchen engagiert und bezahlt sie dafür, dass sie die Zeitung verteilen.«

»Sie müssen denen sofort verbieten, dass dort dieses Machwerk verteilt wird!« Müllers Stimme überschlug sich vor Erregung.

Lorenz Meyer ließ sich nicht aus der Ruhe bringen. »Sie verteilen die Zeitungen außerhalb des offiziellen Parteitagsgeländes. Das können wir gar nicht verbieten. Das sollten Sie als promovierter Jurist eigentlich wissen. Sie wissen schon, dass wir eine

Pressefreiheit in Deutschland haben?« Mit diesen Worten drehte Meyer sich um und ließ Müller stehen.

Dr. Martin Müller hatte mit seiner Begrüßungsrede als Bundesvorsitzender einen schweren Stand. Er wurde von lauten Buhrufen von jungen Männern und Frauen in Hosenträger-Uniform unterbrochen. Sogar das böse Wort »Verräter!« war zu hören. Je länger Müller redete, desto hitziger wurde die Stimmung im Saal. Müller stand der Schweiß auf der Stirn, aber er hielt seine Rede diszipliniert bis zum Ende.

Sehlings saß in seinem Arbeitszimmer im Sessel und verfolgte die Rede auf dem Parlamentskanal des öffentlich-rechtlichen Rundfunks, der den Parteitag fast komplett übertrug. Er hatte sich für dieses Ereignis extra einen Fernseher zugelegt. Kurz nach dem Ende der Rede machte es auf seinem Mobiltelefon »Bling«. Herbert hatte ihm eine WhatsApp geschrieben: »Müller gibt auf. Lorenz ist am Oberst dran.«

Der erste Akt war für Herbert leichtes Spiel. Er hatte Müller schon an der Treppe zum Podium erwartet, als der mit seiner Rede zu Ende war. »Wenn Sie heute als Vorsitzender antreten, wäre das glatter Selbstmord«, erklärte er dem sichtlich mitgenommenen Parteivorsitzenden. »Sie sollten Ihre Kandidatur zurückziehen.« Müller rang mit sich. Doch als er dann ein paar junge Männer und Frauen in Hosenträger-Uniform mit wütendem Gesicht auf sich zukommen sah, ergab er sich seinem Schicksal.

Damit begann der zweite Akt des Schauspiels, das Herbert und Lorenz Meyer in den vergangenen Tagen vorbereitet hatten. Jetzt war das schauspielerische Talent des Fraktionsgeschäftsführers gefragt. Der baute sich vor dem Oberst auf, als ob er einem Vorgesetzten beim Militär Meldung machte, und sagte im kernigen Offizierston: »Dr. Müller hat seine Kandidatur zurückgezogen. Jetzt ist es Ihre heilige Pflicht als Offizier, die Führung zu übernehmen. Jetzt müssen Sie kandidieren. Es wäre mir eine große Ehre, Sie vorschlagen zu dürfen.«

Der Oberst erkannte sofort, welche Chance sich ihm bot. »Wenn die Partei in Not ist, stehe ich natürlich bereit, meine heilige Pflicht zu erfüllen«, gab er in ebenso kernigem Offizierston zurück. »Ich muss jetzt schnell eine Bewerbungsrede schreiben.«

»Ich werde Ihnen sofort einen Raum organisieren, in dem Sie ungestört sind«, erwiderte Meyer beflissen. »Wenn Sie erlauben, würde ich Ihnen gerne meine Hilfe anbieten.« Der Fraktionsgeschäftsführer hatte auch schon eine komplette Bewerbungsrede für den Oberst parat.

Die erste Wahl des Tages verlief ohne Überraschungen. Dr. Adalbert Hausding wurde mit überwältigender Mehrheit ohne einen Gegenkandidaten wieder zum Vorsitzenden gewählt. Dann rief der Tagungsleiter zur Wahl des zweiten Vorsitzenden auf. Marie Köster schlug Hans-Jürgen Lehmann vor. Auf die Frage nach weiteren Bewerbern trat Meyer an eines der Standmikrofone im Saal und sagte: »Ich schlage den Oberst vor.«

Dass ihr Vorsitzender den Oberst vorschlug, war für die Mitglieder der Jungdeutschen im Saal das Zeichen, diesen Kandidaten zu unterstützen. Und auch die zahlreich versammelten Diskrepanten hatte Meyer in die Parteitagsinszenierung eingewiesen. Da Jungdeutsche und Diskrepante dieselbe Hosenträger-Uniform trugen, waren sie äußerlich nicht zu unterscheiden. Ein Großteil des Führungspersonals der Jungdeutschen bestand ohnehin aus Diskrepanten. Einem aufmerksamen Beobachter hätte auffallen können, dass unter ihnen eine ganze Reihe Vollbart und Hornbrille trugen.

Als Vorsitzenden der Zählkommission oblag es Herbert, die Reihenfolge der Vorstellungsreden auszulosen. Erst redete Lehmann, dann der Oberst.

Hans-Jürgen Lehmann war eine politische Rampensau. Stand

er vor dem Mikrofon, zog er das Publikum in den Bann, vergaß jede Zurückhaltung – und auch Sehlings' neue Strategie, die dieser ihm mühsam beizubringen versucht hatte. Unter großem Beifall beendete Lehmann seine Rede. Wer aber genau hinschaute, sah, dass viele der Hosenträger-Männer und -Frauen ihre Hand nicht gerührt hatten.

»Ich wollte, ich könnte so reden. Gut, dass Herbert dafür gesorgt hat, dass der Oberst als zweiter redet«, sagte Friedrich Sehlings zu sich selbst, während er in seiner Bibliothek vor dem Fernseher saß. Dann machte es »Bling«. Sehlings schaute auf sein Mobiltelefon. Es war eine WhatsApp von Lorenz Meyer: »Rede des Obersts solide. Er wird aber gegen Lehmann kaum ankommen. Kann schwierig werden. Notfallplan in Vorbereitung.« Sehlings tippte nur eine kurze Antwort: »Gebt euer Bestes.«

Der Oberst sprach in seiner Rede nicht von der ruhmreichen Vergangenheit des deutschen Volkes wie Lehmann, sondern von der Zukunft der Deutschlandpartei. »Wir sind die Vorhut für eine Ära. Wir sind eine Elite, die Deutschland wieder auf den rechten Weg bringt. Wir verkörpern das moderne, das zukünftige Deutschland, ein Deutschland, in dem Leistung und Disziplin wieder zählt.« Auch auf die Abfuhr, die Lehmann ein paar Minuten zuvor den Bürgerlichen in der Partei erteilt hatte, ging der Oberst ein. »Kein Vogel kann ohne zwei Flügel fliegen. Für mich gehören beide Lager zur Partei. Als Vorsitzender würde ich meine Hauptaufgabe in der Aussöhnung der Lager und in der Moderation zwischen den unterschiedlichen Interessen sehen«, schloss er seine Rede.

Auch wenn die Hosenträger-Männer und -Frauen diesmal ausgiebig klatschten, war der Jubel geringer als bei seinem Vorgänger. Dem Oberst fehlten einfach das Charisma und die Rhetorik eines Hans-Jürgen Lehmanns.

Dann wurde gewählt. Uniformträger liefen mit den Wahlurnen umher und kippten die Stimmzettel auf einen großen Tisch, der in der Ecke des Saales stand. Um ihn herum gedrängt, falteten Herbert und einige Uniformierte die Stimmzettel auseinander und legten sie auf verschiedene Haufen. Beide Haufen wuchsen gleichmäßig, alles deutete auf ein Kopf-an-Kopf-Rennen hin. In zweiter Reihe standen, sich aneinanderdrängend, Parteimitglieder und Journalisten und beobachteten den Zählvorgang. Es herrschte chaotisches Gewusel, alle warteten gespannt auf das Ergebnis.

Noch während die Wahlkommission die Stimmen zählte, eilte ein uniformierter Zähler zu Lorenz Meyer und flüsterte ihm hektisch etwas ins Ohr. Der hielt einen Arm hoch und wirbelte mit der gespreizten Hand. Im Nu war er von sechs weiteren Uniformierten umringt. Anschließend verteilten sich die Männer im Saal.

Dann verkündete der Versammlungsleiter das Ergebnis: »An der Wahl teilgenommen haben 364. Davon gültige Stimmen 349. Lehmann hat 175 Stimmen. Der Oberst hat 174 Stimmen. Das ist eine Stimme weniger.«

Er hatte den letzten Satz noch nicht beendet, da ertönten erboste Rufe: »Schiebung!«, »Betrug!«, »Noch mal zählen!« Binnen Sekunden ergriff der Aufstand den ganzen Saal. Ein Mann sprang ans Rednerpult und brüllte ins Mikro: »Da wurde zugunsten von Lehmann gezählt. Ich habe es genau gesehen. Ich stand beim Zähltisch.«

Der Versammlungsleiter wollte für Ruhe sorgen, ohne Erfolg, dann unterbrach er die Sitzung. Adalbert Hausding betrachtete den Tumult teilnahmslos von seinem Platz auf dem Podium aus, bis Lorenz Meyer auf ihn zukam. »Sie müssen handeln, Herr Dr. Hausding«, rief er ihm zu. »Lassen Sie die Stimmen von zwei unabhängigen Teams neu auszählen. Und zwar in Ruhe.«

Hausding erhob sich seufzend und rief Lehmann und den Oberst zu sich, ebenso Herbert in seiner Funktion als Vorsitzender der Zählkommission.

»Das Ergebnis ist sehr knapp«, sagte Hausding mit sorgenvollem Blick. »Hier kommen Vorwürfe der Schiebung. Wir müssen handeln.« Und an Herbert gewandt: »Bist du sicher, dass das Ergebnis stimmt?«

Der schüttelte den Kopf. »Es war sehr unübersichtlich und etwas chaotisch da am Zähltisch. Es wäre besser, wenn wir noch einmal nachzählen.«

Hausding überlegte kurz. »Zwei unabhängige Teams zählen in Ruhe die Stimmen aus«, verkündete er. »Das erste leitet Herbert, das andere Dr. Meyer. Das Ganze in zwei verschiedenen Räumen. Die Resultate kommen in einen Umschlag, der dem Versammlungsleiter übergeben wird. Stimmt die Zahl überein, wird das Ergebnis verkündet. Wenn nicht, wird neu gewählt.« Zuerst an Lehmann, dann an den Oberst gewandt, fragte Hausding: »Sind Sie damit einverstanden?«

»Das ist ein faires Verfahren«, entgegnete Lehmann. Auch der Oberst nickte.

Der Versammlungsleiter verkündete das Procedere, die Delegierten applaudierten. Als sie auseinandergingen, flüsterte Lorenz Meyer zu Herbert: »Der Kommandeur hat eine WhatsApp geschickt: Fünf Stimmen mehr für den Oberst.«

Herbert lächelte. »Alles klar.«

Unterdessen ging der Parteitag weiter. Jetzt war die Zeit für »Das Duell der rechten Diven«. Diesen Titel hatte Florentine Fischer für ihren Vorbericht über den erwarteten Wettstreit zwischen Dr. Angelika Erdmann-Benz und Marie Köster gewählt. »Studierte Philosophin gegen gelernte Fleischereifachverkäuferin, Oberschicht gegen Unterschicht, Arbeiterin des Geistes gegen Arbeiterin des Fleisches.«

Die Philosophin war als Erstes dran. Friedrich Sehlings saß wie gebannt vor dem Fernseher, hatte nur Augen für seine Angebetete. In ihrem dunkelroten Kleid mit den farblich dazu passenden High Heels sah sie noch erotischer aus als sonst, ihr Dekolleté war extrem gewagt. »Die Deutschlandpartei ist die Partei des demokratischen Aufbruchs aus der Mitte der Gesellschaft in Zeiten der Abklärung«, begann sie ihre Ansprache.

»Nicht schon wieder«, seufzte der Oberst. Er stand unter großer Anspannung. Wenn er zum Vorsitzenden gewählt wurde, würde er sich wohl oder übel mit BDM-Marie als Parteistrategin arrangieren müssen. Die schöne Philosophin wäre ihm lieber gewesen.

Als die Frau zum Ende kam, setzten Jubel und Applaus ein, Bravorufe waren zu hören. Einige junge uniformierte Männer pfiffen sogar auf den Fingern. Der Oberst war verdattert, das hatte er nicht erwartet. Die Frau auf der Bühne strahlte.

Jetzt war Marie Köster an der Reihe. Ihre BDM-Uniform hatte sie diesmal zu Hause gelassen. Stattdessen trug sie ein hautenges, schwarzes Mini-Kleid und Mörder-High-Heels. Mit ihrer Hochsteckfrisur sah sie noch gefährlicher aus als sonst. Vor allem aber stellte sie ihren üppigen Busen in einem weitausladenden Ausschnitt zur Schau. Mit ihren optischen Reizen stahl die Verkäuferin der Philosophin sogar noch die Schau. Marie Köster gab alles. Sie erhielt viel Applaus, doch die »Marie«-Rufe, die ihr nach der Ring-Rede auf dem letzten Bundesparteitag entgegenschallten, blieben dieses Mal aus. Und es fiel auf, dass während ihrer Rede der Saal auch nicht mehr ganz voll war. Ein Teil der Uniformierten hatte den Raum verlassen. Weniger Leute im Saal ließen die zweite Rednerin gleich weniger bedeutend erscheinen.

Dann wurde gewählt. Alle warteten gespannt auf die Verkündung des Wahlergebnisses. Doch zuerst wurde das Ergebnis der Nachzählung der Wahl des Vorsitzenden verkündet. Beide Zählgruppen waren zum gleichen Ergebnis gekommen. »An der Wahl teilgenommen haben 364«, verkündete der Versammlungsleiter. »Davon sind gültige Stimmen 349. Hans-Jürgen Lehmann hat 171 Stimmen, sein Kontrahent 176 Stimmen. Das sind fünf Stimmen mehr für den Oberst.«

Der Oberst strahlte, er konnte es kaum fassen. Da kam auch schon Lehmann auf ihn zu, verbeugte sich linkisch und streckte die Hand aus. »Herzlichen Glückwunsch«, sagte er, »das war ein faires und korrektes Verfahren.«

Martin Müller hatte nach seiner Rede den Parteitag verlassen. Ob seine Verlobte gewählt wurde, wollte er gar nicht mehr wissen. Der erste, der bei ihr war, als ihr Sieg verkündet wurde, war Herbert. Er umarmte sie und gab ihr einen Kuss auf die Wange. Das Fernsehen übertrug die Szene. Noch nie war Friedrich Sehlings so neidisch auf seinen Freund wie in diesem Augenblick.

» «

Vor den Fenstern der Agentur »Zum Silbernen Reh« spiegelte sich die Nachmittagssonne in der Kugel des Fernsehturms. Im Meetingraum des Agenturlofts saß der Agenturchef zusammen mit dem Pressesprecher des Verteidigungsministers. Sie bereiteten sich auf den Besuch vor, den sie erwarteten.

»Was wissen wir eigentlich über diesen Matschinski?«, fragte der Agenturchef, der ein weiteres selbstironisches T-Shirt aus seiner Kollektion zur Schau trug, diesmal mit der Aufschrift: »If you want loyality, buy a dog.«

»Nicht sehr viel«, sagte der Pressesprecher, formell gekleidet im dreiteiligen Anzug. Aus seiner Tasche holte er eine Aktenmappe mit der Aufschrift »Bundesgeschäftsstelle Christpartei« heraus. Er schlug sie auf. »Unsere Gegnerbeobachter haben mir ein paar Sachen zusammengestellt. »Er ist Jahrgang 1968 und kommt aus der DDR. Nach dem Abitur hat er sich zum Wachregiment ›Feliks Dzierzynski‹ gemeldet, danach Jura studiert. Danach eine Anwaltskanzlei in seinem Heimatdorf eröffnet. Anfang der 2000er-Jahre war er bei der Rechtsstaatspartei aktiv. Bei der Deutschlandpartei gehörte er zum Lager um Lehmann und hat schnell Karriere gemacht. Zuerst als Beisitzer im Bundesvorstand, und als die Partei dann vor dreieinhalb Jahren in den Bundestag einzog, wurde er stellvertretender Fraktionsvorsitzender.«

Der Agenturchef runzelte die Stirn.

»Und er hat an einer dieser windigen Beobachtermissionen des Vereins zur Förderung des eurasischen Parlamentarismus von Oliver Felsenstier in Bergkarabach teilgenommen.«

Der Inhaber der Agentur sah den Pressesprecher fragend an. Der erklärte: »Die Dienste sagen, dass dies ein Verein des Kremls ist.«

»Sonst noch was?«, fragte der Agenturchef.

Der Pressesprecher nickte: »Früher war er mal ein Hardliner des völkischen Flügels. Dann schlug er im Bundestag moderatere Töne an. Dafür wurde er auf dem letzten Parteitag abgestraft und nicht mehr in den Bundesvorstand gewählt. Auch Müller ist übrigens aus dem Vorstand geflogen, ebenso diese Marie Köster.«

»Dann hat dieser Matschinski wohl die Seiten gewechselt«, sagte der Agenturchef.

In diesem Moment klopfte es an der Glastür. Die Senior Consultant Julia stand draußen, dahinter die beiden Gäste. Sie öffnete die Tür: »Herr Dr. Müller und Herr Matschinski sind jetzt da.«

Die beiden Besucher betraten den Meetingraum. Der Agenturchef und der Pressesprecher des Ministers erhoben sich und streckten ihnen die Hände entgegen.

»Tolles T-Shirt«, sagte Matschinski mit der Freundlichkeit eines Verkäufers in Richtung des Agenturchefs. »Schön, dass wir uns heute treffen. Wir Demokraten müssen in diesen schweren Zeiten doch zusammenhalten.«

Der Pressesprecher und der Agenturchef wechselten einen kurzen Blick. Seit rund 20 Jahren machten sie zusammen Politik, sie konnten sich ohne Worte verständigen.

Müller musterte den Agenturchef von oben bis unten, dann schweifte sein Blick durch die Fensterfront des Meetingraums zu den Kreativarbeitern vor ihren Computerbildschirmen, die ebenso leger gekleidet waren wie ihr Chef. Obwohl er jetzt bereits seit mehr als drei Jahren Bundestagsabgeordneter war und mitten im Herzen des hippen Deutschlands, im Prenzlauer Berg, lebte, fremdelte der Ex-Parteivorsitzende noch immer mit dem Lebensstil der Hauptstadt-Kreativen. Das war alles eine so andere Welt als das Finanzamt seines Provinzstädtchens.

»Wo ist der Herr Verteidigungsminister?«, fragte Müller in säuerlichem Ton.

»Der musste leider zu einem wichtigen Termin in Fragen der nationalen Sicherheit«, erklärte der Pressesprecher. »Ich kann Ihnen aber versichern, dass wir beide voll befugt sind, mit Ihnen die Verhandlung zu führen.«

»Wir sind sozusagen der Minister in persona«, ergänzte der Agenturchef mit einem Lächeln.

Müller war verärgert, hatte er doch erwartet, mit dem frisch gewählten neuen Parteivorsitzenden der Christpartei persönlich über seinen Partei- und Fraktionswechsel verhandeln zu können. Auf dem Bundesparteitag war der Verteidigungsminister mit einer überwältigenden Mehrheit zum Spitzenkandidaten gewählt worden. Bei seiner Bewerbungsrede war lautstark gejubelt worden, als er eine Zusammenarbeit mit der Deutschlandpartei kategorisch ausschloss. Die Funktionärsebene der Partei war auf den Kurs des neuen starken Mannes eingeschworen. Die verbliebenen konservativen Reste der Christpartei waren in die innere Migration gegangen.

Die vier Männer hatten an dem großen Konferenztisch Platz genommen. »Kommen wir doch gleich zur Sache«, sagte der Pressesprecher. »Sie haben den Minister ja kürzlich im Bundestag angesprochen und angedeutet, dass Sie beide und andere Abgeordnete in unsere Fraktion und in unsere Partei wechseln wollen. Von wie vielen Abgeordneten reden wir denn da überhaupt?«

Müller wollte etwas sagen, doch Matschinski war schneller. »Ich denke, dass sicherlich ein Drittel der Abgeordneten zur Christpartei mitkommen würden.« Müller blickte erstaunt hoch.

»Die Unzufriedenheit ist sehr hoch. Es ist vielleicht bei einigen noch etwas Überzeugungsarbeit notwendig, schließlich haben viele Ämter in der Partei und in der Fraktion. Im Grunde sind das aber alles Anhänger der Christpartei, die nur durch diesen Hausding verführt wurden«, erklärte Matschinski. Müller war sichtlich genervt über Matschinskis Großspurigkeit.

»Das ist ja sehr erfreulich«, ergriff der Agenturchef das Wort. »Aber das wird ein erheblicher logistischer Aufwand, die alle zu integrieren. Und das alles so kurz vor dem Ende der Legislaturperiode. Die Posten der Wahlkreiskandidaten sind bereits vergeben, und auch die meisten Listenparteitage sind schon gelaufen. Aber vielleicht finden wir ja eine Staffellösung.«

»Was meinen Sie denn mit Staffellösung?« Die Richtung, die das Gespräch nahm, behagte dem Ex-Parteivorsitzenden gar nicht. Müller ging es bei dem Parteiübertritt vor allem um sich und darum, wie er seinen Posten als Bundestagsabgeordneter sichern konnte.

»Das heißt: Sie treten erst einmal aus der Deutschlandpartei aus und gründen eine eigene Fraktion. Und wenn sie genug Anhänger haben, gründen Sie eine neue Partei, mit der sie wieder in den Bundestag einziehen. Das ist quasi ihr Abklingbecken. Sie wissen ja, dass viele der Mitglieder der Christpartei kritisch gegenüber der Deutschlandpartei eingestellt sind. Und in der nächsten Legislaturperiode fusionieren unsere Parteien dann. Wir würden Ihnen für die Parteigründung auch umfangreiche Unterstützung zukommen lassen.«

»Das ist aber eigentlich nicht das, was uns ...«, ergriff Müller das Wort, doch Matschinski unterbrach ihn: »Das hört sich nach einem sehr interessanten Vorschlag an.« Fraktionsvorsitzender und Bundesvorsitzender einer eigenen Partei, das klang doch viel attraktiver als die Aussicht, in der großen Fraktion der Christpartei als Hinterbänkler dahinzudümpeln. »Was verstehen Sie denn unter umfangreicher Unterstützung?«

»Wir können Sie natürlich nicht direkt als Partei unterstützen«, entgegnete jetzt der Pressesprecher. »Aber die Agentur ›Zum Silbernen Reh‹ hat sehr viel Erfahrung in der politischen Kommunikation und würde Ihnen gerne unter die Arme greifen.«

Auch wenn Müller mit der Entwicklung des Gesprächs ganz und gar nicht einverstanden war, fragte er dennoch: »Was würde uns das denn kosten?«

Der Agenturchef ergriff wieder das Wort: »Da werden wir uns später schon auf eine Verrechnungsmodalität einigen, die beiden Seiten behagt. Ich sehe das Ganze auch als ein Langfrist-Projekt.«

Müller wollte etwas einwenden, doch Matschinski war schon wieder schneller: »Ich sehe, wir verstehen uns. Ich habe auch schon eine Idee, wie unsere neue Partei heißen könnte: ›Bürger für Deutschland‹.«

»Das ist doch eine ausgezeichnete Idee«, sagte der Agenturchef. »Daraus können meine Leute etwas machen. Wir sollten gleich ein erstes Brainstorming machen.« Durch das Fenster winkte er die Senior Consultant Julia herein. Die kam auch sofort angeeilt. »Darf ich Ihnen eine meiner besten Mitarbeiterinnen vorstellen. Sie hat extrem viel Erfahrungen im Branding von Parteien und Politikern.«

Der Agenturchef sprach jetzt nur noch Matschinski an. Der wiederum lächelte die Senior Consultant Julia, die an der Seite ihres Chefs Platz genommen hatte, euphorisch an. Müller fühlte sich überfahren und schwieg. Vielleicht war die Idee, mit Hilfe der Christpartei wieder Bundesvorsitzender einer eigenen Partei zu werden, gar nicht so übel …

Als die beiden Politiker nach einem einstündigen Brainstorming gingen, hatten die vier Männer und Julia einen kompletten Fahrplan für die Fraktionsspaltung und die Gründung einer neuen Partei ausgearbeitet.

Auf dem Weg zum Mittagessen sagte der Pressechef, sichtlich zufrieden über den Verlauf des Nachmittags: »Was sind denn das für Naivlinge. Die glauben doch nicht im Ernst, dass wir mit denen zusammengehen. Sollen die sich ruhig selber zerfleischen. Umso besser für uns.«

»Und wenn die wirklich eine eigene Fraktion und Partei gründen, können wir sie ausnehmen wie die Weihnachtsgänse«, erwiderte der Agenturchef freudestrahlend. »Zur Feier des Tages lade ich dich heute ein. Du hast mir gerade einen neuen vielversprechenden Kunden verschafft.«

»«

Lorenz Meyer, Herbert und Friedrich Sehlings rutschten auf ihren Sesseln nach vorn und starrten auf den Bildschirm. Dass sich die drei Männer der Küchenbrigade einmal gemeinsam einen selbst gedrehten Porno auf Friedrich Sehlings' neuem Fernseher anschauen würden, daran hatte der Kommandeur bei dessen Kauf nicht gedacht. Es war allerdings kein normaler Sexfilm, sondern ein hochpolitischer. Er zeigte den Bundestagsabgeordneten Ronny Matschinski beim Liebesspiel mit seiner ehemaligen Büroleiterin Artemis Schneider. Die drei Männer hatten allerdings nur Augen für den Körper des Mannes. Er war übersät mit Tattoos. Fast keine Stelle des Körpers war mehr frei. »Jetzt wird mir klar, warum er nie seine Ärmel aufkrempelt, auch bei der größten Hitze nicht«, sagte Friedrich Sehlings. »Spul mal ein wenig zurück und mach Stopp, wo er seinen Arm ausstreckt, um ihr die …«

»Du brauchst das nicht weiter ausführen«, unterbrach Lorenz Meyer und drückte die Fernbedienung, »wir verstehen schon, was du meinst.«

»Seht ihr, das sind die Zeichen, die das Mädchen gemeint hat«, rief der Kommandeur. »Davon brauchen wir auf jeden Fall Bilder.«

Die Pornoschau in der Bibliothek war der vorletzte Akt eines Schauspiels, das vor ein paar Tagen damit begonnen hatte, dass Herbert eine spontane Einladung zum Early Bird Breakfast von Dr. Angelika Erdmann-Benz bekommen hatte. Sie hatte wieder einmal Stress mit ihrem Verlobten. Es ging darum, dass er und Matschinski eine eigene Partei gründen wollten, die nach der Wahl mit der Christpartei fusionieren sollte, angeblich unterstützte sie der zukünftige Kanzler bei dem Vorhaben. Der Ex-Vorsitzende forderte, dass seine Verlobte bei der neuen Partei mitmachen sollte. Darüber kam es zum Streit.

Gleich nach dem Frühstück informierte Herbert den Kommandeur. Der erinnerte sich, dass Matschinski einmal auf Einladung des Vereins zur Förderung des eurasischen Parlamentarismus zusammen mit Lehmann auf eine Wahlbeobachtermission nach Bergkarabach geflogen war. Sehlings rief Oliver Felsenstier an, der wiederum mit Moskau telefonierte. Noch am selben Tag hatte Sehlings die Information, dass einer der russischen Betreuerinnen der Gruppe beim Sex mit Matschinski »merkwürdige Zeichen und Kreuze« auf dessen Körper aufgefallen waren. Das hatte die junge Frau Leutnant ordnungsgemäß in ihrem Protokoll vermerkt.

Herbert hatte die Idee, dass Artemis Schneider den Sexfilm der beiden noch auf ihrem privaten Computer haben müsste, als Erinnerung an ihre gemeinsame Zeit. Und es war auch Herberts Idee, den Einbruch in die Wohnung und den Diebstahl des Computers als einen Akt linker Gruppen aussehen zu lassen. Der Artikel im *Demokratischen Beobachter* war garniert mit einem Bild, das die Wände der Wohnung zeigte, auf denen groß mit schwarzer Farbe geschrieben stand: »Nazibraut verrecke!«

Lorenz Meyer war es, der seiner Geliebten den Tipp gab, dass radikale Linke bei seiner Konkurrentin um den Posten des Fraktionsgeschäftsführers eingebrochen seien und ihre Wohnung verwüstet hätten. Sofort machten sie und ihr Fotograf sich auf den Weg dorthin. Florentine Fischer spürte Genugtuung, als sie die Bilder im Kasten hatten. Auf diese Weise konnte sie die Scharte bei ihrem Chef wieder auswetzen, und die »Hitlergruß-Tussi« Artemis Schneider kam doch noch zu einem exklusiven Auftritt im *Demokratischen Beobachter*.

» «

Der Verteidigungsminister stand am Fenster seines geräumigen Büros und blickte auf den Landwehrkanal herunter. Geschichte interessierte ihn wenig, er fand sie langweilig, allenfalls als intellektueller Steinbruch für Reden zu gebrauchen. Er lebte im Hier und Heute. Er hatte Umweltwissenschaften studiert und war Ingenieur. Ihn interessierte, an welcher Schraube man drehen musste, um eine Wirkung zu erzielen. So gestaltete er auch seine Karriere. Jetzt interessierte ihn, welche Schraube er anziehen musste, um Kanzler zu werden.

Als er so am Fenster auf das trübe Wasser schaute, fiel ihm ein, wie er seinen alten Freund, den Agenturchef, das erste Mal durch sein neues Ministerium geführt hatte. Sein Freund liebte Geschichte, schon damals, als sie beide noch Schüler waren und für den Umbau der Christpartei kämpften. Als Nachwuchspolitiker ließ sich der heutige Minister von seinem Freund die Reden schreiben, wenn er ein bisschen intellektueller wirken wollte.

Sein Freund hatte ihm bei dem Rundgang davon erzählt, wie ein junger Leutnant eines Freikorps 1919 Rosa Luxemburg mit einem aufgesetzten Schläfenschuss getötet und ein anderer Offizier ihren Leichnam in den Landwehrkanal entsorgt hatte. Er berichtete, dass im März 1920 genau in dem Raum, der jetzt das Dienstzimmer des Ministers war, Generalmajor Hans von Seeckt gesagt haben soll: »Truppe schießt nicht auf Truppe.« Das bedeutete, dass die demokratische Reichsregierung nicht auf den Schutz der Reichswehr zählen konnte, als reaktionäre Freikorps putschten.

Und noch eine andere Geschichte wusste der Agenturchef zu erzählen. Die Kaiserliche Marine hatte vor dem Ersten Weltkrieg das Grundstück direkt am Kanal erworben, um dort das Reichsmarineamt zu bauen. Dessen Chef, Großadmiral Alfred von Tirpitz, sollte von seinem Fenster aus immer aufs Wasser schauen können, auch wenn es nur das trübe des Landwehrkanals war.

Die Deutschlandpartei forderte heute die Hochrüstung der Bundeswehr. Auch in seinem eigenen Haus gab es viele Sympathisanten für diese Partei. Das wusste der Verteidigungsminister, auch wenn es keiner der stets vor ihm buckelnden Geister in Uniform offen zugeben würde. Zu sehr liebten sie ihre Karriere. Da waren sie ihm ähnlich. Ansonsten hatte er mit den Offizieren, die seine Befehle ausführten, wenig zu tun. Im Grunde genommen hasste der Minister alles Militärische.

Als er, noch immer am Fenster stehend, so seinen Gedanken nachhing, klopfte einer dieser untertänigen, dienstbaren Geister an der Tür.

»Herein«, rief der Minister.

Ein Oberst im Generalstab trat ein und sagte: »In Ihrer Post war ein Kuvert mit Fotos, die Sie vielleicht interessieren dürften. Es kam anonym. Ich wollte es nicht in Ihre Postmappe legen, sondern Sie direkt informieren.«

Der Minister wandte sich um. »Vielen Dank, Herr Oberst. Legen Sie es bitte auf meinen Schreibtisch.«

»Jawohl, Herr Minister«, erwiderte der Generalstabsoffizier. Er führte aus, was ihm befohlen wurde, und verließ leise den Raum.

Auch wenn er alles Militärische hasste, so liebte der Minister doch die lautlose Effizienz des militärischen Apparates. Was er auch anordnete, alles wurde sofort ausgeführt, keine Diskussionen, kein Hinterfragen vor seinen Augen, dafür bedingungslose Ordnung und Disziplin. Er fragte sich, was seine Offiziere wohl machen würden, wenn in diesem Amtszimmer einmal ein nicht so demokratisch gesinnter Politiker ihnen Befehle geben würde.

Der Minister ging zu seinem Schreibtisch, setzte sich und nahm den braunen Umschlag in die Hand. Er war sorgfältig und ordnungsgemäß mit einem Brieföffner geöffnet worden. Der Politiker griff in das Kuvert und holte einen Packen Hochglanzfotos im DIN-A5-Format heraus. Im ersten Moment dachte er, dass es sich um Fotos eines Toten handelte, wie sie die Kriminaltechniker am Tatort machen und man sie oft in Krimis sieht.

Die Fotos zeigten einen nackten Mann aus verschiedenen Blickwinkeln beim Sex mit einer Frau. Sein Körper war übersät mit Tattoos. Die Brust, die Beine, die Arme bis dahin, wo üblicherweise die Armbanduhr saß. Es waren furchterregende Tattoos: Totenköpfe, Schlangen, Messer und viele, viele seltsame Zeichen.

Der Minister konnte die Zeichen nicht alle sofort zuordnen. Bei genauerem Hinsehen erkannte der Minister ein stilisiertes Hakenkreuz. Drei der Fotos waren Detailfotos von den Armen, zwei Nahaufnahmen des Kopfes. Erst jetzt fiel dem Minister auf, dass er den Mann kannte: Es war der Bundestagsabgeordnete Ronny Matschinski.

Unter den Bildern war ein weißes DIN-A4-Blatt, das in der Mitte gefaltet war. Der Minister klappte es auseinander und las den mit dem Computer geschriebenen Text: »Wollen Sie wirklich mit diesem Mann in Verbindung gebracht werden? Ein Freund. PS: Diese Bilder sind nur für Ihre Augen bestimmt.«

Der Minister erkannte sofort: Hier drohte Gefahr für seine Kanzlerschaft. Er griff sein Mobiltelefon und wählte die Nummer seines Freundes in der Agentur. »Jegliche Zusammenarbeit mit diesem Matschinski und dem Müller von der Deutschlandpartei sofort beenden«, brüllte er ins Telefon. »Ich wiederhole: Sofort beenden.«

KAPITEL 9

Wenn Florentine Fischer auf der Suche nach neuen Geschichten war, recherchierte sie gerne auf den Social-Media-Seiten der Deutschlandpartei. Hier stieß sie oft auf eine zündende Idee. Sie scrollte sich gerade durch die Facebook-Seite ihres Onkels, als sie auf folgenden Kommentar stieß: »Dieser Ökobonze will uns das Fleisch verbieten und frisst bei mir Currywurst. Und dann motzt das Arschloch auch noch über die Preise.« Die Journalistin war entzückt. Sie witterte eine Story, so richtig aus dem Leben gegriffen.

Noch am selben Nachmittag stand die Journalistin in ihren hochhackigen Schuhen vor dem Imbisswagen auf dem Aldi-Parkplatz an einer Ausfallstraße in Ostdeutschland. Hier war der Bundesvorsitzende der Ökopartei einige Tage zuvor auf Wahlkampftour, auf dem Marktplatz eines Provinzkaffs hatte er über Tierschutz und Biolandwirtschaft geredet. Die Currywurstbude war schnell gefunden, in dem Ort gab es nur einen Imbiss.

Der Imbisswagen war mehr ein umgebauter Wohnwagen, ein Projekt der Marke Eigenbau. Davor standen vier wackelige weiße Cocktailtische. Auf Papp-Plakaten stand, mit schwarzem Edding geschrieben, die Angebotspalette: Bratwurst, Currywurst, Pommes, Frikadellen, Cola, Dosenbier. Das alles zu extrem moderaten Preisen.

»Dit is ja doll, dass mich mal eine Journalistin befragen will. Und dann auch noch eine so elegante Frau«, sagte die Frau in der weißen Kittelschürze aus ihrem Imbisswagen heraus, auf die junge Journalistin herabschauend. »Wissen Se, meine Tochter will auch mal Journalistin werden. Dazu musse aber in die Stadt, zum Studieren. Dat kostet. Wir wissen nicht, ob wir uns das leisten können.«

Für die privaten Probleme der Imbissbudenbesitzerin hatte die Journalistin jetzt keinen Nerv. »Erzählen Sie mal. Wie war das denn, als der Chef der Ökopartei bei Ihnen Currywurst gegessen hat?«, fragte sie.

»Da hat er gestanden, da, wo Se jetzt stehn. Das war ein Fatzke. Kein Guten Abend, kein Bitte und Danke, nüscht. ›Eine Currywurst‹, hat er gesagt. Ich frage noch: ›Wolln Se ooch ’n Bier?‹ Sagt er: ›Mineralwasser. Prickelnd.‹ Dat war ein ganz feiner Pinkel. Stand da so in seinem Anzug.«

Florentine Fischer zog ihren Notizblock hervor und machte sich Notizen. »Ja, das könn Se ruhig alles schreiben. Als er dann bezahlen sollte, hat der noch gemotzt, dass wir gesalzene Preise haben. Und keinen Cent Trinkgeld.« Die Journalistin schrieb mit: »Keinen Cent Trinkgeld«.

»Ja, schreiben Se das. Und das Beste: Sein Chauffeur hat auch ’ne Currywurst bestellt. Glauben Se, dass der dem die ausgegeben hat. Das könn Se aber vergessen. Der musste selber zahlen. Den hab ick dann aber eingeladen. Ick hab ein Herz für die arbeitende Klasse.« Auch das notierte die Journalistin wörtlich.

»Also die wählt hier keiner. Hier wählen alle die Deutschlandpartei. Die hat ein Herz für uns kleine Leute. Dieser Hausding, der is ’ne ehrliche Haut. Der versteht uns kleine Leute. Schreiben Se das. Genau so«, kommandierte die Frau aus ihrem Imbisswagen heraus.

Schon am nächsten Tag hatte die Journalistin ihren Text fertig und schickte ihn an ihren Chef. Der las nur die Überschrift: »Die grüne Fleischlüge«. Dann überflog er den Text, nahm den Hörer seines Festnetztelefons und zitierte die Verfasserin zu sich: »Frau Dr. Fischer, bitte schnell in mein Büro.«

Ein paar Minuten später betrat Florentine Fischer das Büro ihres Chefs. Sie blieb vorsichtig bei der Tür stehen. Wenn sie schnell kommen musste, konnte das ein Lob oder einen Anschiss bedeuten. Das wusste man vorher nie.

»Kommen Sie rein und setzen Sie sich.« Der Chef des *Demokratischen Beobachters* zeigte auf den schwarzen Ledersessel vor seinem Schreibtisch. »Ich möchte mit Ihnen über den Entwurf Ihres Berichts sprechen.«

Die Frau atmete auf: Das konnte nur ein Lob sein. Sie war stolz auf die Geschichte, die sie aufgedeckt hatte.

»Ihr Aufgabengebiet ist ja eigentlich nicht die Ökopartei …«, begann ihr Chef etwas zögerlich. Wenn er so anfing, sollte es vielleicht doch kein Lob werden.

Sie schaute ihn mit festem Blick an. »Es geht aber doch darum, warum die Menschen sich für die Deutschlandpartei interessieren, warum sie die wählen. Und ein Grund dafür ist das Fehlverhalten der etablierten Politiker. Eben genau so ein Skandal wie dieser hier.«

»Finden Sie wirklich, dass das ein Skandal ist, wenn der arme Mann Hunger hat und eine Currywurst isst?«, fragte der alte Journalist leicht genervt.

Die junge Frau war verdattert. Sonst war ihrem Chefredakteur jede Geschichte recht, mit der man einem bekannten Politiker etwas anhängen konnte. »Stellen Sie sich das doch mal vor: Da faselt die Ökopartei was von Veggie Day, und deren Chef lässt sich zur erstbesten Currywurst-Bude chauffieren. Das ist in meinen Augen doch ein echter Skandal.«

Der Chefredakteur sah, dass er so nicht weiterkam. »Sie fangen die Geschichte aber falsch an. Sie fokussieren zu sehr auf den Vorsitzenden der Ökopartei. Stellen Sie doch die Wähler der

Deutschlandpartei in den Vordergrund. Das scheinen mir ja richtige Billigfleischproleten zu sein. Diese Köster war doch auch mal Verkäuferin an der Fleischtheke. Schreiben Sie die Geschichte noch einmal um.«

Mit ziemlicher Dominanz in der Stimme fügte er hinzu: »Und suchen Sie eine andere Überschrift mit Bezug auf die Deutschlandpartei. Das ist schließlich Ihr Aufgabengebiet.«

Die Frau wusste: Für den Chefredakteur war damit die Sache durch. »Ja, mache ich«, erklärte sie. Florentine Fischer stand auf und ging zur Tür.

Ihr Chef rief ihr noch hinterher: »Kindchen, ich verlass mich auf Sie.«

Die Journalistin drehte sich nicht um. Sie wusste: Der Blick des Chefredakteurs war jetzt auf ihren Hintern gerichtet, der durch den engen Rock ihres Kostüms betont wurde.

Als die Angestellte aus dem Blickfeld ihres Chefs entschwunden war, nahm der sein Mobiltelefon und tippte eine WhatsApp: »Hallo, alter Sack. Hast Bockmist gebaut. Hast an einer Imbissbude Currywurst gegessen. Kann die Geschichte nicht verhindern, nur entschärfen. Gattin wird nicht amüsiert sein, dass du heimlich Fleisch isst.«

Nach einer Minute machte es »Bling«. Die Antwort des Chefs der Ökopartei war da: »Mist. Danke für die Vorwarnung.«

» «

Von der Wohnung von Florentine Fischer im Prenzlauer Berg waren es nur ein paar Schritte zu der kleinen Kaffeebar, wo Lorenz Meyer an diesem Vormittag Friedrich Sehlings treffen wollte. Unter dem Arm hielt er seine Aktentasche mit dem, was er dem Kommandeur übergeben wollte.

Als er die Bar betrat, musste er erst etwas suchen, bis er seinen

Freund ausgemacht hatte. Mit seinem neuen Aussehen stach dieser unter den Besuchern der Bar kaum hervor. Er hatte sogar einen Latte macchiato vor sich stehen, daneben lag der Roman *Soumission* von Michel Houellebecq, in dem er gelesen hatte, während er auf Meyer wartete. Als partei- und fraktionsloser Untergrundarbeiter hatte er jetzt sogar wieder Zeit, zu einem Buch zu greifen. All die zeitfressenden Dinge, die er als Fraktions- und Landesvorsitzender zu tun hatte, waren plötzlich entfallen: die Leitung von Fraktionssitzungen, Pressekonferenzen, Landesvorstandsrunden. Alles unnötige Schwatzrunden, wie er dachte. Im Grunde war er Müller sogar dankbar, hatte er ihm doch erst ermöglicht, sich noch konzentrierter um seine Mission zu kümmern.

»Hallo Kommandeur«, begrüßte Meyer seinen Freund. »Was machst du denn hier im Prenzlauer Berg? Ich war richtig überrascht, als ich deine WhatsApp erhalten habe.«

Der Kommandeur stand auf und gab seinem Freund die Hand. »Milieustudien. Wenn wir die Macht ergreifen wollen, müssen wir alle möglichen Adressaten ansprechen. Vor irgendetwas müssen diese ganzen Intellektuellen und Künstler hier doch auch Angst haben, wenn die große Krise kommt …«

Beide Männer setzten sich. Auch Meyer bestellte sich einen Latte macchiato, sagte: »Du meinst wie damals in der Wirtschaftskrise 1929?«

Der Kommandeur nickte. »Wie erreichen wir die?«

»Wahrscheinlich erst, wenn es ihnen materiell so richtig an den Kragen geht. Dann werden sie aber bestimmt umso eifrigere Anhänger. Den Opportunismus der Intellektuellen kennen wir ja aus dem Dritten Reich.« Während er das sagte, öffnete er seine Aktentasche und holte ein Buch hervor. »Hiermit jedenfalls erreichen wir sie nicht. Das ist für eine andere Zielgruppe. Lehmanns Werk. Kommt gerade frisch aus der Druckerei.«

Sehlings nahm das Buch in die Hand und schaute sich den Einband an. Er war himmelblau. In der Mitte war groß der blutrote Schattenriss des Kopfes von Hans-Jürgen Lehmann zu sehen. Sehlings las den Titel, gedruckt in weißer gotischer Schrift, laut vor: »Hans-Jürgen Lehmann, *Anleitung zum Deutschsein – Manifest eines aufrechten Deutschen*. Polyphem-Verlag«.

»Das ist ja wieder der reinste Personenkult«, sagte Sehlings. »Das *wir* ihm gefallen. Mit dieser Pille werden wir ihn eine Weile ruhigstellen. Das ist wie mit kleinen Kindern und Soldaten. Die muss man auch immer beschäftigen, damit sie keinen Blödsinn machen.«

Meyer nickte. »Die Lesereise hat die Barbarossa GmbH schon für ihn durchgeplant. Wir schicken ihn im Wahlkampf quer durch die Republik. Das spült auch noch etwas Geld in unsere Kassen.«

Sehlings schlug die erste Seite auf und las laut weiter: »Der Bocksgesang schwillt weiter an, doch noch ist die Zeit des Waldganges nicht gekommen. Deutschland muss wieder eine selbstbewusste Nation werden. Dafür gibt es die Deutschlandpartei, die neue nationale und soziale Bewegung Deutschlands, die Verkörperung des deutschen Geistes.«

»Das ist ja harter Tobak. Geht das so intellektuell weiter?«, fragte Friedrich Sehlings.

»Das ist nur die Einleitung«, entgegnete Meyer rasch. »Die hat Barbarossa geschrieben. Wir konnten ihn nicht davon abhalten. Nachher richtet sich das Buch an eher einfache Gemüter.«

Sehlings atmete auf. Er blätterte weiter und blieb an einer anderen Stelle haften. »Die Sehnsucht der Deutschen nach einer geschichtlichen Figur, welche einst die Wunden im Volk wieder heilt, die Zerrissenheit überwindet und die Dinge in Ordnung bringt, ist tief in unserer Seele verankert«, rezitierte der Kommandeur mit pathetischer Stimme. »Klingt ja fast wie aus Mein Kampf … Hat Lehmann da überhaupt ein Wort selber geschrieben?«

Meyer schüttelte den Kopf. »Das haben alles meine Diskrepanten gemacht.«

Sehlings lächelte. »Und du, hast du auch mitgeschrieben?«

»Ja, klar«, erwiderte Meyer voller Stolz. »Ich habe den Teil mit dem Titel ›Rechts‹ verfasst. Ab Seite 234.«

Der Kommandeur schlug die Seite auf und fing an zu lesen: »›Links und rechts sind als politische Ideen verwirrende Begriffe.‹ Wie wahr, wie wahr …« Mit diesen Worten schlug er das Buch zu. »Gut gemacht, Lorenz.« Er nahm einen Schluck Latte macchiato. Auf dem Bart über seinem Mund blieb ein weißer Flaum zurück. »Wer finanziert eigentlich das Buch?«

»Dreimal darfst du raten …«

»Der Verein zur Förderung des eurasischen Parlamentarismus«, riefen die beiden Freunde unisono und lachten.

» «

Während des Lockdowns im Winter hatten die Andersdenker ihre Demos auf den Straßen und Plätzen größtenteils eingestellt. Einige von ihnen zogen in Autokorsos hupend durch die Städte, sie nannten sich die Anderslenker. Nun, da es wieder möglich war, demonstrierten sie wieder zu Zehntausenden in der ganzen Republik. In Berlin fand jeden Samstag eine große Demo im Tiergarten statt. Von großen Trucks mit riesigen Musikanlagen begleitet, zogen die Andersdenker singend und tanzend die Straße des 17. Juni auf und ab, das Happening trug den Namen »Virus Parade«. Zum Ende der Kundgebung versammelte sich die Menge um die Siegessäule, um die Redner zu beklatschen. Es war eine bunte Schar, darunter auch Ärzte, Lehrer und Polizisten. Wer immer wollte, konnte hier aufs Podium steigen und gegen die »Systemparteien« und »Volksverderber«, gegen Zwangsimpfungen und die globale Verschwörung der Regierenden und Pharmabosse wettern. Mitunter konnte es dabei auch die Deutschlandpartei treffen.

»Die Frau ist eine kapitalistische Blutsaugerin. Seit Generationen beutet ihre Familie die deutschen Arbeiter aus und lässt es sich von unseren Steuergeldern gut gehen. Und jetzt gehört eine von diesen Ausbeutern zu den Bonzen der Deutschlandpartei. Die Partei sagt, sie kümmert sich um uns Deutsche. Aber sie gehört längst zu den Systemparteien. Sie hat sich kaufen lassen. Die Deutschlandpartei hat uns Deutsche verraten.«

Angelika Erdmann-Benz stand neben Herberts Schreibtisch im Bundestag. Beide schauten auf seinem Computer-Bildschirm das Video der jüngsten Andersdenker-Demo im Tiergarten. Die Philosophin war angeekelt und beunruhigt zugleich. In einer Tour schimpfte da ein höchst aggressiver Mann in primitivster Manier über die Deutschlandpartei – und fiel dabei auch noch persönlich über sie her. Sie hatte sich schon darüber gewundert, dass ihr Postfach seit einigen Tagen mit Schimpfmails überflutet wurde.

Herbert hatte es auch schon mitbekommen: Zahlreiche Abgeordnete berichteten ihm von Hassmails und giftigen Posts in den sozialen Medien, die sich auf die Andersdenker beriefen. »Das nenne ich einen Shitstorm«, sagte er zu der schönen Philosophin.

Angelika Erdmann-Benz wandte sich vom Bildschirm ab. »Wie geht es denn übrigens Friedrich Sehlings?«, fragte sie plötzlich.

Herbert war etwas verwirrt, wie sie von den Andersdenkern auf seinen Freund kam. »Dem geht es gut«, sagte er etwas zögerlich. »Warum fragst du?«

»Ich hatte da kürzlich ein sonderbares Erlebnis. Ich war auf einem Spaziergang durch die Kastanienallee und schaute mir die Schaufenster an. Plötzlich hörte ich direkt hinter mir eine

Stimme, die sagte: ›Der Jubel auf dem Bundesparteitag tat doch gut. Wenn Sie sich für die richtige Seite entscheiden, werden Sie zukünftig immer bejubelt und dann auch gewinnen.‹ Als ich mich umdrehte, sah ich so einen Mann mit Hipster-Bart und Brille davoneilen. Er sah überhaupt nicht so aus, aber von der Stimme her hätte man meinen können, dass es Friedrich Sehlings war.«

» «

Friedrich Sehlings war ein Vieltelefonierer, das Mobiltelefon war sein wichtigstes Werkzeug. Nur mit seinen engsten Anhängern kommunizierte er manchmal mit WhatsApp. Mails zu schreiben vermied er grundsätzlich. »Bloß nichts Schriftliches, keine Spuren hinterlassen«, bläute er seinen Freunden immer ein. Aber auch die waren inzwischen Profis in der Untergrundarbeit. Sehlings nutze jede freie Minute, um zu telefonieren. Manchmal hielt die Küchenbrigade ihre Lagebesprechungen daher auch als Telefonkonferenz ab.

Es war Donnerstagnachmittag. Friedrich Sehlings war auf der Autobahn unterwegs nach München zu seinem monatlichen Besuch bei seinem Vater. Um den Wochenendverkehr zu vermeiden, war er einen Tag früher losgefahren. So hatte er noch genügend Zeit, in seiner Heimatstadt einige alte Kampfgefährten zu treffen.

Im Radio lief ein Interview mit dem Verteidigungsminister der Christpartei, der von den Möglichkeiten einer schwarz-grünen Koalition schwärmte. Sehlings freute sich auf das groß angekündigte schwarz-grüne Regierungsprojekt nach der Wahl. Wenn die Ökopartei im Verbund mit der Christpartei ihr Programm eines Umbaus der Gesellschaft durchzog, trieb sie damit der Deutschlandpartei neue Anhänger zu. Das würde endlich wieder frischen Wind in die Partei bringen. Die eigentliche Gefahr bestand für

Friedrich Sehlings darin, wenn jemand in den Gewässern der Deutschlandpartei fischte. Dann gab es für ihn nur zwei Optionen: Vernichtung oder Einverleibung.

Herbert und Lorenz Meyer waren schon in der Leitung, Sehlings schaltete die Telefonkonferenz frei.

»Diese Andersdenker werden ganz schön lästig«, stieg Sehlings in das Gespräch ein. »Dieser Hydra sollten mal ein paar Köpfe abgeschnitten werden.«

»Aber erinnere dich, Kommandeur«, warf Lorenz Meyer ein. »Wenn man der Hydra einen Kopf abschlägt, wachsen zwei Köpfe nach. Aber irgendwann werden sie doch erkennen, dass das ganze Demonstrieren nichts nützt, weil der Staat am Ende doch der Stärkere ist.«

»Ja, aber wir sollten uns ein bisschen um sie kümmern«, fuhr Sehlings fort. »Keine Köpfe abschlagen, sondern die Hydra komplett austauschen.«

Lorenz Meyer wartete auf sein Stichwort. Er hatte den Operationsplan zum Umbau der Diskrepanten Bewegung in eine Kampftruppe bereits in der Tasche.

Doch Friedrich Sehlings hatte jetzt eine andere Idee. »Ich finde, unser lieber Herbert eignet sich hervorragend als Hydra«, sagte Sehlings.

Herbert kaute gerade genussvoll an seinem Mettbrötchen, das er sich als Nachmittagssnack in der Bundestagskantine geholt hatte. Das Wort »Hydra« gehörte nicht zu seinem Wortschatz.

»Ich soll was …?«, fragte er mit vollem Mund.

»Du sollst dich um die Andersdenker kümmern. Die Leute disziplinieren, Strukturen aufbauen. Du hast doch den Leuten früher auch deine Wurstwaren angedreht.«

Damit hatte Herbert nicht gerechnet. »Das waren erstklassige Wurstwaren und alles ehrenwerte Kunden«, protestierte er. »*Ich* soll diesen Idioten Disziplin und Struktur beibringen?«

»Ganz genau«, sagte Sehlings im Befehlston. »Du tust es für unsere Mission.«

»Meinetwegen, Kommandeur«, erklärte Herbert, mäßig begeisterst. Plötzlich schmeckte ihm auch das Mettbrötchen nicht mehr. Missmutig schüttelte er die Brötchenkrümel von seinem braunen Pullover. Dabei kam ihm eine Idee.

»Gibt es noch einen Punkt, oder sind wir für heute durch?«, fragte Sehlings.

»Ich hab da noch was«, sagte Herbert, der sich blitzartig von dem Schrecken erholt hatte. »Bist du jetzt übrigens Stalker geworden?«

Gut, dass Sehlings allein im Auto saß. Er wurde rot wie ein Schuljunge. Er wusste sofort, worauf Herbert anspielte. »Woher weißt du das denn schon wieder?«, fragte er. Manchmal wunderte er sich selber darüber, wie effizient das Spitzelsystem arbeitete, das er mit seiner Küchenbrigade aufgebaut hatte. Fast schon beängstigend effizient.

»«

Der Agenturchef starrte gebannt auf die vielen Kameras, die um die Gäste auf den schwarzen Edelstahlsesseln im Talkshowstudio herumfuhren wie Autos auf einer viel befahrenen Kreuzung, um die besten Bilder von der Moderatorin und ihren Gesprächspartnern einzufangen. Es sah aus wie ein einziges Wirrwarr, doch wer die Kameraleute, Kabelträger und Techniker in dem Studio beobachtete, bemerkte, dass sie Profis waren. Von seinem Platz aus auf der Tribüne mit den Zuschauern hatte er einen guten Überblick. Das Studiogewusel, von dem der Fernsehzuschauer nichts mitbekam, erstaunte ihn jedes Mal aufs Neue, auch wenn er seinen Freund, den jetzigen Verteidigungsminister, schon viele Male zu solchen Talkshows begleitet hatte.

Neben ihm auf der Tribüne saß der Pressesprecher des Verteidigungsministers. Ihr gemeinsamer Freund gehörte zusammen mit dem Chef der Ökopartei zu den heutigen Gästen der Talkshow. Es war nicht zu übersehen, dass sich die beiden Politiker, akkurat gekleidet in Anzug und Krawatte, bestens verstanden. Links neben dem Chef der Ökopartei saß Simone Satellit von den Ökorebellen, wie immer im gelben T-Shirt der Bewegung mit dem Totenkopf-Logo. Ihre Filzhaare hatte sie zu einem Pferdeschwanz gebunden. Rechts vom Verteidigungsminister saß der Vorsitzende der Deutschlandpartei, Dr. Adalbert Hausding. Vervollständigt wurde die Runde von der Journalistin Florentine Fischer und dem türkischstämmigen Fast-Food-Unternehmer Mustafa Kemal. Es war die mit Spannung erwartete letzte Ausgabe der Sonntagabend-Talkshow vor der Bundestagswahl, entsprechend hoch war die Einschaltquote.

»Hast du den schon mal gesehen?«, fragte der Agenturchef leise seinen Freund neben sich.

»Mediales Frischfleisch«, gab der Pressesprecher zurück, »hoffentlich verbrennen die den nicht gleich. Inhaltlich ist er gut, aber kein Profi. Der beantwortet brav alle Fragen, anstatt seine Botschaften rüberzubringen. Der könnte vielleicht etwas Beratung gebrauchen.« Dabei schaute er demonstrativ zu seinem Freund hinüber.

»Die Andersdenker und die Ökorebellen agieren beide als Zorn-Unternehmer. Sie versuchen, aus den Ängsten der Menschen Profit zu schlagen«, erklärte Mustafa Kemal.

»Was sind das für Ängste?«, unterbrach die Moderatorin.

»Die Ängste der Menschen sind sehr vielfältig«, antwortete der Unternehmer. »Es sind materielle Ängste, es ist aber vor allem auch die Angst, im eigenen Land kulturell fremd zu werden. Es ist ein Klassenkampf, der sich auf kulturellem Gebiet äußert. Der Wahlkampf zeigt, es geht auch um eine starke gesellschaftliche Polarisierung: Großstadt gegen Provinz, Vegetarier gegen Fleischesser, Latte macchiato gegen Currywurst, Bildungsbürgertum gegen Kleinbürgertum, die da oben gegen die kleinen Leute unten.«

»Christliches Abendland gegen Islamisten«, ging Adalbert Hausding dazwischen. »Und jetzt haben die Islamisten auch noch eine eigene Partei.«

Die Moderatorin intervenierte sogleich. Die Nachricht von der Gründung der Partei Migrantische Alternative hatte dem Wahlkampf ein neues Thema gegeben. Zum ersten Mal trat bei einer Bundestagswahl nun auch eine Vertretung der türkischstämmigen Gemeinde an. »Zur Erklärung für unsere Zuschauer: Die Partei Migrantische Alternative wurde erst vor ein paar Wochen gegründet. Und zwar genau am 29. Mai um 14:53 Uhr. Sind nicht das Datum und die Zeit schon Programm? Am 29. Mai des Jahres 1453 hat der osmanische Sultan Mehmed II. Konstantinopel eingenommen. Der Fall der Stadt beendete das christliche Byzantinische Reich.«

»Ich möchte betonen, dass ich mit dieser Partei rein gar nichts zu tun habe und diese Parteigründung auch kritisch sehe«, fuhr der Unternehmer fort. »Ihre Gründer wollen einen politischen Islam und stehen der Staatsführung in der Türkei nahe. Wir türkischen Deutschen …«

Weiter kam er nicht, da brüllte einer aus dem Publikum dazwischen: »Du bist doch gar kein Deutscher.« Offenbar hatten die Andersdenker an diesem Abend einige ihrer Leute eingeschleust.

Mustafa Kemal reagierte in sachlichem Ton: »Ich bin sehr wohl Deutscher. Und darauf bin ich stolz. Türke ist meine Landsmannschaft. Ich bin eben Türke wie andere Deutsche Bayern, Schlesier oder Ostpreußen sind.«

Die Moderatorin schnitt ein neues Thema an: »Frau Dr. Fischer, aus den Kreisen der Andersdenker wird der Vorwurf erhoben, dass die Deutschlandpartei mittlerweile auch eine Systempartei sei. Wie sehen Sie das?«

»Der Unmut der Menschen ist real«, antwortete die Journalistin. »Jahrelang haben die bestehenden Parteien sich nicht um die kleinen Leute gekümmert. Die Deutschlandpartei hat ihren Protest kanalisiert, sich als Partei der kleinen Leute inszeniert, war Katalysator der Ängste und des Zornes, den die Menschen haben. Diese Aufgabe scheint sie in der Tat nun an andere Akteure verloren zu haben.«

»Denken Sie, dass die Deutschlandpartei bald Geschichte sein wird?«, hakte die Moderatorin nach.

»Das glaube ich nicht«, entgegnete die Journalistin. »Sie ist in ihren Strukturen gefestigt, verankert in den Ländern, Kommunen und Gemeinden. Sie wird uns noch lange beschäftigen.«

Adalbert Hausding lehnte sich in seinem Stuhl zurück und lächelte zufrieden.

Die Moderatorin war schon zum nächsten Gast weitergezogen: »Herr Verteidigungsminister, auch Sie haben ja ein recht ambivalentes Verhältnis zu den kleinen Leuten auf der Straße. Sie haben sie mal als ›Pack‹ bezeichnet.«

»Moment mal«, rief der Pressesprecher auf der Tribüne halblaut zu seinem Freund, »sie wird doch jetzt wohl nicht mit dieser ollen Kamelle kommen …« Alle im Zuschauerraum wussten, worauf die Journalistin anspielte.

Der Verteidigungsminister wollte gerade zu einer Antwort ansetzen, als die Moderatorin hinzufügte: »Für alle, die sich vielleicht nicht mehr erinnern, zeigen wir hier noch einmal den Ausfall des Ministers auf seiner sogenannten Sofa-Tour. Die heutige Politikerin der Deutschlandpartei Marie Köster hatte ihn damals wegen der Homosexuellen-Politik der Regierung kritisiert.«

Der Minister hatte nicht damit gerechnet, dass der öffentlich-rechtliche Rundfunk mitten im Wahlkampf das alte Video – aus höchst zweifelhafter Quelle, wie er fand – hervorkramen würde. Auf dem Bildschirm war jetzt sein rot angelaufenes Gesicht in Nahaufnahme zu sehen, wie er Marie Köster und die ihren als »elendes Pack« bezeichnete.

Nach dem Video-Einspieler ging die Frage der Moderatorin an den Minister: »Was bewegt den wahrscheinlich zukünftigen Bundeskanzler, Menschen als ›elendes Pack‹ zu bezeichnen?«

Sein Pressesprecher und der Agenturchef hatten ihrem Schützling für solche Fälle als Verteidigungsstrategie den Frontalangriff beigebracht. Und in den ging der Minister jetzt auch: »Wir sind uns doch alle einig, dass wir jemandem, der sich außerhalb des zivilisatorischen Grundkonsenses stellt wie Frau Köster, deutlich machen müssen, dass wir das nicht akzeptieren. Und das müssen wir mit deutlichen Worten tun. Homophobes Gedankengut ist genauso wenig tolerierbar wie Antisemitismus und Rassismus. Hier müssen die demokratischen Parteien zusammenstehen und gegen Antidemokraten, wie wir sie heute auch bei der Deutschlandpartei erleben, gemeinsam vorgehen.«

Adalbert Hausding lachte hämisch und rief: »Sie haben doch in Deutschland eine Virus-Diktatur auf Widerruf errichtet!«

Die Moderatorin wandte sich jetzt dem Chef der Ökopartei zu: »Die Deutschlandpartei wird von den Andersdenkern von rechts angegriffen. Sie werden von den Ökorebellen von links angegriffen. Vor einigen Monaten lag Ihre Partei in Umfragen sogar vor der Christpartei, jetzt nicht mehr. Vermasseln Simone Satellit und ihre Ökorebellen Ihnen die Kanzlerschaft?«

»Im Gegensatz zu solchen Menschen wie Herrn Dr. Hausding oder Marie Köster sind wir alle Demokraten«, konterte der Chef der Ökopartei.

»Ich protestiere aufs Schärfste!«, rief der Vorsitzende der Deutschlandpartei dazwischen.

»Wir in der Ökopartei haben eine lange demokratische Tradition des Diskurses zwischen Realos und Fundis«, fuhr der Parteiveteran fort. »Ökorebellen und Ökopartei sind nur zwei Seiten ein und derselben Medaille. Die Ökorebellen wollen gar keine Partei gründen. Im Gegenteil: Bei ihnen engagieren sich auch viele unserer Parteimitglieder.«

Das war das Stichwort, auf das Simone Satellit gewartet hatte. »Von wegen! Die Ökopartei ist das Establishment. Sie ist nicht Teil der Lösung der Klima-Krise, sie steht der Lösung im Weg. Sie ist es, die wir bekämpfen.« Die Chefin der Ökorebellen blickte finster in die Runde. »Wir vertrauen dem Parlament nicht mehr. Im Kampf gegen die Klima-Katastrophe hat die Parteiendemokratie versagt.«

»Sehen Sie, sehen Sie!«, rief Adalbert Hausding triumphierend. »Da sitzen die Antidemokraten!«

»Schluss mit dem ganzen Gequassel«, meldete sich der Störer von der Tribüne erneut, »bezahlt von unseren Zwangsgebühren.«

Der Rest der Talkshow ging im Krawall unter. Ein jeder in der Runde rief etwas dazwischen, alle unterbrachen sich gegenseitig, an eine geordnete Diskussion war nicht mehr zu denken. Nur der türkisch-deutsche Unternehmer Mustafa Kemal saß schweigend an der Seite. Die Moderatorin war sichtlich erleichtert, als sie die Sendung schließlich beenden konnte. »Und jetzt«, sprach sie mit einem süffisanten Lächeln, direkt an die Zuschauer gewandt, »haben Sie die Wahl.«

Nach der Talkshow gab es für die Gäste und ihre Entourage immer eine kleine Aftershow-Party im Foyer des Studiokomplexes. Adalbert Hausding und Simone Satellit hatten sich bereits verzogen. Die anderen standen bei Wein und Snacks zusammen und plauderten angeregt.

Florentine Fischer hatte sich schon mit einem Weinglas in der

Hand an einen der Cocktail-Tische gestellt, als sie der Pressesprecher des Ministers, ebenfalls mit einem Weinglas in der Hand, ansprach: »Ich habe Ihre Currywurst-Geschichte gelesen. Einfach köstlich. Und ich dachte immer, der Chef der Ökopartei wäre Vegetarier.«

Die Journalistin kannte den Mann, jeder politische Journalist in Berlin kannte den Mann. Nach der Wahl würde dieser Mann der nächste Regierungssprecher sein. Mit ihm sollte man sich gutstellen. »So kann man sich täuschen«, sagte sie und legte ihr Kleinmädchen-Lächeln auf.

Am Nebentisch hatte indessen der Agenturchef Mustafa Kemal angesprochen. »Sie haben da vorhin viele interessante Dinge gesagt.«

»Wenn man denn mal dazu kommt«, sagte der Unternehmer. »Diese Talkshows sind nicht gerade geeignet, ein sinnvolles Gespräch zu führen.«

»Ich denke, dass die Macher das auch gar nicht im Sinn haben«, gab der Agenturchef zurück. »Talkshows müssen Quote bringen.«

»Aber wie soll denn eine Demokratie funktionieren, wenn alles auf Quote ausgerichtet ist?«

Mustafa Kemal war in Berlin geboren, hatte dort Abitur gemacht und Betriebswirtschaft studiert. Anschließend hatte er sich ein Fast-Food-Imperium aufgebaut. Freitags ging er regelmäßig in die Moschee. Er war stolz, Deutscher zu sein, hatte aber auch nichts dagegen, wenn man ihn Türke nannte.

Der Agenturchef hielt sich selbst für tolerant, und doch wusste er wenig über die Lebenswelt dieses Teils der deutschen Gesellschaft. Auch wenn er in einer der größten türkischen Städte der Welt, in Berlin, lebte, gab es kaum Berührungspunkte zur Kultur der Deutschtürken. »Gestatten Sie mir die Frage: Warum haben die türkischen Deutschen eine eigene Partei gegründet?«

»Zwischen Deutschen mit und ohne Migrationshintergrund gibt es eine Gemeinsamkeit«, erklärte der Unternehmer. »Viele sind mit den etablierten politischen Parteien unzufrieden, finden sich in deren Angeboten nicht wieder. Sie wandern ab.« Mustafa Kemal nahm einen Schluck aus seinem Wasserglas. »Früher haben viele die Sozialpartei gewählt. Aber die existiert ja bald nicht mehr. Und seitdem die Christpartei immer weiter nach links rutscht, verliert auch diese Partei immer mehr an Attraktivität für viele Muslime«, führte er weiter aus. »Viele würden wahrscheinlich die Deutschlandpartei wählen, gerade auch wegen der Übereinstimmung zur Frage der schulischen Sexualkunde und der gleichgeschlechtlichen Ehe.«

Der Agenturchef schaute etwas besorgt.

»Wegen deren Islamfeindlichkeit ist das aber auch keine Alternative«, fuhr der Unternehmer fort. »Sie erinnern sich sicher an die Reden von den Kameltreibern, Kopftuchmädchen und Messermännern. Und keiner sagt so richtig etwas dagegen.«

Der PR-Profi nickte. »Leider. An wen richtet sich denn diese neue Partei, die Migrantische Alternative?«

»Vor allem an die in Deutschland lebenden Einwanderer, die sich eher mit der Türkei identifizieren als mit dem Land, in dem sie geboren und aufgewachsen sind. Jedenfalls noch. Es besteht aber die Gefahr, dass sich ihr auch die Türken zuwenden, die sich mit Deutschland und der Gesellschaft hier verbunden fühlen. Die wachsende Fremdenfeindlichkeit schweißt die Muslime zusammen und treibt sie in die Arme der radikal-islamischen Kreise. Viele Deutsche unterscheiden ja erst gar nicht. Für die sind alle Muslime gleich Islamisten und Terroristen.«

Der Mann schien sich wirklich Sorgen zu machen, das spürte der Agenturchef. Er nahm eine Visitenkarte aus seiner Jacketttasche und legte sie auf den Cocktailtisch. »Wenn ich Ihnen mal helfen kann … Vielleicht wollen Sie ja auch mal eine Partei gründen, das bürgerliche Gegenstück zur Migrantischen Alternative.« Dann verabschiedete er sich und ging.

Mustafa Kemal sah ihm nach. Er schaute sich die Visitenkarte genau an und steckte sie in seine Geldbörse.

»«

Sie waren beide nackt, ihre Körper ermattet und noch feucht vom wilden Liebesakt. Sie lagen auf dem Rücken, im Gleichklang atmend, die Beine ineinander verschlungen, und starrten auf die dicken Eichenbalken an der Decke, aus denen das Haupthaus der Pfalz vor mehreren Jahrhunderten gezimmert worden war. Lorenz Meyer spürte den knochigen Körper Adelas, spürte ihr sanftes Keuchen.

Das war Meyers Geheimnis. Mit der süßen Weiblichkeit seiner Freundin Florentine Fischer konnte er wenig anfangen, Kleinmädchen-Gehabe war ihm zuwider. Er stand auf Herberes, auf androgyne Frauen mit markanten Gesichtszügen und durchtrainiertem Körper. Amazonen, mit denen er in den Kampf ziehen konnte.

Schon als er sie zum ersten Mal in der Uni-Mensa erblickt hatte, mehr als zehn Jahre war das jetzt her, war er hin und weg. Wie Germania persönlich saß die hochgewachsene Frau da, das pechschwarze Haar zu einem dicken Zopf geflochten. Lorenz Meyer setzte sich mit seinem Tablett neben sie an den Tisch. Noch am selben Abend schliefen sie das erste Mal miteinander, und seitdem immer wieder. Wie viele Kinder er mit ihr gezeugt hatte, konnte er nicht sagen. Immerhin war sie neunfache Mutter. Einige der Sprösslinge mochten wohl auch die Gene Barbarossas in sich tragen.

Mutter sein war für Adela eine heilige Pflicht. Das Recht auf einen Zweitmann, auch um sich schwängern zu lassen, leitete sie aus der Vergangenheit ab. Hatte nicht Himmler für seine SS-Leute einen Kinderzeugungsbefehl erlassen und damit außereheliche Liebschaften legitimiert, wenn daraus Kinder erwuchsen? Für die moderne völkisch orientierte Frau musste Ähnliches gelten. Barbarossa freilich wusste nichts von diesem Arrangement.

Lorenz Meyer gehörte damals bereits zum Jüngerkreis Barbarossas. Der junge Jurastudent stellte die noch jüngere Philosophie-studentin Barbarossa vor. Da war es um sie geschehen: Die Intellektualität und Arroganz, das protestmännliche Gehabe des 15 Jahre älteren Mannes zogen die junge Frau magnetisch an. Adela wollte die Muse des rechtsintellektuellen Denkers sein und hielt sich fortan zwei Liebhaber. Dann wurde sie schwanger. Der kleine Rainald brauchte einen Ernährer, sie musste sich entscheiden. Wer der leibliche Vater war, war ihr egal. Sie entschied sich für Barbarossa und heiratete ihn.

Wie oft hatte Adela diese Entscheidung bereut. Bei Barbarossa war vieles Fassade. Er war lebensuntüchtig, der Welt abgewandt. Sie schmiss das Philosophie-Studium und ergriff den Brotberuf der Hotelfachfrau. Oft ging es ihr und der wachsenden Kinderschar schlecht. Oliver Felsenstier stellte Barbarossa als Redakteur an und überwies Adela immer wieder Geld. Dann brach Barbarossa mit Oliver Felsenstier, schmiss seinen Job und wollte auf dem Land Schafe züchten. Meyer bat damals seine Geliebte inständig: »Verlass ihn, komm zu mir.« Adela wollte nicht. »Eine deutsche Frau bleibt an der Seite ihres Mannes bis zum Tode.« Als die Lage immer prekärer wurde, entwickelten Oliver Felsenstier, Friedrich Sehlings und Adela den Rettungsplan der Barbarossa GmbH. Sie holten Lorenz Meyer und Herbert mit ins Boot, Felsenstier trieb den russischen Investor auf. Und der Plan war mehr als aufgegangen.

Sooft seine Arbeit im Bundestag es zuließ und er sich von seiner Freundin im Prenzlauer Berg davonschleichen konnte, fuhr

Lorenz Meyer auf die Pfalz. Er hatte dort sogar sein eigenes Zimmer unter dem Dach, seine Liebeshöhle für sich und seine Germanenfrau.

Durch das offene Fenster wehte eine sanfte Brise, die Vögel zwitscherten in der Morgendämmerung. Meyer erhob sich und suchte seine Kleidung zusammen, die verstreut auf den Dielen lag. »Ich muss los.«

»Jetzt schon?« Vom Bett aus sah Adela ihrem Geliebten beim Anziehen zu.

»Du weißt, welcher Tag heute ist.« Meyer knöpfte sich vor dem Spiegel das Hemd zu, strich sich das Haar glatt und band die Krawatte um.

»Viel Glück!«, rief ihm Adela zu, als er das Zimmer verließ. Die Schuhe in der Hand, schlich Meyer die Treppe hinunter. Vor der Haustür schlüpfte er in die Schuhe und sog die frische Morgenluft ein. Inzwischen war es hell geworden. Er eilte zu seinem Wagen auf dem Parkplatz.

Es war der Tag der Bundestagswahl. Heute entschied sich, ob Friedrich Sehlings' Strategie aufgehen würde. Der Wiedereinzug in den Bundestag war alles andere als gewiss, in den letzten Umfragen schrammte die Deutschlandpartei haarscharf an der Fünf-Prozent-Hürde. Sicher war nur eins: Wenn sie es nicht wieder ins Parlament schafften, würde niemand nach einem Cincinnatus rufen. Dann wäre es aus und vorbei mit dem schönen Plan von der Machtergreifung.

Meyer setzte sich in den Wagen, ließ den Motor an und fuhr im Schritttempo über die hölzerne Zugbrücke. Auf der anderen Seite angekommen, trat er aufs Gaspedal. »Auf nach Berlin«, rief er sich selber zu und ließ den Motor aufheulen.

KAPITEL 10

»Ich nehme die Currywurst. Die ist hier wirklich ausgezeichnet«, sagte der frisch ernannte Innenminister und Vizekanzler der Bundesrepublik Deutschland.

Der Inhaber der Agentur »Zum Silbernen Reh« senkte seine Speisekarte und schaute den Politiker erstaunt an: »Bis zu der Geschichte im *Demokratischen Beobachter* dachte ich immer, Sie wären Vegetarier. Ihre Frau ist doch eine große Tofu-Verfechterin.« Die Hochzeit des betagten Chefs der Ökopartei mit der um viele Jahre jüngeren Tierschutz- und Tofu-Aktivistin war in der Klatschpresse ein großes Thema.

Der Politiker verzog das Gesicht. »Ganz ehrlich: Ich kann dieses fade wabernde Zeug nicht ausstehen. Ich esse fast nur noch auswärts. Am liebsten Currywurst.« Er beugte sich nach vorn. »Das Gute an der ganzen Sache ist: Ich muss mich jetzt dabei nicht mehr verstecken.«

Im Edelrestaurant »Il Teatro« im Berliner Regierungsviertel war an diesem Nachmittag kaum etwas los, der Chef der Ökopartei und der Agenturchef waren fast die einzigen Gäste.

»Dann versuche ich auch die Currywurst«, sagte der Agenturinhaber und klappte die Speisekarte zu. Die kostete in dem Berliner Edelrestaurant zwar fast dreimal so viel wie die Riesen-Currywurst im »Alten Fritz« in Kaulsdorf. Dafür gab es sie auf Wunsch auch mit Blattgold. Und der Koch puderte das Curry-Pulver mit einer Schablone in Form des Brandenburger Tors auf Wurst und Soße.

»Ich darf Ihnen zu Ihrem Wahlsieg noch einmal sehr herzlich gratulieren«, sagte der Politikberater, nachdem die beiden Männer bestellt hatten.

Der Innenminister nickte zufrieden. »Das ist ja auch Ihr Verdienst. Sie haben den Richtungswechsel der Christpartei von langer Hand vorbereitet. Ohne Sie könnten wir heute nicht koalieren. Und Ihr Freund wäre nicht Bundeskanzler.«

Der Agenturchef war sichtlich stolz auf sich. Die Bundestagswahl war ohne größere Überraschungen verlaufen. Die Christpartei war, wie von den Umfrageinstituten prognostiziert, mit 37 Prozent der Wählerstimmen als stärkste Partei in den Bundestag eingezogen. Dahinter folgte, mit großem Abstand, die Ökopartei, die auf 22 Prozent kam. Beide Parteien hatten im Vergleich zur letzten Wahl zugelegt, die Ökopartei ihr Ergebnis sogar mehr als verdoppelt. Die Koalitionsverhandlungen zwischen den beiden Partnern verliefen zügig und reibungslos. Schon nach ein paar Wochen konnte die neue Regierung vereidigt werden. Der Chef der Ökopartei wurde Innenminister und Vizekanzler.

Von den anderen Parteien, die in den neuen Bundestag einzogen, konnte nur die Linkspartei ihr Ergebnis halten, sie erhielt neun Prozent. Die drei anderen Parteien hatten Verluste eingefahren. Die Liberalpartei kam nur noch auf sechs Prozent der Stimmen, ebenso die Deutschlandpartei. Den größten Einbruch bei den Wählerstimmen hatte allerdings die Sozialpartei zu verzeichnen. Sie halbierte ihr Wahlergebnis und erreichte nur noch zehn Prozent der Stimmen. Die Migrantische Alternative, erst vier Monate vor der Wahl gegründet, überzeugte immerhin vier Prozent der Wähler, scheiterte damit aber an der Sperrklausel.

»Der Wahlsieg war ein Kinderspiel gegenüber dem, was uns jetzt erwartet«, erklärte der Polithaudegen der Ökopartei. Er runzelte die Stirn. »Ich mache seit mehr als 40 Jahren Politik, aber so haarig war die Situation noch nie.«

In den letzten Wochen hatte sich die wirtschaftliche Stimmung im Land zusehends verdüstert. Die Auswirkungen der Virus-Krise und ihrer Bekämpfung waren nun überall zu spüren. Zahlreiche Firmen meldeten Konkurs an, die Arbeitslosenzahlen stiegen, und in den Innenstädten standen viele ehemalige Geschäfte und Restaurants leer. Auf etlichen verstaubten Fensterscheiben pappten Aufkleber mit der Aufschrift »Zu vermieten«.

Die zunehmende Unruhe war auch auf den Straßen zu spüren. Neben den Ökorebellen und den Andersdenkern demonstrierte jetzt noch eine weitere Gruppierung: die Osmanen 1453. Nachdem die Migrantische Alternative den Einzug in den Bundestag verpasst hatte, gab die Führung die Gründung der Bewegung bekannt, die das Ziel hatte, den politischen Kampf der Muslime auf die Straße zu tragen.

Und auch die Andersdenker hatten ihr Gesicht verändert. Auf deren Kundgebungen waren jetzt immer mehr Menschen in braunen Pullovern zu sehen, Florentine Fischer hatte ihnen im *Demokratischen Beobachter* schon den Namen »Braunpullover« gegeben.

»Die Dienste sind ziemlich beunruhigt«, fuhr der Innenminister fort. »Statt einer außerparlamentarischen Opposition haben wir es plötzlich mit drei recht gut organisierten APOs zu tun: eine radikale Öko-APO, eine islamistische APO und eine rechtsextreme APO.

Der Agenturchef blickte besorgt. »Es ist wirklich erstaunlich, wie schnell sich diese Andersdenker verändert haben. Da mischt doch auch dieser Herbert Hahn von der Deutschlandpartei mit?

Der Innenminister nickte. »Dieser Marktschreier hat ganze Arbeit geleistet und da Zucht und Ordnung reingebracht. So fett und ungelenk der auch ist, er hat es innerhalb kürzester Zeit geschafft, den Laden in den Griff zu kriegen. Als Hausdings Büroleiter ist er das Bindeglied zwischen der Deutschlandpartei und diesen Braunpullovern. Mit ihrem schlechten Wahlergebnis werden sie ihren Kampf jetzt vermutlich auch auf die Straße tragen.«

»Das hat der Hausding ja bereits angekündigt«, erwiderte der Agenturchef. »Er sieht das als ein Zeichen von direkter Demokratie.«

»Direkte Demokratie und Volksentscheide sind für die ein Thema seit ihrer Parteigründung«, sagte der Politiker. »Sie wollen ja auch bundesweite Volksentscheide, die Verfassungsänderungen ohne Zustimmung des Parlaments beschließen können. Dieser Herbert Hahn ist auf jeden Fall ein ziemlich guter Redner und ein Propagandist ersten Ranges, fast schon ein kleiner Goebbels«, sagte der Politikberater.

»Ein ziemlich fetter Goebbels«, rief der Innenminister. Beide Männer lachten.

»Das hat er als Marktschreier gelernt. Er muss auch ein sehr guter Organisator sein. Diese abgefahrene Idee mit den braunen Pullovern ist ein voller Erfolg. Seit diesem Artikel von Florentine Fischer sprechen alle nur noch von den Braunpullovern. Ein echtes Branding.«

Der Innenminister schüttelte bedächtig den Kopf. »Da sieht man mal, wie beeinflussbar die Massen sind. Irgendjemand ruft einen neuen Trend aus, Tofu oder braune Pullover, und alle folgen.« Er unterbrach kurz, als der Kellner mit ihrem Essen ankam. Dann fuhr er fort: »Aber ganz offen: Am meisten Sorgen machen mir die Ökorebellen.«

Der Agenturchef blickte verständnisvoll. »Die haben sich auf Sie eingeschossen, für die sind Sie ein Hardliner.«

»In der Regierung mit der Christpartei und angesichts der drohenden Wirtschaftskrise sind wir gezwungen, Realpolitik zu machen. Wir können gar nicht auf deren absurde Forderungen eingehen. Wir dürfen unsere guten Kontakte zur Wirtschaft nicht aufs Spiel setzen. Die größte Gefahr für uns wäre, wenn sie eine eigene Partei gründen.«

»Denken die denn darüber nach?«, fragte der Agenturchef. »Das hieße ja, dass sich das grüne Lager politisch zerfleischt.«

»Ganz genau. Um das zu verhindern, sitzen wir heute hier. Wir müssen ihr Engagement auf einen neuen Feind lenken.«

»Sie meinen auf die Braunpullover?«

»Im Grunde ist dieser Herbert Hahn für uns ein Glücksfall. Die Andersdenker waren zu konturlos, zu wenig greifbar, die Braunpullover kann man als Feind markieren. Zwischenzeitlich ist uns der Feind ja fast schon abhandengekommen, nachdem die Christpartei uns praktisch links überholt und die Sozialpartei sich pulverisiert hat.« Der Chef der Ökopartei lachte.

»Ich verstehe sehr gut, was Sie meinen«, erwiderte der Politikberater. »Es ist immer gut, wenn das Böse eine Postadresse hat.« Die beiden Männer verstanden sich.

»Wir müssen unser Lager konsolidieren und wieder vereinen. Ich will ein großes Programm im Kampf gegen Rechts auflegen. Das Geld kommt aus dem Innenministerium. Wir werden die Sicherheitsarchitektur des Landes umbauen, da wird einiges an Geldern frei. Und ich würde mich freuen, wenn die Agentur ›Zum Silbernen Reh‹ sich als Leitagentur um die Kampagne kümmern würde.«

Der Agenturchef lächelte. »Mit dem größten Vergnügen. Aber jetzt erst einmal Guten Appetit!«

Dann machten sich die beiden Männer über ihre Currywürste her.

» «

Friedrich Sehlings stand am Herd und briet Fleisch an. Nach der kurzen vegetarischen Phase war bei den Lagebesprechungen der Küchenbrigade jetzt wieder Fleisch im Spiel. Darauf hatte Herbert bestanden. Lorenz Meyer und Herbert saßen am Küchentisch. Meyer schnippelte die Bohnen, Herbert schälte die Kartoffeln.

»Na, was läuft denn bei euch so im Bundestag?«, fragte Friedrich Sehlings gut gelaunt. »Haben sie sich schon gegenseitig die Augen ausgekratzt?«

Endlich hatten die drei Zeit gefunden, wieder einmal gemeinsam zu kochen und in Ruhe die weiteren Schritte ihrer Mission zu besprechen. Die letzten Monate und Wochen waren hektisch gewesen: zuerst der monatelange Wahlkampf, dann das für die Deutschlandpartei verheerende Wahlergebnis mit der Halbierung der Wählerstimmen und der darauffolgende Umbau der Bundestagsfraktion.

»Es lief doch alles nach Plan«, sagte Friedrich Sehlings. »Die Bürgerlichen stehen dermaßen unter Druck, dass wir unsere Macht in der Partei konsolidieren können.«

»In der Tat«, bestätigte Meyer. »Die Völkischen in der Fraktion führen Freudentänze auf, nachdem der Oberst und Müller die Wahl versemmelt haben. Lehmann tut so, als wenn er bereits Kanzler wäre. Der geht fest davon aus, dass er Hausding als Fraktions- und Parteivorsitzenden beerbt.«

»Wie sieht es mit unseren Leuten in der Fraktion aus?«, fragte Sehlings.

»Wir mussten eine Reihe von Mitarbeitern des Fraktionsstabes entlassen. Aber ich habe dafür gesorgt, dass die Diskrepanten bleiben konnten, sie machen jetzt fast den gesamten Stab aus. In den Abgeordnetenbüros sieht es ähnlich aus. Wir haben an Terrain gewonnen.«

»Sehr gut«, rief Sehlings.

»Und BDM-Marie will jetzt Vizepräsidentin werden«, ergriff Herbert das Wort. Lehmann hat es ihr versprochen, nachdem die anderen Parteien signalisiert haben, dieses Mal einen Vizepräsidenten der Deutschlandpartei mitzuwählen.«

»Allerdings haben sie auch deutlich gemacht, dass sie Marie Köster auf keinen Fall wählen würden. Sie erwarten, dass wir jemanden Vernünftigen aufstellen«, ergänzte Meyer.

»Der Müller und der Oberst laufen mit eingezogenem Schwanz herum«, übernahm Herbert. »Jeder macht den anderen für die Wahlniederlage verantwortlich. Beide wiederum geben Hausding die Schuld, weil er sich nicht genug von den Völkischen distanziert und sich persönlich für die Braunpullover eingesetzt hat.«

»Großes Lob, Herbert«, sagte Sehlings. »Wer hätte gedacht, dass deine braunen, ärmellosen Pullover mal so groß rauskommen würden.«

»Wir lassen sie in Polen in Lizenz produzieren, die ›Deutsche Kluft‹ vertreibt sie exklusiv. Wir machen damit einen richtigen Reibach«, erwiderte Herbert stolz. »Lorenz, ich könnte deine Florentine knuddeln. Sie ist ein wahrer Goldschatz. Mit ihrer Geschichte hat sie den Umsatz so richtig angekurbelt.«

»Und Matschinski hat wieder mal die Seiten gewechselt«, rapportierte Meyer. »Der tut jetzt so, als wenn er der größte Völkische wäre. Und sieht sich schon wieder als der nächste Parteivorsitzende.«

»Den hätten wir gleich beseitigen sollen«, rief Sehlings grimmig. »Wir sind einfach zu human. Wir werden dem Kanzler noch mal einen anonymen Brief zukommen lassen. Es wäre doch schade, wenn dieser junge dynamische Mann seine Kanzlerschaft mit einem Skandal beginnen müsste, wenn herauskommt, dass er die brisanten Bilder mit Matschinskis Tattoos seinen Behörden vorenthalten hat. Der *Demokratische Beobachter* würde sich über so eine Geschichte bestimmt freuen.«

»Apropos *Demokratischer Beobachter …*« Herbert konnte es sich nicht verkneifen, seinen Freund zu necken: »Wie läufts denn so im Haushalt Meyer-Fischer.

Meyer verzog das Gesicht.

»Ist die Kleine etwa sauer, weil du den Geschirrspüler nicht ausgeräumt hast?«

Meyer warf seinem Freund einen bösen Blick zu. »Sie redet jetzt immer häufiger übers Heiraten, sie hat sich sogar schon Brautmagazine gekauft.«

Herbert und Sehlings kicherten, doch im nächsten Moment wurde das Gesicht des Kommandeurs wieder ernst. »Wie geht es Frau Dr. Erdmann-Benz?«, fragte er.

»Die ist auch ziemlich betrübt, weil sie davon ausgeht, dass BDM-Marie doch irgendwie Vizepräsidentin des Bundestags werden könnte. Und der Pedant Müller macht ihr auch ganz schön zu schaffen«, erklärte Herbert.

»BDM-Marie darf auf gar keinen Fall Vizepräsidentin werden«, rief Sehlings mit resoluter Stimme. Angelika Erdmann-Benz ist die ideale Besetzung. Da müssen wir uns was einfallen lassen.«

»Die ist jetzt noch aggressiver als vorher. Die wird bestimmt mal über die Stränge schlagen. Und wenn es sein muss, helfen wir ein bisschen nach.« Über Herberts Gesicht zog sich ein Lächeln.

»Und Hausding? Was macht der eigentlich?«, fragte der Kommandeur.

»Der hält sich aus allem raus. Wird langsam tattrig, der Alte, geht ja auch schon auf die achtzig zu«, erwiderte Herbert.

»Ich finde, wir sollten uns langsam mal um dein Comeback kümmern und die ›Operation Walküre‹ starten«, warf Meyer ein.

Sehlings strich sich über den Bart und dachte nach: »Du hast recht. Die Zeit ist reif.«

Herbert klatschte begeistert in die Hände. »Wunderbar, das ist dann mein Part!«

»Damit geht die ›Operation Hitler-Tagebücher‹ Hand in Hand.« Sehlings richtete seinen Blick auf Lorenz Meyer. »Da wäre dann ein promovierter Jurist gefragt.« Der nickte eifrig.

»Dann ist ja alles klar. Du, Herbert, kümmerst dich um die ›Operation Walküre‹. Du, Lorenz um die ›Operation Hitler-Tagebücher‹.«

»Jawohl, Kommandeur«, kam es wie aus einer Pistole geschossen zurück.

» «

Es war der größte Tag in der bisherigen Karriere der Journalistin Florentine Fischer. Vor der versammelten Belegschaft verkündete der Chef des *Demokratischen Beobachters* ihre Beförderung zur Leiterin der Hauptstadtredaktion.

»Sie haben sich den Posten wahrlich verdient«, rief der Chefredakteur mit Pathos in der Stimme. »Solche Journalisten wie Sie waren, sind und werden immer das Aushängeschild des kritischen Journalismus des *Demokratischen Beobachters* bleiben. Als ich in Ihrem Alter war, hat mir der damalige Kanzler nicht so hochbrisantes Material zugespielt.«

Der Chefredakteur war sichtlich stolz, war die junge Journalistin doch seine Entdeckung. Knallhart bei den Mächtigen zu recherchieren, das hatte sie von ihm gelernt. »Sie haben der Demokratie einen großen Dienst erwiesen. Dieser Matschinski wurde ja schon als der nächste Parteivorsitzende der Deutschlandpartei gehandelt. Jetzt wird sich die Staatsanwaltschaft mit ihm beschäftigen.«

Noch stolzer als der Chefredakteur war Florentine Fischer selbst. »Ich habe gehört, dass er untergetaucht ist. Nach unserer Veröffentlichung der Bilder hat er sich aus dem Staub gemacht.«

Jetzt saß sie mit ihrem Chef in seinem Büro, um die nächste Ausgabe des *Demokratischen Beobachters* zu besprechen. Zuerst hatte sie es ja für einen Scherz gehalten, als der frisch ernannte Regierungssprecher und langgediente Mitarbeiter des neuen Kanzlers persönlich angerufen hatte. »Der Kanzler möchte Sie zu einem Essen in sein Amt einladen und mit Ihnen über eine wichtige Staatsangelegenheit sprechen«, hatte er erklärt.

Noch überraschter war sie, als der Politiker ihr während des Essens die Bilder von dem nackten Ronny Matschinski übergab mit den Worten: »Ich würde es gerne sehen, wenn die deutsche Öffentlichkeit über diese Angelegenheit Bescheid wüsste.«

»Woher haben Sie die Bilder?«, fragte der Chefredakteur, als seine Mitarbeiterin ihm sie anschließend präsentierte. »Aus höchsten Regierungskreisen«, sagte sie. Ihr Chef schaute fragend. Sie stellte sich gerade hin und antwortete mit Stolz in der Stimme: »Vom Bundeskanzler persönlich.«

Ihr Chef war beeindruckt. »Dann kommt das von einem der Dienste.« Er zeigte auf eines der vergrößerten Fotos: »Was sind das für Zeichen da auf dem Unterarm?«

Die Journalistin brauchte gar nicht zu schauen, sie hatte das bereits von einem Experten prüfen lassen. »Das ist das Zeichen einer White-Supremacy-Sekte in den USA. Ganz übler Verein. Matschinski hat in der Gegend, wo die ihre Hochburg haben, ein Auslandsjahr absolviert.«

Drei Tage später erschien die Geschichte im Blatt, und der Politiker Ronny Matschinski war Geschichte.

Jetzt wollte der Chefredakteur mit der neuen Leiterin der Hauptstadtredaktion über die aktuellen Entwicklungen bei den Ökorebellen sprechen. Seit einigen Wochen waren die Ökorebellen dazu übergegangen, wichtige Kreuzungen nicht nur sporadisch, sondern dauerhaft zu besetzen. Dazu bauten die Aktivisten Zelte und Hütten auf den Kreuzungen auf und richteten sich da häuslich ein. Das hatte zu noch mehr Unmut bei der Bevölkerung geführt. Ihre Anführerin Simone Satellit trat zunehmend aggressiver auf. Annerose Nesserland, die nach dem Porträt im *Demokratischen Beobachter* binnen kürzester Zeit zum Star geworden war, wurde aus der Bewegung ausgeschlossen. Simone Satellit, die Ikone der Ökorebellen, duldete keine Konkurrenz neben sich. Einige der Aktivisten forderten inzwischen sogar öffentlich die Errichtung einer »Ökodiktatur«. Nun drohte der Innenminister erstmals, »mit harter Hand« gegen die Besetzer vorzugehen.

All das ratterte Florentine Fischer ihrem Chef mechanisch herunter. In Gedanken war sie bereits in dem Dessousladen im Einkaufszentrum Alexa am Alexanderplatz. Herbert hatte ihr den Laden empfohlen. Da bekam sie sogar einen Preisnachlass, wenn sie sich auf ihn berief. Ihre Beförderung wollte sie heute Abend ausgiebig zusammen mit ihrem Freund feiern. Sie hoffte so sehr darauf, dass er ihr endlich einen Heiratsantrag machte, sie waren jetzt schon über ein Jahr zusammen.

Deshalb hörte sie nur mit einem Ohr zu, wie der Chefredakteur auf ihren Bericht und ihre Einschätzung reagierte. Anscheinend war er gegenüber den Ökorebellen nicht so kritisch eingestellt wie sie. »Finden Sie das etwa gut, was die machen?«, fragte sie.

Der Erfolg seiner jungen Büroleiterin hatte den alten Mann nostalgisch werden lassen. »Das sind doch nur ein paar wohlstandsverwöhnte Abiturienten und Studenten, die ein bisschen Spaß haben wollen. Die erinnern mich an meine Studentenzeit. Wir sind damals gegen alles Mögliche auf die Straße gegangen, gegen das Waldsterben, die Atomkraft, das Wettrüsten der Supermächte …« Er bekam jetzt ganz glasige Augen. »Ich war damals sogar bei der Bonner Hofgarten-Demo dabei.«

Seine jüngere Kollegin schaute ihn fragend an. Sie hatte keine Ahnung, wovon er sprach.

»Sie wissen schon, die große Demo gegen den NATO-Doppelbeschluss, Herbst 1983. Bundesweit haben 1,3 Millionen Menschen gegen die Stationierung neuer Atomraketen demonstriert, allein in Bonn waren wir an dem Tag eine halbe Million. Ich erinnere mich noch ganz genau. Der heutige Innenminister und ich haben in unserer WG nächtelang Plakate gemalt und dabei so manchen Joint geraucht.«

Die Journalistin nickte. »Verstehe. Mein Urgroßvater war bei der HJ und hat mir auch einige Geschichten aus den letzten Kriegstagen erzählt. Er war bei der Verteidigung Berlins dabei.« Das meinte sie gar nicht böse, sie sagte es nur, um irgendetwas zu sagen. In ihrer Familie war die Kriegszeit präsenter als 1968 oder die große Zeit der Friedensbewegung Anfang der Achtzigerjahre.

Der Chefredakteur verstand es als Wink mit dem Zaunpfahl, er wollte nicht wie der Opa erscheinen, der vom Krieg erzählt. »Zurück zum Thema: Halten Sie die Ökorebellen für eine Gefahr?«

»Mir kommt das wie eine wohlorganisierte und autoritäre Weltuntergangssekte vor, in der viele von einer Diktatur träumen.« Eines war Florentine Fischer: fleißig. Wenn sie sich in ein Thema einarbeiten sollte, machte sie es gründlich. »Die sind hochprofessionell und extrem radikal.«

Als sie das Büro ihres Chefs gerade verlassen hatte, klingelte ihr Mobiltelefon. Es war Herbert. »Ich wollte dir die traurige Nachricht persönlich mitteilen, bevor die Nachrichtenagenturen es bringen«, sagte er. »Ich weiß ja, wie viel du ihm bedeutet hast. Ich war heute bei deinem Onkel in seinem Büro im Bundestag dabei, als er für immer die Augen schloss. Ich habe noch alles versucht, doch es war schon zu spät. Mein herzliches Beileid.«

Florentine Fischer fiel fast das Telefon aus der Hand. Sie setzte sich auf den Teppichboden im Flur und lehnte sich gegen die Wand. An dem Tag, an dem sie den größten Triumph ihrer Karriere feierte, war ihr geliebter Onkel gestorben. Wahrscheinlich waren die Anstrengungen des Wahlkampfes für ihn doch zu viel gewesen, ging es ihr durch den Kopf. Nur wenige wussten, wie schwer sein Herzleiden wirklich war. Er hatte ihr die Medikamente gezeigt, die er morgens und abends schlucken musste.

»Du kannst mich immer anrufen, wenn du Trost brauchst«, hörte sie die Stimme Herberts aus dem Telefon. »Ich habe deinen Onkel sehr gern gehabt.«

Florentine mochte diesen gemütlichen, dicklichen Mann. Er erinnerte sie an ihren Teddybären, den sie als Kind jeden Abend mit ins Bett genommen hatte und der immer noch auf der Kommode in ihrem Schlafzimmer saß und über sie wachte. Herbert trug den gleichen ärmellosen, braunen Pullover wie ihr Teddybär. Der Mann konnte bestimmt gut Trost spenden.

Was Florentine Fischer nicht wusste: Bevor Herbert sie angerufen hatte, hatte er den Kommandeur informiert. »›Operation Walküre‹ erfolgreich beendet. Der Führer hat gar nicht gemerkt, dass ich die Pillen in der roten und der blauen Dose vertauscht habe. Die ›Operation Hitler-Tagebücher‹ kann anrollen.«

» «

Am nächsten Morgen machten sämtliche großen Zeitungen mit dem Tod von Adalbert Hausding auf. In den meisten der Nachrufe hieß es, dass der greise Vorsitzende der Deutschlandpartei schon lange an einem schwachen Herzen litt und öfter mit Schwächeanfällen zu kämpfen hatte. Groß war die Überraschung, als bekannt wurde, dass der verstorbene Partei- und Fraktionsvorsitzende ein Politisches Testament hinterlassen hatte. In den Sozialen Medien der Partei und den WhatsApp-Gruppen ihrer Mitglieder und Fans kursierten die wildesten Spekulationen. Alle waren gespannt darauf zu erfahren, was der greise Parteigründer als Letzten Willen verfügt hatte.

Dr. Martin Mülller und Dr. Angelika Erdmann-Benz saßen nebeneinander auf der Couch im Wohnzimmer der Altbauwohnung der Philosophin und starrten auf den riesigen Flachbildfernseher. Nur noch zwei Minuten waren es bis 20:15 Uhr. Dann wollten Herbert und Lorenz Meyer das Politische Testament von Dr. Adalbert Hausding öffentlich verlesen, die Internetseite des *Jungen Deutschlands* übertrug per Livestream.

»Das ist wirklich eine Ungeheuerlichkeit, dass ich nicht vorher informiert wurde, was da drinsteht«, schimpfte Müller, den Blick auf den Fernseher geheftet.

»Du hast doch Herbert gehört, dass es der ausdrückliche Wunsch unseres verstorbenen Vorsitzenden war, dass seine beiden engsten Mitarbeiter das Testament verlesen.«

»Der war doch gar nicht mehr richtig bei Sinnen«, rief Müller verächtlich.

»De mortuis nil nisi bene«, erwiderte die schöne Philosophin auf Latein. »Und jetzt sei still. Es geht los.«

Das Fernsehbild zeigte Dr. Lorenz Meyer im schwarzen Anzug mit weißem Hemd und schwarzer Krawatte am Schreibtisch sitzend. Links hinter ihm stand Herbert, im selben Aufzug wie der Fraktionsgeschäftsführer. Beide blickten mit ernster Miene in die Kamera. Rechts neben dem Schreibtisch stand ein überdimensionales Bild des Verstorbenen, mit einem schwarzen Trauerband versehen, daneben die Deutschlandfahne. Den Hintergrund des Arrangements bildete ein schwarzer Vorhang.

Das Kamerabild fuhr auf Herberts Gesicht zu. »Guten Abend, hochverehrte Deutsche!«, begann er. »Guten Abend, liebe Freunde der Deutschlandpartei! Ich bin Herbert Hahn, der Büroleiter unseres geliebten großen Vorsitzenden und Parteigründers Dr. Adalbert Hausding, der vor wenigen Tagen von uns gegangen ist. Dieser große Mann und Deutsche hat kurz vor seinem Tode dem Fraktionsgeschäftsführer der Deutschlandpartei im Bundestag, Dr. Lorenz Meyer, und mir sein Politisches Testament diktiert. Dieses für die Zukunft unserer Partei so wichtige Dokument möchten wir Ihnen auf diesem Wege nahebringen.«

»Herbert sieht richtig mitgenommen aus«, sagte Angelika Erdmann-Benz zu ihrem Verlobten. »Den muss der Tod Hausdings schwer getroffen haben. »Hast du ihn schon einmal ohne seinen braunen Pullover gesehen?«

Müller gab nur ein leises Grunzen von sich. Jetzt schwenkte die Kamera auf Lorenz Meyer. Mit feierlich-pathetischer Stimme begann er das Politische Testament vorzutragen: »Liebe Mitglieder der Deutschlandpartei, wenn meine beiden treuesten Mitarbeiter und Mitstreiter dieses Politische Testament verlesen, werde ich nicht mehr unter Ihnen weilen.«

»Was ist denn das für ein Karneval, den die beiden da veranstalten«, rief Müller, sich an den Kopf klatschend.

Die Philosophin sah den Mann neben sich entgeistert an. »Du hältst die Verlesung des Politischen Testaments unseres Parteigründers für einen Mummenschanz? Ist dir denn gar nichts heilig! Du siehst doch selber, wie Herbert und Lorenz leiden.«

Müller schwieg. Auch seine Verlobte schwieg. Beide starrten auf den Fernseher, wo Meyer jetzt einige philosophische Gedanken des Verstorbenen zur zukünftigen Rolle der Partei vortrug. »Der Deutschlandpartei war die direkte Demokratie seit ihrer Gründung sehr wichtig. Sie war immer eine Bewegungspartei. Die Straßenbewegung ist der natürliche Arm unserer Partei. Partei und Straßenbewegung sind zwei Seiten ein und derselben Medaille.«

Jetzt fuhr die Kamera wieder auf Herbert, während die Stimme von Meyer im Off zu hören war: »Ich habe meinem Büroleiter, Herbert Hahn, noch vor der Bundestagswahl gebeten, sich um die Straßenbewegung zu kümmern. Ich empfehle Ihnen, liebe Parteimitglieder, sich dafür einzusetzen, dass die Braunpullover als offizielle Organisation und Gliederung in die Deutschlandpartei aufgenommen werden.«

»Wir sollen diesen Mob in unsere Partei aufnehmen«, rief Müller ungläubig. »Ist der des Wahnsinns?«

Seine Verlobte war genervt. »Sei endlich still«, fauchte sie.

Der Bildschirm zeigte jetzt wieder Lorenz Meyer, der mit dem Verlesen fortfuhr: »Ich empfehle, die Doppelspitze, die sich in der Gründungszeit bewährt hat, aufzugeben und die Parteiführung in einer Person zu vereinigen. Diese muss in der Lage sein, die Partei zu integrieren. Dafür sehe ich derzeit nur eine geeignete Person: den Oberst. Ihn empfehle ich auch als Fraktionsvorsitzenden.«

»Ich bin der einzige geeignete Vorsitzende«, zischte Müller auf der Couch. Die Philosophin erwiderte nichts. Sie starrte weiter auf das Gesicht von Lorenz Meyer: »Und jetzt noch ein Wort zu einem Mann, dem ich durch mein eigenes Fehlverhalten Unrecht getan habe: mein guter Freund Friedrich Sehlings. Die Deutschlandpartei und auch ich persönlich haben diesem Mann viel zu verdanken. Ohne ihn gäbe es die Partei, wie sie heute ist, nicht.«

Müller lief rot an, doch er versuchte sich zu beherrschen. Er wollte auf keinen Fall verpassen, was Lorenz Meyer mit regloser Miene verlas. »Ich habe mich bei Friedrich Sehlings für mein Fehlverhalten entschuldigt und ihn persönlich gebeten, in die Partei zurückzukehren und seine Arbeit fortzusetzen. Dr. Martin Müller hat ein böses Spiel gespielt, als er die Mitglieder des Bundesvorstandes und auch mich mit unlauteren Mitteln bedrängte, sich nicht für Friedrich Sehlings auszusprechen. Mein ausdrücklicher Wunsch ist, dass Friedrich Sehlings meine Trauerrede hält.«

»Was ist denn das für eine Farce! Das ist doch alles frei erfunden«, brüllte Müller seine Verlobte an.

Auch sie fing nun, entgegen ihrer ruhigen Art, an zu schreien. »Mach dich doch nicht lächerlich! Du glaubst doch nicht etwa, dass Herbert und Lorenz ein erfundenes Testament verlesen.«

Dass seine Verlobte zurückbrüllte, damit hatte Müller nicht gerechnet. »Ich glaube gar nichts mehr«, murmelte der Ex-Parteivorsitzende und sackte auf der Couch zusammen wie ein einziges Häuflein Elend.

» «

Der Berliner Dom war bis auf den letzten Platz besetzt. Der Sarg vor dem Altar war mit einer Flagge der Deutschlandpartei bedeckt: ein dicker, blutroter, nach oben weisender Pfeil auf himmelblauem Grund.

Bei den sechs hochgewachsenen jungen Männern, die links und rechts davon standen, regte sich nichts, ihr leerer Blick war streng geradeaus gerichtet. Kerzengerade verharrten sie in Habachtstellung, den linken Fuß zwanzig Zentimeter neben dem rechten gesetzt, der offiziellen Stellung für Totenwachen und Fackelträger beim Militär. Sie hatten ihre Hosenträger-Uniform an, diesmal mit schwarzen Hosenträgern und Krawatten, dazu schwarze Schirmmützen. Statt der üblichen Halbschuhe trugen sie blank geputzte lederne Schaftstiefel.

Die Männer verstanden ihr Handwerk, sie hatten beim Wachbataillon der deutschen Streitkräfte gedient, der Paradetruppe, die bei Staatsbesuchen für den protokollarischen Ehrendienst zuständig war. Dort hatten sie immer und immer wieder eintrainiert, wie man stundenlang stillsteht, ohne sich zu bewegen und an irgendetwas zu denken.

An der Seite stand, ebenfalls in Uniform und in Habachtstellung, ein Ordenskissenträger. Auf dem samtenen Kissen waren die Auszeichnungen aufgereiht, die Dr. Adalbert Hausding während seines Lebens erhalten hatte, darunter auch das Bundesverdienstkreuz. Er hatte es bekommen, als er noch bei der Christpartei war.

Zur Vorbereitung der Trauerfeier hatte Herbert die Fernsehaufzeichnungen der Trauerstaatsakte für die verstorbenen Bundespräsidenten studiert, die in der monumentalen Kirche im Herzen Berlins begangen wurden. Seit dem Regierungsumzug nach Berlin war der Berliner Dom nahe dem Alexanderplatz so etwas wie die symbolische Hauptkirche der Bundesrepublik Deutschland. Es war kein offizieller Staatsakt, einen solchen zu veranlassen war nur der Bundespräsident befugt. Doch hatte Herbert ein Zeremoniell geplant, das einem Staatsakt gleichkam. Die Trauerfeier sollte Würde, Erhabenheit und Größe ausstrahlen, das war das Hauptziel der »Operation Tag von Potsdam«.

Friedrich Sehlings hielt die Totenrede, wie Adalbert Hausding es in seinem Politischen Testament verfügt hatte. Als er in seinem schwarzen Maßanzug nach vorn trat, verbeugte er sich tief und demütig vor dem Sarg des greisen Parteigründers.

Florentine Fischer hatte große Mühe, ihre Tränen zu unterdrücken. Sie konnte nicht vorn bei der Familie des verstorbenen Parteiführers sitzen. Niemand sollte wissen, dass sie Hausdings Nichte war. Auch musste sie in der Öffentlichkeit jeden Kontakt mit ihrem Freund, Lorenz Meyer von der Deutschlandpartei, vermeiden. Wie gerne hätte sie jetzt neben ihm gesessen, sich tröstlich an ihn geschmiegt.

Sie war überwältigt von der Zeremonie, die Herbert für ihren Onkel kreiert hatte. Er hatte wirklich an alles gedacht. Dass aber ausgerechnet dieser Sehlings die Totenrede hielt, konnte sie nicht verstehen. Ihr Onkel mochte ihn nicht. Das hatte er ihr ins Gesicht gesagt, als sie ihm die Bilder von Sehlings auf dem Kameradschaftstreffen mit der Hakenkreuzflagge gezeigt hatte. Er hatte sie ermuntert, die Geschichte zu veröffentlichen. Und jetzt stellte sich dieser Sehlings so hin, als wäre er der beste Freund ihres Onkels gewesen.

Warum ihr Onkel ihn in seinem Politischen Testament rehabilitiert und ihm eine so herausgehobene Stellung in der Partei zugewiesen hatte, konnte sie beim besten Willen nicht verstehen. Aber ihr Freund Lorenz und auch der treue Herbert hatten ihr versichert, dass dies der ausdrückliche Wille des alten Mannes war. Und dann hatte sich dieser Sehlings mit seinem Bart und dem vollen Haar und der neuen Brille auch stark verändert. Er wirkte nun viel bürgerlicher und zivilisierter. Was solche Äußerlichkeiten doch ausmachen, dachte Florentine Fischer.

Bei all den Parteitagen und Parteiveranstaltungen, die sie als politische Berichterstatterin verfolgt hatte, war ihr Sehlings nie als ein guter Redner aufgefallen. Ihr Onkel war ein guter Redner gewesen. Auch Lehmann war ein guter Redner, ein Mann mit Charisma. Und selbst Marie Köster beseelte, auf ihre Art, ihre Anhänger. Sehlings hingegen war kein Redner, der die Massen begeisterte. Ihm fehlte jegliches Charisma. Sie fühlte sich elend, während sie Sehlings zuhörte.

Ein paar Reihen vor ihr saßen Marie Köster und Hans-Jürgen Lehmann, miteinander tuschelnd. »Wie konnte der Idiot nur diesen eingebildeten Oberst als Fraktions- und Parteivorsitzenden vorschlagen«, zischte Lehmann. »Ich bin der Star der Partei. Mir jubeln die Menschen zu, nicht diesem Apparatschik.« Und Marie Köster flüsterte zurück: »Wichtig ist jetzt doch, dass ich Vizepräsidentin werde und nicht das Flittchen von dem Müller.«

Lehmann wusste sehr wohl, dass diese Frau kaum die richtige für das Amt der Vizepräsidentin war. Sie war unberechenbar, überheblich und rücksichtslos und nicht die Allerhellste. Er dachte an die ermahnenden Worte Barbarossas: »Die Labilität des Weiblichen ist den großen Herausforderungen dessen, was unsere Mission ist, nur unvollkommen gewachsen. Wir müssen dafür kämpfen, wieder in einer Epoche des absolut Männlichen zu leben. Die Malaise des Derzeitigen hat ihren Ursprung in der Vorrangstellung des Weibischen.« Jetzt, wo er Abgeordneter im Bundestag war, war es nur noch ein kleiner Schritt zu seinem Ziel, den Parteivorsitz zu übernehmen. Dazu konnte er jede Unterstützung brauchen, auch die von Marie Köster.

Ein paar Plätze weiter links in derselben Bankreihe saß Martin Müller mit Angelika Erdmann-Benz. »Da hat sich Herbert aber wirklich ins Zeug gelegt«, flüsterte die Philosophin, »hast du schon jemals eine so ergreifende Trauerfeier erlebt?« Doch Müller hörte gar nicht zu, was seine Verlobte sagte. Am liebsten wäre er an diesem Tag zu Hause geblieben. »Das dieser Sehlings sich erdreistet, hier die Trauerrede zu halten …«, murmelte er mehr zu sich selbst. »Wie konnte mich dieser Hausding nur so bloßstellen.« Die Philosophin schwieg. »Jetzt muss ich dafür sorgen, dass du Vizepräsidentin wirst. Wir können das zusätzliche Geld auch gut gebrauchen für unsere Hochzeit. Das kostet ja alles, was du da so planst.«

Angelika Erdmann-Benz sah ihn musternd von der Seite an. Sie staunte, wie weltfremd ihr Verlobter war. Mit ihm an ihrer Seite, dämmerte ihr, gab es nicht den Hauch einer Chance, dass die Abgeordneten ihrer Fraktion sie zur Kandidatin für das Amt der Vizepräsidentin wählten. Sie blickte nach vorn. Eins war ihr inzwischen klar: Der Mann im schwarzen Maßanzug, der gerade seine Trauerrede beendet hatte und sein Haupt noch einmal tief und demütig vor dem Sarg verneigte, war der mächtigste Mann in der Partei. Und das, obwohl er gar kein Parteiamt hatte, ja noch nicht einmal offiziell Parteimitglied war. Und er hatte ihre Doktorarbeit gelesen!

In der ersten Bankreihe saß der Oberst neben Herbert. Das Politische Testament des verstorbenen Übervaters der Partei hatte seine Wirkung nicht verfehlt. Noch bevor Hausding zu Grabe getragen wurde, hatte die Fraktion den Oberst mit großer Mehrheit zum Fraktionsvorsitzenden gewählt. Daraufhin hatte der Ex-Militär Herbert gebeten, sein Bürochef zu werden. »Eine vorzügliche Rede. Ich denke, dass ich als Bundesvorsitzender mit Friedrich Sehlings sehr gut zusammenarbeiten werde«, flüsterte er Herbert ins Ohr. »Schließlich sind wir beide Soldaten, vom gleichen Schlag.«

Der Oberst blickte zur Seite und wartete auf eine Reaktion von Herbert. Auch ihm war nicht entgangen, welche Rolle Friedrich Sehlings in der Partei nun spielte und wie eng das Verhältnis war, das Herbert zu ihm hatte. Vorsichtshalber hatte er sich gleich nach der Verlesung des Politischen Testaments bei Sehlings entschuldigt und ihn aufgefordert, in die Partei zurückzukehren. Er war besorgt: Womöglich fiel es ihm doch noch auf die Füße, dass er damals für seinen Parteiausschluss gestimmt hatte.

Die Trauerfeier näherte sich dem Ende. Die Männer in Uniform hatten den Sarg militärisch korrekt aufgenommen und trugen ihn ins Freie. Herbert hatte vorgesehen, dass Sehlings, Meyer und er gleich hinter der Witwe Hausdings und seiner Tochter gingen. Die anderen Parteifunktionäre und Verwandten folgten hintendrein.

Die Kamerateams des Newsrooms übertrugen den Trauerakt im Internet-Livestream. Sie zeigten in Großaufnahme, wie Friedrich Sehlings mit gesenktem Haupt hinter dem Sarg einherschritt.

»«

Schönen guten Tag, darf ich Ihnen ein Pfefferspray von der Diskrepanten Bewegung überreichen?«, fragte die junge Frau mit der Gretchenfrisur Florentine Fischer, als sie am Potsdamer Platz in Berlin aus der S-Bahn-Station kam. Eigentlich hatte die Journalistin es eilig, sie war in Gedanken schon bei ihrem nächsten Termin.

»Pfefferspray? Warum verteilen Sie Pfefferspray?«, fragte sie die junge Frau. Die lächelte die Journalistin an und erwiderte: »Damit sich Frauen wehren können, wenn sie angegriffen werden. Wenn der Staat nicht mehr für die Sicherheit seiner Bürger einstehen kann, wird Selbstverteidigung zur Pflicht.«

Erst jetzt bemerkte die Journalistin, dass die junge Frau eine schwarze Hose, ein weißes Hemd, blank geputzte Stiefel, eine schwarze Krawatte und schwarze Hosenträger trug. Genau wie die Männer der Totenwache ihres Onkels.

»Oh, Sie kommen von den Jungdeutschen«, rief sie freudig. Auch wenn es keiner wissen durfte, war sie doch die Freundin des Bundesvorsitzenden der Jugendorganisation der Deutschlandpartei und stolz auf ihren mächtigen Freund.

»Nein, wir sind von der Bürgerinitiative Diskrepante Bewegung«, sagte die junge Frau höflich.

Florentine Fischer wunderte sich. »Diskrepante Bewegung?«

»Wir sind eine Bürgerbewegung, die die Deutschen in diesen schweren Zeiten unterstützen möchte«, erklärte die hübsche Uniformträgerin. »Wir engagieren uns für Solidarität unter den Deutschen und helfen Deutschen, denen es nicht so gut geht. Wir möchten doch alle in einem solidarischen und sicheren Deutschland leben.«

»Und wo sind Sie politisch zu verorten?«, fragte die Redakteurin des *Demokratischen Beobachters*.

»Wir lassen die Grenzen des herkömmlichen politischen Denkens hinter uns. Wir sind nicht links. Wir sind nicht rechts. Wir sind diskrepant«, antwortete die junge Frau, mit ihrem Zeigefinger auf ein blutrotes gotisches D auf ihrer schwarzen Schirmmütze weisend.

Erst jetzt bemerkte die Journalistin, dass die Frau mit dem hübschen Gesicht eine schwarze Schirmmütze trug, genau wie die Totenwachen und wie all die anderen, die um den Informationsstand mitten auf dem Potsdamer Platz umherschwirrten und Frauen kleine Pfefferspray-Dosen anboten. Florentine Fischers journalistische Neugier war geweckt, ihr Termin konnte warten.

»Das D in unserem Logo steht für unsere Diskrepanz zum politischen Establishment. Das D steht für die Diversität der Kulturen und Ethnien. Das D steht auch für Deutschland«, erklärte die Schirmmützenträgerin »Wir sind junge Leute, die mit den herrschenden Zuständen unzufrieden sind und für ein besseres Deutschland arbeiten.«

»Mein Name ist Dr. Florentine Fischer. Ich bin Journalistin des *Demokratischen Beobachters*. Ich würde gerne mehr über Ihre Bewegung wissen. Darf ich Sie dazu interviewen?« Während sie sich vorstellte, hatte sie schon einen Stift und ihren Journalistenblock aus ihrer Handtasche herausgeholt. »Dann darf ich Sie gerne an unseren Pressesprecher verweisen«, sagte die Frau und winkte einen ebenso uniformierten Mann herbei. Er trug auf seinem Hemd ein Schild mit der Aufschrift »Presseoffizier«.

Florentine Fischer stellte sich vor und übergab ihre Visitenkarte. »Sie interessieren sich für unsere Bewegung? Sehr schön!«, sagte der Mann, dann ratterte er auch schon los. Die Journalistin, im schnellen und sorgfältigen Mitschreiben geübt, hatte Probleme, den Redeschwall festzuhalten, so sehr brannte der Mann für die Sache. »Diskrepante Bewegung kommt von dem lateinischen Wort *discrepantia*. Das bedeutet zweierlei. Zum einen kann man es mit Nichtübereinstimmung und Uneinigkeit übersetzen. Dies spielt auf unsere feste Überzeugung an, dass jede Nation seine eigene Kultur und seine eigene nationale Identität hat, die nicht mit denen anderer Nationen übereinstimmt.«

Er atmete kurz tief durch, dann ging die Informationsdusche auch schon weiter: »Wir lieben unsere eigene Nation, wir achten andere Nationen, aber wir verachten die Vermischung der Nationen und Kulturen. Wir stehen voll und ganz hinter dem Weltbild des Ethnopluralismus. Dafür steht das *discrepantia* im Sinne von Nichtübereinstimmung. Das Wort *discrepantia* kann man aber auch mit Widerstand übersetzen. Und genau das wollen wir leisten: Widerstand gegen ein System, das uns in die Katastrophe führt.«

»Und warum tragen Sie Uniform?«, fragte die Journalistin.

Auch darauf hatte der Presseoffizier natürlich eine Antwort parat. »Unsere Uniformen sind ist ein Zeichen für Demokratie. Alle Menschen sind gleich. So steht es im Grundgesetz.«

Die Journalistin schaute auf die Uhr. »Ich muss jetzt leider weiter, würde aber gern mehr über Ihre Bewegung wissen.«

Der Presseoffizier gab ihr seine Visitenkarte und rief ihr hinterher: »Ich nehmen Sie in unseren Presseverteiler auf.«

Florentine Fischer dreht sich noch einmal um, hielt das Pfefferspray hoch und rief: »Ach und danke für das Pfefferspray. Tolle Idee.« Dann kramte sie aus ihrer Handtasche ihr Mobiltelefon heraus und rief ihren Freund an: »Hallo Schatz, hast du schon mal etwas von der Diskrepanten Bewegung gehört?«

Die Stimme von Lorenz Meyer klang weit weg, sie wurde übertönt von Windesrauschen. »Was hast du gesagt?«, rief es aus dem Telefon.

»Wo bist du?«, rief Florentine Fischer, und dann, noch ein wenig lauter: »Diskrepante Bewegung, sagt dir das was?«

»Noch nie gehört.« Das Rauschen in der Leitung wurde stärker. »Vertrete mir gerade ein wenig die Füße. Du, die Leitung ist ziemlich schlecht. Lass uns ein andermal telefonieren, ja?« Dann legte er auf.

Florentine Fischer steckte ihr Mobiltelefon zurück in die Handtasche. Einen Moment war es ihr, als hätte sie im Hintergrund Schafe blöken gehört. »Jetzt hörst du schön Gespenster«, sagte sie halblaut zu sich selbst, während sie über den unwirtlichen Potsdamer Platz eilte.

»«

»Wenn sie nicht redet, werden wir richtig Rabatz machen«, erklärte Hans-Jürgen Lehmann zum Oberst, dem neuen Fraktionsvorsitzenden. Sie standen in der großen Halle des Paul-Löbe-Hauses, dem lang gestreckten Betonbau des Bundestages neben dem Reichstag, wo ein Teil der Abgeordneten der Deutschlandpartei ihre Büros hatte.

Das Thema der heutigen Debatte zur Regierungserklärung war der Umbau der deutschen Sicherheitsarchitektur. Dabei ging es um den vom neuen Innenminister groß angekündigten Umbau von Bundespolizei, Bundeskriminalamt und Verfassungsschutz. Die vorgesehenen »finanziellen Umschichtungen« – wie die Kürzungen und Streichungen im Ministeriumsdeutsch hießen – sollten vor allem einer groß angelegten Kampagne gegen Rechts zugutekommen.

Die Sicherheitspolitik war auch eines der Hauptthemen der Deutschlandpartei. »Die einzige Partei, die Deutschland sicherer macht«, lautete einer der Slogans auf ihren Wahlplakaten. Sie wollte der allgemeinen diffusen Angst der Deutschen mit einer Aufrüstung der Sicherheitsorgane begegnen – mehr Geld für die Polizisten und Soldaten, aus deren Kreisen sich ein Großteil ihrer Wähler und Parteimitglieder rekrutierte.

Der Oberst hatte das Gespräch mit Lehmann gesucht, er wollte Marie Kösters Auftritt vor dem Bundestag verhindern. »Aber sie ist doch keine Sicherheitspolitikerin.«

»Sie spricht!«, gab Lehmann in einem solchen Befehlston zurück, dass der Oberst unwillkürlich strammstehen wollte. »Sie ist die Repräsentantin eines wichtigen Teils der Partei.« Dann drehte er sich um und ließ den Oberst und Fraktionsvorsitzenden in der großen Halle stehen.

Der Oberst befürchtete Schlimmes. Er war an diesem Tag der

Hauptredner der Deutschlandpartei zur Regierungserklärung. Mit seiner Rede erwarb er sich Respekt, nicht nur die Abgeordneten seiner eigenen Fraktion lobten ihn später. Seine Mitarbeiter hatten tagelang das gesamte Maßnahmenpaket der Regierung durchgeackert. Detailliert und sachkundig nahm er es auseinander und vermied bewusst jede Polemik, er wollte die Fraktion als sachpolitisch arbeitend darstellen. Das gelang: Der Innenminister hörte genau zu und machte sich Notizen.

Marie Kösters Auftritt kam erst am Nachmittag. Sie trug das kurze schwarze Mini-Kleid, das sie auf dem Bundesparteitag anhatte. Ihre Haare waren zu Pippi-Langstrumpf-Zöpfen geflochten. Während sie nach vorn stampfte, wippte ihr üppiger Busen. Die Abgeordneten aller Fraktionen im Saal warteten gespannt. Die Reden von Marie Köster hatten immer Unterhaltungswert.

»Herr Präsident, liebe Deutsche«, begann sie und sprach dann den Chef der Ökopartei direkt an. »Herr Innenminister, ich habe mir mal ihr ganzes Maßnahmenpaket durchgelesen …«

»Hört, hört, sie kann sogar lesen«, rief jemand aus den vorderen Reihen der Fraktion der Ökopartei. Der Bundestagspräsident blickte den Abgeordneten scharf an, sagte aber nichts.

Marie Köster ließ sich nicht beirren. »Da ist mir eine Sache aufgefallen. Auf Seite 1096. In der dritten Fußnote. Die müssten Sie eigentlich kennen.« Der Innenminister wusste nicht, worauf die Rednerin hinauswollte und schaute etwas irritiert. »Diese Fußnote betrifft Sie und Ihre Frau persönlich.« Nun dämmerte es dem Innenminister.

Marie Köster redete weiter. »Ich zitiere: ›Bei Einsätzen der Bundespolizei soll zukünftig auch ein Tofu-Gericht angeboten werden.‹« Dann drehte sie sich zur Seite und blickte den Innenminister direkt an, der sich jetzt trotz jahrelanger Politikerroutine doch ertappt fühlte und sogar etwas rot wurde.

Marie Köster drehte sich wieder zum Mikrofon. Im Plenarsaal herrschte aufmerksame Stille. »Ist dieses Maßnahmenpaket etwa in Ihrem Schlafzimmer entstanden? Hat bei diesem Maßnahmenpaket Ihre junge Tofu-Schnepfe mitgeschrieben?«

Sofort griff der Bundestagspräsident ein: »Frau Abgeordnete, es ist nicht angebracht, in diesem Haus die Gattin des Innenministers mit einem solchen Schimpfwort zu belegen.«

»Ich korrigiere mich: Hat bei diesem Maßnahmenpaket Ihre junge Tofu-Gattin mitgeschrieben?« Die Abgeordneten der Deutschlandpartei grölten.

Marie Köster schaute auf ihr Manuskript. »Das ist doch reinster Nepoti… Neoptititismus.« Ihr Mitarbeiter, der das Maßnahmenpaket für seine Chefin durchforstet hatte, hatte ihr das Fremdwort aufgeschrieben.

Im Plenarsaal erhob sich Gelächter. Der Bundestagspräsident rief: »Ruhe! Ruhe!«

»Das ist schon eine tolle Sache«, fuhr Marie Köster fort. »Sie zwingen unsere Polizisten in ihrem harten Einsatz für unser aller Sicherheit Tofu zu essen, während Sie sich von ihrem Chauffeur zur Currywurst-Bude kutschieren lassen. Das nenne ich verlogen.« Sie blickte wieder auf ihr Manuskript. »Ihre Regierung ist nichts weiter als der verlängerte Arm der Tofu-Industrie. Das ist einfach nur korrupt. Wir werden einen Untersuchungsausschuss beantragen. Wir von der Deutschlandpartei bekämpfen jede Form von Einflussnahme der Industrie auf die Politik. Und auch Ihren Lobbyorgien werden wir ein Ende setzen, Herr Innenminister.«

Marie Köster war zufrieden mit sich. Sie faltete ihr Manuskript zusammen und stampfte an ihren Platz zurück. Ihr Fanclub applaudierte kräftig.

»Frau Abgeordnete, ich darf Sie darauf aufmerksam machen, dass wir hier keine Orgien veranstalten«, ergriff der Bundestagspräsident das Wort.

»Schade, das würde bestimmt mehr Spaß machen«, rief ein Abgeordneter der Deutschlandpartei. Dafür handelte er sich einen Ordnungsruf ein.

Der Oberst saß ganz rechts in der ersten Reihe, dort wo vorher Adalbert Hausding als Fraktionsvorsitzender gesessen hatte. Neben ihm hatte Angelika Erdmann-Benz Platz genommen. Er seufzte tief, dann sagte er zu der Philosophin: »Wie werden wir diese Frau nur los?«

»Ich glaube, da gibt es nur einen Mann, der uns helfen kann«, antwortete sie.

Der Oberst schaute sie fragend an, doch die Frau an seiner Seite schwieg. Dann murmelte sie leise, sodass nur sie es hören konnte: »Ich werde mit ihm essen gehen.«

KAPITEL 11

Friedrich Sehlings rückte jetzt schon zum fünften Mal das Besteck zurecht, legte die Serviette gerade. Er schaute auf die Uhr an seinem Arm, dann wieder auf den Eingang des »Il Teatro«. Er wurde immer nervöser. Sie war noch nicht da.

Da betrat sie das Restaurant, sah ihn und winkte ihm mit einer eleganten Bewegung zu. Sie hatte dasselbe dunkelrote Kleid mit dem tiefen Ausschnitt an und die im Farbton abgestimmten High Heels wie auf dem Bundesparteitag. Und sie lächelte.

»Guten Abend, Herr Sehlings. Ich freue mich, dass das heute mit dem Essen klappt.«

Sehlings war immer noch nervös. »Ich freue mich auch sehr.« Er schob ihr den Stuhl zurecht und setzte sich ihr gegenüber.

Herbert hatte bei der letzten Lagebesprechung der Küchenbrigade extra auf den Zeitpunkt gewartet, als die drei Freunde es sich in Sehlings' Bibliothek gemütlich gemacht hatten und den ersten Cognac tranken. »Ach ja, ich habe da noch etwas für dich, das ich dir geben soll«, sagte er und griff zu seiner Aktentasche, die er entgegen seiner sonstigen Gewohnheit mit in die Bibliothek genommen hatte.

»Für Friedrich Sehlings« stand in blauer Tinte auf dem edlen beigen Umschlag. Eine Frauenhandschrift, das sah der Kommandeur sofort. Der Umschlag war nicht zugeklebt, die Schließlasche nur eingesteckt. Darin ein schwerer Bogen Briefpapier, passend zum Umschlag. Er faltete das Papier auseinander. Es war dieselbe Handschrift, dieselbe blaue Tinte.

Er las: »Lieber Herr Sehlings! Wollen wir nicht einmal zusammen essen gehen? Samstag 20 Uhr, ›Il Teatro‹? Bestellen Sie einen Tisch? Ihre Dr. Angelika Erdmann-Benz«.

Friedrich Sehlings war sprachlos. Er schaute erst Herbert und dann Lorenz Meyer an. Beide grinsten über beide Ohren. Noch am selben Abend schrieb er seine Antwort, und am Tag darauf übergab sie Herbert der schönen Philosophin.

»Ich wollte mich mit dem Essen noch einmal für die Jubelperser bei meiner Rede auf dem Bundesparteitag bedanken«, eröffnete Angelika Erdmann-Benz das Gespräch. »Das tat wirklich gut. Als was war das gedacht? Als Machtdemonstration?«

Sehlings war froh, dass er das Gespräch nicht beginnen musste. Langsam wich die Nervosität. »Sagen wir mal, als Geschenk an Sie und als kleine Demonstration des politischen Handwerks der Machtmechanik. Sie haben doch in Ihrer Doktorarbeit über Machtmechanik geschrieben.«

»Mir ist schon zu Ohren gekommen, dass Sie meine Doktorarbeit gelesen haben«, sagte die Frau und lächelte.

Friedrich Sehlings nickte leicht mit dem Kopf. »Von der ersten bis zur letzten Zeile, in einem Zug. Was Sie da schreiben, ist wirklich gut.«

»Die hat noch nicht einmal mein Freund gelesen«, antwortete sie, mehr an sich selbst gerichtet als an ihr Gegenüber. »Martin hat noch nicht mal den Titel verstanden.«

Sehlings schaute etwas verstört. Der Name versetzte ihm einen Stich ins Herz.

»Sie wissen schon, dass Müller Sie zur Hölle wünscht?«, sagte die Philosophin.

»›Es gibt eine Menge Leute auf der Welt, die in der Hölle sind, weil sie zu sehr vom Urteil anderer abhängig sind.‹ Hat das nicht

Jean-Paul Sartre gesagt?« Angelika Erdmann-Benz blickte erstaunt. »Sie haben Sartre gelesen?«

»Sehr vieles von ihm, im Original sogar. Ich habe fast alle französischen Klassiker im Original gelesen. Meine Mutter hat über französische Literatur promoviert.«

Die Philosophin war noch erstaunter. »Sie können Französisch?«

»Sogar ganz gut. Ich war auch oft in Frankreich und war zusammen mit französischen Fallschirmjägern auf dem Balkan im Einsatz.«

»Martin denkt, dass Sie ein dummer Kleinbürger sind«, erwiderte die Philosophin.

Da war er wieder: der Name, dessen Erwähnung ihm ins Herz stach. Er fragte sich, ob sie ihn quälen wollte. Ungute Gedanken an die Rendezvous mit den höheren Töchtern in seiner Jugend kamen in ihm hoch. »Der weiß so manches nicht.«

Sie lächelte Sehlings an. »Das Gefühl habe ich mittlerweile auch.«

»Dr. Müller stammt aus ziemlich kleinbürgerlichen Verhältnissen. Sein Vater war mittlerer Finanzbeamter. Er zeigt das typische Distinktionsverhalten vieler kleinbürgerlicher Aufsteiger. Er umgibt sich mit edlen Dingen. Er will sich von seinem Herkunftsmilieu abgrenzen.«

Die Philosophin errötete leicht. »Sie sind ja gut informiert.«

»Informationen verlängern das Leben«, antwortete Sehlings. Dieses Mal verschwieg er die Herkunft des Zitats. James Bond passte nicht so recht in das Bild, das er der schönen Philosophin von sich vermitteln wollte.

»Und dabei hilft Ihnen Herbert?«, fragte sie.

Er wich einer direkten Antwort aus. »Wir beide kennen uns schon seit 20 Jahren, wir waren damals zusammen bei der Rechtsstaatspartei.«

»Und dann haben Sie dafür gesorgt, dass Herbert sich das Vertrauen von Müller erschleicht. Und als der unwichtig wurde, haben Sie ihn bei Hausding postiert … Um informiert zu sein.«

Sehlings lächelte. »Machtmechanik. Sie haben darüber promoviert.«

»Ja, aber ich habe mich mit der Theorie beschäftigt. In der Praxis ist das ganz anders. Das bekomme ich jetzt hautnah mit. In der realen Politik geht es ziemlich brutal zu.« Sie hatte sich in den letzten Wochen immer wieder gefragt, ob Sehlings der Drahtzieher hinter der schrittweisen Entmachtung ihres Freundes war. Jetzt hatte sie keinen Zweifel mehr daran.

»Aber das Leben an der Universität ist doch noch viel brutaler«, stellte Sehlings fest. »Wenn man mal nicht aufpasst und etwas sagt, was nicht politisch korrekt ist, beginnt der Spießrutenlauf. Das habe ich selber als Student erlebt.«

»Sie haben studiert?«

»Ein paar Semester Politikwissenschaft. Nach meiner Bundeswehrzeit. Aber da waren mir zu viele linke Weltverbesserer.«

Die Philosophin nickte. »Was denken Sie, was ich mir mit meinem familiären Hintergrund immer anhören musste.«

Sehlings blickte verständnisvoll.

»Meine Stelle sollte einfach wegfallen. Man wollte mich weghaben. Meine berufliche Existenz war zerstört.«

»Und dann haben Sie zufällig Dr. Müller kennengelernt und dachten sich, dass in der Partei sicherlich bald ein paar gute Jobs zu verteilen sind.«

Die Philosophin wurde rot. »Ganz zufällig war das sicher nicht.«

»Und jetzt sind Sie Bundestagsabgeordnete«, fuhr Sehlings fort, »und stehen kurz davor, Vizepräsidentin des Deutschen Bundestags zu werden.«

»Ich habe gehört, dass sie für mich Wahlwerbung gemacht haben. Warum?«

»Weil Sie die beste Wahl für den Job sind.«

»Mehr steckt nicht dahinter?«

Sehlings wurde verlegen, suchte mit den Augen den Kellner, um ihr nicht in die Augen schauen zu müssen. »Sollen wir nicht erst mal bestellen?« Der Kellner kam und nahm ihre Bestellung auf.

Die Philosophin zeigte Gnade und wich auf ein anderes Thema aus. »Warum ist das mit der Rechtsstaatspartei damals eigentlich nichts geworden?«

»Die Christpartei war noch nicht bereit, uns das Feld zu überlassen. Die ganze gesellschaftliche Situation ist heute anders. Und der damalige Vorsitzende war ein ziemlicher Egomane.« Dann erzählte er, wie er den Aufstieg und den schnellen Untergang der Partei erlebt hatte. Er war auf seinem Terrain: der Analyse, der Strategie, der Mechanik der Macht.

Dr. Angelika Erdmann-Benz war fasziniert, über welche Erfahrung und welches Wissen er verfügte, welche Intellektualität und Weltläufigkeit dieser Mann ausstrahlte, der sonst eine kleinbürgerliche Fassade pflegte. Sie sah ihm tief in die Augen. »Eine neue Partei zieht schon merkwürdige Menschen an. Diese Marie Köster zum Beispiel …«

»Vergessen Sie die Köster«, entgegnete Sehlings mit sanfter Stimme. Ich will, dass Sie Vizepräsidentin werden. Ich werde alles in meiner Macht Stehende tun …«

Die Philosophin errötete und blickte Sehlings noch tiefer in die Augen. »Wollen wir uns nicht duzen? Ich heiße Angelika.«

Sehlings lächelte. »Sehr gerne, Angelika. Ich heiße Friedrich.« Über den Tisch reichten sich beide die Hand und sahen sich innig an.

»Auf gute Zusammenarbeit, Friedrich«, sagte die schöne Frau. Dabei lag ein magisches Funkeln in ihren Augen.

» «

Es war die wohl ungewöhnlichste Pressekonferenz, die Florentine Fischer je erlebt hatte. Am Morgen hatte Annerose Nesserland sie angerufen. Sie wolle sich um 13 Uhr in einem kleinen Café mit angeschlossenem Antiquariat in Friedrichshain mit einigen ihr bekannten Journalisten treffen.

Dann kam alles ganz anders. Ein Journalist der Deutschen Nachrichtenagentur, den die ehemalige Ökorebellin ebenfalls angerufen hatte, hatte den Termin in die Online-Vorschau der Agentur gesetzt und ihn damit zu einer öffentlichen Veranstaltung gemacht.

Um 13 Uhr war das Antiquariatscafé gerammelt voll, die Medienvertreter quetschten sich wie Sardinen in den engen Räumen, sogar Kamerateams der großen Nachrichtensender waren gekommen. Die Ankündigung, dass Annerose Nesserland eine persönliche Erklärung abgeben wollte, genügte, um alle wichtigen Medien in Marsch zu setzen.

Das Personal des Cafés war angesichts des Ansturmes völlig überfordert. Die vereinzelten Gäste des Cafés waren sitzen geblieben. Sie wollten sich das Schauspiel, das sich vor ihren Augen ereignete, nicht entgehen lassen. Einige Journalisten, die keinen Sitzplatz mehr ergattern konnten, kauerten mit angezogenen Knien auf dem Boden. Florentine Fischer und ihr Fotograf blieben an der Eingangstür stehen.

Die junge Frau saß in ihrem Rosa-Luxemburg-Outfit in einem alten Ohrensessel in der Ecke des Cafés mit einem Pott dampfendem schwarzen Tee neben ihr auf einem Nierentischchen aus den Sechzigerjahren. Eine Stehlampe aus derselben Zeit tauchte ihr freundlich-mildes Gesicht in ein noch freundlicheres Licht. Es gab keinen Pressesprecher, keine Aufpasser, keine Plakate, keine Pressemappen, nur die Frau im Ohrensessel. Fast schien es, als säße sie in ihrem Wohnzimmer, bereit, ihrem Publikum aus einem Märchenbuch vorzulesen.

Annerose Nesserland zeigte sich gerührt, dass so viele Journalisten gekommen waren. Dann begann sie zu erzählen. Sie erzählte von ihrer Mutter, die alleinerziehend war und sie und ihren jüngeren Bruder durchgebracht hatte. Sie erzählte von ihren Schülerjobs, von den Studentenjobs in Callcentern und Fast-Food-Läden. Sie erzählte von ihrem Studium der Geschichte und Literatur, von ihrer Arbeit als Junglektorin in einem kleinen Verlag für sozialkritische Literatur. Sie berichtete von den Hoffnungen, die sie in die Ökorebellen gesetzt hatte, von den Enttäuschungen, die sie erleben musste, von den Reaktionen auf die vielen Porträts, die von ihr in den Medien erschienen waren. Die Journalisten hörten gebannt zu. Es war mucksmäuschenstill in dem voll besetzten Café.

»Ich werde die Hoffnung nicht aufgeben, dass wir in unserer Gesellschaft doch noch soziale Gerechtigkeit erreichen können, dass die Menschen einträchtig und gut zusammenleben. Ich denke, dass der Weg, den die Ökorebellen beschreiten, der falsche ist. Mit übertriebener Radikalität erreichen wir die Menschen nicht«, erklärte sie. »Ich hoffe, dass ich Mitstreiter finden werde, die mit mir eine Bewegung gründen, die sich um das Prekariat kümmert, die einen neuen Weg einschlägt, nicht den antidemokratisch-radikalen der Ökorebellen, nicht den rassistisch-deutschtümelnden der Deutschlandpartei und auch nicht den der Sozialpartei und der Linkspartei, die sich von ihren Wurzeln, der Solidarität mit den kleinen Leuten, längst entfernt haben.«

»Wie soll Ihre Bewegung heißen?«, fragte eine Journalistin. Annerose Nesserland antwortete im selben sanften Ton, in dem sie zuvor über ihr Leben erzählt hatte: »Ich werde sie Solidarische Bewegung nennen.«

»Und können Sie sich auch vorstellen, eine Partei zu gründen?«, fragte ein anderer. »Ich sehe den Druck der Straße als legitimes politisches Mittel, doch ebenso wichtig ist die Arbeit in den Parlamenten. In einer Demokratie spielen Parteien eine wichtige Rolle. Deshalb möchte ich auch eine Partei gründen. Sie soll Solidarpartei heißen.«

»Die Annerose Nesserland würde ich sofort wählen«, erklärte der Fotograf mit leuchtenden Augen anschließend im Auto.

Florentine Fischer wunderte sich. Noch nie hatte sich der junge Mann in ihrer Gegenwart so geäußert.

»Vielleicht mache ich sogar bei denen mit«, schob er hinterher.

Mit großen Augen sah die Journalistin den Mann auf dem Beifahrersitz an. »Aber du bist doch Journalist!«

Der Fotograf hatte seiner Kollegin vorsichtshalber nicht erzählt, dass er schon mehrmals in dem Antiquariatscafé gewesen war. Bei ihrem ersten Interview an der großen Kreuzung am Frankfurter Tor vor mehr als einem Jahr hatte Annerose Nesserland beiläufig erwähnt, dass dies einer ihrer Lieblingsorte sei. In der Hoffnung, der faszinierenden Frau wiederzubegegnen, legte er, immer wenn er in der Nähe war, einen Stopp in dem Café ein, das wie aus der Zeit gefallen schien, und stöberte in den mit alten Büchern vollgestopften Regalen. Er zog gerade ein dickes, abgegriffenes Taschenbuch aus einem Stapel, besah sich den Umschlag, las Autor und Titel: Joseph Rovan, *Geschichte der deutschen Sozialdemokratie*, als er eine Stimme hinter sich hörte: »Sie sollten es kaufen. Es ist das beste Buch über das Thema, das ich kenne. Auch wenn es schon über 40 Jahre alt ist.« Er drehte sich um und sah in das Gesicht von Annerose Nesserland, die ihn anlächelte.

»Äh … Äh«, war das Einzige, was er herausbekam. Sein Herz pochte. »Die Familie von Joseph Rovan waren ursprünglich preußische Juden«, sagte die Sozialrebellin. »Sie sind vor den Nationalsozialisten nach Frankreich geflüchtet. Er war später bei der Résistance, wurde von der Gestapo verhaftet und nach Dachau gebracht. Nach dem Krieg hat er sich sehr für die deutsch-französische Freundschaft eingesetzt.«

Der Fotograf lud Annerose Nesserland zu einer heißen Schokolade ein. Sie erzählte ihm von seinen Plänen, eine eigene Bewegung und eine Partei zu gründen. Der Journalist war begeistert und fest entschlossen, mitzumachen. Am Ende bot sie ihm das Du an.

»Darf man als Journalist keine Meinung haben?«, fuhr er jetzt seine Kollegin im Auto an. »Waren wir nicht mal die, die für Demokratie gekämpft haben, für Meinungsfreiheit, für Gerechtigkeit? Wie viele Journalisten sind im KZ gelandet, weil sie versucht haben, gegen Nazis anzuschreiben?«

»Doch schon, aber …«, entgegnete Florentine Fischer.

»Was aber?«, unterbrach der Fotograf. »Vielleicht ist das ja das Problem mit dem Journalismus heute. Viele Journalisten denken nur an ihre Karriere, an den nächsten Posten.«

Florentine Fischer erschrak. So kannte sie ihren Kollegen nicht.

»Schau uns doch mal an. Wir haben alle irgendwie ein linkes Lebensgefühl, aber wir sind doch komplett verbürgerlicht in unseren schönen Altbauwohnungen im Prenzlauer Berg. Wir wissen doch gar nicht, wie das Leben der normalen Menschen abläuft. Oder hast du schon mal in einem Callcenter gearbeitet? Oder in einem Fast-Food-Restaurant hinter der Theke gestanden?«

Die junge Frau war nun ziemlich eingeschüchtert. »Nein, noch nie«, entgegnete sie leise.

»Siehst du. Annerose Nesserland hat doch recht. Die anderen Parteien haben das Prekariat einfach im Regen stehen gelassen. Es ist brandgefährlich, wenn wir die Menschen der Deutschlandpartei überlassen. Willst du etwa, dass hier wieder Nazihorden durch die Straßen ziehen?«

»Nein, das will ich doch auch nicht«, gab Florentine Fischer noch ein wenig leiser zurück.

Den Rest der Fahrt sprachen beide kein Wort mehr.

» «

Dr. Angelika Erdmann-Benz lag in ihrem großen Designer-Bett. Sie war gerade wach geworden, räkelte sich und blickte auf den Platz an ihrer Seite. Er war leer. Dann hörte sie, wie sich der Schlüssel in ihrer Wohnungstür herumdrehte. »Friedrich?«, rief sie.

Friedrich Sehlings steckte den Kopf durch den Spalt der Schlafzimmertür und strahlte. »Du bist schon wach, Liebling? Habe ich dich geweckt?«

Angelika Erdmann-Benz schüttelte den Kopf und setzte sich im Bett auf. Ihr Liebhaber der vergangenen Nacht kam zu ihr, die Brötchentüte und eine eingerollte Zeitschrift unter dem Arm, und gab ihr einen zärtlichen Kuss. »Ich habe schon Brötchen geholt. Möchtest du lieber Rührei oder gekochte Eier zum Frühstück? Ich habe ja auch noch ein Geschenk für dich.«

»Ein Geschenk?«, fragte sie erstaunt.

Er legte die Brötchen auf den Nachttisch, schlug die Zeitschrift auf und breitete sie auf der schneeweißen Seidenbettwäsche aus. Es war die neueste Ausgabe des *Demokratischen Beobachters*. Die Philosophin verzog das Gesicht. Auf nüchternem Magen, direkt nach dem Aufwachen war ihr der Anblick von Marie Köster noch unerträglicher als sonst. Und was war das für ein Bild! Der Fotograf musste es von der Empore des Plenarsaals aufgenommen haben, als BDM-Marie im Reichstag über den Tofu-Skandal sprach. Er hatte das Objektiv wohl direkt auf den Ausschnitt gehalten. Aus dieser Perspektive sah ihre Oberweite noch gefährlicher aus.

Die Philosophin sah Sehlings verärgert an. »Das soll mein Geschenk sein?«

»Du musst auch schon den Text lesen, Liebling«, säuselte Sehlings. Sie las laut, während ihr Liebhaber neben ihr auf der

Bettkante saß und von der Seite mit ins Blatt guckte. »Die Bürgerkriegsfantasien von BDM-Marie«, lautete die Überschrift. Die Philosophin schaute Sehlings fragend an, dann las sie den Text: »Will die stellvertretende Fraktionsvorsitzende der Deutschlandpartei, Marie Köster, deren Spitzname BDM-Marie ist, mit einem bewaffneten und blutigen Staatsstreich die Macht in Deutschland erobern? Plant die Partei schon den Bürgerkrieg? Diesen Eindruck kann man haben, wenn man hört, was die frühere Fleischereifachverkäuferin und jetzige Berufspolitikern kürzlich vor Anhängern der Partei verkündete. Während eines sogenannten Bürgerdialogs ihrer Fraktion sprach sie davon, dass die Lage in Deutschland ohne einen bewaffneten Aufstand nicht mehr zu retten sei. Nach der Machtergreifung würden dann auch Köpfe rollen.«

Mit großen Augen schaute die Philosophin Sehlings an, dann las sie weiter: »Der Redaktion liegt ein Video der Veranstaltung vor, das sie auch dem Innenminister vorgelegt hat. Sein Kommentar: ›Die Aussagen der Abgeordneten deuten darauf hin, dass die Deutschlandpartei nicht auf dem Boden der freiheitlich-demokratischen Grundordnung steht. Ich werde das Video von den Sicherheitsbehörden und vom Verfassungsschutz prüfen lassen. Eine Beobachtung der kompletten Partei wird immer wahrscheinlicher.‹«

Unterdessen hatte Sehlings sein Mobiltelefon herausgeholt und die Seite des *Demokratischen Beobachters* im Internet aufgerufen. »Sie haben den Clip online gestellt.« Er reichte seiner Angebeteten das Telefon. Die klickte auf das Video. Es war nur ein kurzer Ausschnitt, aufgenommen mit der Kamera eines Mobiltelefons. Zu sehen war ein Hinterzimmer eines Landgasthofes. In der Mitte stand BDM-Marie.

Der Ausschnitt setzte mit den letzten Worten der Frage eines Gastes ein. Dann legte Marie Köster los in ihrer unverwechselbaren, lauten und dominanten Art: »Glauben Sie denn allen Ernstes, dass wir all das noch mit friedlichen Mitteln ändern können? Denkt denn irgendjemand noch im Ernst daran, dass wir Deutschland noch ohne einen bewaffneten Aufstand retten können? Unsere Mission heißt auch Bürgerkrieg. Und wenn wir einmal an der Macht sind, werden Köpfe rollen. Und ich weiß auch schon, wer an der ersten Laterne hängen wird.« Dann war das Video auch schon zu Ende.

»Das ist ja furchtbar«, sagte die Philosophin.

»Nein«, erwiderte Sehlings. »Das ist wunderbar. Oder glaubst du ernsthaft, dass sie hiernach noch Vizepräsidentin werden kann? Selbst ihre treuesten Anhänger in der Fraktion werden sich von ihr distanzieren müssen.«

Angelika Erdmann-Benz kniff die Augen zusammen. »Steckst du etwa dahinter?«

Sehlings wurde rot. »Es war Teamarbeit. Herbert ist auf die Idee gekommen. Ich habe mir die Fragen ausgedacht, die sie so richtig angestachelt haben. Lorenz hat den Mann gefunden, der die Fragen gestellt hat, und den, der es mit seinem Mobiltelefon aufgenommen und dann der Florentine Fischer zugespielt hat.« Er sah seine Geliebte mit Unschuldsmiene an. »Wir wollen doch alle, dass du Vizepräsidentin wirst.«

Die schöne Philosophin war baff.

»Jetzt musst du im Vorstand nur noch beantragen, dass BDM-Marie aus der Fraktion und der Partei ausgeschlossen wird, weil sie gegen die Parteilinie verstoßen hat. Von Bürgerkrieg steht in unserem Parteiprogramm ja nun wirklich nichts. Nicht einmal Lehmann wird es mehr wagen, für Marie Köster zu stimmen.«

Angelika Erdmann-Benz zog Friedrich Sehlings ganz nah an sich heran und küsste ihn leidenschaftlich. »Rührei kannst du mir später machen«, flüsterte sie ihm ins Ohr. »Erst will ich mich bei dir für das Geschenk bedanken.«

»Und wenn Müller von seiner Dienstreise zurück ist, sagst du ihm, dass du jetzt mit mir zusammen bist«, wisperte ihr Sehlings zu, während sie ihm das Hemd aufknöpfte.

Und sie hauchte zurück: »Ich sag es ihm, sobald BDM-Marie aus der Partei ausgeschlossen ist und ich Vizepräsidentin bin.«

» «

Vor den Fenstern der Agentur »Zum Silbernen Reh« wirbelten vereinzelte Schneeflocken. Der Chef der Agentur saß an dem großen Konferenztisch und widmete sich dem Stapel der vor ihm liegenden Zeitungen. Es war ein altes Ritual: Nachdem er sich wie immer bereits nach dem Aufstehen im Internet über die aktuelle Nachrichtenlage informiert hatte, widmete er sich am späten Vormittag bei einer Tasse schwarzem Kaffee den Kommentaren und Hintergrundartikeln der Hauptstadtpresse.

Fast alle Zeitungen hatten die Meldung von Marie Kösters Ausschluss aus der Deutschlandpartei auf dem Titel. Der Agenturchef las die Aufmacher mit Schadenfreude, aber doch mit ein wenig Bedauern: Ohne die schrillen Auftritte von BDM-Marie würde das Berliner Politiktheater einiges an Unterhaltsamkeit verlieren. Er blätterte weiter und stieß auf ein ausführliches Interview mit dem Innenminister, für den seine Agentur eine groß angelegte Kampagne gegen Rechts entwickelt hatte. Der Innenminister und Chef der Ökopartei sprach davon, neben den Braunpullovern nun auch die Deutschlandpartei als Ganzes unter Beobachtung stellen zu wollen. Die Bürgerkriegsfantasien von Marie Köster seien für ihn ein Alarmzeichen. Eine Beobachtung der Ökorebellen und der Osmanen 1453, deren führende Mitglieder mehr oder weniger offen gegen die Demokratie agitierten, lehnte er dagegen weiterhin ab.

Wenige Monate nach der gewonnenen Bundestagswahl war

die anfängliche Euphorie in der schwarz-grünen Bundesregierung verflogen. Die Auswirkungen der Virus-Krise zeigten sich immer stärker. Die Arbeitslosenzahlen stiegen und die Steuereinnahmen brachen ein. Die führenden Wirtschaftsinstitute prophezeiten eine schwere Rezession. Die Regierung versuchte durch massive Einsparungen entgegenzusteuern, der Spielraum für eine gestaltende Politik wurde immer kleiner. Besonders die Ökopartei bekam den Druck zu spüren. Nur ein paar Tage nachdem Annerose Nesserland die Gründung ihrer Solidarpartei verkündet hatte, zog die Anführerin der Ökorebellen mit einer eigenen Parteigründung nach. Etliche Mitglieder der Ökopartei drohten damit, zur neuen Partei von Simone Satellit zu wechseln. Der alte Parteipatriarch hatte alle Mühe, die Abweichler bei der Stange zu halten.

Der Agenturchef blickte nachdenklich aus dem Fenster, wo gerade laut krächzend ein Schwarm Krähen vorüberzog. Ein Klopfen riss ihn aus seinen Gedanken. Vor der Tür des Konferenzraums stand Senior Consult Julia mit dem Besucher, den er erwartete. »Jetzt also noch einer«, murmelte der Agenturchef, dann erhob er sich und streckte Mustafa Kemal die Hand entgegen. Der blickte etwas irritiert auf das T-Shirt des Agenturchefs. »Die Pflicht ruft. – Sag ihr, ich ruf zurück«, stand darauf in krakeligen Lettern.

»Sie wissen schon, dass ich Mitglied der Christpartei bin?«, erklärte der PR-Experte das Gespräch. »Es gibt sicher viele Politikberater mit einem türkischen oder muslimischen Hintergrund, die Ihnen viel besser dabei helfen können, eine Partei speziell für Migranten und Muslime zu gründen.«

»Gerade deshalb wende ich mich an Sie«, entgegnete der Unternehmer. »Es geht nicht um Religion. Es geht um Demokratie. Ich möchte jemanden haben, der außerhalb der muslimischen Community steht. Ich brauche einen Profi.«

Der Agenturchef lächelte. »Dann sind Sie hier richtig.«

»Am Geld soll es nicht scheitern«, erklärte Mustafa Kemal. »Viele meiner Freunde und Geschäftspartner haben Angst. Die stehen alle hinter der Parteigründung. Für uns geht es jetzt um unsere Existenz. Die Osmanen 1453 verbreiten hier einen richtigen Schrecken, halten Frauen auf der Straße an, weil sie kein Kopftuch tragen. Und die Politiker im Bundestag lassen das einfach laufen.«

Der türkischstämmige Geschäftsmann erhob die Stimme. »Sie benutzen den Islam für ihre eigenen perversen Ziele. Die wollen unsere freiheitlich-parlamentarische Demokratie zerstören, genau wie die Deutschlandpartei und diese Braunpullover. Die Migrantische Alternative benutzt ihre Turbantruppen, um uns Kulturmuslime unter Druck zu setzen.«

»Kulturmuslime?« Der Agenturchef sah seinen Gast fragend an.

»So nenne ich uns Deutsche muslimischen Glaubens, die wir unsere Religion als Privatangelegenheit ansehen, in die uns keiner reinreden soll. Abgesehen davon nehmen wir am gesellschaftlichen und politischen Leben teil wie Christen oder Agnostiker auch.«

Der Agenturchef runzelte die Stirn. »Und wie viele sind das so?«

»Die allermeisten von uns denken so, glauben Sie mir. Wenn man die deutschen Medien liest, kann man einen anderen Eindruck gewinnen, aber das stimmt nicht. Mit turbantragenden Islamisten lässt sich eben mehr Quote machen als mit unauffälligen Demokraten.«

»Die meisten Journalisten bewegen sich auch nur in ihrer eigenen Blase«, warf der Agenturchef ein.

»Wir demokratischen deutschen Muslime brauchen ein eigenes politisches Sprachrohr. Unsere Migrantenpartei soll ein Gegenpol sein zur Migrantischen Alternative und ihren Osmanen 1453.«

Der Agenturchef blickte erneut aus dem Fenster und nickte. Der riesige Schwarm der schwarzen Vögel hatte sich inzwischen auf dem Dach eines benachbarten Hauses niedergelassen. »Wir helfen Ihnen gern. Aber wissen Sie, was mir Sorgen macht? Wenn das hier so weitergeht, wird die Parteienlandschaft der Bundesrepublik bald jener der Weimarer Republik ähneln. Und leider auch, was diese Straßenbewegungen angeht. Die Ökorebellen mit ihren Totenkopf-T-Shirts, die Osmanen 1453 mit ihren Turbanen, dann diese seltsamen Braunpullover und diese Diskrepanten mit ihren schwarzen Stiefeln und Schirmmützen. Wir können nur von Glück reden, dass die sich bisher aus dem Weg gegangen sind. Stellen Sie sich mal vor, was passiert, wenn die aufeinander losgehen.«

Der Unternehmer legte ein besorgtes Gesicht auf. »Sie meinen, wie am Ende der Weimarer Republik, als sich die SA der Nationalsozialisten und der Rotfrontkämpferbund der Kommunisten Straßenschlachten mit der Polizei lieferten?«

»Und die Schlägertrupps der SA jüdische Bürger attackierten«, ergänzte der PR-Mann.

Mustafa Kemal seufzte. »Nur werden es dieses Mal nicht Deutsche jüdischen Glaubens sein, die die Opfer sein werden, sondern wir Deutschen mit ausländischen Wurzeln.«

Der Agenturchef und sein Gast blickten nun beide nach draußen. Auf dem Fensterbrett hatte sich einer der schwarzen Vögel niedergelassen und pickte mit seinem spitzen Schnabel gegen die Scheibe.

» «

Es war der zweitglücklichste Tag im Leben von Friedrich Sehlings. Als er am Mittag in den Briefkasten seines Bahnwärterhäuschens schaute, war darin ein Brief der Bundesgeschäftsstelle der

Deutschlandpartei. Zusammen mit einem Begrüßungsschreiben hatten sie ihm seinen neuen Parteiausweis zugesandt. Damit war er auch offiziell wieder Mitglied der Deutschlandpartei.

Am frühen Abend rief dann auch noch Hans-Jürgen Lehmann an und teilte ihm mit, dass er zugunsten des Obersts auf den Parteivorsitz verzichten und einen Burgfrieden schließen wolle. Barbarossa hatte seinen Einfluss geltend gemacht und Lehmann zum Stillhalten gebracht. Einen weiteren Kandidaten zur Wahl des Parteivorsitzenden gab es nicht.

Die Delegierten des bevorstehenden außerordentlichen Bundesparteitags gehörten zum größten Teil zu Sehlings' Truppen. Die Beobachtung der Partei durch den Verfassungsschutz hatte dazu geführt, dass eine ganze Reihe der Bürgerlichen, vor allem Beamte, Soldaten und Polizisten die Partei verließen. Dadurch verschob sich das Machtgefüge innerhalb der Partei noch weiter zugunsten der Völkischen.

Auch Sehlings' Maskerade hatte seine Wirkung nicht verfehlt. Nach seiner Rückkehr auf die politische Bühne hatte ihn eine der führenden Zeitungen als einen »durch das Fegefeuer des Parteiaustritts geläuterten Demokraten« bezeichnet. Seine Anhänger hatten Friedrich Sehlings immer wieder gedrängt, selber als Parteivorsitzender zu kandidieren. Das hatte er stets abgelehnt. »Die Ehre gebührt allein dem Oberst«, hatte er immer wieder demütig wiederholt, »wie es unser Ehrenvorsitzender Dr. Hausding in seinem Politischen Testament festgelegt hat. Und die zweite Position in der Partei gehört eindeutig Frau Dr. Erdmann-Benz, unserer Vizepräsidentin des Bundestags.«

Nach dem Ausschluss von Marie Köster aus Fraktion und Partei war der Weg frei für die schöne Philosophin. Sie wurde von der Fraktion der Deutschlandpartei als Kandidatin für das Amt der Vizepräsidentin des Bundestages vorgeschlagen. Wie zwischen den Parteien verabredet, wurde sie auch von allen anderen

Fraktionen des Parlaments mit Ausnahme der Linkspartei in das prestigeträchtige Amt gewählt.

Die erste inoffizielle Amtshandlung der neuen Vizepräsidentin war auch gleich ziemlich dramatisch. So hatte es Herbert, der Zeuge des Vorfalls war, Minuten später dem Kommandeur hochgemeldet. Nach ihrer Wahl wollte Dr. Martin Müller seiner Verlobten in der Halle des Paul-Löbe-Hauses gratulieren. Sie wehrte ihn brüsk ab. »Ich mache Schluss mit dir«, warf sie ihm an den Kopf, »ich bin jetzt mit Friedrich Sehlings zusammen.« – »Was? Mit diesem Nazi?«, brüllte Müller zurück. »Bist du auch so eine Schlampe wie die Köster?« Daraufhin knallte sie ihm eine, drehte sich um und ging. Das war der glücklichste Tag im Leben von Friedrich Sehlings.

Mit dem Oberst an der Spitze und seiner schönen Freundin an der zweiten Position war die bürgerliche Fassade der Partei perfekt. Für sich selbst hatte Friedrich Sehlings die dritte Position in der Parteihierarchie vorgesehen: das Amt des Parteistrategen. Aus diesem Amt heraus konnte er am besten agieren, ohne im Mittelpunkt der Öffentlichkeit zu stehen.

Für einen der weiteren drei Beisitzerposten im Bundesvorstand hatte Sehlings Hans-Jürgen Lehmann vorgesehen – ein Tribut an seine zahlreichen Fans in der Partei. Außerdem sollte der Vorsitzende der Jungdeutschen, Dr. Lorenz Meyer, in den Vorstand einziehen und ebenso Herbert Hahn, der Vorsitzende der Braunpullover. Die sollte der Parteitag zu einer offiziellen Parteiformation erheben. So hatte es der verstorbene Parteigründer in seinem Testament festgelegt. Dass die Delegierten dafür stimmen würden, daran hatte Friedrich Sehlings keinen Zweifel. Viele der Braunpullover waren auch schon in die Partei eingetreten.

Einen Nachteil hatte es allerdings, dass seine Freundin nun die Vizepräsidentin des Deutschen Bundestages war. Sie hatte jetzt sehr viele abendliche Repräsentationstermine. Wenn sie einmal frei hatte, dann verbrachte das Paar die Abende in ihrer geräumigen Altbauwohnung im Prenzlauer Berg. Ansonsten lebte Friedrich Sehlings, wenn er nicht auf Veranstaltungen der Partei unterwegs war, weiter in seinem Bahnwärterhäuschen, dem Befehlsstand für seine Mission, wo alle Informationen zusammenliefen.

Er hatte gerade in einem der Sessel in seiner Bibliothek Platz genommen und wollte die Hitler-Biografie von Joachim Fest aufschlagen, die hatte er lange nicht in der Hand gehabt. Da klingelte sein Mobiltelefon. Es war Lorenz Meyer. »Kommandeur, mach mal den Parlamentskanal an. Müller verkündet gerade den Austritt aus der Deutschlandpartei und seinen Eintritt in die Liberalpartei. Den sind wir endlich los.«

Friedrich Sehlings schaute sich den Rest von Müllers Auftritt an. Mit grimmiger Miene stand der Mitparteigründer vor den Kameras der Hauptstadtmedien. Die Deutschlandpartei sei von den Völkischen unterwandert, sprach er in die Mikrofone, deshalb könne er dort keinen Tag länger sein. Er schimpfte namentlich auf Sehlings und geißelte ihn als den Drahtzieher eines innerparteilichen Putsches. Den Kommandeur ließ das alles kalt. Dem Aussteiger Müller, dessen war er sich gewiss, würde es ebenso ergehen wie all den Aussteigern aus der Deutschlandpartei vor ihm. Nach ein paar Wochen würde keiner mehr von ihm reden. Sehlings schaltete den Fernseher aus und lehnte sich zufrieden in seinem Sessel zurück.

Er hatte nicht nur seinem schärfsten innerparteilichen Gegner die Freundin ausgespannt, er hatte ihn aus der Partei gedrängt. Auch die querulantische BDM-Marie war eliminiert. Der Oberst fraß ihm aus der Hand. Und auch der manchmal etwas widerspenstige Lehmann ließ sich mit etwas Geschick lenken. Der zukünftige Bundesvorstand war von ihm handverlesen. Damit kontrollierte er nunmehr praktisch die ganze Partei.

Mit den Braunpullovern besaß er eine Bewegung für den Straßenkampf, die Herbert im Griff hatte. Und mit den Diskrepanten stand Sehlings eine hochdisziplinierte, linientreue paramilitärische Organisation mit intelligenten jungen Männern und Frauen zur Verfügung, die unter dem Kommando von Lorenz Meyer stand. Die beiden Männer warteten nur auf den Marschbefehl ihres Kommandeurs für den nächsten Schritt der Mission.

Die politische Konstellation war günstig wie nie. Am Horizont zeichnete sich eine globale Wirtschaftskrise ab. Die Menschen wurden mit jedem Monat unzufriedener mit ihrer Regierung. Die sie tragenden Parteien – die Christpartei und die Ökopartei – kämpften mit massiven Umfrageeinbrüchen. Die jahrzehntelang stabile deutsche Parteienlandschaft war am Erodieren. Nach der Umfrage der Wahlforschungsinstitute könnten, wenn jetzt Wahl wäre, zehn Parteien in das deutsche Parlament einziehen: neben den fünf etablierten Akteuren und der Deutschlandpartei waren das die islamistisch orientierte Migrantische Alternative, die Solidarpartei von Annerose Nesserland und die beiden jüngst gegründeten Parteien: die Ökorebellen von Simone Satellit und die Migrantenpartei von Mustafa Kemal.

Die neuen radikalen, teilweise uniformierten Bewegungen – die Osmanen 1453, die Braunpullover, die Diskrepanten und die Ökorebellen – prägten zunehmend das Bild der Städte. Die Sicherheitsdienste stuften alle vier als potenziell gewaltaffin ein. Es bedurfte nur eines Funkens, und schon konnte es lichterloh brennen auf den Straßen und Plätzen des Landes. Das wusste Friedrich Sehlings. Und er war es, der das Streichholz in der Hand hielt.

Die innerparteiliche Machtergreifung war abgeschlossen. Jetzt konnte die eigentliche Machtergreifung beginnen. Der Kommandeur wollte noch einmal im Kopf die nächsten Schritte seines Schlachtplans durchgehen, aber er war jetzt zu müde dazu. Das

Hitlerbuch lag aufgeschlagen auf dem Rücken in seinem Schoß, während ihm langsam die Augen zufielen. Er blickte noch einmal zu seinem Schreibtisch. Dort lag der SS-Dolch seines Großvaters, das Symbol des kommenden Deutschland. Dann übermannte Friedrich Sehlings der Schlaf.

KAPITEL 12

Florentine Fischer hasste frühes Aufstehen, sie brauchte morgens immer eine Weile: Schminken, das richtige Kostüm herauszusuchen, die Wahl der passenden Schuhe, all das kostete Zeit.

»Warum müssen die ihre Aktionen nur immer so früh machen. Normale Menschen liegen um 5:45 Uhr im Bett«, sagte die Journalistin mit verschlafener Stimme zu ihrem Fotografen, während sie ihren Kleinwagen durch den frühmorgendlichen Berliner Stop-and-go-Verkehr lenkte. Sie hatte ihren Kollegen von zu Hause abgeholt, er wohnte auch im Prenzlauer Berg. Bis zum Frankfurter Tor war es von dort nicht weit.

Der Fotograf sah sie erstaunt an. Er war hellwach. »Du weißt aber schon, was am 1. September 1939 um 5:45 Uhr geschah?«

»Äh ... Äh ...« Sie dachte nach. Dann blickte sie ihn erschrocken an. »Kriegs... Kriegsbeginn?«

Der Mann auf dem Beifahrersitz nickte. »Genau. Der Zeitpunkt ist ganz bewusst gewählt. Der Anruf kam garantiert nicht von den Ökorebellen. Ich vermute, dass es da gleich richtig knallen wird.«

Die Journalistin hatte sich schon gewundert, als sie am Abend zuvor diesen Anruf mit unterdrückter Nummer erhalten hatte: »Frau Dr. Fischer, seien Sie bitte morgen Früh um 5:45 Uhr am Frankfurter Tor. Ich wiederhole: 1. September, 5:45 Uhr, Frankfurter Tor. Wir informieren nur sehr wenige ausgewählte Journalisten. Bis Morgen.« Dann hatte der Anrufer auch schon wieder aufgelegt. Das Ganze klang mehr wie ein höflicher Befehl. Es fehlte die aggressive, ausschweifende Weltuntergangsrhetorik, die fester Bestandteil der Kommunikation der Ökorebellen war.

Als sie am Frankfurter Tor ankamen, war alles ruhig. Mitten auf der Kreuzung hatten die Ökorebellen eine ihrer Blockaden errichtet. Rund 30 Leute saßen dort im Schneidersitz auf Decken, einige mümmelten an Vollkornbrötchen herum, Tee aus Thermoskannen machte die Runde. Sie sahen müde aus, einigen waren die Augen zugefallen. Die meisten waren jung, wohl überwiegend Schüler. Sie alle trugen das gelbe T-Shirt mit dem großen schwarzen Totenkopf auf Brust und Rücken.

Am Rande des Geschehens standen zwei grün-weiße, vergitterte Mannschaftstransportwagen der Polizei. Darin saßen ein paar junge Bereitschaftspolizisten in Einsatzmontur, sie dösten oder spielten mit ihren iPhones. Einige Verkehrspolizisten hatten die Kreuzung abgesperrt.

Die beiden Journalisten des *Demokratischen Beobachters* waren um 5:35 Uhr vor Ort. In der Nähe der Mannschaftstransporters standen bereits ein Redakteur und ein Fotograf der wichtigsten Nachrichtenagentur. Die beiden Kollegen hatten schon mit der Polizei gesprochen. Aber die wusste auch nicht, was um 5:45 Uhr passieren sollte, und schien auch nicht weiter daran interessiert zu sein.

Etwas weiter entfernt erblickte der Fotograf des *Demokratischen Beobachters* einen Übertragungsbus mit aufgebauten Schüsseln. Auf der Seite des Autos stand »Deutsches Fernsehen«, daneben das Logo des Senders, versehen mit der Wirmer-Flagge. Florentine Fischer kannte diesen Sender nicht. Der Fotograf machte ein paar Fotos.

Auf der anderen Seite der Kreuzung stand noch ein Pulk Journalisten und Fotografen. Darunter auch ein Mann, den sie nur vom Sehen kannte. Es war der Chefredakteur des *Jungen Deutschlands* – das »Naziblatt«, wie ihr Chefredakteur es immer nannte. An den vier Ecken der Kreuzung hatte sich je ein Kamerateam des Deutschen Fernsehens positioniert, erkennbar am Logo mit der Wirmer-Flagge, das auf den Kameras und auf dem Popschutz der Mikrofone prangte.

Florentine Fischers Kollege blickte auf die Uhr. »5:44 Uhr und 40 Sekunden.« Wie an Silvester begann er die letzten Sekunden herunterzuzählen. Als er bei Null angekommen war und scherzhaft »Prost Neujahr« rufen wollte, erschallte es plötzlich aus einem Megafon über den gesamten Platz: »Zugriff«.

Wie aus dem Nichts tauchten plötzlich zwischen den Pfeilern der vier Durchlässe der Stalinbauten Menschen in Uniform auf. Sie trugen schwarze Stiefel, schwarze Uniformjacken mit passenden Hosen und hatten schwarze Schirmmützen auf. Im synchronisierten Laufschritt rückten sie in die Kreuzung ein, immer drei Männer und Frauen nebeneinander. Im Nu war der Platz erfüllt vom knallenden Hall der blank geputzten Schaftstiefel auf den Pflasterplatten. Es mussten wohl um die 400 Uniformierte der Diskrepanten Bewegung sein.

Die erste Kompanie aus bulligen Männern rannte auf die Demonstranten in der Mitte der Kreuzung zu und hatte die Gruppe blitzschnell umzingelt. Die Ökorebellen waren völlig überrascht. Je drei Männer packten einen von ihnen, hoben ihn hoch und trugen ihn von der Kreuzung. Die Demonstranten zappelten, wehrten sich, kreischten, doch gegen die professionellen Griffe der Männer konnten sie nichts ausrichten. Bald gaben sie den Widerstand auf und ließen sich ohne Gegenwehr wegtragen.

Auf einer Rasenfläche zwischen den Häusern hatte eine zweite Kompanie der Diskrepanten einen großen Kreis gebildet. Dicht an dicht standen die bulligen Männer, mit dem Rücken nach außen. Als die Männer mit den Demonstranten bei dem Kreis ankamen, traten zwei der Diskrepanten heraus. Die Männer trugen die Blockierer durch die Lücke und setzten sie auf dem Rasen ab. Die eingezingelten jungen Demonstranten gaben keinen Mucks von sich. Kaum waren alle Blockierer von der Kreuzung weggetragen, waren die beiden Kompanien auch schon wieder in den Durchlässen der Stalinbauten verschwunden. Die ganze Aktion dauerte nur ein paar Minuten.

Eine dritte Kompanie von Diskrepanten war nach dem Zugriffsbefehl bei den Mannschaftstransportern der Polizei aufgetaucht. Je zehn Männer stellten sich vor die Türen der Polizeibusse und verbarrikadierten sie. Bevor sie zu ihren Helmen und Schilden greifen konnten, waren die aufgeschreckten Polizisten in ihren vergitterten Wagen eingeschlossen. Also setzten sich die Bereitschaftspolizisten wieder hin und betrachteten aus ihrem warmen Wagen heraus das Schauspiel: eine mit höchster militärischer Präzision durchgeführte blitzschnelle Zugriffsoperation.

Eine vierte Kompanie bestand hauptsächlich aus jungen Frauen, auch sie in schwarzen Hosen und Schaftstiefeln. Sie begaben sich zu den Zuschauern, hauptsächlich Fahrrad- und Autofahrer auf dem Weg zur Arbeit, die gestoppt hatten, um sich das Spektakel anzuschauen. Lächelnd verteilten die Frauen Flugblätter.

Eine weitere Gruppe, mit Holzkisten bewaffnet, sammelte derweil die Habseligkeiten der Demonstranten ein, die liegengeblieben waren: Schultaschen, Tassen, Thermoskannen, Mobiltelefone, Schulhefte und ein Stoffteddy, den wohl eine der Schülerinnen auf die Demo mitgebracht hatte. Auch die Decken, auf denen sich die Demonstranten niedergelassen hatten, legten sie, ordentlich zusammengefaltet, in die Kisten.

Dann folgte die Reinigungstruppe. Diskrepante mit Besen, Schaufeln und blauen Müllsäcken beseitigten die Hinterlassenschaften der Demonstranten: Brötchenreste, Papiertüten und anderer Müll. Als sie ihre Arbeit erledigt hatten, verschwanden auch sie sogleich im Laufschritt von der Bildfläche.

Der Fotograf des *Demokratischen Beobachters* schoss Bilder, was das Zeug hielt. Er wusste gar nicht, was er zuerst ablichten sollte. Seine Kollegin kam gar nicht richtig dazu, sich das Spektakel anzuschauen. Plötzlich stand ein junger Mann vor Florentine Fischer, auch er in schwarzer Uniform und der Schirmmütze mit dem gotischen D auf der Stirn. Es war der Mann, der ihr bei ihrer ersten Begegnung mit den Diskrepanten am Potsdamer Platz seine Visitenkarte gegeben hatte. Er trug auf der Brust das Schild »Presseoffizier«.

»Frau Dr. Fischer, ich begrüße Sie bei einer Aktion der Diskrepanten Bewegung. Ziel dieser Operation ist es, diese Kreuzung wieder den Bürgern zurückzugeben«, erklärte der Uniformträger. »Es ist eine Aktion bürgerlicher Unterstützung. Wir möchten damit die demokratische Ordnung wiederherstellen.« Die Journalistin schrieb alles mit, was der Mann sagte.

»Ich darf Sie kurz in den Ablauf der Operation einweisen. An ihr sind insgesamt 376 Mitglieder beteiligt, 238 Männer und 138 Frauen, gegliedert in vier Kompanien. Die erste Kompanie ist für den Zugriff zuständig. Die zweite Kompanie, die Sicherungskompanie, hat die Aufgabe, zu verhindern, dass die Demonstranten die Blockade wieder aufnehmen. Die dritte, die Bereitschaftskompanie, hält sich an der Seite der Polizei für Unterstützungsdienstleistungen bereit. Die vierte Kompanie ist für Säuberung und Bürgerinformation zuständig.«

Florentine Fischer hatte sichtlich Probleme, alles mitzuschreiben, so schnell wie der Presseoffizier die Fakten herunterratterte. »Wir haben Ihnen das alles in der Pressemappe aufbereitet«, erklärte er. »Dort finden Sie auch die Flyer, die unsere Kameradinnen an unsere Mitbürger verteilen.« Lächelnd übergab er der

Journalistin die Pressemappe. Die Kreuzung war mittlerweile freigeräumt und gesäubert.

In dieser Sekunde ertönte wieder die Stimme aus dem Megafon: »Liebe Mitbürger, die demokratische Ordnung ist wiederhergestellt. Wir danken Ihnen und der Polizei für Ihre Unterstützung. Dies war eine Aktion der Bürgerinitiative der Diskrepanten Bewegung. Wir bitten die Polizei, die Kreuzung wieder für den Verkehr freizugeben, damit wir alle weiterfahren können und pünktlich bei der Arbeit sind.«

Einige Zuschauer applaudierten. Ein älterer, dicklicher Verkehrspolizist gab seinen Kollegen ein Zeichen, den Verkehr wieder rollen zu lassen. Als der Megafon-Mann das sah, rief er durch den Lautsprecher: »Ende der Operation.«

Der Presseoffizier sah auf die Uhr: »6:03 Uhr. Geplant war, dass der Verkehr um 6:05 Uhr wieder rollt. Damit waren wir zwei Minuten schneller als geplant. Ich darf mich verabschieden. Ich denke, wir sehen uns bald wieder bei einer Aktion bürgerlicher Unterstützung.« Dann bewegte auch er sich im Laufschritt davon.

Der Verkehr auf der Kreuzung kam wieder ins Rollen. Bis die total verängstigten Demonstranten auf dem Rasen realisierten, dass sie wieder frei waren, verging einige Zeit. Dann ergriffen sie ihre Schultaschen und andere Habseligkeiten und rannten in alle Himmelsrichtungen auseinander. Ein Mädchen hielt ihren wiedergefundenen Teddy fest an sich gedrückt.

Florentine Fischer unterhielt sich mit den jungen Bereitschaftspolizisten, die nun ihre Wagen verlassen konnten. Sie waren von dem Spektakel höchst angetan. »Das war generalstabsmäßig vorbereitet«, sagte einer. »Wie aus dem Lehrbuch.« – »Wir haben ja die Anweisung, gegen die Ökorebellen nichts zu machen«, rief ein anderer. »Unsere Führung hat Angst. Und die Politik deckt das Ganze noch.« Und ein Dritter fügte hinzu:

»Den jungen Leuten in ihren schwarzen Uniformen kann man nur Respekt zollen. Wir müssen uns schämen, dass diese Frauen und Männer unsere Arbeit gemacht haben.«

» «

Um 6:45 Uhr saß Florentine Fischer an ihrem Schreibtisch und öffnete ihr Mailprogramm. Die Diskrepante Bewegung hatte bereits um 6:30 Uhr eine Pressemitteilung verschickt. Angehängt war eine Audiodatei mit einem O-Ton, eine Erklärung des Presseoffiziers, die die Radiojournalisten benutzen konnten. Auch für die Fernsehredakteure gab es einen Service: Sie konnten sich sendefähige Bilder über einen angegebenen Link herunterladen.

Die Journalistin schaute sich die Bilder an, sie mussten von den Kamerateams des *Deutschen Fernsehens* stammen. Sie zeigten, wie die Diskrepanten die Ökorebellen wegtrugen. Die Bilder waren zu dem Zeitpunkt aufgenommen, als sich die Blockierer längst ihrem Schicksal ergeben und jeden Widerstand aufgegeben hatten. Zu sehen war, wie eine junge Diskrepantin den Teddybär von der Kreuzung aufhob und sanft streichelte, bevor sie ihn in die Kiste legte, und auch, wie die Frauen die Decken zusammenlegten und den Müll zusammenkehrten. Die eingezingelten Demonstranten zeigten die Bilder nicht, auch nicht die eingeschlossenen Polizisten in ihren Mannschaftstransportwagen. Alles wirkte recht friedlich und nett.

»Die verstehen ihr Propaganda-Handwerk«, sagte die Journalistin zu sich selber. Sie ging ihre Mails durch. Sie fand eine Pressemitteilung von Hans-Jürgen Lehmann, verschickt um 6:32 Uhr. »Ich begrüße die tolle Arbeit der deutschen Frauen und Männer, die heute Morgen eine Kreuzung von arbeitsscheuen Demonstrierern gereinigt haben. So konnten brave deutsche Bürger ihren Weg ungehindert fortsetzen, um zum Wohl des deutschen Volkes zu wirken. Ich werde die mutigen Kameraden der Diskrepanten Bewegung in meinem deutschen Herzen tragen.«

Auch Annerose Nesserland hatte bereits um 6:35 Uhr eine Pressemitteilung herausgeschickt. »Das ist ja interessant«, murmelte Florentine Fischer. »Woher wusste die denn so schnell davon? Das muss ihr doch jemand gesteckt haben.«

Sie öffnete die Mail und las: »Der Rechtsstaat ist ein hohes Gut, den es zu schützen gilt. Es ist ein Angriff auf den Rechtsstaat, wenn Bürger andere Bürger daran hindern, ihr verbrieftes Demonstrationsrecht auszuüben. Allerdings ist auch der Unmut der Bevölkerung zu verstehen, die eine Einschränkung ihrer Freiheit und Mobilität in einem Maße hinnehmen muss, das nicht mehr zu vertreten ist. Wir müssen grundsätzlich darüber nachdenken, ob Straßenblockaden der richtige Weg sind. Dass die Menschen der Diskrepanten Bewegung zujubeln, wenn sie die Kreuzung räumen, ist nachzuvollziehen. Dass die Bewegung Polizisten in ihren Einsatzfahrzeugen festsetzt, ist kriminell. Es geht nicht, dass die Polizei an der Arbeit behindert wird.«

Gegen 9:30 Uhr war Florentine Fischer im Büro ihres Chefredakteurs, um mit ihm über die Ereignisse zu sprechen. Der Chef des *Demokratischen Beobachters* hatte sich die Bilder im Fernsehen angesehen.

»Das sah ja alles ganz friedlich aus«, begann er das Gespräch.

Die junge Journalistin schüttelte den Kopf. »Das sah nur so aus. Das war eine präzise Militäroperation. Die haben sogar die Polizei gefangengesetzt.«

Der Chefredakteur blickte irritiert. »Was? Woher wissen Sie das?«

Die Journalistin setzte ihr professionellstes Lächeln auf. »Ich war dabei.«

Ihr Chef sah sie erstaunt an, doch sie redete einfach weiter. »Außerdem berichten die Medien der Gegenseite das ganz anders. Die feiern das als gelungenen Erstschlag gegen die Ökokrieger.«

Der Chefredakteur runzelte die Stirn. »Was meinen Sie mit Gegenseite?«

»Das *Junge Deutschland*, die *Deutsche Wahrheit* und ein neuer Fernsehsender namens *Deutsches Fernsehen*. Von dem kommen auch die ganzen Bilder. Die Ökorebellen haben für 10 Uhr eine Pressekonferenz angekündigt. Die wird im Parlamentskanal übertragen. Darf ich Ihren Fernseher anmachen?«

Der Chefredakteur gab ihr wortlos die Fernbedienung, dann fuhr er hoch. »Warum sind Sie eigentlich nicht auf der Pressekonferenz?«

»Sie laden nur ihnen genehme Journalisten ein. Seitdem ich das Porträt über Annerose Nesserland gemacht habe, stehe ich bei denen auf der schwarzen Liste. Die sprechen nicht mehr mit mir.«

»Das ist ein Angriff auf die Pressefreiheit«, protestierte ihr Chef. »Dagegen müssen wir vorgehen. Wer ist denn dort von uns?«

»Die neue Redakteurin aus meinem Team.«

Ihr Chef schaute sie fragend an. »Ist das die mit dem dicken Hintern?«

Die Journalistin rollte mit den Augen. »Die Frau hat einen Doktortitel in Hegelianischer Philosophie.«

Der Chefredakteur hörte schon gar nicht mehr zu, er schaute jetzt gebannt auf den Fernseher. Das Fernsehbild zeigte einen grazilen Mikrofonständer, dahinter fünf ziemlich finster dreinschauende Bodybuilder-Typen in Uniform.

»An irgendetwas erinnern mich diese Uniformen«, murmelte der Chefredakteur.

Florentine Fischer sah ihn verwundert an. Sie war immer wieder überrascht davon, an welch unwichtige Dinge Männer in bestimmten Situationen dachten. Die grauen Uniformen waren aus grobem Stoff und sahen ziemlich hässlich aus. Sie bestanden aus einem weit geschnittenen Hemd mit Brusttaschen und weiten Reiterhosen. Das Hemd wurde durch ein breites Koppel mit goldenem Schloss zusammengehalten. Auf dem Kopf trugen die Männer eine graue Schirmmütze mit einem braunen Lederriemen und knallgelber Kokarde – offensichtlich das Logo der Ökorebellen. Dazu hatten sie hohe, klobige braune Schnürstiefel an.

Da trat auch schon Simone Satellit vor das Mikrofon, begleitet von zwei weiteren bulligen Kerlen in Uniform, die sich wie zwei Leibwächter neben die Anführerin der Ökorebellen postierten. Mit dem ihr eigenen monotonen Pathos verlas sie eine Erklärung: »Eine Sturmabteilung der Diskrepanten Bewegung hat heute Morgen eine Demonstration friedliebender Bürgerinnen und Bürger in brutaler SS-Manier auf einer Straßenkreuzung in Berlin angegriffen. Damit haben sie unserer friedlichen Bewegung den Krieg erklärt. Die Rettung der Welt vor dem Klimatod tritt damit in eine neue Phase ein. Eine Verräterin aus unseren Reihen hat sich mit den Verbrechern solidarisiert, begrüßte die brutale Aktion der Kriminellen.« Ihr Gesichtsausdruck verfinsterte sich. »Die Polizei hat sich durch ihr Nichteingreifen ebenfalls auf die Seite der Attackierer gestellt. Die staatlichen Organe haben ihre Souveränität verloren. Daher haben wir beschlossen, zum Schutz unserer Bewegung einen Schutz- und Kampfbund aufzustellen. Souverän ist, wer über den Ausnahmezustand entscheidet.«

Sofort nachdem sie diese Erklärung verlesen hatte, verschwand sie wieder, begleitet von ihren zwei Leibwächtern. Die Wand der fünf Uniformierten im Hintergrund blieb stehen. Jetzt trat einer der Pressesprecher der Ökorebellen vor das Mikro. »Meine Damen und Herren, wir werden Sie zu gegebener Zeit über unsere weiteren Maßnahmen im Kampf gegen den Klimatod und die faschistische Diskrepante Bewegung in Kenntnis setzen.« Dann verließ auch er den Raum, die fünf Uniformierten blieben weiterhin regungslos stehen. Fragen der Journalisten waren nicht zugelassen.

Der Chefredakteur lief hinter seinen Schreibtisch und setzte sich an den Computer. Einen Augenblick später rief er aus: »Ich hab's! Das sind die Uniformen des Rotfrontkämpferbundes.«

Die Journalistin bewegte sich hinter den Schreibtisch. Die Bilder-Übersicht bei Google zeigte Fotos von Mitgliedern des Rotfrontkämpferbundes, des paramilitärischen Kampfverbands der Kommunistischen Partei Deutschlands in der Weimarer Republik. Die Uniformen sahen genauso aus wie die der Männer auf der Pressekonferenz.

»Und ich weiß auch, wo ich die erst kürzlich gesehen habe«, rief der Journalist aufgeregt. »Im Theater. Das war ein Stück, das in den Zwanzigerjahren hier in Berlin spielte. Die Statisten trugen diese Uniformen, das waren alles so Bodybuilder-Typen wie die im Fernsehen.« Der Chefredakteur bekam ganz große Augen. »Das müssen dieselben Uniformen sein. Woher sollen die die sonst so schnell herhaben?«

Die junge Journalistin schaute ihren Chef ungläubig an. »Sie meinen doch nicht etwa, dass die die heute Morgen aus dem Theaterfundus geholt haben?«

»Genau das meine ich. Die wollten den Diskrepanten mit ihren schwarzen SS-Uniformen etwas entgegensetzen. Die hatten gar keine Zeit, sich so schnell etwas Neues auszudenken. Die Uniformen kommen aus dem Theater. Lassen Sie das mal nachrecherchieren.«

Florentine Fischer war immer noch skeptisch. Andererseits war ihr Chef in seinen jungen Jahren mal ein gefürchteter investigativer Journalist.

»Die haben da heute Morgen nur schnell neue Kokarden auf die Mützen draufgenäht. Und fertig ist die Ökoschlägertruppe.«

Der Chefredakteur griff zum Telefon. »Wir wollen mal sehen, was mein Freund der Innenminister dazu sagt.«

Er wählte die Kurzwahltaste, gleich neben der von Dr. Florentine Fischer, und stellte auf laut. Der Minister war sofort dran. »Na, du alter Sack, was geht denn da gerade ab?«, begrüßte der Journalist seinen Freund.

»Schlimme Situation«, entgegnete der Innenminister. »Das war heute Morgen auf der Kreuzung nicht so harmlos und nett, wie es die Fernsehbilder zeigen. Das war ein militärisch ausgeführter Kreuzungssturm.«

»Wissen wir bereits«, sagte der Chefredakteur. »Eine meiner Journalistinnen war vor Ort und hat alles mitbekommen.«

»Etwa die mit dem süßen Hintern?«, fragte der Innenminister interessiert.

Der Chefredakteur wurde verlegen. »Äh .. Äh .. Sie sitzt im Raum und hört mit.«

»Guten Morgen, Herr Innenminister«, rief Florentine Fischer demonstrativ freundlich.

»Guten Morgen, Frau Dr. Fischer«, entgegnete der Minister mit zuckersüßer Stimme. »Ich bin ein großer Bewunderer von Ihnen. Äh … ich meine natürlich von Ihrer Arbeit.«

Der Chefredakteur wollte seinem Freund weitere Peinlichkeiten ersparen und fragte sachlich: »Welche Erkenntnisse habt ihr über den Vorfall?«

Sofort veränderte der Politiker seinen Tonfall. »Meine Leute erstellen gerade ein Lagebild«, sagte er ernst. »Eins kann ich aber schon jetzt sagen: Die Lage wird sich noch verschärfen. Wir müssen damit rechnen, dass sich die Diskrepanten und die Ökorebellen in ihren komischen Uniformen Straßenschlachten liefern.

»Das sind Uniformen des Rotfrontkämpferbundes«, erklärte der Journalist. »Sie stammen aus dem Theaterfundus. Die haben die sich heute Morgen schnell besorgt und neue Aufnäher draufgenäht«, erklärte der Journalist. Der Innenminister war erstaunt. »Woher wisst ihr das denn schon wieder?«

Der Chefredakteur hatte sofort die richtige Antwort parat. »Das ist die sehr gründliche Recherche von den sehr guten Journalisten des *Demokratischen Beobachters*.«

Der Innenminister lachte. »Sollte mich nicht wundern, wenn du selbst zu Nadel und Faden gegriffen hast, damit es eine gute Story ist.«

Der Journalist lachte ebenso. »Kannst du ja dann alles im *Demokratischen Beobachter* nachlesen.«

»Ich melde mich, wenn ich etwas Neues weiß. Schreibt ihr mal bitte, dass die Ökokrieger auch nicht ohne sind. Wir müssen auch gegen die jetzt härter vorgehen. Da können wir ein bisschen mediale Unterstützung gut gebrauchen.«

»Werden wir. Mach es gut, alter Sack«, sagte der Journalist.

»Mach's besser«, rief der Innenminister zurück und legte auf.

Zu seiner Mitarbeiterin sagte der Chefredakteur: »Bleiben Sie an der Sache dran. Das wird die Titelstory.«

Die Journalistin verließ den Raum. Er schaute ihr hinterher. Dann fiel ihm noch etwas ein. »Warum waren Sie heute Morgen eigentlich vor Ort?«

Florentine Fischer wandte sich kurz um. »Weil ich eine sehr gute Journalistin bin.«

Die Journalistin hatte gerade die Tür zugemacht, als ihr auf dem Flur der Fotograf entgegenkam. Er wollte sich unauffällig an ihr vorbeischleichen, da rief sie auch schon: »Warte mal!« Der Fotograf blieb stehen.

»Annerose Nesserland hat gleich nach dem Sturm auf die Kreuzung eine Pressemitteilung rausgegeben. Da stehen Dinge drin, die nur jemand wissen kann, der vor Ort war. Hast du was damit zu tun?«

Der Fotograf blickte auf den Boden, »Äh ... ja ... äh.«

»Drucks nicht rum. Ja oder nein?«

»Als du mit den Polizisten gesprochen hast, hab ich sie angerufen …«

Florentine Fischer blickte ihren Kollegen prüfend an. »Ist da mehr zwischen euch?«

»Ich denke nicht, dass dich das was angeht«, rief der Fotograf.

»Pass bloß auf, dass du Dienstliches und Privates auseinanderhältst«, zischte Florentine Fischer, drehte sich um und ließ ihren Kollegen im Flur stehen.

Der sah ihr wütend hinterher. »Du solltest aber auch aufpassen«, murmelte er. »Du tanzt auf dem Vulkan.«

» «

Herbert brauchte morgens nach dem Aufstehen erst mal einen starken Kaffee. Den kochte er sich, noch halb im Schlaf, gerade in Friedrich Sehlings' Küche. Lorenz Meyer und der Kommandeur waren bereits hellwach. Sie saßen ungeduldig am Küchentisch. Alle drei trugen noch ihre Schlafanzüge. Die Uhr an der Wand zeigte 6:06 Uhr.

»Ich weiß schon, warum mir der Wehrdienst bei der Bundeswehr nicht gefallen hat. Da haben sie uns auch immer so früh aus dem Bett gejagt«, jammerte Herbert. Am Vorabend hatten die drei Männer zusammen gekocht, Meyer und Herbert waren über Nacht geblieben, der Kommandeur hatte für sie die beiden kleinen Gästezimmer im ersten Stock hergerichtet.

»Nun reiß dich mal zusammen«, ermahnte Meyer seinen Freund. »Denk doch mal an die Kameraden, die 1939 dabei waren. Denkst du, die haben gejammert, dass sie so früh aufstehen mussten?« Herbert grunzte nur und goss den Kaffee in die bereitstehenden Becher. »Vielleicht hätten wir den Krieg ja gewonnen, wenn wir ein bisschen später am Tag in Polen einmarschiert wären.«

Sehlings musste grinsen. Meyer dagegen fand Herberts Spruch blasphemisch und wollte gerade zu einer Standpauke ansetzen. Da klingelte sein Mobiltelefon. »Befehlshaber, ich melde: ›Operation Westerplatte‹ erfolgreich beendet. Alle Einheiten haben das Operationsgebiet verlassen. Nach 18 Minuten rollte der Verkehr wieder.«

»Ein Dank und dickes Lob an alle Kameraden«, gab Meyer zurück. »Unsere Pressemitteilung bitte um 6:30 Uhr raussenden.« Dann stand er auf, stellte sich kerzengerade in seinem Schlafanzug in die Mitte der Küche und machte Friedrich Sehlings Meldung: »Kommandeur, ich melde: ›Operation Westerplatte‹ erfolgreich beendet.«

Friedrich Sehlings erhob sich ebenfalls, blieb aber hinter dem Tisch stehen. »Gut gemacht!«

Anschließend setzten sich die beiden Männer wieder und nahmen einen Schluck aus ihren Kaffeebechern.

Herbert gähnte. »Ich hau mich noch mal aufs Ohr.«

Als er um 9 Uhr, frisch geduscht und angezogen, wieder nach unten kam, saßen Meyer und Sehlings in der Bibliothek und starrten gebannt auf den Flachbildfernseher an der Wand.

»Und? Wie ist es?«, fragte Herbert.

»Die haben alle unser Framing übernommen«, rief Meyer enthusiastisch.

Herbert schüttelte den Kopf. »Unser was?«

Meyer wandte sich kurz vom Fernseher ab und sah seinen Freund an. »Na, unser Deutungsmuster. Sie nennen die Diskrepanten eine Bürgerinitiative, sprechen von einer Aktion bürgerlicher Unterstützung und reden von der Wiederherstellung der demokratischen Ordnung. Und zeigen unsere Bilder, weil sie keine eigenen haben. Wir haben der Berichterstattung komplett unsern Stempel aufgedrückt.«

»Ich geh mal in die Küche und mach Frühstück«, entgegnet Herbert. »Davon versteh ich mehr. Möchtet ihr Rühre?«

»Ja!«, riefen Sehlings und Meyer wie aus einem Mund.

Während Herbert in der Küche herumwerkelte, saßen die beiden Männer weiter feixend vor dem Fernseher wie zwei kleine Jungs vor dem Kinderprogramm.

Nach dem Frühstück schauten sie sich alle zusammen die Pressekonferenz von Simone Satellit an. Als Friedrich Sehlings hörte, was die Anführerin der Ökorebellen von sich gab, war er regelrecht empört. »Das ist doch unser Text. Die klaut uns unseren Carl Schmitt.« Der von Simone Satellit zitierte Satz »Souverän ist, wer über den Ausnahmezustand entscheidet« war unter den Intellektuellen der Deutschlandpartei ein geflügeltes Wort, Carl Schmitt einer ihrer Helden.

Meyer zeigte auf die Bodyguards in ihren grauen Uniformen. »Die haben sie beim Rotfrontkämpferbund geklaut.« Mit historischen Uniformen kannte er sich aus, dazu brauchte er kein Google.

Er lächelte breit. »Die lässt sich ganz leicht nachschneidern«, sagte er zu seinen beiden Freunden. »Damit wird die ›Operation Gleiwitz‹ ein Kinderspiel.«

Herbert sah seine beiden Freunde fragend an. »Operation was?«

» «

Seitdem Florentine Fischer wusste, dass ihr Fotograf mit der Gründerin und Vorsitzenden der Solidarpartei zusammen war, war das früher so gute Verhältnis zwischen ihnen beiden dahin. Womöglich sah sie die beliebte und hochgeachtete Politikerin als Konkurrenz an. Florentine Fischer wollte angehimmelt werden, der Star sein. Für ihre Karriere gab sie alles. Manch einer in der

Redaktion dichteten ihr sogar eine Affäre mit dem Chef an, war doch bekannt, dass der auf junge Frauen stand.

»Wie ist es denn so mit deiner Annerose Nesserland?«, fragte Florentine Fischer ihren Kollegen, als sie ein paar Wochen später wieder einmal zu einer Demonstration der Ökorebellen unterwegs waren, die erste nach dem Kreuzungssturm am Frankfurter Tor. Seitdem hatten die Ökorebellen all ihre Performance-Besetzungen und Kurzzeit-Blockaden eingestellt. Nur die Blockadecamps auf einigen zentralen Kreuzungen liefen weiter, jetzt allerdings geschützt durch ein riesiges Polizeiaufgebot.

Schon weit vor der Kreuzung hatte die Polizei an diesem Vormittag die Straße abgesperrt, die Journalisten mussten durch den Nieselregen zu Fuß gehen. An einem Kontrollpunkt wurden die Ausweise überprüft. Nur Journalisten und Angehörige der Ökorebellen wurden durchgelassen, keine Passanten. Trotz des Regens und der Unannehmlichkeiten waren viele Journalisten und die Kamerateams aller großen Sendeanstalten vor Ort – in der Erwartung, dass die Diskrepanten wieder zuschlagen würden.

Dieses Mal bot sich dem Team des *Demokratischen Beobachters* ein anderes Bild als bei vorhergehenden Performances der Ökorebellen. Eine Gruppe Mädchen in Vogelkostümen, frierend und mit angespannten Gesichtern, stand mitten auf der Kreuzung und wartete auf den Beginn ihrer Darbietung. Um sie herum hatten sich Männer in den grauen Uniformen des Ökofrontkämpferbundes postiert. Sie bildeten den ersten Sicherungsring. Einen zweiten bildeten Polizisten mit Helmen und Schilden. Die Szenerie sah bedrohlich aus.

»Es geht das Gerücht um, dass der Innenminister die GSG 9 angewiesen hat, sich bereitzuhalten«, sagte der Fotograf zu seiner Kollegin.

»Ist das nicht alles ein bisschen übertrieben?«, entgegnete Florentine Fischer gereizt. »So gefährlich scheinen diese Diskrepanten ja nun nicht zu sein. Seit dem Kreuzungssturm gab es von denen nur ein paar harmlose Demos und Informationsstände.« Dann fügte sie in einem ziemlich verächtlichen Tonfall hinzu: »Genau wie bei deiner Annerose Nesserland.«

Der Fotojournalist antwortete darauf nichts, sondern verzog sich, um Bilder von den frierenden Mädchen in ihren Vogelkostümen zu machen.

Auf der von der Polizei und den Männern des Ökofrontkämpferbundes gesicherten Kreuzung blieb alles ruhig. Die Tanzmädchen tanzten gegen den Flugverkehr, der den armen Vögeln den Lebensraum raubte. Simone Satellit hielt eine aggressive Rede gegen das System, das man notfalls mit Gewalt bekämpfen müsse. Und die Kamerateams der Fernsehsender filmten, wo sie nun schon mal da waren, alles für die Nachrichten mit.

»Ist dir aufgefallen, dass die Ökofrontkämpfer neue Uniformen haben? Die kommen bestimmt nicht aus dem Kostümfundus«, sagte Florentine Fischer zu ihrem Kollegen im Auto auf dem Rückweg in die Redaktion. Sie war verstimmt, weil der Termin keine Geschichte brachte und sie sich umsonst aufgemacht hatten.

»Vielleicht haben sie die ja in irgendeinem asiatischen Sweatshop von Kindern nähen lassen«, sagte der Fotograf. »Das wäre doch eine Gesch…«

Weiter kam er nicht, da brüllte seine Kollegin auch schon los: »Dein kommunistisches Geschwätz kannst du dir für deine Schäferstündchen mit Annerose Nesserland aufsparen.«

Jetzt platzte dem Fotografen der Kragen. »Wenn ich ein Kommunist bin, dann bist du eine Nazibraut«, rief er verächtlich. »Oder ist dein Liebhaber etwa nicht der Fraktionsgeschäftsführer der Deutschlandpartei? Kein Wunder, dass du immer so scheißfreundlich über die schreibst.«

Die junge Frau fuhr nach rechts und bremste scharf. Sie warf ihrem Kollegen einen vernichtenden Blick zu. »Verlass bitte sofort mein Auto. Ich denke, du kommst allein in die Redaktion zurück. Ich glaube nicht, dass wir beide in Zukunft noch zusammenarbeiten werden.«

Der Fotograf stieg aus dem Auto, knallte die Beifahrertür zu, und stapfte davon.

Florentine Fischer saß noch eine ganze Weile reglos da und starrte durch die Windschutzscheibe, bevor sie den Motor anließ.

» «

In den darauffolgenden Wochen schaukelten sich die Machtdemonstrationen zwischen den Ökorebellen und den Diskrepanten weiter hoch.

Die Anhänger der Bewegung von Simone Satellit stürmten, an den Brüdern Humboldt vorbei, die links und rechts neben dem Eingang thronten, das Hauptgebäude der Humboldt-Universität und erklärten es zu ihrem Hauptquartier. Gehindert wurden sie daran nicht, viele der Studenten waren Mitglieder der Bewegung, auch unter den Dozenten und Professoren gab es viele Anhänger. Auf dem Dach wehte fortan die knallgelbe Flagge mit dem schwarzen Totenkopf. Der Berliner Senat unternahm nichts gegen die Besetzung und verwies auf die Freiheit von Forschung und Lehre, die man nicht antasten dürfe.

Die Präsidentin der Universität, ein Mitglied der Ökopartei und sogar für einige Jahre Landesministerin auf dem Ticket der Partei, erklärte in einer Pressekonferenz ihren Übertritt zur Partei der Ökorebellen. Auf dem Podium brandmarkte sie, flankiert von Simone Satellit, den Bundesvorsitzenden der Ökopartei und Innenminister als »üblen Macho« und »Sexisten«.

Die Diskrepanten wiederum hatten seit dem Kreuzungssturm am Frankfurter Tor den Takt ihrer Demonstrationen stetig erhöht. Statt nur montags, mittwochs und freitags demonstrierten sie nun jeden Werktag vor irgendwelchen Einrichtungen, genauso diszipliniert, wohlgeordnet und immer offiziell angemeldet, wie man es von ihnen kannte. Die Polizei und die Journalisten konnten ihre Uhren nach den Aktionen der Männer und Frauen in den schwarzen Uniformen stellen. Direkte Konfrontationen mit den Ökorebellen gab es keine.

Samstags war der Tag für ihre Aktionen zur »Bürgerinformation«, wie die Diskrepanten es nannten. Es gab kaum eine Fußgängerzone oder einen belebten Platz, wo die Frauen und Männer in ihren adretten, schwarzen Uniformen nicht einen Informationsstand aufbauten. Fast überall, wo sie mit ihren Ständen auftauchten, wurden sie von Passanten umlagert. Viele wollten mehr über diese disziplinierten jungen Leute wissen, die den Ökorebellen so couragiert Paroli geboten und Politikern wie Polizei demonstriert hatten, wie man mit solchen Kreuzungsbesetzern kurzen Prozess machte.

Am Sonntag hatten die Diskrepanten dienstfrei. Bis zu jenem denkwürdigen Sonntagnachmittag im Oktober. Es war Punkt 15 Uhr, als plötzlich der gesamte Opernplatz gegenüber dem Hauptgebäude der Universität mit ihnen gefüllt war. Mit einem Mal waren die Frauen und Männer in ihren schwarzen Uniformen überall. Und keiner der drei Polizisten, die vor der Universität routinemäßig postiert waren, hatte mitbekommen, woher die Armee der Schwarzen so plötzlich hergekommen war.

Die Polizisten erkannten auch keine zielgerichtete Aktion des schwarzen Schwarms. Kein Schild, kein Transparent, kein Flugblatt. Die Diskrepanten verhielten sich vollkommen ruhig, liefen langsam über den Platz wie Touristen, wanderten über die Bürgersteige, überquerten, vorbildlich die Ampeln benutzend, den Boulevard Unter den Linden, um auf dem breiten Fußweg vor dem Hauptgebäude der Universität auf und ab zu spazieren. Sie stöberten an den Ständen mit antiquarischen Büchern vor dem

Universitätsgebäude. Der ein oder andere kaufte auch ein Buch, wie es sonst die Touristen taten.

Sie schwärmten auch in die Seitenstraßen aus, bevölkerten den Platz zwischen dem Universitätsgebäude und dem Deutschen Historischen Museum, lustwandelten unter den dort in Reih und Glied stehenden Kastanienbäumen, schauten sich die Neue Wache an, die zentrale Gedenkstätte der Bundesrepublik Deutschland für die Opfer von Krieg und Gewaltherrschaft. Ebenso interessierten sie sich für das monumentale Reiterstandbild Friedrichs des Großen vor dem Universitätsgebäude. Die üblichen Touristen, die an diesem Sonntag unterwegs waren, hatten angesichts der gespenstischen schwarzen Inszenierung schnell das Weite gesucht, einige wenige Mutige drängten sich an die Hauswände in gespannter Erwartung, was wohl passieren würde.

Natürlich hatten die Polizisten sogleich das Lagezentrum informiert. Das setzte die im Stadtgebiet verteilten Bereitschaftskräfte in Marsch. Bevor jedoch das erste Fahrzeug bei der Humboldt-Universität ankam, hatten sich die Diskrepanten, genauso leise und unbemerkt, wie sie gekommen waren, wieder in die Seitenstraßen verzogen. Beim Eintreffen der Bereitschaftspolizisten waren der Platz und die Bürgersteige völlig leer – mit Ausnahme der drei Polizeibeamten, einiger noch immer auf die große Show wartenden Touristen und den Buchhändlern, die vor dem Hauptgebäude der Universität standen.

In einer eilends im Innenministerium einberufenen Krisensitzung schätzten die Sicherheitsbehörden die Zahl der aufmarschierten Uniformierten auf 2000. Der Chef der Dienste erklärte seinem ratlosen Dienstherrn die mysteriöse Aktion als eine »Show of Force«, eine Demonstration der militärischen Stärke, vergleichbar dem Überfliegen feindlicher Kräfte mit Kampfbombern ohne Bombenabwurf oder dem Einsatz eines Flugzeugträgers in Krisengebieten in Form eines Manövers.

Der Innenminister blickte besorgt. »Was wissen wir denn über diese Diskrepanten?«

»Die Informationslage ist recht dünn«, erwiderte der Chef der Dienste. »Wir gehen davon aus, dass deren Mitglieder in Spionageabwehr ausgebildet werden. Auf jeden Fall sind sie militärisch gedrillt und damit höchst gefährlich. Wir können nur abwarten, bis sie zum ersten Mal zuschlagen.«

KAPITEL 13

Florentine Fischer war die schwarzhaarige Frau gleich zu Beginn aufgefallen. Sie saß in der ersten Reihe und starrte sie die ganze Zeit an. Auch wenn sie gar nicht dran war, sondern einer der drei anderen Teilnehmer der Podiumsdiskussion »Die Zukunft des Journalismus in unruhigen Zeiten«. Die Journalistin war irritiert, trotzdem ließ sie sich nicht aus der Ruhe bringen. Als Leiterin des Berliner Büros des *Demokratischen Beobachters* waren solche Termine inzwischen Routine für sie. In ihrer Position gehörte sie zu den Top-Journalisten der Republik.

Nach solchen Veranstaltungen gab es meist eine Reihe von Besuchern, die die Podiumsteilnehmer belagerten und ihre spezielle Sicht der Dinge unter vier Augen mitteilen wollten. So auch diesmal. Im Gespräch mit einem alten Mann sah Florentine Fischer aus dem Augenwinkel heraus, dass die durchtrainierte große Frau mit den pechschwarzen Haaren noch immer da war. Sie stand jetzt am Eingang, kerzengerade, mit erhobenem Haupt, und immer noch mit dem starren durchdringenden Blick. Langsam wurde der Journalistin mulmig.

Als der letzte Besucher mit seinem Anliegen zu Ende war, griff Florentine Fischer ihre Handtasche und ging langsam in Richtung Ausgang. Es waren noch zwei Meter zwischen ihr und der Frau, als die plötzlich einen Schritt zur Seite machte und sich mitten vor ihr Opfer stellte.

Sie standen sich jetzt, mit einem halben Meter Abstand, direkt gegenüber. Aus der Nähe wirkte die schwarze Hünin noch bedrohlicher, die Journalistin musste zu ihr hochschauen, direkt in das markante, finstere Gesicht.

Ohne sich vorzustellen, legte die Frau los: »Lorenz ist mein Geliebter. Lassen Sie die Finger von ihm! Friedrich Sehlings hat mir alles von Ihnen und Lorenz erzählt. Er ist unser großer Kommandeur.«

Florentine Fischer war ziemlich verdattert. »Wer sind Sie denn?«

»Ich bin Barbarossas Frau«, fauchte die Schwarzhaarige. »Lorenz liebt nur mich. Nicht Sie. Wir haben Kinder zusammen. Mit Ihnen ist er nur für die Mission zusammen.«

»Ich verstehe nicht …«, sagte die Journalistin.

»Lorenz gehört seit Jahren zu den Diskrepanten. Er ist deren Befehlshaber.«

»Das kann nicht sein«, entfuhr es der Journalistin.

»Fragen Sie ihn. Und dann lassen Sie die Finger von ihm.« Die schwarze Amazone drehte sich um und ließ die Journalistin stehen.

Gleich nach dem Vorfall meldete sich Florentine Fischer krank. In den drei folgenden Tagen verließ sie das Bett nur, um mit verheultem Gesicht Pizzalieferungen entgegenzunehmen. Sie ging auch nicht ans Telefon. Dann schickte ihr Herbert eine SMS: »Ich bin in fünf Minuten bei dir und bringe was mit.«

Exakt fünf Minuten später klingelte es an ihrer Wohnungstür. Sie schaute durch den Türspion. Es war Herbert mit einem riesengroßen altmodischen Eierkorb, gefüllt mit köstlichen Lebensmitteln. Ohne zu zögern, öffnete sie die Tür und drückte den Besucher fest an sich. Ihr war ganz egal, dass sie ihren Kleinmädchen-Schlafanzug mit den Teddybären darauf anhatte und ihre Haare total verwuschelt waren.

»Du hast bestimmt seit Tagen nichts Vernünftiges gegessen«, sagte Herbert. Die beiden hatten sich inzwischen angefreundet.

Nach dem Tod ihres Onkels hatte er sich um die junge Frau gekümmert und sie getröstet. Dass sie die Freundin von Lorenz Meyer war, hatte sie ihm aber nicht gesagt.

Herbert blickte besorgt. »Ich habe bei dir in der Redaktion angerufen. Sie haben mir gesagt, dass du dich krankgemeldet hast. Ich dachte, dass du was zum Essen brauchst. Was ist denn überhaupt los?«

Die promovierte Juristin sah den dicken Mann mit verschämtem Blick an. »Du, Herbert, ich muss dir etwas beichten. Ich habe dir nichts davon erzählt. Jetzt hat mir jemand, den du kennst, sehr wehgetan.«

»Das kannst du mir alles später beim Essen erzählen. Nimm du erst mal ein erholsames Bad, und ich koche dir was Schönes.«

Florentine Fischer stellte sich auf die Zehenspitzen und gab Herbert einen Kuss auf die Wange. »Du bist ein Schatz. So machen wir es.« Dann war sie auch schon ins Badezimmer entfleucht.

Später beim Essen erzählte sie Herbert die ganze Geschichte. Der vollbrachte eine schauspielerische Glanzleistung, um sich nicht anmerken zu lassen, dass er längst bis ins kleinste Detail Bescheid wusste.

» «

Dr. Lorenz Meyer fühlte sich wie ein einziges Häuflein Elend. Mit eingefallenem Gesicht saß er seinen beiden Freunden Oliver Felsenstier und Friedrich Sehlings im »Alten Fritz« gegenüber.

»Die hat nur noch gekreischt«, stammelte er. »Die war völlig hysterisch.« Er raufte sich die Haare. »Als ich die Wohnungstür aufmachte, stand sie schon wartend im Flur und fing sofort an zu brüllen. Wie eine Furie ist sie auf mich losgegangen. Die muss ihr wohl alles erzählt haben. Von den Kindern, von den Diskrepanten, von der Mission …«

Oliver Felsenstier konnte sich ein Lächeln nicht verkneifen. »Das kommt davon, wenn man sich mit dieser Sorte Mädchen einlässt.«

»Die ist völlig ausgerastet …«, fuhr Meyer fort, noch immer fassungslos.

»Ausgerastet ist ja wohl eher dein Burgfräulein, weil du ihr nichts von Florentine erzählt hast«, entgegnete Felsenstier. »Warum hast du denn nicht mal mit einem Wort erwähnt, dass du mit der nur wegen der Mission zusammen bist? Sozusagen als Pflichterfüllung. Das hätte sie doch verstanden. So musste sie denken, dass du sie betrügst. Das hattest du nicht im Griff.«

Lorenz Meyer schaute den Journalisten mit großen Augen an. »Wie soll man denn eine so leidenschaftliche Frau im Griff haben?«

»Wie konnte sie unsere Mission nur so in Gefahr bringen!«, ging Friedrich Sehlings dazwischen. Er fasste sich an den Kopf. »Und ich war der Idiot, der es ihr verraten hat, dass du was mit dieser Journalistin hast!«

Bei seinem letzten Besuch auf der Pfalz traf er Adela ziemlich niedergeschlagen an. »Mein Grundsatz, dass eine deutsche Frau an der Seite ihres Mannes bis zum Tod bleiben muss, ist doch wohl falsch«, erklärte sie. Daraufhin nahm Sehlings sie fest in den Arm und bat sie um Geduld. »Ich verspreche dir, dass ich eine Lösung finde. Und im Moment nimmt Lorenz ja die Florentine Fischer vom *Demokratischen Beobachter* ganz schön in Beschlag.« Adela entgegnete nichts darauf und ließ sich nicht anmerken, dass sie von all dem gar nichts wusste.

Oliver Felsenstier antwortete: »Mach dir keine Vorwürfe, Kommandeur. Das konnte doch keiner ahnen, dass unser Lorenz seinem Burgfräulein nicht erzählt hat, dass er was mit der angefangen hat, um an Informationen zu kommen. Die musste ja wirklich denken, dass er sie nicht mehr liebt.«

Sehlings schüttelte den Kopf: »Ich fühle mich trotzdem schuldig. Ich hätte Lorenz befehlen müssen, sie zu informieren.« Dabei schaute er mitfühlend auf seinen Freund, der mit beiden Händen das Glas Wodka umklammerte, das sie ihm bestellt hatten.

»Man nennt es Liebe, Eifersucht, Rache«, fuhr Oliver Felsenstier fort. »Die Frau liebt ihren Lorenz halt über alles. Sie kann es nicht verkraften, dass er noch was mit einer anderen hat.« Sehlings seufzte.

»Marga Himmler soll auch ziemlich verbittert gewesen sein, als sie von Häsi erfuhr«, redete Felsenstier weiter. »Das mit Himmlers Kinderzeugungsbefehl für die SS war zwar eine schöne Idee, aber wenig realitätstauglich. Wenn nicht an anderen Unzulänglichkeiten wäre das Tausendjährige Reich nach dem Endsieg an dieser Verkennung der menschlichen Natur gescheitert.«

»Du hast recht«, sagte Sehlings. »Solche Schlampereien wird es bei uns nicht geben«, erklärte er.

»Eifersüchtige Frauen sind zu allem fähig«, fügte Felsenstier hinzu.

»Rachsüchtige noch viel mehr«, ergänzte Sehlings.

Felsenstier nickte. »Wir haben da jetzt ein kleines Problem mit Frau Dr. Fischer. Sie wird sich an Lorenz rächen wollen und sicher auch dich, Kommandeur, da mit reinziehen. Herbert passt ein bisschen auf sie auf. Aber ich möchte ungern im *Demokratischen Beobachter* lesen, was unser Burgfräulein ihr erzählt hat.«

Meyer fiel die Kinnlade herunter. Daran hatte er noch gar nicht gedacht. Auf Frauenlogik war er nicht trainiert. »Was machen wir denn nun?«, stammelte er.

Oliver Felsenstier lächelte. »Macht euch keine Sorgen. Ich hab da schon eine Idee«, erklärte er in betont-ruhigem Ton. Und zu Meyer gewandt: »Du solltest Herbert mal fragen, wie man mit Frauen umgeht. Er hat da ein bisschen mehr Ahnung als du.«

Meyer seufzte tief und starrte auf sein Wodkaglas.

» «

Das war das Schöne an den Parlamentarischen Abenden der Lobbyorganisationen: Es gab immer genug zu essen, und meistens war es auch köstlich. Die Gastgeber, die Lobbyisten der Verbände oder Konzerne, wollten sich nicht lumpen lassen. Oliver Felsenstier stand am Cocktailtisch und löffelte bereits die dritte Portion Mousse au Chocolat, und er überlegte, ob er sich noch eine vierte Portion gönnen sollte. Obwohl er dem Dessert seine volle Aufmerksamkeit widmete, vergaß er doch nicht den eigentlichen Zweck seiner heutigen Mission.

Schon eine ganze Weile hatte er den Cocktailtisch im Auge, der ein paar Meter entfernt stand. Um ihn herum hatten sich der Chefredakteur des *Demokratischen Beobachters* und zwei Hinterbänkler der Christpartei gruppiert. Die Politiker verhielten sich dem Chef des Magazins gegenüber ziemlich unterwürfig. Trotz der stetig sinkenden Auflage und der allgegenwärtigen Konkurrenz durch das Internet und die Sozialen Medien besaß der *Demokratische Beobachter* immer noch eine Macht wie kein anderes Blatt in der Berliner Republik. Mit einer einzigen Schlagzeile konnte es die Karriere von Politikern entscheidend befördern oder abrupt beenden. Dieser Macht war sich der Chefredakteur des *Demokratischen Beobachters* stets bewusst. Das sah man schon an seiner gespannten Körperhaltung, seinen herrischen Gesten.

Endlich verabschiedeten sich die beiden Politiker. Sie sahen erleichtert aus. Wahrscheinlich hatte der Chefredakteur ihnen gerade klargemacht, dass seine Leute ihre lässigen Verfehlungen nicht weiterverfolgen würden, sie waren zu kleine Fische. Der Chefredakteur blieb allein am Cocktailtisch zurück, die letzten Reste der Mousse au Chocolat aus seinem Gläschen kratzend. Anscheinend war er genauso angetan von dem Dessert wie Oliver Felsenstier.

Der nutzte jetzt die Gelegenheit. »Guten Abend«, begrüßte er den Chef des *Demokratischen Beobachters*. »Ich weiß, Sie mögen mich nicht. Trotzdem möchte ich Sie gerne um einen Augenblick Ihrer Zeit bitten.«

Der Top-Journalist sah Felsenstier an. »Guten Abend«, erwiderte er barsch. »Was wollen Sie?«

Felsenstier hatte sich gut vorbereitet und war das Gespräch während der drei Nachtische noch einmal in Gedanken durchgegangen. »Ich habe da eine ziemlich interessante Geschichte, die ich bringen könnte.«

Der Chef des *Demokratischen Beobachters* blickte seinen Kollegen mürrisch an: »Was gehen mich Ihre Geschichten an ...«

»Viel. Es geht um Sie«, erwiderte Felsenstier.

»Um mich?« Sein Gegenüber blickte erstaunt.

»Ja, wir haben da einen Skandal recherchiert, der dem *Demokratischen Beobachters* die Reputation und Ihnen den Job kosten könnte.«

Der alte Journalist war verdattert angesichts der Frechheit, die ihm der rechte Schmierfink da entgegenschleuderte: »Einen Skandal?«

»Es geht um Dr. Florentine Fischer. Haben Sie sie nicht kürzlich zur Leiterin des Berliner Büros gemacht?«

Jetzt wurde der Chef des Magazins hellhörig. »Was ist mit der?«

»Wissen Sie, dass der verstorbene Hausding ihr Onkel war?«

Der alte Journalist schaute ihn ungläubig an.

»Und wissen Sie, dass er sie regelmäßig gebrieft hat, ihr ganze Artikel diktierte, wenn es ihm nützlich war?«

Der Chef des *Demokratischen Beobachters* sagte nichts darauf.

»Erinnern Sie sich, wer als Erstes über Hans-Jürgen Lehmann geschrieben hat und ihn ins Rampenlicht katapultiert hat? Wer hat ihr wohl den Lehmann empfohlen? Und wer hat ihr wohl das

Video von dem Bürgerdialog mit Marie Köster zugespielt?« All diese Fragen warf OIiver Felsenstier seinem Chefredakteurskollegen höflich, aber bestimmt an den Kopf. Der schwieg hartnäckig, wurde aber sichtlich nervös.

»Das Video hat sie von ihrem Geliebten«, fuhr Felsenstier fort. »Und wissen Sie, wer ihr Geliebter ist?« Der Chef des *Jungen Deutschlands* lächelte breit.

»Nein, das weiß ich nicht«, unterbrach der Chef des *Demokratischen Beobachters* jetzt sein Schweigen.

»Es ist der Fraktionsgeschäftsführer der Deutschlandpartei im Bundestag. Von ihm bekam sie damals übrigens auch das Strategiepapier des Obersts.« Das Lächeln im Gesicht von Oliver Felsenstier wurde noch breiter. Es wäre doch schade, wenn ...«

Sein Gegenüber unterbrach ihn. »Was wollen Sie?«

»Ich möchte Mitglied im Chefredakteursclub werden, dem sie vorsitzen. Ich möchte, dass sie mich als Mitglied vorschlagen.«

Der Chefredakteur des *Demokratischen Beobachters* hatte genug gehört. »Ich werde prüfen, ob das wahr ist, was Sie mir hier vorgetragen haben. Ich melde mich bei Ihnen. Guten Abend.«

Oliver Felsenstier hielt seinem Chefredakteurskollegen seine Visitenkarte vor die Nase. »Dann gebe ich Ihnen mal sicherheitshalber meine Karte. Sie können mich immer erreichen. Guten Abend.«

Der Chefredakteur des *Demokratischen Beobachters* war entschlossen, der Sache sogleich auf den Grund zu gehen. Die Angelegenheit duldete keinen Aufschub. Gleich am nächsten Morgen zitierte er den engsten Mitarbeiter von Florentine Fischer zu sich.

Der Fotograf hatte ein mulmiges Gefühl. Es kam nicht oft vor, dass der Chefredakteur ihn unter vier Augen sprechen wollte. Der Chef sah grimmig von einem Schriftstück auf, als der junge Mann hereintrat. Wortlos wies er seinem Mitarbeiter den schwarzen Ledersessel vor seinem Schreibtisch zu. Der Fotograf setzte sich. Er ahnte, worum es ging. Vor ein paar Wochen hatte er seine Chefin »Nazibraut« genannt. Er rechnete mit dem Schlimmsten.

Der Chefredakteur legte sein Schriftstück beiseite und fixierte seinen Mitarbeiter. »Es geht um eine delikate Angelegenheit, die ich mit Ihnen besprechen möchte.«

Der Fotograf entgegnete nichts und nickte nur.

»Ich möchte Ihnen ein paar Fragen stellen.«

Der junge Mann nickte wieder.

»Denken Sie bitte nicht, dass ich Sie ausfragen möchte. Normalerweise gehen mich private Dinge nichts an. Aber hier geht es um unseren Ruf.« Der Fotojournalist wurde blass im Gesicht.

»Es geht um Frau Dr. Fischer«, fuhr der Chefredakteur fort. »Sie arbeiten doch eng mit ihr zusammen. Sie scheint nicht mehr tragbar für uns.«

Damit hatte der Fotoreporter jetzt nicht gerechnet. Er schaute seinen Chef verwundert an.

»Dieses Gespräch bleibt natürlich unter uns«, gab der zurück. »Sie können sich darauf verlassen. Gleiches erwarte ich natürlich auch von Ihnen.«

Der Fotograf blieb stumm und nickte wieder.

»Können Sie bestätigen, dass es verwandtschaftliche Beziehungen von Frau Dr. Fischer zu diesem Hausding gibt? Dass der Alte ihr Onkel war?«

»Es … es deutet alles darauf hin«, erwiderte der Fotograf und wartete auf eine Reaktion seines Chefs. Der seufzte. Es war ihm anzusehen, dass er auf eine andere Antwort gehofft hatte.

»Und stimmt es, dass Frau Dr. Fischer mit dem Fraktionsgeschäftsführer der Deutschlandpartei im Bundestag liiert ist?«

Der junge Mann nickte wieder, den Blick auf den Boden gerichtet. »Sie scheinen es geheim halten zu wollen. Es gibt aber Kollegen, die das dokumentiert haben. Wenn Sie Beweismaterial brauchen, kann ich Ihnen das besorgen.«

Der Fotograf des *Demokratischen Beobachters* war fast aus allen Wolken gefallen, als ihn auf einer Veranstaltung sein Kollege Woody, der seit Jahrzehnten die Naziszene beobachtete und dokumentierte, zur Seite nahm und fragte: »Weißt du eigentlich, mit wem deine Chefin verwandt ist und mit wem sie sich herumtreibt?« Woody hatte ihm sogar Fotos gezeigt, wie Lorenz Meyer und Florentine Fischer Händchen haltend durch den Wald spazierten.

Der Chefredakteur machte eine wegwerfende Handbewegung. »Ihr Wort genügt mir. Sie haben mir sehr geholfen. Ich danke Ihnen für Ihre Offenheit.«

Das war das Zeichen, dass der Fotograf gehen durfte, doch er blieb sitzen. Er seufzte leise und sagte dann: »Ich muss Ihnen leider auch etwas melden.«

Sein Chef schaute ihn fragend an. »Ja, was haben Sie denn?«

»Ich bin mit Annerose Nesserland liiert, der Gründerin und Vorsitzenden der Solidarpartei.«

Der alte Mann lächelte seinen jungen Mitarbeiter an. »Herzlichen Glückwunsch! Eine charismatische Frau. Sehr intellektuell mit interessanten Ideen. Vielleicht stellen Sie uns demnächst einmal vor.« Damit war für ihn die Sache erledigt.

Der Chefredakteur wartete ein paar Minuten, dann rief er die Leiterin des Berliner Büros zu sich. Florentine Fischer war bester Laune, als sie an die Tür ihres Chefs klopfte. Bei der Gelegenheit konnte sie ihm auch gleich von ihren Recherchen zur Diskrepanten Bewegung und deren Chef, den Fraktionsgeschäftsführer der Deutschlandpartei im Bundestag, berichten. Das würde der Scoop des Jahres werden, da war sich die Journalistin sicher.

Anders als sonst bat der Chefredakteur ihr dieses Mal nicht den Sessel an, sondern ließ sie vor seinem Schreibtisch stehen. Er blickte sie scharf an und fragte: »Woher hatten Sie das Strategiepapier des Obersts?«

Die Journalistin war perplex. »Das … wurde mir von einer anonymen Quelle zugespielt.«

»Sie lügen«, rief der Chefredakteur mit schneidender Stimme. »Das haben Sie von Ihrem Freund, dem Fraktionsgeschäftsführer der Deutschlandpartei.«

Die Frau wusste nicht, was sie sagen sollte. »Ich … Ich …«, stammelte sie.

»Außerdem haben Sie uns verschwiegen, dass der alte Hausding Ihr Onkel ist. Sie sind mit der Deutschlandpartei familiär und persönlich verquickt. Sie haben uns darüber im Dunkeln gehalten. Alles, was Sie zur Deutschlandpartei gemacht haben, erscheint damit in einem anderen Licht. Ich werde alles, was Sie geschrieben haben, überprüfen lassen.« Der Chefredakteur atmete kurz durch, bevor er weiterredete: »Aber auch so sind Sie für uns nicht mehr tragbar.«

Florentine Fischer schwieg, sie wusste, dass hier jeder Versuch der Rechtfertigung ins Leere lief.

»Ich möchte Ihnen ein Angebot machen«, fuhr der Chefredakteur fort. »Wenn wir Sie entlassen, werden die Gründe dafür sofort die Runde machen. Sie werden bei keinem seriösen Medium mehr unterkommen. Wenn Sie Ihre Kündigung einreichen, und zwar noch heute, werden Sie bis zum Jahresende bei vollen Bezügen freigestellt, und wir werden über alles schweigen. Erklären Sie einfach, dass Sie sich beruflich neu orientieren wollen. Sind Sie damit einverstanden?«

Die promovierte Juristin erkannte sofort, dass dies ein schmutziger Deal war, aber immerhin ein großzügiger in ihrer Lage. »Einverstanden«, gab sie kleinlaut zurück.

Wortlos wies der Chefredakteur seiner Mitarbeiterin die Tür. »Dann packen Sie am besten gleich Ihre Sachen.«

Florentine Fischer rang mit den Tränen, als sie das Büro verließ, doch bemühte sie sich um Fassung.

Der Chefredakteur des *Demokratischen Beobachters* war ein Mann, der zu seinem Wort stand. Als er wieder allein in seinem Büro war, holte er die Visitenkarte von Oliver Felsenstier aus seiner Geldbörse und griff zum Hörer des Festnetztelefons, um die Nummer des Chefredakteurskollegen zu wählen.

»Herr Felsenstier, ich habe Ihre Recherchen geprüft«, rief er ins Telefon. »Ich habe Frau Dr. Fischer gerade freigestellt. Ich werde dafür sorgen, dass Sie in den Club aufgenommen werden.«

» «

Die drei Männer der Küchenbrigade saßen in Friedrich Sehlings' Bibliothek vor dem großen Flachbildfernseher und warteten auf den Beginn der Zwanzig-Uhr-Nachrichten des öffentlich-rechtlichen Fernsehens. An diesem Abend hatten sie gemeinsam Friedrich Sehlings' Leibgericht zubereitet: Rinderrouladen mit brauner Soße. Es war wie immer ein Hochgenuss. Der Kommandeur schenkte Cognac ein. Sie waren gespannt, ihre »Operation Gleiwitz« würde ganz sicher die Spitzenmeldung sein.

»Das ist übrigens echtes Blut, das ihr gleich sehen werdet«, berichtete Lorenz Meyer voller Stolz. »Die Kameradinnen und Kameraden liegen jetzt tatsächlich im Krankenhaus. Morgen Früh wird Lehmann sie am Krankenbett besuchen. Unsere Medien werden natürlich dabei sein.«

Friedrich Sehlings und Herbert sahen sich ungläubig an. »Wie, echtes Blut?«, fragte Herbert. »Du willst uns doch nicht sagen, dass die sich wirklich haben zusammenschlagen lassen?«

Meyer nickte heftig. »Es sollte doch echt aussehen. Sie haben vorher ausgelost, wer Diskrepanter sein darf und wer Ökofrontkämpfer. Die Diskrepanten haben tapfer hingehalten, einige haben sogar echte Knochenbrüche.«

»Ihr seid schon ein verrückter Haufen«, sagte Herbert, immer noch leicht ungläubig.

»Es sind Helden«, sagte jetzt Sehlings. »Es sind die Helden unserer Bewegung. Es sind echte deutsche Helden.« Ihr Kommandeur hatte das Talent, in Situationen wie dieser den Tonfall des Führers sehr glaubhaft nachzumachen.

Es war tatsächlich die erste Meldung der Hauptnachrichtensendung, die Medienstrategie der Diskrepanten war wieder einmal aufgegangen. Auf dem Bildschirm war eine Gruppe uniformierter, mit Messern und Baseballschlägern bewaffneter Ökofrontkämpfer zu sehen, die einen Informationsstand der Diskrepanten Bewegung in einer belebten Fußgängerzone überfielen und die wehrlosen Männer und Frauen in ihren schwarzen Uniformen übel zurichteten.

»Die Uniformen des Ökofrontkämpferbundes haben wir nachschneidern lassen«, erklärte Meyer. »Die Aufnahmen haben unsere Leute mit den Kameras ihrer Mobiltelefone gemacht, getarnt als Passanten. Sie haben sie den Systemmedien zugespielt. Auf unseren Medien läuft das natürlich auf allen Kanälen.« Meyer verschränkte die Arme hinter dem Kopf und lehnte sich zurück. »Wie jeder sehen kann: Die friedlichen Diskrepanten sind das Opfer brutalster Gewalt vonseiten des Ökofrontkämpferbundes geworden.«

Herbert stand auf und betrachtete sich die Bilder aus der Nähe. »Die armen Mädchen, die sich da haben zusammenschlagen lassen! Lorenz, du hast bei deiner Truppe ein paar echt süße Hasen dabei. Die muss doch irgendjemand trösten jetzt ...«

Der Angesprochene warf seinem Freund einen bösen Blick zu. »Untersteh dich! Das sind Soldatinnen der Bewegung. Du kannst dich mit den Frauen der Braunpullover amüsieren. Meine Kriegerinnen sind für dich tabu.«

»Gute Arbeit, Lorenz«, unterbrach Friedrich Sehlings das verbale Scharmützel seiner beiden Freunde. Dann stand er auf, nahm militärische Grundstellung ein und skandierte: Die ›Operation Gleiwitz‹ ist ein großer Erfolg. Ich danke dir. Du erhältst ein Lob.«

Lorenz Meyer stand auf, nahm ebenfalls Grundhaltung ein und entgegnete formell: »Danke, Kommandeur. Ich habe nur meine Pflicht getan. Mit dieser Operation sind wir in die dritte Phase des Gesamtplans eingetreten. Jetzt werden wir zurückschlagen. Wir werden der Gesellschaft ihre moralische und geistige Verwundbarkeit deutlich machen.«

Herbert war kein Freund des Pathos. Er hatte nur als einfacher Wehrpflichtiger gedient. Sich demonstrativ in seinen Ledersessel hineinfläzend, während seine beiden Freunde noch mit strammer militärischer Haltung vor dem laufenden Fernseher standen, fragte er: »Und wie geht es jetzt weiter mit den Diskrepanten?«

Sehlings holte drei Cognacschwenker aus dem Schrank und eine Flasche seines besten Cognacs. Bedächtig schenkte er ein und verteilte die Gläser. »Auf unsere Mission.«

Dann begann Lorenz Meyer mit seinem Bericht. »Als Nächstes werden wir offen getragene Dienstgrade und Kragenspiegel einführen. Die Kragenspiegel werden unterlegt mit den Farben der Truppengattungen. Wir bauen gerade spezielle Einheiten für Logistik, Fernmeldewesen, Sanitätsdienst, Bürgerinformation und mehrere Musikkorps auf.« Der Chef der Diskrepanten war jetzt in seinem Element und ratterte die verschiedensten organisatorischen Details herunter.

»Wir müssen jetzt dringend daran arbeiten, unsere Fähigkeiten im Bereich Nachrichtengewinnung und Aufklärung aufzubauen«, unterbrach ihn Friedrich Sehlings. »Ich denke, darum sollte sich Herbert kümmern. Du, Lorenz, hast doch bestimmt ein paar gute Leute, die ihn dabei unterstützen können, vielleicht sogar ein paar weibliche Offiziere.«

»Ja, ein paar schöne Mata Haris!« Herbert klatschte begeistert in die Hände.

Lorenz sah Sehlings ungläubig an. »Ich kann meine weiblichen Offiziere doch nicht einfach Herbert unterstellen.« Dabei warf er Herbert einen bösen Blick zu. Der grinste breit über das ganze Gesicht.

Das empörte Meyer noch mehr. »Das sind edle Kriegerinnen, keine Lustobjekte für einen Salon Kitty.«

Herbert verstand sofort, worauf Meyer anspielte. Die Geschichte des »Salon Kitty« in Charlottenburg hatte ihn schon immer interessiert. Er hatte sogar den schlüpfrigen Film mit Helmut Berger gesehen. In dem von der SS geführten Edelbordell spionierten linientreue Prostituierte, meistenteils BDM-Mädchen, ranghohe Diplomaten und wichtige Vertreter des nationalsozialistischen Regimes beim Liebesspiel aus.

»Genau das meine ich«, ging Sehlings dazwischen. »Du sollst ihm einige für solche Aufgaben befähigte Frauen und Männer fachlich unterstellen. Disziplinarisch bleiben sie ja bei dir. Wir brauchen jetzt dringend einen professionellen Sicherheitsdienst. Den wird Herbert aufbauen.«

Herbert rieb sich freudig die Hände. Das war eine Aufgabe nach seinem Geschmack.

Lorenz Meyer wollte noch etwas einwenden, doch Sehlings kam ihm zuvor. »Es ist alles nur für die Mission.«

Meyer sagte nur: »Jawohl, mein Kommandeur. Alles für die Mission.«

»Und wo wir gerade über Frauen reden«, wechselte der Kommandeur das Thema. »Was gibt es denn Neues von Florentine Fischer?«

Lorenz Meyer wurde rot und wollte sich am liebsten im Sessel verkriechen. Diese Sache hatte er ordentlich versemmelt, das wusste er. Er schämte sich dafür, die gesamte Mission in Gefahr gebracht zu haben.

Herbert sprang seinem Freund bei: »An der Front ist alles ruhig. Darum hat sich Oliver gekümmert. Sie ist gefeuert. Sie will jetzt aber ein Enthüllungsbuch über dich und Lorenz schreiben. Sie hat zu diesem Woody Kontakt aufgenommen.«

Friedrich Sehlings bekam große Augen. »Zu dieser linken Zecke! Das hat uns gerade noch gefehlt.«

»Oliver hat aber schon eine Idee, wie er das in die richtigen Kanäle leitet«, bemühte sich Herbert zu beruhigen. »Und dieser Woody steht auch schon auf meiner Liste für später.«

Sehlings schien erleichtert. »Wenn Oliver an der Sache dran ist, dann sollte nichts schiefgehen. Behältst du sie aber trotzdem im Auge?«

Herbert grinste breit. »Ja, mach ich.«

Der Kommandeur kniff die Augen zusammen. »Schläfst du etwa schon mit ihr?«

Herbert rollte mit den Augen. »Noch nicht, Kommandeur.«

» «

Dr. Martin Müller lag in dem schmalen IKEA-Bett aus weißlasiertem Eichenfurnier und hob ein wenig den Kopf. Über der Frottee-Bettdecke, die mit bunten Teddybären bedruckt war, sah er sein Gesicht in der Spiegelfront des Kleiderschranks an der gegenüberliegenden Wand, ebenfalls aus der Kollektion des schwedischen Möbelhauses.

Beim Liebesspiel am Abend im Kerzenschein fand er die Spiegelfront noch ganz reizvoll, jetzt bei Tageslicht störte sie ihn doch erheblich.

Er ließ den Kopf wieder fallen und blickte zur Decke. Es war die gleiche hohe Stuckdecke wie in der Wohnung von Angelika Erdmann-Benz, ebenso sorgsam restauriert. Das Haus musste zur gleichen Zeit erbaut worden sein, es lag auch nur ein paar Blocks entfernt von dem Gebäude, in dem die Vizepräsidentin des Deutschen Bundestags wohnte.

Sein Blick wanderte zur Seite. Auf der Kommode saß ein Teddybär, der genauso aussah wie sein früherer Fahrer und Mitarbeiter Herbert Hahn. Er trug auch den gleichen braunen ärmellosen Pullover. Am Abend zuvor war ihm das Stofftier gar nicht aufgefallen. »Wenn ich hier einziehe, kommt dieser Mini-Herbert und der ganze Kleinmädchenkram weg«, sagte er halblaut zu sich selbst. »Das geht doch nicht, dass ein Mitglied der Bundestagsfraktion der Liberalpartei in Bärchenbettwäsche schläft.«

Während Müller sich so seine Gedanken machte, wie er die Wohnung nach seinen Bedürfnissen umgestalten konnte, hörte er, wie die Wohnungstür aufgeschlossen wurde. Dann vernahm er die Stimme von Florentine Fischer.

»Ich bin wieder da. Ich habe die Bioeier bekommen, die du wolltest. Ich musste extra drei Blöcke weiter laufen.«

»Sehr gut«, rief Müller zurück, während er sich die Hose anzog. »Ich möchte Rührei. Und positionierst du bitte die Eier so auf dem Teller, dass rechts noch Platz für das Brötchen bleibt?«

»Ja, ja, mache ich«, rief die Journalistin aus dem Flur.

Die Journalistin war gerade dabei, die gequirlten Eier in die heiße Bratpfanne auf dem Herd zu gießen, als Müller mit offenem Hemd die Küche betrat. »Wenn ich hier einziehe, dann musst du hier aber noch einiges verändern«, rief er. »Dieser komische Teddybär da auf deiner Kommode, der muss weg.«

Die junge Frau runzelte die Stirn. »Wie, einziehen …«, murmelte sie vor sich hin. Dabei verrührte sie die Eier in der Pfanne mit einem hölzernen Löffel, auf dass sie schön luftig wurden. Sie verteilte das Rührei auf zwei Teller und brachte sie zum Küchentisch, wo Müller bereits Platz genommen hatte.

Müller schaute die Eier auf dem Teller an, dann sah er die Journalistin an und rief mit scharfem Ton: »Hast du mich nicht verstanden? Die Eier auf der linken Seite, damit rechts Platz für das Brötchen bleibt. Ist das denn so schwer zu begreifen!«

Müller hatte die letzten Worte kaum gesagt, da brüllte die junge Frau auch schon los: »Raus aus meiner Wohnung! Sofort raus hier!«

Müller erschrak, wollte noch etwas sagen, doch seine Gespielin der letzten Nacht brüllte weiter: »Du hast ja wohl nicht mehr alle Tassen im Schrank. Mach, dass du verschwindest!«

Dabei lief sie ins Wohnzimmer, um Müller das Jackett zu holen. Dort hatte er es gestern Abend ausgezogen, als die beiden nach reichlich Wein in der Wohnung der Journalistin gelandet waren.

Sie griff nach dem Jackett, ohne große Rücksicht auf den feinen Zwirn, stampfe in die Küche zurück und schmiss es Müller vor die Brust. »Und jetzt sofort raus«, brüllte sie noch lauter als zuvor.

Müller fing die Jacke auf und sagte nichts, so sehr saß ihm der Schreck in den Knochen. Er wagte nicht, sich die Zeit zu nehmen, das Hemd zuzuknöpfen und die Jacke anzuziehen. Mit dem zerknüllten Jackett in der einen Hand, die Schuhe in der anderen, lief er zur Wohnungstür hinaus und suchte das Weite.

Als sie die Haustür zuschlagen hörte, atmete Florentine Fischer auf. Sie nahm ihren Kaffeepott und ging ins Wohnzimmer. Auf Frühstück war ihr der Appetit vergangen. Sie hockte sich auf das Sofa, nahm die Fernbedienung und schaltete einen der Nachrichtensender an. Sie hoffte, dass die morgendliche Nachrichtenlage sie ablenken würde.

Es lief im Moment gar nicht gut für Florentine Fischer. Sie hatte sich geschworen, sich an ihrem früheren Freund und auch an Friedrich Sehlings mit einem Enthüllungsbuch zu rächen. Aber auch das Buchprojekt lief nicht so, wie sie es sich erhofft hatte. Der Abend mit Müller war nur die letzte Episode in einer Reihe fruchtloser Recherchen zu Friedrich Sehlings' Machenschaften in der Deutschlandpartei. Sie hatte nicht nur ihren Freund und ihren Job verloren, auch ihr Reporterglück schien sie verlassen zu haben.

Als Erstes hatte sie sich mit dem Oberst getroffen, der sie generös ins »Il Teatro« einlud. Das Essen war gut, doch der Erkenntnisgewinn war mager. »Ich habe meinen Job aufgegeben, um mich voll und ganz diesem Projekt zu widmen. Das hätte mein Onkel so gewollt«, erklärte sie dem Ex-Militär. »Ich war ein langjähriger Freund Ihres Onkels. Wir haben zusammen die Idee für die Gründung der Deutschlandpartei entwickelt«, gab der Oberst lammfromm zurück. Die Journalistin wusste, dass das nicht stimmte. Seit dem Tod ihres Onkels waren ihr in der Deutschlandpartei viele begegnet, die sich im Glanz des Parteiübervaters sonnen wollten und sich posthum zu seinen engsten Freunden erklärten.

Als Vollblut-Journalistin hatte sie einen sicheren Instinkt dafür entwickelt, ob sie belogen wurde, ob ein Pressesprecher sie mit PR-Sprech abfrühstücken wollte oder ob jemand wirklich nichts wusste. Letzteres war beim Oberst der Fall. Mit seinen leutseligen, langatmigen Erzählungen über seine Erfolge als Offizier und Politiker kaschierte er nur, dass er eigentlich keine Ahnung davon hatte, was in seiner Partei vor sich ging. Über Friedrich Sehlings wusste der Oberst auch nicht viel mehr zu sagen, als sie selbst schon wusste, und noch dazu lobte er ihn in den höchsten Tönen für seine hervorragende Parteiarbeit. Wo war der Mann, der ihr einst in der Tiefgarage die Bilder mit der Hakenkreuzfahne übergab, um Sehlings damit zu schaden? Sie erkannte ihn nicht wieder.

Auch auf ihren Ex-Freund hatte sie den Oberst angesprochen. »Können Sie sich vorstellen, dass Lorenz Meyer die Diskrepanten steuert?« Der Oberst schien verwirrt: »Nie und nimmer.« Sie fragte weiter: »Kennen Sie Barbarossa persönlich?« Der Oberst verneinte: »Solche skurrilen Typen interessieren mich nicht.« Die Journalistin ließ es gut sein. Der Oberst war völlig ahnungslos.

Auch das Treffen mit Marie Köster im »Alten Fritz« verlief mehr oder weniger ergebnislos. Seit ihrem Ausschluss aus Partei und Fraktion war sie im Bundestag praktisch kaltgestellt. Sie schimpfte über Sehlings, sie schimpfte über Lehmann und den Oberst. Besonders aber bekam die Vizepräsidentin Dr. Angelika Erdmann-Benz ihr Fett ab: »Das ist doch ein Flittchen, das sich hochgeschlafen hat.« Gewohnheitsmäßig notierte die Journalistin jede Antwort mit, auch wenn es unergiebig war.

Als Nächstes wandte sie sich an Müller. Der ließ sich von ihr ins »Il Teatro« einladen, »Sie haben ja sicherlich ein Spesenbudget«, erklärte er am Telefon. Doch Müller wusste auch nicht viel Neues über Friedrich Sehlings. »Ein dummer Kleinbürger, ein Möchtegern-Nazi, ein Intrigant.« Nur eins war offenkundig: Der Mann war auf Rache aus.

Warum sie schließlich mit Müller im Bett gelandet war, konnte sie sich, nachdem sie ihn aus ihrer Wohnung geschmissen hatte und sie die Morgennachrichten schaute, auch nicht mehr erklären. Ihr brummte der Schädel. Wahrscheinlich lag es an dem vielen Wein, den Müller auf ihre Kosten im »Il Teatro« nachorderte. Jetzt ekelte sie sich vor sich selbst.

Sie ging in die Küche, um sich eine Kopfschmerztablette zu holen. »Hoffentlich bringt das Treffen mit diesem Woody etwas«, murmelte sie vor sich hin. Die Telefonnummer des linken Journalisten, der seit Jahrzehnten das Treiben der Naziszene in Europa beobachtete und dokumentierte, hatte sie von ihrem früheren

Fotografen vor Jahren bekommen. Aber kontaktiert hatte sie den Mann noch nie.

In diesem Moment machte ihr Mobiltelefon »Bling«. Florentine Fischer sah auf das Display und las die SMS: »Wenn Sie etwas über Friedrich Sehlings wissen wollen, kann ich Ihnen helfen. Heute 20 Uhr, ›Il Teatro‹. Oliver Felsenstier.«

Die Journalistin wunderte sich. Sie hatte noch nie ein Wort mit dem Chefredakteur des *Jungen Deutschlands* gewechselt. Allerdings hatte sie gehört, dass sich ihr Ex-Chef nach ihrer Entlassung plötzlich sehr anerkennend über ihn geäußert und ihn für den prestigeträchtigen Chefredakteursclub vorgeschlagen hatte. Zuvor hatte er immer nur von dem »Naziblatt« gesprochen, wenn vom *Jungen Deutschland* die Rede war.

Sie wusste nicht, ob sie sich mit diesem Mann in der Öffentlichkeit sehen lassen sollte, und dann auch noch an einem so prominenten Ort, wo jeder jeden kannte. Aber im Grunde war es ihr egal. Wenn er ihr etwas über Friedrich Sehlings und ihren Ex-Freund erzählen konnte, würde sie sich auch in dem Promi-Laden mit ihm treffen. Sie tippte in ihr Mobiltelefon: »Okay. Bis heute Abend.«

Als sie das Edelrestaurant betrat, saß Oliver Felsenstier bereits an einem Zweiertisch. Er erhob sich und begrüßte sie freundlich.

Sie gab sich kühl. »Sie schrieben, Sie haben Informationen?«

Felsenstier lächelte wissend. »Lassen Sie uns mit offenen Karten spielen: Barbarossas Frau hat Ihnen gesagt, dass Sie die Finger von ihrem Geliebten lassen sollen. Sie wollen sich an Ihrem Ex-Freund rächen. Unter dem Vorwand, über Ihren Onkel ein Buch schreiben zu wollen, recherchieren Sie zu Friedrich Sehlings und Dr. Lorenz Meyer. Sie wollen Gewissheit, ob er der Befehlshaber der Diskrepanten ist.«

Die Journalistin war baff. »Woher wissen Sie das alles?«

Der Chefredakteur des *Jungen Deutschlands* ging nicht auf ihre Frage ein. »Sie sind eine vorzügliche Journalistin, aber sie werden auf Granit beißen.« Er beugte sich nach vorn und sah ihr direkt ins Gesicht. »Sie könnten sich in Gefahr bringen.«

»Mich in Gefahr bringen?«, wiederholte sie.

Felsenstier nickte. »Aber ich möchte Ihnen helfen. Ich suche eine stellvertretende Chefredakteurin.«

In ihren Augen flackerte ein Blitzen auf, dann hatte Florentine Fischer schon wieder ihren routiniert-blasierten Gesichtsausdruck aufgesetzt. »Warum sollte ich mich für Ihr Angebot interessieren? Ich bin eine seriöse Journalistin.«

Der Chefredakteur schüttelte langsam den Kopf. »Nicht mehr. Ihr Ex-Chef lässt schon überall durchsickern, was Sie gemacht haben.« Das war zwar glatt gelogen, in Wahrheit vermied es der Chefredakteur des *Demokratischen Beobachters* tunlichst, über den Rauswurf des Nachwuchsstars auch nur ein Wort zu verlieren. Aber es konnte Felsenstier nur recht sein, wenn sie etwas anderes glaubte.

»Sie werden bei keinem seriösen Blatt, wie Sie es nennen würden, mehr eine Anstellung finden. Sie sind am Ende Ihrer Karriere.« Felsenstier wiegte den Kopf hin und her. »Und das mit so jungen Jahren.«

Die Journalistin schluckte. Was, wenn ihr Gegenüber recht hatte?

Felsenstier holte einen Kugelschreiber aus dem Jackett, schrieb eine Zahl auf seine Papierserviette und schob sie der Journalistin über den Tisch. Das hatte er vor Jahren mal in einem Gangsterfilm so gesehen.

Florentine Fischer fiel fast die Kinnlade herunter. Mit großen Augen und offenem Mund sah sie den Mann an.

»Ihr Jahresgehalt. Nicht schlecht, was?«

Sie war sprachlos und überließ Felsenstier das Wort. »Ich verspreche Ihnen Geld, Ruhm und eine glänzende Karriere. Sie sind die Nichte des großen Parteigründers der Deutschlandpartei. Das können Sie sich richtig versilbern lassen. Sie werden Ihr Buch schreiben, vielleicht mit einer etwas anderen Gewichtung. Und ich garantiere Ihnen, dass es ein Bestseller wird.«

Florentine Fischer wusste nicht, was sie sagen sollte. Gott sei Dank kam nun der Kellner mit der Karte. Sie verbarg ihren Kopf hinter der überdimensionierten Speisekarte, während sie versuchte, sich zu sammeln. Nachdem sie bestellt hatten, sagte sie: »Das ist ein verlockendes Angebot, Herr Felsenstier.« Sie war aufgewühlt, das ließ sich kaum verbergen. »Sie können sich vorstellen, dass ich darüber gründlich nachdenken muss.«

»Selbstverständlich«, rief Felsenstier gut gelaunt. »Nehmen Sie sich alle Zeit der Welt.«

Den Rest des Abends verbrachten sie mit Small Talk, keiner von beiden kam noch einmal auf das Angebot zurück. Vor dem Restaurant verabschiedete Oliver Felsenstier sich von der Journalistin mit einem angedeuteten Handkuss. Er blickte ihr noch hinterher, wie sie in ihren High Heels zu ihrem Auto trippelte. »Was für ein Glücksgriff«, murmelte er vergnügt. »Mit der lässt sich noch richtig Geld verdienen.«

KAPITEL 14

Friedrich Sehlings war spät dran, er hatte sich bei seinen Kameraden aufgehalten. Als er vor dem Haus seines Vaters ankam, hatte bereits die Dämmerung eingesetzt. Er amtete tief ein und roch den Abendduft der Linden, die auf beiden Seiten der Straße in voller Blüte standen.

»Da bist du ja endlich«, begrüßte ihn sein Vater und umarmte ihn.

Als er ins Wohnzimmer trat, schweifte Friedrich Sehlings' Blick über die Bibliothekswände. Die Bestände der antifaschistischen Bibliothek hatten sich deutlich gelichtet, ganze Regalreihen standen leer.

»Wo sind denn die ganzen Bücher?«, fragte er seinen Vater verwundert. Der war gerade dabei, eine Flasche Wein zu öffnen. Der Fernseher war an, die Sonntagabend-Talkshow hatte schon begonnen.

»Die habe ich entsorgt«, antwortete Vater Sehlings, ohne aufzublicken.

»Wie entsorgt?« Friedrich Sehlings konnte es kaum fassen. »Wie kann man denn Bücher entsorgen?«

»Ich habe sie an eine soziale Einrichtung gegeben«, erwiderte der Vater mürrisch. »Mit dem Erlös werden Hilfsprojekte für Flüchtlinge finanziert.« Er roch an dem Korken, nickte kurz und schenkte den Wein ein. »Irgendwann muss man damit anfangen, seine Dinge zu regeln. Du hättest ja doch nur den Müllwagen bestellt.«

Friedrich Sehlings schwieg. In der Sonntagabend-Talkshow war die neue stellvertretende Chefredakteurin des *Jungen Deutschlands,* Dr. Florentine Fischer, zu Gast. Ihr Wechsel vom linken *Demokratischen Beobachter* zu dem rechts-konservativen Blatt hatte in den Redaktionen der Hauptstadtmedien großen Wirbel verursacht – und sollte nun auch in der Talkshow zur Sprache kommen.

»Der Chefredakteur des *Demokratischen Beobachters* prahlt ja gern damit herum, wie eng er mit dem Vizekanzler befreundet ist und dass beide zusammen als Studenten in einer WG waren«, sprach Florentine Fischer in die Kamera. »Kumpeleien zwischen alten weißen Macho-Männern sind okay. Aber mit jemandem zufällig verwandt zu sein, wird bestraft. Früher nannte man so was Sippenhaft.«

Die Moderatorin griff die Vorlage dankbar auf und richtete das Wort an den Minister: »Herr Innenminister, erzählen Sie doch mal. Wie war das damals in Ihrer Studenten-WG mit dem Chefredakteur des *Demokratischen Beobachters*? Hatten Sie da auch so etwas wie einen Putzplan?«

Eigentlich wusste der Politiker, dass der Zweck einer Talkshow nicht darin bestand, auf Fragen einzugehen, sondern darin, seine Botschaften rüberzubringen. Dennoch ließ er sich verleiten und antwortete ganz spontan: »Nein, das war schon ziemlich versifft. Darum gab es immer Streit.«

Der Top-Politiker wollte noch etwas anschließen und das Gespräch auf ein anderes Thema lenken. Doch dazu kam er nicht, die Moderatorin hatte schon die nächste Frage gestellt: »Den Streit scheinen Sie aber schnell wieder beigelegt zu haben. Ihr Freund war Trauzeuge bei drei Ihrer vier Hochzeiten, auch bei der letzten mit der bekannten jungen Tofu-Aktivistin. Wie beeinflusst diese Männerfreundschaft die Berichterstattung über Ihre Politik im *Demokratischen Beobachter*?«

Bei dieser Frage war der alte Politikfuchs hellwach. »Wir trennen da sehr scharf zwischen Privatem und Beruflichem. Der Punkt ist aber doch der, dass …«

Wieder unterbrach die Moderatorin. »Das sieht Frau Dr. Fischer aber anders. Erzählen Sie uns doch mal, wie die Bundesgeschäftsstelle der Ökopartei für den *Demokratischen Beobachter* Rechercheaufträge übernommen hat, Frau Dr. Fischer.«

Die neue stellvertretende Chefredakteurin des *Jungen Deutschlands* nickte entschlossen. »Wir haben aus deren Bundesgeschäftsstelle eine Liste mit Vorfällen bekommen, bei denen Kulturinstitutionen angeblich von der Deutschlandpartei diskreditiert wurden. Ich sollte darüber berichten. Das war schon ein sehr ungewöhnlicher Vorgang«, erklärte Florentine Fischer.

Der Innenminister wurde ungehalten. »Eine ganz normale Arbeit unserer Pressestelle«, rief er laut dazwischen.

Florentine Fischer sprach den Minister nun direkt an. »Mir kam es so vor, als wenn der Auftrag für diese Geschichte direkt von Ihnen kam.«

»So etwas würde ich nie machen«, fauchte der Innenminister.

»Dieser Dreckskerl«, rief Friedrich Sehlings' Vater auf einmal, während der Innenminister sprach. »Dem hätte ich vor über 30 Jahren beinahe eine in die Schnauze gehauen. Der hat deine Mutter auf einer Parteiveranstaltung mal so richtig niedergemacht, sie konnte mich gerade noch zurückhalten. Er ist übrigens auch der Grund, warum sie sich aus der Politik zurückzog.«

Sehlings fiel die Kinnlade herunter. Einen solchen Ausdruck hatte er in seinem Elternhaus niemals gehört, Schimpfworte und Fäkalsprache waren ein absolutes Tabu. Doch noch mehr irritierte Friedrich Sehlings, dass sein Vater daran gedacht hatte, körperliche Gewalt anzuwenden. Sein ganzes Leben lang hatte ihm sein

Vater Pazifismus gepredigt und auch stets vorgelebt. Auch wenn er selber ganz anders dachte, so bewunderte er doch die Konsequenz, mit der sein Vater nach seinen Überzeugungen lebte.

»Gibt es noch andere Beispiele, wie Einfluss auf Ihre Arbeit genommen wurde?«, hakte die Moderatorin nach.

»Da gibt es etliche«, antwortete die Journalistin. »Einmal hat der Innenminister von seinem Freund mediale Unterstützung gegen die Ökorebellen eingefordert. Die wurden ihm nämlich zu mächtig. Da war für mich aber eine rote Linie überschritten. Das hat mit seriösem Journalismus nichts mehr zu tun.«

»Das ist eine Lüge«, fuhr sie der Innenminister an.

Die junge Journalistin blieb ganz ruhig. »Erinnern Sie sich nicht mehr an das Telefonat am Morgen, als die Diskrepanten die Ökorebellen von der Kreuzung trugen. Sie wussten nicht, dass ich im Raum war und haben sich respektlos und machohaft über meinen Körper ausgelassen. Bis Sie mein damaliger Chef darauf hinwies … Erinnern Sie sich etwa nicht mehr?«

Der Innenminister sagte nichts. Er wäre auch gar nicht zu Wort gekommen, die Moderatorin wollte jetzt die unverhoffte Wendung, die das Thema nahm, auskosten. »Warum haben Sie das mit sich machen lassen, Frau Dr. Fischer?«

Die Journalistin machte ein trauriges Gesicht. »Es ist nicht einfach für eine junge Frau in der von alten Männern dominierten Medienwelt mit ihrem patriarchalischen und chauvinistischen Gebaren. Als ich den Mut hatte, mich dagegen zu wehren, wurde ich hinauskomplimentiert.«

Die Moderatorin sah sie mitfühlend an. »Und jetzt, in Ihrer neuen Position? Wie sieht es da aus?«

Sogleich hellte sich Florentine Fischers Gesicht wieder auf. »Da ist das wirklich anders. Da kann ich Themen machen, die uns junge Frauen interessieren. Das ist wirklich freier Journalismus. Ich schreibe gerade auch an einem Buch. Da werde ich einiges enthüllen, wie die Medien heute arbeiten, wie die Politik die Medien bestimmt und wie es um Deutschland heute steht.«

Der alte Sehlings folgte dem Geschehen auf dem Bildschirm gebannt. »Das Buch werde ich mir auf jeden Fall kaufen«, sagte er zu seinem Sohn. »Das hätte ich ja nie gedacht …«

Friedrich Sehlings schüttelte bedächtig den Kopf. »Ja, wer hätte das gedacht.«

Vater Sehlings blickte auf den Stapel der Ausgaben des *Demokratischen Beobachters* auf dem Couchtisch. Er lehnte sich zu seinem Sohn hinüber und legte ihm die Hand auf den Arm: »Was meinst du, Friedrich …«, sagte er zaghaft, »soll ich mein Abo kündigen?«

» «

Es war noch zu früh, um aufzustehen, doch Florentine Fischer konnte nicht mehr schlafen. Heute war der Tag des großen Lehmanntreffens. Sie hüpfte aus dem Bett und öffnete alle vier verspiegelten Türen ihres Kleiderschranks. Dadurch wurde Herbert wach. Er beobachtete sie, wie sie nackt vor dem Schrank stand und ihre umfangreiche Sammlung von Businesskostümen, Kleidern und sonstigen Outfits durchforstete, die sorgfältig aneinandergereiht im Schrank hingen.

Herbert blickte auf den Wecker. »Was machst du denn da?«, fragte er mit verschlafener Stimme. »Es ist doch fast noch Nacht.«

»Ich habe nichts anzuziehen«, rief Florentine aufgeregt. Dann drehte sie sich um, hüpfte aufs Bett und gab ihrem Freund einen langen, zärtlichen Kuss. »Ich fahre doch gleich mit meinem Chef zum Lehmanntreffen. Ich habe nichts anzuziehen.«

Herbert war ein Frauenversteher, doch die Macke der Frauen mit ihren Outfits würde er nie verstehen. Ihm genügte sein brauner ärmelloser Pullover, alles andere war ihm egal. Er zeigte auf die äußerste Ecke des Kleiderschranks, dort, wo seine Freundin die Karnevalskostüme abgelegt hatte. »Zieh doch das Dirndl an.«

Die Journalistin war völlig perplex. »Das meinst du doch nicht wirklich.« Das Dirndl hatte sie sich letztes Jahr gekauft, als sie mit ihren Freundinnen die »Gaywiesn« am Ostbahnhof besucht hatte. Die Hauptstadt hatte sich in den vergangenen Jahren zur größten deutschen Oktoberfest-Metropole außerhalb Bayerns entwickelt. Das schwul-lesbisch-queere Oktoberfest hatte unter den kosmopolitischen jungen Berlinern Kultstatus. Und natürlich ging man dorthin in der typisch bayerischen Tracht.

»Ich denke, da werden viele Frauen in Tracht kommen. Damit machst du auf jeden Fall nichts falsch«, sagte Herbert.

Florentine Fischer blickte skeptisch. »Gut, einen Versuch ist es wert.« Sie hatte überhaupt keine Ahnung, was sie auf dem ersten, seit Wochen groß angekündigten Lehmanntreffen erwarten würde. Ihr Chef war extra in ihr Büro in dem Kaulsdorfer Redaktionskomplex des *Jungen Deutschlands* gekommen und hatte ihr die Einladungskarte überreicht. »Hans-Jürgen Lehmann hat Ihnen eine persönliche Einladung geschickt. Sie sind einer der Ehrengäste.«

Sie war gerade mit dem Anziehen, dem Schminken und dem Hochstecken ihrer Schneckenfrisur fertig geworden, als ihr Mobiltelefon »Bling« machte. Schnell gab sie Herbert noch einen leidenschaftlichen Kuss. Dann eilte sie auch schon aus der Wohnung. Ihr Chef hatte ihr angeboten, sie von zu Hause abzuholen, und sie wollte ihn nicht warten lassen.

»Oh, Sie haben sich aber hübsch angezogen«, begrüßte er sie. »Das wird den Leuten auf dem Lehmanntreffen gefallen. Verstehen Sie es bitte nicht falsch, wenn ich Ihnen sage, dass Sie sehr gut aussehen.«

Die Journalistin lachte. »Auf keinen Fall. Da bin ich von meinem früheren Chef Schlimmeres gewohnt.« Dann startete Oliver Felsenstier den Motor.

Die Fahrt dauerte drei Stunden. Der Veranstaltungsort lag mitten auf dem Land. Als sie sich dem Ziel näherten, sahen sie, dass rechts und links entlang der Landstraße Flaggenmasten aufgestellt waren, an denen himmelblaue Flaggen mit einem großen blutroten Herzen flatterten. Es waren die Flaggen des eigentlich aufgelösten Deutschen Herzens. Zwischen zwei Fahnenmasten war ein großes, breites, blaues Banner aufgehängt, auf dem in weißer, gotischer Schrift »Willkommen beim Lehmanntreffen« stand.

Die Wiesen hinter den Masten, die zu provisorischen Parkplätzen umgestaltet waren, waren bereits jetzt, mehr als eine Stunde vor dem offiziellen Beginn der Veranstaltung, vollgestellt mit Autos. Oliver Felsenstier hielt bei einem der Parkplatzwächter, einem jungen Mann in der Uniform der Diskrepanten. Inzwischen hatte Florentine Fischer gelernt, die Dienstgrade der Bewegung zu lesen, sie orientierten sich an denen der Bundeswehr. Der hochgewachsene blonde junge Mann war demnach ein Obergefreiter.

Oliver Felsenstier kurbelte das Fenster herunter und nannte ihre Namen. Sogleich nahm der Parkplatzwächter Haltung an und streckte den linken Arm nach links zu einer mit rot-weißem Absperrband markierten Gasse aus, wo in etwa 200 Metern Entfernung der Eingangsbereich zum Festgelände zu sehen war. »Willkommen beim Lehmanntreffen. Der Ehrengast-Parkplatz für Sie befindet sich dort hinten. Ich wünsche Ihnen ein angenehmes Lehmanntreffen.« Dann grüßte er formvollendet militärisch.

Als sie den Wagen geparkt hatten, traten zwei junge Männer in Diskrepanten-Uniform auf die beiden zu und grüßen militärisch. Es waren zwei Leutnants. »Frau Dr. Fischer. Herr Felsenstier. Wir heißen Sie herzlich willkommen beim Lehmanntreffen. Wir sind heute Ihre Begleitoffiziere und dürfen Sie jetzt zu Ihrem Zelt geleiten.« Dann machten sie formvollendet, wie beim Militär gelernt, eine Kehrtwendung und führten die Ehrengäste durch die Einlasskontrollen.

Das Gelände des Lehmanntreffens glich einem Volksfest. An der Stirnseite war eine große Bühne aufgebaut, wo eine Blaskapelle zünftige Musik spielte. Die Rückseite der Bühne bildete eine riesige himmelblaue Wand mit einem blutroten Herzen. Vor der Bühne waren in sauberen Reihen Bierbänke und -tische aufgebaut, die bereits gut gefüllt waren. Zwischen den Reihen wirbelten Bedienungen herum, die Frauen in Dirndl, die Männer in Lederhose. »Das ist ja wie in einem bayerischen Oktoberfestzelt«, sagte Florentine Fischer. Mit ihrem Dirndl war sie perfekt angezogen.

Die Begleitoffiziere bahnten sich den Weg durch das sich immer noch weiter füllende Festtagsgelände. Alte Männer, junge Männer, Familien mit Kindern, Burschenschafter mit ihrem Bändchen über der Brust, Menschen in Tracht oder Anzug, auch einige in Jeans oder Shorts strömten durch die Gassen des Geländes auf der Suche nach freien Plätzen. Es war ein buntes Treiben. In regelmäßigen Abständen standen Wegweiser mit Schildern und Pfeilen. Auf einem dieser Schilder war zu lesen: »Deutsche Kinderbetreuung in 200 Metern«.

Auf dem Weg über das Festtagsgelände sah Florentine Fischer, dass zahlreiche Verkaufstische mit Lehmann-Büchern und Lehmann-Tassen aufgebaut waren. Es gab auch Lehmann-T-Shirts: himmelblaue Shirts mit einem blutroten Lehmann-Konterfei drauf. Dazu liefen junge Frauen der Diskrepanten mit einer Art Bauchladen zwischen den Bierbänken und -tischen umher und boten die Produkte feil.

Am Rand des Geländes waren größere und kleinere Zelte aufgebaut. Auf einem stand über dem Eingang »Ehrengastzelt Oliver Felsenstier und Dr. Florentine Fischer«. Die Begleitoffiziere führten sie hinein. »Hier können Sie sich ein wenig erfrischen«, sagte der eine. »Wir werden Sie kurz vor 10 Uhr abholen.« Im Zelt gab es einen kleinen Campingtisch mit Stühlen. In einer Ecke standen auf einem Tisch Kaffee, Tee, Kaltgetränke, belegte Brötchen und Gebäck.

Die beiden Diskrepanten-Offiziere waren gerade gegangen, da betrat eine große schwarzhaarige Frau das Zelt. Florentine Fischer erschrak, es war die Frau Barbarossas. Die überraschende Begegnung mit der schwarzen Amazone vor ein paar Monaten steckte ihr noch in den Knochen. Noch bevor die Journalistin etwas sagen konnte, hatte ihr Chef die Frau schon in Beschlag genommen und umarmte die Hochgewachsene: »Hallo, meine liebe Adela. Ich freue mich, dich wiederzusehen.«

Nach der Umarmung trat Adela auf die Journalistin zu und reichte ihr die Hand. »Guten Tag, Frau Dr. Fischer«, sagte sie höflich-lächelnd. »Ich habe Sie ankommen sehen. Ich wollte mich noch einmal bei Ihnen bedanken. Es freut mich, dass Sie jetzt mit Herbert zusammen sind, er ist ein toller Mann. Schön, dass Sie jetzt zu uns gehören. Kommen Sie beide uns doch mal auf der Pfalz besuchen.«

Die Journalistin reichte ihr intuitiv die Hand, wusste aber nicht, was sie sagen sollte, so verdattert war sie. Hilfesuchend blickte sie zu ihrem Chef. Der nickte ihr aufmunternd zu. »Ja, Herbert ist ein ganz toller Mann«, erwiderte sie schließlich. »Wir werden Sie gerne besuchen. Ich wusste ja nicht, dass …«

Adela streckte die Arme aus und nahm die Journalistin bei den Händen. »Ich hoffe, wir beide werden Freundinnen«, sagte sie mit sanfter Stimme. »Ich denke, wie haben vieles gemeinsam.« Mit diesen Worten verabschiedete sie sich und verließ das Zelt.

Die Journalistin schaute ihren Chef fragend an. Der lächelte mild und entgegnete: »Mit der Zeit werden Sie das alles verstehen.« Dann biss er genüsslich in ein Eibrötchen.

Kurz vor zehn Uhr wurden sie von den Begleitoffizieren abgeholt. Der Ehrentisch befand sich direkt vor der Bühne. Ganz vorne waren drei Plätze frei, einer für Oliver Felsenstier, einer für Dr. Florentine Fischer und einer für Hans-Jürgen Lehmann, wie die drei kleinen Schilder auf dem Tisch auswiesen. Gegenüber saßen bereits Barbarossa in seiner Kim-Jong-Il-Uniform und seine Frau. Die lächelte die beiden Ehrengäste an, Barbarossa nickte nur und schaute dabei genauso grimmig wie zuvor. Oliver Felsenstier würdigte er keines Blickes. Und auch der machte keine Anstalten, den Rotbärtigen zu begrüßen.

Abrupt beendete die Blaskapelle ihr Spiel. Ein Tusch ertönte. Auf die Bühne sprang ein junger Mann in der allgegenwärtigen Diskrepanten-Uniform und den Dienstgradabzeichen eines Oberleutnants. »Liebe Freunde! Liebe Deutsche!«, hob er an mit bebender, sich fast überschlagender Stimme. »Ich begrüße Sie zum ersten Lehmanntreffen.« Es folgte ein Tusch. Die Massen an den Biertischen begannen zu jubeln.

In pathetischem Ton verkündete der Mann auf der Bühne: »Mehr als 2000 deutsche Männer und deutsche Frauen aus ganz Deutschland haben heute den Weg zu uns gefunden, um ein Zeichen für das Wiederauferstehen von Anstand, Wahrheit und Aufrichtigkeit in unserem heiligen Deutschland zu setzen.« Wieder ein Tusch, wieder Gejubel. »Ich darf sogar Lehmann-Freunde aus Russland, Polen und Ungarn begrüßen. Die Delegationsleiter werden heute Nachmittag noch Grußworte halten.« Wieder ein Tusch, wieder Gejubel.

»Wir haben auch zwei besondere Ehrengäste hier. Der eine ist der Chefredakteur des *Jungen Deutschlands:* Oliver Felsenstier.« Der Angesprochene erhob sich, sodass alle ihn sehen konnten, und verbeugte sich kurz.

»Ganz besonders freuen wir uns aber über unseren zweiten Ehrengast. Die stellvertretende Chefredakteurin des *Jungen Deutschlands* und Nichte des Gründers und großen Vordenkers der Deutschlandpartei: Dr. Florentine Fischer.«

Während der junge Mann sie ankündigte, flüsterte Oliver Felsenstier ihr zu: »Sie müssen aufstehen, lächeln und winken wie eine Königin. Einfach nur winken und freundlich lächeln.« Sie tat es. So viel Applaus, so viel Gejubel hatte es noch nie um ihre Person gegeben.

Jetzt wurde die Stimme des jungen Mannes noch schriller: »Begrüßen Sie jetzt mit mir unseren Gastgeber. Begrüßen Sie mit mir den aufrechten Deutschen Hans-Jürgen Lehmann.« Jetzt setzte ein Tusch ein, der lauter war, als die zuvor gespielten. Der Tusch ging über in einen Marsch.

Unter lautem Jubel schritt Hans-Jürgen Lehmann heran, winkend und immer wieder die Arme hochreißend. Vor ihm marschierte ein Stabsgefreiter der Diskrepanten, der eine Herzfahne schwenkte, hinter ihm eine Obergefreite, die zu ihrer Uniform eine ebensolche Schneckenfrisur trug wie die Journalistin. Auch sie schwenkte eine Herzfahne. Alle Besucher erhoben sich und klatschten. Lehmann stand vor der Bühne und ließ sich feiern. Das Klatschen wurde schneller, und bald begannen ein paar junge Leute, rhythmisch »Lehmann, Lehmann« zu rufen.

Auf ein Zeichen von Lehmann hin verstummten die Rufe. Er ging auf die Journalistin zu, umarmte sie herzlich und sagte im allerfreundlichsten Ton: »Herzlich willkommen, Frau Dr. Fischer, ich freue mich ganz besonders, dass Sie heute hier sind. Ich bin ein großer Bewunderer Ihrer Arbeit. Und Sie haben ja auch so ein wunderschönes deutsches Dirndl an.« Florentine Fischer strahlte. Unterdessen war ein Pulk von Fotografen an die beiden herangetreten und begleitete das Händeschütteln mit einem Blitzlichtgewitter. Auch ein Kamerateam vom *Deutschen Fernsehen* war dabei.

Dann kündigte der Uniformierte auf der Bühne mit Tremolo in der Stimme den Hauptredner an. »Ich sage nur: Barbarossa.« Die Blaskapelle intonierte Wagners Walkürenritt.

Der Rotbärtige erhob sich langsam und schritt gravitätisch auf die Bühne. Er positionierte sich vor dem Mikrofon. Die Musik stoppte. Minutenlang stand er regungslos da, bevor er zu reden anfing. Die Spannung stieg, die letzten Geräusche verstummten.

Da sprach er die ersten beiden Worte: »Die Männer …«, gefolgt von einer weiteren Pause. Es war jetzt mucksmäuschenstill auf dem Festplatz. Dann setzte er wieder an, frei sprechend: »Die Männer hatten die Bajonette aufgepflanzt. Sie standen in steinerner Unbeweglichkeit, das Gewehr in der Hand, am vorderen Hang des Hohlwegs und starrten in das Vorgelände. Ab und zu, beim Schein einer Leuchtkugel, sah ich Stahlhelm an Stahlhelm, Klinge an Klinge blinken und wurde von einem Gefühl der Unverletzlichkeit erfüllt. Wir konnten zermalmt, aber wir konnten nicht besiegt werden.« Und wieder eine Pause. Das Publikum verharrte in Stille, keiner wagte zu applaudieren.

Mit ruhiger Stimme fuhr er fort: »Ernst Jünger hat recht. Wir können zermalmt werden.« Pause. »Aber wir können nicht besiegt werden. Der Geist des heiligen Deutschlands ist unverletzlich. Der deutsche Geist bleibt bis in alle Ewigkeit bestehen.« Die beiden letzten Sätze schrie Barbarossa ins Mikrofon. Die Spannung löste sich in Ekstase, tosender Applaus durchbrach die Stille.

Der nun folgende Vortrag Barbarossas war eine im schwülstig-pathetischen Stil vorgetragene Geschichtsstunde über die großen deutschen Friedriche, immer wieder unterbrochen von Applaus. Er führte von seinem berühmten Namensgeber Friedrich Barbarossa über Friedrich II., den Hohenstaufer-König des Mittelalters, zu Friedrich den Großen bis zum deutschen Dichterfürsten des Sturm und Drang, Friedrich Schiller.

Florentine Fischer rutschte unruhig auf ihrem Platz hin und her und blickte verstohlen auf ihre Armbanduhr. Barbarossa redete schon über eine halbe Stunde. Jetzt schien er allmählich zum Ende zu kommen. »Diese Friedriche haben Deutschland geformt, ihr Leben Deutschland gewidmet, mit ihrem Geist den deutschen Geist erschaffen. Ihr Herz schlug für Deutschland.« Barbarossa setzte eine letzte Kunstpause. »Möge auch in Zukunft das Herz eines weiteren großen Friedrichs für Deutschland schlagen. Möge ein weiterer Friedrich unser heiliges Deutschland formen.«

Die Journalistin schreckte hoch. Auf dem Festplatz entlud sich frenetischer Jubel.

» «

»Hast Du schon ihr Buch gelesen?«, rief der Chefredakteur des *Demokratischen Beobachters* aus der Küche dem Innenminister zu. Der hatte es sich auf der Sofa-Landschaft in der Wohnung des Journalisten gemütlich gemacht. »Das ist doch ein Luder. Ich habe die Frau so gefördert«, sagte der Magazinchef, während er das Wohnzimmer betrat, in der einen Hand eine Flasche Rotwein, in der anderen Knabberzeug. »Und jetzt fährt die eine richtige Kampagne gegen mich.«

Ihre gemeinsamen Essen im »Il Teatro« hatten die Männer fast komplett eingestellt. Meistens bekochte der Chefredakteur seinen Freund jetzt in seiner Wohnung. Damit waren sie nicht allein. Immer mehr zogen sich die Menschen in Berlin in ihre Wohnungen und Häuser zurück, und in anderen deutschen Großstädten sah es ganz ähnlich aus. Den mehreren von der Regierung wegen des Virus verordneten Lockdowns war inzwischen eine Art freiwilliger Dauer-Lockdown gefolgt. Die Menschen hatten keine Lust mehr, essen zu gehen oder auch nur zu shoppen. Die meisten Restaurants und Geschäfte standen ohnehin leer, in den Innenstädten waren ganze Straßenzüge verwaist. Die Kriminalität auf den Straßen und Plätzen hatte sprunghaft zugenommen, fast keiner traute sich mehr, außerhalb des Berufsverkehrs Busse oder Bahnen zu benutzen. Wegen der andauernden Kreuzungsblockaden der Ökorebellen und der allgegenwärtigen Demonstrationen der Braunpullover und der Osmanen 1453 war auch mit dem Auto oft kein Durchkommen mehr. Um die zentralen öffentlichen Gebäude waren Sperrzonen eingerichtet worden. Dazu kam die Angst, in eine der oft gewalttätigen Auseinandersetzungen zwischen Ökofrontkämpfern und Diskrepanten zu geraten. All das führte dazu, dass die Menschen lieber gleich zu Hause blieben.

Der Chefredakteur hatte für seinen Freund Currywurst gemacht. Jetzt ließen sich die beiden den Wein auf der Sofa-Landschaft schmecken.

»Ich hatte bisher keine Zeit, es zu lesen«, antwortete der Politiker auf die Frage seines Freundes. »Aber es schlägt ja hohe Wellen.«

Sein Freund runzelte die Stirn. »Da neben dem Sofa liegt es.«

Der Chef der Ökopartei griff nach dem Buch und sah sich den Einband an: Er war himmelblau mit einer blutroten Umrisskarte von Deutschland. Er las den Titel, der in weißer Schrift gedruckt war: »Florentine Fischer: *Sorge um Deutschland: Beobachtungen über den Zustand des Landes*«. Er schlug das Vorwort auf und las laut vor: »Unser Land hat sich nicht zum Guten verändert. Das linksliberale und grüne Establishment hat es sich untertan gemacht.« Der Innenminister warf das Buch zur Seite. »Nimm es nicht persönlich. Die fährt doch eine Kampagne gegen unser gesamtes politisches System.«

»Das sagt sich so leicht«, erwiderte der Chefredakteur. »Sie stellt unser Blatt als komplett unseriös hin. Und sie hat Erfolg. Es hagelt Leserbriefe gegen mich. Und scharenweise kündigen sie ihre Abonnements.«

»Sie hat sich erstaunlich schnell auf ihre neue Leserschaft eingestellt«, sagte der Innenminister. »Sie war Ehrengast auf dem Lehmanntreffen. Sie war da sogar in Dirndl und mit einer Frisur aus den Dreißigerjahren. Das haben mir die Dienste berichtet.«

»Die hat ein feines Gespür dafür, was ihrer Karriere nützt. Und ein Gespür für gute Storys. Das muss man ihr lassen. Ihre Nachfolgerin hat zwar einen Doktor in Hegelianischer Philosophie, aber ihr fehlt die Trüffelnase. Außerdem hat die einen dicken Hintern.«

»Florentine Fischer ist jetzt mit diesem fetten Herbert Hahn zusammen«, sagte der Politiker. »Auch das berichten die Dienste.«

Der Journalist war überrascht. »Was? Siehst du, das meine ich. Wir hatten gerade eine große Geschichte über diesen Mann im Blatt. Und dann muss ich so was von dir und den Diensten erfahren.«

»Sie scheint sich auch mit dem Lehmann und dem skurrilen Barbarossa gut zu verstehen«, fuhr der Politiker fort. »Sie saßen einträchtig mit denen zusammen, und Lehmann hat sie umarmt.«

Der Chefredakteur zog die Augenbrauen zusammen. »Was hältst du denn von diesem Rotbart?«

»Er ist der ideologische Einflüsterer von Lehmann und scheint von einer rechten Oktoberrevolution zu träumen. Auf dem Treffen hat er wieder eine seiner merkwürdigen Reden gehalten. Ich habe die Mitschrift und die Analyse der Dienste gelesen. Der redet davon, dass bald ein neuer Friedrich der Große über Deutschland herrschen wird. Ziemlich skurril.«

Der Innenminister blickte auf das Buch der Journalistin. »Mit ihrem Eingangssatz hat sie allerdings recht. Unser Land hat sich wirklich sehr verändert. Und das in allerkürzester Zeit. Seitdem diese Ökokrieger den Infostand der Diskrepanten angegriffen haben, rollt eine Welle der Gewalt über Deutschland.«

»Simone Satellit behauptet ja, dass es nicht ihre Leute waren, sondern die Diskrepanten selbst, als Ökorebellen verkleidet. Glaubst du das auch?«

»Möglich ist mittlerweile alles«, erwiderte der Innenminister. »Aber es ist eigentlich völlig egal, wer da wen zuerst angegriffen hat. Es war auf jeden Fall der zündende Funke. Seitdem bekämpfen sich die Ökofrontkämpfer, die Osmanen 1453 und die Diskrepanten gegenseitig bis aufs Messer. Die Ökos und die Turbantruppen liefern sich auch noch Straßenschlachten mit der Polizei. Zumindest davor schrecken die Diskrepanten zurück. Die wollen es sich mit den Polizisten nicht verderben. Nicht wenige Beamte sympathisieren ja auch mit denen.«

»Und dann auch noch diese Demonstrationen der Braunpullover …«

»Die halten sich auf ihren Demos eher zurück und geben sich halbwegs zivilisiert. Aber auch die haben ihre Schlägertrupps, die heimlich Gegner vermöbeln. Die Diskrepanten wiederum haben enge Kontakte zu den Völkischen um Lehmann und diesem Barbarossa. Sie haben dieses Lehmanntreffen organisiert. Barbarossa und Lehmann sehen die Bewegung wohl als Kampftruppe für ihre rechte Oktoberrevolution.«

»Das ist ja alles höchst beängstigend«, erwiderte der Chef des *Demokratischen Beobachters*.

»Da gibt es noch eine andere Sache, die was mir richtig Sorgen bereitet«, fuhr der Innenminister fort. »Die Dienste gehen davon aus, dass sich diese paramilitärischen Straßenbewegungen irgendwann Schusswaffen besorgen. Bisher kamen bei ihren Auseinandersetzungen ja allenfalls Baseballschläger und Messer zum Einsatz.«

»Könnt Ihr denn gar nichts dagegen machen?«, wollte der Journalist wissen.

Der Minister seufzte. »Die Polizei ist am Limit. Die fahren Überstunden ohne Ende. Ich würde am liebsten die Bundeswehr he-ranziehen, aber da macht die Christpartei nicht mit. Die haben etwas gegen den Einsatz der Bundeswehr im Inneren.« Er trank einen großen Schluck Wein aus seinem Glas.

»Würde das deine eigene Partei überhaupt mitmachen?«

»Die Realos sehnen sich nach Recht und Ordnung. Die drängen mich sogar zu einer noch härteren Linie.«

»Und die Fundis?«

Der Minister blickte auf das Weinglas in seiner Hand. »Wenn ich die Bundeswehr aufmarschieren lasse, würde das die Spaltung unserer Partei bedeuten.«

»Das heißt, du musst dich zwischen der Sicherheit unseres Landes und dem Fortbestand der Regierung entscheiden.«

Der Minister nickte. »So ist es. Wenn jetzt noch andere Ereignisse dazukommen ...«

Der Chefredakteur schaute seinen Freund fragend an. »Was meinst du mit anderen Ereignissen?«

Der Politiker zögerte, sprach es dann aber doch aus. »Terroranschläge. Die Dienste gehen davon aus, dass ...«

Der Journalist erschrak. »Mein Gott. Das wäre ja eine Katastrophe.«

KAPITEL 15

Florentine Fischer saß auf dem Sofa, griff nach der Fernbedienung und schaltete den Fernseher ein. Zehn Sekunden später fing sie an zu schreien: »Bombenanschläge, ganz viele, in ganz Deutschland.«

Herbert schmeckte gerade in der Küche die Soße für den Braten ab, ließ den Löffel fallen und rannte ins Wohnzimmer. Seine Freundin stand mit weit offenem Mund vor dem Fernseher, die Fernbedienung noch in der Hand und zeigte verstört auf den Bildschirm.

Herbert schaute auf die Bilder von brennenden Autos und kreischenden Menschen. Dann war ein Moderator im Studio zu sehen, der sagte: »Die Lage ist noch dramatischer geworden. Wir wissen bisher nur, dass an mehreren Orten Autobomben explodiert sind. Derzeit erreichen uns fast minütlich Informationen von neuen Explosionen im gesamten Bundesgebiet.«

Florentine Fischer zitterte. Herbert nahm sie fest in den Arm. »Das ist alles so schrecklich«, schluchzte sie. Ihre gesamte Aufmerksamkeit galt dem Fernseher, wo der Innenminister jetzt vor die Mikrofone trat und mit besorgter Miene und ernstem Tonfall ein Statement abgab:

»Unser Land ist heute Ziel von vielen sogenannten Mikroanschlägen geworden. Um 14:53 Uhr detonierten zeitgleich an 40 Orten in Deutschland Autobomben. Menschen wurden dabei nicht getötet, mehrere Dutzend allerdings wurden durch umherfliegende Splitter verletzt. Die Art und Weise, wie diese Anschlagsserie ausgeführt wurde, deutet auf eine konzertierte Aktion von professionell arbeitenden Terroristen hin. Es wurden überall Autos des gleichen Fahrzeugtyps der Marke Volkswagen in die Luft gesprengt. Die Machart lässt vermuten, dass es bei den Anschlägen nicht darum ging, Menschen zu töten oder großen Sachschaden anzurichten. Die Terroristen wollten ein Zeichen setzen, dass sie in der Lage sind, flächendeckend, zeitgleich und wohlkoordiniert Terroranschläge in unserem Land zu verüben und damit Angst und Schrecken zu verbreiten.

Nach derzeitigen Erkenntnissen ist davon auszugehen, dass es sich bei den Urhebern der Anschläge um Terroristen aus dem Umfeld des politischen Islam handelt. Wir haben heute den 29. Mai, und die Bomben detonierten alle um 14:53 Uhr. Am 29. Mai 1453 eroberten die Muslime das christliche Konstantinopel, das heutige Istanbul. Dieser Tag gilt in der islamischen Welt als der Tag des Siegs des Islams über das Christentum.

Ich fordere alle Bürger auf, jetzt Ruhe zu bewahren und sich nicht zu unüberlegten Handlungen verleiten zu lassen. Die Sicherheitskräfte haben die Lage im Griff. Wir dürfen uns unsere freiheitliche Lebensweise nicht von Terroristen zerstören lassen.«

»Was meint der denn mit unüberlegten Handlungen?«, fragte Florentine Fischer, zu Herbert hochblickend. Die beiden standen immer noch vor dem Fernseher und Florentine hielt Herberts dicken Bauch umklammert.

»Na ja, wenn die Deutschen sich nicht mehr sicher fühlen, drehen sie vielleicht durch. Dann hängen sie womöglich ihren türkischen Schneider oder Gemüsehändler, mit denen sie seit 40 Jahren friedlich zusammenleben, an der erstbesten Laterne auf, weil sie den für einen muslimischen Terroristen halten.«

In diesem Augenblick bemerkten beide Brandgeruch. Herbert

raste in die Küche, in der es heftig qualmte. Er holte die eingebrannte Soße vom Herd und riss das Fenster auf. Die Soße war nicht mehr zu retten.

»Ich muss die Soße neu kochen«, rief er ins Wohnzimmer. »Ich mach mal die Tür zu, damit der Brandgeruch nicht so reinzieht.«

In der Küche griff Herbert sein Mobiltelefon und wählte die Nummer von Friedrich Sehlings. »Hallo, Kommandeur, ich hab es gerade gesehen … Da stecken doch nicht etwa wir dahinter, oder?«

Sehlings beantwortete seine Frage nicht direkt. »Etwas Besseres kann uns gar nicht passieren«, erklärte er freudig. »Es ist doch prima, wenn in Deutschland Unruhe herrscht. Dann brauchen wir nicht dafür zu sorgen.«

» «

Die Anschläge vom 29. Mai wurden von den Medien »Byzanz-Anschläge« getauft. In den Tagen darauf wurden mehr und mehr Details darüber bekannt. Bei den Anschlägen wurde kein Bundesland ausgespart. In den Flächenstaaten fanden sie in Kleinstädten statt, in den Stadtstaaten in Vororten. Alle Autos explodierten in eher ruhigen Seitenstraßen von Wohnvierteln mit Einfamilienhäusern. Alle in die Luft gesprengten Fahrzeuge trugen gefälschte Nummernschilder mit den jeweiligen Kennzeichen der Anschlagsorte, aber mit der einheitlichen Buchstaben-Zahlen-Verbindung AA 1453. Die Sicherheitsexperten deuteten das AA als Abkürzung für »Allahu Akba«, arabisch für »Gott ist groß«. Von den Tätern aber fehlte jede Spur.

Die Terroristen trafen die Autonation Deutschland an einem empfindlichen Nerv. Viele Bewohner der Städte waren in letzter Zeit von den öffentlichen Verkehrsmitteln auf Pkw umgestiegen –

teils aus Sorge vor Ansteckung mit dem Virus, teils aus Angst vor Überfällen. In den darauffolgenden Wochen verging fast kein Tag und keine Nacht, in der nicht irgendwo ein Pkw in die Luft flog. Nicht in einer konzertierten Aktion wie am 29. Mai, aber doch wenigstens zwei oder drei pro Nacht. Meist geschah dies in bürgerlichen Vororten mit Einfamilienhäusern. Das allein verbreitete Angst genug.

Zu den Bombenattentaten trat bald noch ein anderes Phänomen: das Anzünden von Autos. Jugendliche zogen nachts in kleinen Gruppen oder auch einzeln durch die Wohnviertel und legten wahllos Grillanzünder auf die Reifen von Autos. Wenn die Übeltäter schon längst weg waren, fingen die Autos Feuer. In manchen Nächten wurde von Dutzenden oder gar Hunderten abgefackelter Autos berichtet. Keiner wusste genau zu sagen, ob es sich bei den Tätern um Islamisten oder um radikale Umweltschützer handelte. Als mit der Zeit immer mehr SUVs in den reicheren Wohnvierteln betroffen waren, gerieten die Mitglieder des Ökofrontkämpferbunds in Verdacht. Doch es kam selten vor, dass ein Täter auf frischer Tat ertappt wurde.

Infolge der weitverbreiteten Unsicherheit leerten sich die Städte immer weiter. Wer nicht unbedingt auf die Straße musste, blieb zu Hause. Wie schon vorübergehend während der Virus-Lockdowns verordnete die Regierung den Unternehmen Homeoffice, diesmal aufgrund der angespannten Sicherheitslage. Zahlreiche Unternehmen und Einrichtungen verkleinerten ihre Büroflächen oder gaben ihre Gebäude ganz auf, auch um das Geld für deren Schutz zu sparen. Ganze Büroviertel standen plötzlich leer. Reihenweise schlossen Geschäfte, Shoppingmalls, Restaurants, Kinos und andere Kultureinrichtungen. Wer schon die Lockdowns in der Folge des Virus für die größte Katastrophe nach dem Zweiten Weltkrieg hielt, wurde jetzt eines Besseren belehrt.

Versandhändler, Lieferdienste und die Sicherheitsindustrie dagegen boomten. Wer im Gastgewerbe oder als Verkäufer keine Arbeit mehr fand, schulte um auf Wachmann, Parkplatzwächter oder den neuen Beruf des Abspieglers. Alle die, die ihr Auto unbewacht vor ihrem Haus stehen lassen mussten, konnten, bevor sie einstiegen, auf diesen besonderen Service zurückgreifen. Mit an langen Stangen befestigten Spiegeln prüften die Abspiegler, ob unter dem Auto ein Brandsatz angebracht war.

Deutschland rüstete auf: Allerorten schossen umzäunte und schwer bewachte Parkplätze aus dem Boden, in vielen Supermärkten oder Verwaltungsgebäuden musste man, um hineinzukommen, jetzt einen Sicherheitscheck über sich ergehen lassen, wie man es davor nur von Flughäfen her kannte. In vielen Städten bildeten sich Bürgerwehren, die nachts auf den Straßen Wache schoben.

In den Villenvierteln schützten bewaffnete Wachleute privater Sicherheitsfirmen die Gebäude Tag und Nacht. Manche dieser Viertel entwickelten sich zu *Gated Communities*, zu geschlossenen Wohnkomplexen mit Zäunen und Zugangskontrollen, wie es sie in vielen Dritte-Welt-Ländern schon lange gab. So gut wie keine brennenden Autos gab es dagegen in den Vierteln mit hohem Migrantenanteil. Dort sorgten die Osmanen 1453 für Sicherheit. Allerdings durften dort auch Frauen nicht mehr ohne männliche Begleitung und Verschleierung auf die Straße gehen.

In den Medien erlebte der Katastrophenjournalismus einen wahren Boom, eine allgemeine Fin-de-Siècle-Stimmung griff um sich. Anstelle von Sendungen wie »Die 50 größten historischen Momente der Bundesrepublik« brachten die Fernsehsender jetzt »Die 50 verheerendsten Terroranschläge«. In den Talkshows im Fernsehen gab es nur noch ein Thema: die innere Sicherheit. Auf allen Kanälen diskutierten Journalisten, Politiker und Terrorismusexperten über drohende Anschläge. Mehr als zwei Drittel der

Menschen in Deutschland glaubte Umfragen zufolge, dass ein großer Terroranschlag in Deutschland unmittelbar bevorstand.

»«

Der große Anschlag ließ nicht lange auf sich warten. Erneut hatten die Terroristen dafür einen höchst symbolischen Zeitpunkt gewählt. Am 11. September um 14:46 Uhr steuerte ein Selbstmordattentäter einen mit Sprengstoff und Benzin beladenen Sattelschlepper in das Einkaufszentrum Alexa nahe dem Alexanderplatz und jagte das Fahrzeug mitten in dem Gebäude in die Luft. Zum gleichen Zeitpunkt 22 Jahre zuvor hatte der Terrorist Mohammed Atta ein Flugzeug in den Nordturm des New Yorker World Trade Centers gelenkt.

Die gewaltige Explosion hatte die Mitte von Berlin erschüttern lassen. Das Regierungsviertel, vom Ort des Geschehens nur 2500 Meter entfernt, war im Ausnahmezustand, Berlin war im Ausnahmezustand, ganz Deutschland war im Ausnahmezustand. Es war der größte Terroranschlag, den ein europäisches Land nach dem Zweiten Weltkrieg gesehen hatte. Erste Schätzungen der Behörden gingen von mehreren Hundert Toten aus.

Friedrich Sehlings, Herbert und Lorenz Meyer verfolgten das Geschehen auf dem Fernseher in Meyers Büro im Bundestag. Meyer war Fraktionsgeschäftsführer der Deutschlandpartei, Herbert der Büroleiter des Obersts, des Partei- und Fraktionsvorsitzenden. Sehlings dagegen war weder Abgeordneter noch Mitarbeiter eines Parlamentariers, er gehörte auch nicht zum Fraktionsstab. Und auch sein Landtagsmandat hatte er inzwischen verloren. Als die fünfjährige Legislaturperiode zu Ende ging, hatte er kein Interesse mehr, erneut in einen Landtag einzuziehen. Seine Aufgabe als Strippenzieher und mächtigster Mann der Deutschlandpartei nahm ihn vollständig in Beschlag.

Auch ohne ein Amt im Bundestag war er fast jeden Tag in den Gebäuden des Parlaments unterwegs, hatte er doch einen höchst praktischen Türöffner: Er besaß einen Lobbyistenausweis. Offiziell war er Demokratie-Lobbyist, den Ausweis hatte er über den Verein zur Förderung des eurasischen Parlamentarismus erhalten.

Ein Büro brauchte er für seine Tätigkeit nicht. Unermüdlich lief er im Bundestag umher, sprach mit Abgeordneten und Mitarbeitern, hielt Hof in der Kantine des Bundestags oder telefonierte, um wankelmütige Parteimitglieder bei der Stange zu halten, notfalls zu ermahnen oder zu bestrafen.

Auf dem Fernseher in Müllers Büro lief die Sondersendung des öffentlich-rechtlichen Fernsehens. »But, Blut, Blut. Es war überall Blut«, kreischte eine Augenzeugin in das Mikrofon des Fernsehjournalisten, während die Kamera ihren verzweifelten und schreckerfüllten Gesichtsausdruck einzufangen versuchte. Nur knapp war sie dem Tod entronnen, sie stand gerade mal einige hundert Meter entfernt von dem Ort der Explosion. Herumfliegende Trümmerteile hatten die Frau direkt neben ihr in den Tod gerissen.

»Strategisch ziemlich gut gemacht«, bemerkte Herbert. »Um diese Zeit muss das Einkaufszentrum voll gewesen sein. Es ist bei den Jugendlichen aus den Vororten sehr beliebt. Besser als mit so einem Anschlag mitten im Zentrum von Berlin kann man gar keinen Terror verbreiten.«

»Außerdem ist das Kanzleramt verwaist«, bemerkte Meyer. Herbert und Sehlings schauten ihn an.

»Staatsbesuch in Australien«, fuhr Meyer fort. »Der grüne Innenminister führt jetzt das Land. Der wird die Situation wohl nutzen, um die Bundeswehr aufmarschieren zu lassen. Das hat er ja schon mehrfach gefordert.«

»Geht das denn so einfach?«, fragte Sehlings. Als ehemaliger Soldat wusste er natürlich, dass die Aufgabenbereiche von Militär und Polizei in Deutschland strikt getrennt waren. Diese Lehre hatten die Väter des Grundgesetzes aus der Zeit des Nationalsozialismus gezogen. Doch wurde nach den Anschlägen vom 11. September 2001 immer wieder über den Einsatz der Bundeswehr im Innern diskutiert.

Der promovierte Jurist Meyer hatte sich mit diesen Dingen genau befasst. »Der Einsatz der Bundeswehr im Innern ist an strenge Voraussetzungen geknüpft. Die Bundeswehr darf nicht einfach mal so herangezogen werden, um die Polizei zu unterstützen, wenn deren Kapazitäten nicht ausreichen ...«

»Wie es der Innenminister versucht hat«, unterbrach Sehlings.

»Die Bundeswehr darf nur bei einer Naturkatastrophe oder einem schweren Unglücksfall eingesetzt werden«, dozierte der Jurist weiter. »Für diesen Fall hat das Bundesverfassungsgericht 2012 die Hürden ziemlich hoch gelegt. Es muss sich um eine ungewöhnliche Ausnahmesituation katastrophischen Ausmaßes handeln.«

»Das dürfte hier ja wohl der Fall sein«, erwiderte der Kommandeur.

»Das sehe ich auch so. Außerdem muss die gesamte Bundesregierung einen Bundeswehreinsatz beschließen. Dann darf die Bundeswehr im Prinzip wie eine Polizeibehörde agieren«, erklärte Meyer.

»Dann ist davon auszugehen, dass der Vizekanzler die Situation ausnutzt, das Kabinett zu einer Notsitzung zusammenruft und in der Nacht die Bundeswehr aufmarschiert«, rief Sehlings gut gelaunt. »Dann läuft doch alles wie am Schnürchen.«

Die drei Männer starrten wieder auf den Bildschirm, wo jetzt wieder blutüberströmte Menschen zu sehen waren, die panisch über den Alexanderplatz liefen.

»Wisst ihr, was wirklich traurig ist?«, bemerkte Herbert versonnen.

Friedrich Sehlings und Lorenz Meyer hielten den Blick auf den Fernseher gerichtet. »Was denn?«, fragte Sehlings.

»Da im Alexa gab es einen richtig netten Dessousladen. Der hat für mich die Dinger auch gleich ausgeliefert. Da bekam ich sogar Rabatt. Da muss ich mir jetzt wohl einen neuen suchen.«

Die beiden Männer schauten ihren Freund ungläubig an. »Wie, für dich ausgeliefert …?«, fragte Meyer.

Herbert erklärte es seinen Freunden: »Na, du schickst die Dessous vorher an die Frau, damit sie die schon anhat, wenn du dich mit ihr zum Schäferstündchen triffst.«

»Casanova könnte sich von dir noch eine Scheibe abschneiden«, bemerkte Friedrich Sehlings, sichtlich beeindruckt.

» «

Mustafa Kemal steuerte seinen großen, dunklen, schweren Wagen über die Oberbaumbrücke, die die Spree überquerte und die Kreuzberg und Friedrichshain miteinander verband. Früher einmal verlief hier mitten in der Spree die hochgesicherte Grenze zwischen Ost- und Westberlin. Die Spree war die Todeszone.

Nach der Wende hatte sich das Gebiet um die rote Backsteinbrücke mit ihren beiden historischen Türmen zu einer der quirligsten Zonen des hippen Berlins entwickelt. In die alten Industriebauten waren Medienschaffende, Werbeagenturen und Start-ups eingezogen. Junge Leute aus aller Welt bevölkerten die zahlreichen Bars und Clubs der Partymeile und machten die Nacht zum Tag.

Heute Morgen war hier kein Mensch zu sehen. Auch mehrere Tage nach dem großen Anschlag waren die Straßen wie leergefegt. Eine gespenstische Ruhe hatte sich über die Metropole gelegt. Mustafa Kemal ließ den Motor aufdrehen und raste über die Brücke. Sein Wagen war der einzige weit und breit. Nur zwei

Radpanzer der Bundeswehr an beiden Brückenköpfen zeigten an, dass die staatliche Gewalt präsent war. Noch in der Nacht des Anschlages waren auf Befehl des Innenministers Einheiten der Streitkräfte aus ihren Kasernen ausgerückt, um strategisch wichtige Plätze und Gebäude in der Hauptstadt abzusichern.

Normalerweise ließ Mustafa Kemal seinen großen Wagen tagsüber in der Garage stehen und nahm die S- und U-Bahn, allein schon wegen der knappen Parkplätze in der Stadt. Mit dem öffentlichen Nahverkehr war er auch meist schneller am Ziel. Außerdem liebte er es, die Menschen in der Bahn zu beobachten. Das Innere eines U-Bahn-Waggons, das Gedränge der unterschiedlichsten Menschen mit all ihren Eigenheiten, Sehnsüchten und Gerüchen, war für ihn das perfekte Abbild der vielfältigen demokratischen Gesellschaft in diesem Land. Jeder musste sich an die Regeln halten, wenn es funktionieren sollte. Der große Anschlag des 11. September war der große Regelbruch, der mit einem Mal die demokratische Ordnung außer Kraft gesetzt hatte. Und er hatte auch weite Teile des öffentlichen Nahverkehrs lahmgelegt, in der gesamten Innenstadt war der U- und S-Bahn-Verkehr eingestellt.

Mustafa Kemal war auf dem Weg zum Alexanderplatz. Der Innenminister und Vizekanzler hatte den Unternehmer und Vorsitzenden der Migrantenpartei nach dem großen Terroranschlag persönlich angerufen und um ein Treffen gebeten. Er wolle angesichts der terroristischen Bedrohung die demokratischen Kräfte bündeln, hatte er erklärt. Mustafa Kemal war einverstanden, aber er hatte auch eine Bitte. Er wollte den Ort des Anschlags besichtigen. »Verstehen Sie mich nicht falsch«, erklärte er dem Minister, »ich bin kein Voyeur. Es hat etwas mit Trauer und Abschied zu tun.« Die Vorsitzende der Solidarpartei, Annerose Nesserland, die der Minister direkt vor dem Geschäftsmann angerufen hatte, äußerte den gleichen Wunsch. Also arrangierte der Innenminister einen gemeinsamen Termin für die beiden Politikneulinge.

Mustafa Kemal bog hinter der Oberbaumbrücke nach Westen auf die Straße ab, die parallel zur Spree in Richtung Alexanderplatz führte. Auf der linken Seite stand die East Side Gallery, eines der letzten verbliebenen Stücke der Berliner Mauer, bemalt mit Kunstwerken und Graffiti, und bis zum Hereinbrechen der Virus-Krise einer der großen Touristenmagnete der Metropole.

Heute war von der bunten Mauer allerdings nichts zu sehen. Hunderte Mannschaftstransportwagen der Berliner Polizei, voller junger Bereitschaftspolizisten, reihten sich dort hintereinander auf. Mustafa Kemal raste mit ziemlich hoher Geschwindigkeit an ihnen vorbei. Die Polizei hatte jetzt bestimmt auch anderes zu tun, als Geschwindigkeitsüberschreitungen zu ahnden.

Er blickte durch die Windschutzscheibe auf die rechte Seite, wo in den vergangenen Jahren auf den alten Abstellgleisen der Bahn ein komplettes Viertel mit gleichartig aussehenden modernen Bürogebäuden aus dem Boden gestampft worden war. Auch hier, wo sonst zu dieser Morgenstunde die Bürgersteige voll waren mit zur Arbeit hastenden Menschen, war kein Mensch unterwegs. Nur wenige der großen Glasfenster der Großraumbüros waren beleuchtet. Die Sicherheitsbehörden hatten verlautbart, dass mit weiteren Anschlägen von Trittbrettfahrern zu rechnen sei. Viele der Unternehmen hielten ihr Geschäft deshalb nur mit Notbesatzungen aufrecht.

Auch die Wirtschaft war im Ausnahmezustand. Mustafa Kemal hatte den Mitarbeitern seines Fast-Food-Imperiums freigestellt, den Rest der Woche zu Hause zu bleiben. Sie waren dennoch zur Arbeit gekommen, um Flagge zu zeigen. Die meisten von ihnen waren Türken, die wie er die deutsche Staatsangehörigkeit angenommen hatten. Sie unterstützten die Politik ihres Chefs.

Mustafa Kemal brauste an dem neuen Stadtviertel rund um die Sportarena vorbei. Eines der Hotels hier hatte eine Rooftop-Bar, in der sich Mustafa Kemal gerne mit Geschäftspartnern traf, weil man von der Terrasse aus einen fantastischen Blick über Kreuzberg hatte, wo er geboren und aufgewachsen war und auch heute noch lebte.

Vor ihm tauchte der Ostbahnhof auf. Auch dort war keine Menschenseele zu sehen. Nur einige Radpanzer der Bundeswehr bewachten den Bahnhof, der seit seinem Bau Mitte des 19. Jahrhunderts seinen Namen so oft gewechselt hatte: Frankfurter Bahnhof, Schlesischer Bahnhof, Ostbahnhof, Hauptbahnhof, dann seit 1998 wieder Ostbahnhof. All das war Mustafa Kemal bekannt. Geschichte war sein Hobby, besonders die seiner Heimatstadt. Hier kamen einst die Ostjuden an, die vor den Pogromen im zaristischen Russland flohen. Und wenig später auch die Russen, die vor der Revolution nach Berlin flohen und die Stadt zu ihrem Ankerplatz machten.

Mustafa Kemal dachte an seinen Vater und seine Mutter, die auch einst als Arbeitsmigranten nach Deutschland gekommen waren. Sie hatten in dem Teil von Kreuzberg, der von drei Seiten von der Berliner Mauer umgeben war, eine billige Wohnung gefunden. Dort hatte er im Schatten der Mauer seine Kindheit verbracht, dort hatten die türkischen Migranten sich ihre Infrastruktur aufgebaut, bestehend aus Läden, Restaurants, Friseursalons und Hinterhofmoscheen.

Kurz hinter dem Bahnhof sah der Geschäftsmann auf dem sonst menschenleeren Bürgersteig die Silhouette einer in Richtung Alexanderplatz eilenden schlanken Frau. Er verlangsamte das Tempo. Die Frau hatte einen wadenlagen, schwarzen Rock an, schwarze Schnürstiefel und trug Damenhut. Es war Annerose Nesserland. Mustafa Kemal bremste und kam direkt neben der Frau zum Halten.

Er ließ das Fenster der Beifahrertür herunter. Das vom Laufen leicht gerötete Gesicht von Annerose Nesserland erschien am Fenster und lächelte Mustafa Kemal an.

»Guten Tag, Frau Nesserland. Ich bin Mustafa Kemal. Wir haben beide einen Termin beim Innenminister. Steigen Sie doch ein.«

Die Vorsitzende der Solidarpartei öffnete die Tür, ließ sich auf dem Beifahrersitz nieder, wandte sich dem Fahrer zu und reichte ihre Hand herüber. »Vielen Dank«, sagte sie, noch etwas außer Atem. »Sonst nehme ich immer die Bahn, aber es ist ja fast alles eingestellt. Schön, dass wir uns endlich einmal kennenlernen.« Auch wenn sie außer Puste war, hatte ihre Stimme doch etwas Beruhigendes.

Obwohl beide mit ihren Parteigründungen im Rampenlicht standen, waren sie sich bisher noch nicht persönlich begegnet. Die Medien stürzten sich regelrecht auf den jungen, erfolgreichen türkischstämmigen Unternehmer, er wurde von Talkshow zu Talkshow gereicht. Mustafa Kemal war durchaus bewusst, dass er vor allem deshalb eingeladen wurde, weil er in der Dramaturgie dieser Sendungen die Rolle des vorbildlich integrierten, guten Muslim und Migranten verkörperte. Er sah es als Chance: Je wirkmächtiger die fremdenfeindliche Propaganda der Deutschlandpartei, je stärker der Druck der Schlägertrupps der Osmanen 1453, je heftiger die Bedrohung durch islamistische Terroristen wurden, desto mehr wurde er zur Hoffnungsfigur.

Annerose Nesserland dagegen mied die Talkshows, sie hatte sie auch gar nicht nötig. Sie war die Anführerin einer stetig wachsenden friedlichen Straßenbewegung. Die von ihr gegründete Solidarpartei sollte nur der parlamentarische Arm ihrer Bewegung sein, den es brauchte, um an den nächsten Bundestagswahlen in zwei Jahren teilzunehmen. Dass sie sich dem Medienzirkus entzog, ließ sie noch interessanter erscheinen. Auch Mustafa Kemal bewunderte die junge Frau und war sogar ein bisschen neidisch auf ihre rhetorischen Fähigkeiten. Wenn er sprach, schien immer der Geschäftsmann durch: rational, nüchtern, eigentlich typisch deutsch.

Mustafa Kemal beschleunigte seinen Wagen, bis an der nächsten großen Kreuzung vor ihm eine Straßensperre auftauchte. Ein hoher Bauzaun riegelte die Straßenschlucht von links nach rechts ab. Dahinter hatten sich mit ihrer Breitseite Radpanzer der Bundespolizei positioniert. Neben der kleinen Einfahrt im Zaun standen, wie die Pfeiler eines massiven Tores, zwei weitere Polizeipanzer in Längsposition. Daneben hielten Bundespolizisten mit Helmen und Maschinenpistolen Wache.

Mustafa Kemal fuhr im Schritttempo heran und ließ das Wagenfenster herunter. Zwei der behelmten Männer, die jetzt direkt vor seiner Kühlerhaube standen, zuckten mit ihren Maschinenpistolen. Sie wirkten nervös. Einer der Bundespolizisten beugte sich herunter und erklärte in schneidendem Ton: »Dies ist Sperrgebiet. Sie kommen hier nicht weiter. Wenden Sie bitte.«

Der Beamte hatte sich bereits wieder umgedreht, als der Unternehmer ihm durch das Fenster zurief: »Ich bin Mustafa Kemal und das ist Annerose Nesserland. Wir haben einen Termin mit dem Bundesinnenminister. Er erwartet uns.«

Sofort erschien wieder das Gesicht des behelmten Beamten. Nur einen kleinen Deut freundlicher als zuvor sagte er: »Fahren Sie bitte zwischen die beiden Sonderfahrzeuge dort.« Dabei zeigte er auf die Polizeipanzer. Der Vorsitzende der Migrantenpartei tat, wie es ihm befohlen wurde.

»Arme Kerle«, sagte jetzt Annerose Nesserland. »Die sind ja ganz schön nervös.«

Der Beamte, der jetzt an sein Fenster trat, trug keinen Helm und keine Maschinenpistole. Er kontrollierte ihre Ausweise und ließ sie dann passieren.

An der nächsten großen Kreuzung, wo eine Woche zuvor noch die Ökorebellen demonstriert hatten, erwartete sie die nächste Sperranlage: ein mächtiger Zaun aus dicken Eisenstäben, viel höher als der des ersten Sperrriegels, oben zudem noch mit Stacheldrahtrollen gesichert.

Die ganze Gegend rund um die Ruinen des Alexa hatte sich in ein Hochsicherheitsareal verwandelt. In der Mitte der Straße befand sich ein großes Tor mit Schlagbaum und Wachhäuschen, gesichert von Bundespolizisten in voller Kampfmontur und schussbereiten Maschinenpistolen und flankiert von einem Polizeipanzer. Hinter dem Tor erhob sich mitten auf der Kreuzung eine kleine Stadt aus Baucontainern, wie man sie von Großbaustellen kannte. Um die Siedlung herum standen eine Unmenge von Polizei- und Feuerwehrfahrzeugen, Kränen, Tiefladern, Baggern und Bulldozern. Auf dem Dach von einem der Containerbauten erspähte Annerose Nesserland einen Scharfschützen. Das Rohr seiner Waffe war auf den Wagen mit den beiden Politikern gerichtet.

Die junge Politikerin schüttelte den Kopf. »Haben die etwa Angst, dass jemand einen Anschlag auf die Ruinen macht?«

Mustafa Kemal blickte seine Beifahrerin an und sagte: »Ich habe mal in der Zeitung gelesen, dass die Taliban in Afghanistan manchmal am selben Ort zweimal zuschlagen. Der zweite Anschlag gilt dann den Sanitätern und Hilfskräften.«

Annerose Nesserland erschrak. Mustafa Kemal bemerkte es und wollte sie beruhigen: »Ich denke, hier sind wir sicher.«

Vor dem Tor sahen die beiden schon den Innenminister warten. Wie fast immer hatte er einen dunklen Dreiteiler an. Neben ihm stand ein älterer Herr vom Typ höherer Beamter, ebenfalls im Anzug und ebenfalls grauhaarig. Der Mann gab einem der Polizisten ein Zeichen, den Schlagbaum zu öffnen.

Mustafa Kemal lenkte seinen Wagen auf den Parkplatz, wo bereits andere schwere Limousinen standen, darunter die Fahrzeuge des Innenministers und seiner Entourage. Der Innenminister kam ihnen schon entgegengelaufen, als sie ausstiegen. Mit einem Strahlen im Gesicht reichte er Annerose Nesserland die

Hand, dann Mustafa Kemal. »Ich freue mich, dass Sie kommen konnten. Ich bin noch immer zutiefst erschüttert.«

Jetzt war auch sein Begleiter bei der Gruppe angelangt und reichte den beiden Besuchern die Hand. Der Minister stellte ihn mit Namen und Titel vor, bemerkte die fragenden Blicke seiner Besucher und erklärte: »Unser Chefermittler für den großen Anschlag.« Die beiden Politiker lächelten dem Beamten zu.

»Auch wenn Sie und Ihre Parteien nicht im Bundestag sitzen, möchte ich Ihnen gerne einige wichtige Informationen zukommen lassen«, fuhr der Minister fort. »Ich bitte Sie jedoch, dies alles vertraulich zu behandeln.« Seine beiden Gäste nickten.

Der Beamte übernahm die Führung der Gruppe und schleuste sie durch das Wirrwarr der Fahrzeuge im Hochsicherheitsareal zu einer Straßenkreuzung direkt unterhalb des Viadukts der Berliner-S-Bahn und der Fernbahn, das sich quer durch die Mitte von Berlin schlängelte. Mustafa Kemal versuchte sich zu orientieren und blickte auf ein Straßenschild: Dircksenstraße.

»Hier hat der Selbstmordattentäter seine Fahrt begonnen«, trug der Beamte vor. »Das Fahrzeug war ein handelsüblicher, beplanter Sattelschlepper. Er war am Vorabend an einer Autobahnraststätte gestohlen worden, er gehörte einer polnischen Spedition. In der Nacht wurde die ursprüngliche Ladung irgendwo gegen Sprengstoff und Benzinfässer ausgetauscht. Vorn an das Fahrzeug wurde auch noch eine Art Verstärkung angeschweißt.«

Annerose Nesserland und Mustafa Kemal schauten verwundert.

Der Minister erklärte: »Der Fahrer ist durch die Glastüren des Hintereingangs des Alexa in das Einkaufszentrum gerast. Zwischen den Türen gab es nur eine dünne Metallstange, die durch die Verstärkung sofort umknickte. Das Führerhaus blieb ganz, sodass der Fahrer ungehindert nach rechts ziehen konnte, um dann sein Fahrzeug in der hinteren Halle des Einkaufszentrums zum Stehen zu bringen. Dort ließ er die Bombe detonieren. Das Benzin verstärkte noch den Effekt. Der Anschlag selbst war äußert primitiv ausgeführt, aber ziemlich effektiv.«

Jetzt übernahm wieder der Beamte das Wort. Er zeigte auf die eine Seite der Dircksenstraße, die dort eine Sackgasse bildete. »Hier hat der Attentäter seinen Sattelschlepper geparkt und auf das Kommando zum Losfahren gewartet. Es wurde ihm per Mobiltelefon gegeben. Dann hat er auf der geraden Straße schnell beschleunigt.« Dabei wies er mit der Hand in die andere Richtung der Dircksenstraße.

Die drei Politiker folgten dem Chefermittler auf dem Weg, den der Attentäter mit dem Sattelschlepper genommen hatte. Sie kamen an eine weitere Kreuzung von Nebenstraßen. Vor ihnen lagen jetzt die Ruinen des Alexa. Bis zur eigentlichen Mall waren es noch gut 150 Meter. Da, wo jetzt Bagger, Bulldozer und Kipper standen, war vorher ein teils gepflasterter, teils mit Rasen bedeckter Platz. Mustafa Kemal erinnerte sich, dass es früher einmal am Hintereingang des Alexa, durch den der Attentäter seinen Todes-Sattelschlepper gelenkt hatte, eine Eisdiele gab. Auch er hatte sich dort einmal ein Eis geholt und im Sonnenschein auf einer Bank genossen.

»Hier hat der Attentäter mit seinem Sattelschlepper die Straße verlassen und ist über die Auffahrt des Bürgersteigs auf den Platz gerast«, riss der Beamte den Geschäftsmann aus seinen Gedanken. Die vier standen jetzt direkt an der Straßenkreuzung auf dem Bürgersteig und blickten geradewegs auf die Ruinen des Alexa. »Von hier aus bis zu den Glastüren hatte der Fahrer freie Fahrt wie auf einer Startbahn für Flugzeuge. So konnte er einfach durch die Glastüren brechen.«

Mustafa Kemal schaute erst den Beamten, dann den Minister ungläubig an. »Der konnte einfach so in das Gebäude rasen? Gab es denn gar kein Hindernis? Jeder kleine Weihnachtsmarkt wird doch heute mit Betonklötzen und was weiß ich noch für Barrieren abgeriegelt.«

»Es gab schon eine kleine Barriere«, erwiderte der Beamte. »Schauen Sie mal auf den Boden.« Auf dem Bürgersteig, wo sie standen, waren zwei Platten des Pflasters entfernt, man sah nur gelben Sand. »Hier standen zwei rund ein Meter hohe Pfähle wie an vielen Straßenübergängen in Berlin, die verhindern sollen, dass die Wege zugeparkt werden. Oder eben auch, dass Fahrzeuge auf den Bürgersteig hinauffahren.«

Annerose Nesserland runzelte die Stirn. »Und warum sind die jetzt weg?«

»Zwei, ich will sie mal Komplizen nennen, also Männer, die zu der Gruppe des Attentäters gehörten, also ...« Trotz seiner sachlichen Art geriet der Beamte jetzt ins Stocken und suchte nach dem korrekten Begriff. »Also zwei der islamistischen Terroristen haben sich als Bauarbeiter verkleidet, die Pfähle ausgebuddelt und die Löcher mit Sand verfüllt. Dann haben sie die Straßenkreuzung rechts und links blockiert, damit kein zufällig ankommendes Auto dem Attentäter die Vorfahrt nehmen konnte. Sie haben den Fahrer des Sattelschleppers angerufen, und der ist losgefahren. Die Terroristen haben am Morgen des Anschlags einen Pritschenwagen eines Bauunternehmens geklaut. Wir haben ihn ein paar Straßen weiter gefunden. Wir fahnden nach den Männern.«

Mustafa Kemal spürte, wie sein Hals trocken wurde. Es fiel im plötzlich schwer zu atmen. War es der nüchterne Berichtsstils des Beamten, mit dem dieser über das blutigste Attentat in der Geschichte der Bundesrepublik Deutschland mit mehreren hundert Toten sprach? Oder war es die Primitivität, mit der dieses Blutbad verübt worden war? Oder war es die Erkenntnis, dass das Attentat von Menschen verübt worden war, die ihre Tat mit jenem Glauben rechtfertigten, dem auch er anhing? Er hatte Tränen in den Augen.

Der Beamte blieb still, auch der Minister sagte nichts. Annerose Nesserland ging zu Mustafa Kemal, umarmte ihn und drückte ihn an sich. Der Geschäftsmann ließ es geschehen. Bald hatte er seine Fassung wiedererlangt. Nachdem sie ihre Umarmung gelöst hatte, nahm die Frau ihren Begleiter sanft an die Hand.

»Was wissen wir denn über die Täter?«, fragte er.

Der Beamte schaute den Minister an. Diesen Part wollte er lieber an seinen Vorgesetzten abgeben.

»Wir gehen davon aus, dass hinter dem Anschlag eine internationale Terroristengruppe steckt, die dem Islamischen Staat nahesteht«, erklärte der Minister. »Anders als bei den Autobombenanschlägen kommen die Terroristen vermutlich von außen, wahrscheinlich gehören sie einem internationalen Netzwerk an. Dieser Anschlag sollte möglichst viele Tote und Verletzte hervorrufen und ein Symbol der liberalen westlichen Gesellschaft zerstören. Deshalb das zentral gelegene Einkaufszentrum mitten in Berlin. Den Terroristen war es offenbar egal, dass bei dem Anschlag auch viele junge muslimische Frauen getötet wurden, die dort einkauften.«

Mustafa Kemal schluckte und fragte dann: »Wird es weitere Anschläge wie diesen geben?«

»Wir schließen es nicht aus. Wir müssen davon ausgehen, dass sich einige radikale Muslime in Deutschland weiter radikalisieren und sich dem Islamischen Staat anschließen.«

»Das wäre fatal«, rief Mustafa Kemal.

Der Minister nickte. »Fatal ist auch, dass das Ganze der Deutschlandpartei in die Hände spielt. Seit dem Anschlag läuft ihre Propagandamaschinerie auf Hochtouren. Sie haben verkündet, dass sie das Gelände kaufen und hier ihre neue Parteizentrale errichten wollen: Die Himmelblaue Burg.«

»Die Himmelblaue Burg?« Annerose Nesserland blickte den Minister fragend an.

»Hier stand mal die Rote Burg, das Berliner Polizeipräsidium«, erklärte der. »Ein monströser roter Backsteinbau.«

»Und ab 1933 war es Sitz der Berliner Gestapo«, ergänzte Mustafa Kemal. »Hier wurden politische Gefangene festgesetzt und misshandelt.«

Während er das sagte, rann ihm eine Träne die Wange herunter. Annerose Nesserland drückte seine Hand noch fester.

KAPITEL 16

Die wohl größte Regierungskrise in der Geschichte der Bundesrepublik Deutschland entwickelte sich schleichend. Am Tag des großen Anschlags auf das Einkaufszentrum Alexa am 11. September weilte der Kanzler zum Staatsbesuch in Australien. Noch in der Nacht hatte der Vizekanzler dessen Abwesenheit genutzt und das Bundeskabinett zu einer Notsitzung einberufen. Der alte Politikfuchs der Ökopartei überrumpelte in diesen dramatischen Stunden seine Ministerkollegen, dem Einsatz der Bundeswehr im Innern zuzustimmen. Es gab keine Gegenstimmen, auch nicht von den Ministern seiner eigenen Partei. Noch in der Nacht rückten die ersten bewaffneten Einheiten der Bundeswehr aus. Der Mann hatte seinen Willen durchgesetzt.

Doch das autoritäre Vorpreschen ihres Vorsitzenden schlug wie eine Bombe in der Ökopartei ein, was zu einer weiteren politischen Kettenreaktion führte. Der fundamentalistische Flügel trat geschlossen aus Fraktion und Partei aus und schloss sich der Partei der Ökorebellen von Simone Satellit an. Im Bundestag gründeten die Abweichler eine Fraktion der Ökorebellen. Über 40 Jahre nach ihrer Gründung war die Ökopartei damit gespalten.

Für die Regierung hatte dies keine unmittelbaren Konsequenzen. Bei der Bundestagswahl hatten die beiden Koalitionsparteien 60 Prozent der Wähler hinter sich vereint. Selbst mit dem Wegfall der Abgeordneten des Fundi-Flügels verfügte die Regierung immer noch über eine knappe Mehrheit. Die Macht des Kanzlers in der Regierung war sogar noch gestiegen. Weil die Ökopartei jetzt weniger Stimmen in die Koalition einbrachte, verlor sie auch einige Ministerposten im Kabinett, die nun der Christpartei zufielen. Der Kanzler nutzte die Gelegenheit und versorgte mit diesen Posten treue Gefolgsleute seines links-progressiven Kurses.

Das wiederum erzürnte die in der Partei verbliebenen Konservativen. Bisher hatten sie keinerlei Bedeutung für die Fraktion, da die Regierung mit den Abgeordneten der Ökopartei über eine satte Mehrheit verfügte. Aber jetzt kam es auf jede Stimme an.

Die Konservativen witterten ihre Chance und rebellierten gegen ihren Parteichef und Kanzler. Ganz besonders nahmen sie ihm übel, dass er das einstige Aushängeschild der Christpartei, die Innere Sicherheit, dem Vorsitzenden der Ökopartei überlassen hatte. Die aktuellen Umfragen schienen ihnen Recht zu geben: Bei der letzten Bundestagswahl hatte die Christpartei 37 Prozent der Wähler überzeugen können, inzwischen war sie auf 25 Prozent abgerutscht. Dagegen konnte die Deutschlandpartei damit rechnen, ihr letztes Wahlergebnis mehr als zu verdreifachen. Ihr wurden nun 19 Prozent der Wählerstimmen prognostiziert. Viele vormalige Anhänger der Christpartei hatte der neue, moderate Kurs der Deutschlandpartei überzeugt.

Der Kanzler wollte seine Parteikollegen in der Bundestagsfraktion disziplinieren und kam auf die Idee, im Parlament die Vertrauensfrage nach Artikel 68 des Grundgesetzes zu stellen. Nur fünfmal hatten Bundeskanzler in der über 70-jährigen Geschichte der Bundesrepublik von diesem Mittel Gebrauch gemacht. Nun schien es dem Kanzler das probate Mittel, die Reihen der Christpartei hinter sich zu schließen.

Seine beiden engsten Vertrauten, sein Regierungssprecher und der Chef der Agentur »Zum Silbernen Reh«, rieten ihm davon ab, ihnen schien das Vorhaben reichlich gewagt. Viele der Konservativen in der Christpartei spekulierten auf Neuwahlen. Sie hofften darauf, dass sie ihren Einfluss innerhalb der Partei dadurch deutlich verstärken konnten. Zwar würde ihre eigene Partei deutlich an Stimmen verlieren. Doch zusammen mit der Deutschlandpartei und der Liberalpartei würde sie den Umfragen zufolge auf deutlich über 50 Prozent der Stimmen kommen. Eine schwarz-blau-gelbe Bahamas-Koalition schien ihnen die beste Konstellation, um für Recht und Ordnung zu sorgen und die bürgerkriegsähnlichen Zustände auf den Straßen zu beenden.

Zudem hatte der Bundeskanzler immer wieder betont, niemals mit der Deutschlandpartei koalieren zu wollen. Bei einer Neuwahl, so das Kalkül des konservativen Flügels, würden sie nicht nur die verhasste Ökopartei, sondern auch ihren verhassten Kanzler und Vorsitzenden loswerden. In vertraulichen Runden hatte der Partei- und Fraktionsvorsitzende der Deutschlandpartei den Führern der Konservativen immer wieder Avancen gemacht. Dass der Ex-Militär Vizekanzler und Innenminister in einer gemeinsamen Regierung würde, dagegen hatten sie nichts einzuwenden.

So kam es, dass die Vertrauensfrage anders ausging, als vom Kanzler erwartet. In der namentlichen Abstimmung votierten zwar alle Mitglieder der verbliebenen Rumpffraktion der Ökopartei für ihn. Doch eine Reihe von Abgeordneten seiner eigenen Fraktion entzogen ihm das Vertrauen und stimmten gegen ihn.

»Das ist die größte Katastrophe, die passieren konnte«, brüllte der Bundeskanzler. »Dass mir meine eigenen Leute in den Rücken fallen. Und ihr habt mir noch dazu geraten! Das ist alles eure Schuld.« Der Agenturchef und der Pressesprecher kannten das bereits: Stets waren sie die Schuldigen, egal, was der Politiker auch falsch gemacht hatte.

Die Abstimmung im Bundestag lag gerade mal eine Stunde zurück. Nun hatten sie im Bundeskanzleramt in den bequemen

Sesseln des Dienstzimmers Platz genommen, um das weitere Vorgehen zu besprechen. Der Agenturchef hatte dazu auch seine beste Mitarbeiterin, Junior Consultant Julia, mitgebracht.

»Was machen wir denn jetzt?«, schrie der Kanzler seinen Beraterstab an. Wie ein angeschossener Löwe lief er in seinem Dienstzimmer auf und ab. Keiner sagte etwas. Dann brach Julia das Schweigen. »Es gibt drei Möglichkeiten.«

Der Agenturchef wunderte sich, dass sich Julia zuerst zu Wort meldete. War sie es doch, die als Frau immer ihr Fett abbekam, wenn der Kanzler seine cholerischen Anfälle hatte. Julia war extrem intelligent, fleißig und hochgradig analytisch. Und, wie sich jetzt zeigte, auch mutig. Der Kanzler blieb stehen, sah die Frau misstrauisch an, sagte aber nichts.

»Die erste Möglichkeit«, erklärte Julia, »ist, dass Sie so weitermachen wie bisher. Sie sind nicht verpflichtet, das Ergebnis zur Kenntnis zu nehmen. Es ist rechtlich nicht bindend. Sie sind weiterhin Kanzler der Bundesrepublik Deutschland. Allerdings wäre das dann so etwas wie eine Minderheitsregierung. Es ist wahrscheinlich, dass die Abweichler Ihnen bei der nächstbesten Abstimmung erneut die Gefolgschaft verweigern.«

Der Kanzler hatte sich mittlerweile hingesetzt und lauschte interessiert. »Und was wäre Ihrer Meinung nach die zweite Option?«

»Sie nehmen die Sozialpartei mit in die Koalition. Dann haben Sie wieder eine satte Mehrheit, und die Abweichler spielen keine Rolle mehr. Das würde auch den Einfluss der Ökopartei in der Koalition weiter zurückdrängen und deren Chef weiter schwächen. Sie könnten sich als der starke Mann inszenieren. Allerdings gibt es da auch ein paar Haken ...«

»Welche?«, fragte der Kanzler.

»Zum einen würde die Sozialpartei als Retter in der Not sehr viel fordern. Sie weiß ja, dass sie eigentlich für die Mehrheit nicht gebraucht wird. Und sie wäre nur zweiter Juniorpartner, weil selbst die Rumpffraktion der Ökopartei noch mehr Stimmen in die Koalition einbrächte.«

»Dann scheint mir diese Option auch nicht sehr sinnvoll«, erwiderte der Kanzler. »Und die dritte Option?«

»Sie bitten den Bundespräsidenten um Auflösung des Bundestages, und es gibt Neuwahlen«, erwiderte die Senior Consult.

Der Agenturchef ahnte, warum seine Mitarbeiterin vorgeprescht war und nicht, wie sonst, gewartet hatte, bis sich die Wut des Kanzlers gelegt hatte. Sie war Mitglied der Jugendorganisation der Christpartei, und auch wenn sie sich mit politischen Aussagen zurückhielt, hatte er die Vermutung, dass sie zum konservativen Flügel in der Parteijugend tendierte. Aber gab es zu Neuwahlen eine ernsthafte Alternative? Es war wohl die einzige Möglichkeit, seinem Freund das Kanzleramt zu retten. Mit einem kurzen Blickkontakt verständigte er sich mit dem Regierungssprecher, die Frau nicht zu unterbrechen.

»Die Sozialpartei ist wegen des Chaos in der Ökopartei im Aufwind«, führte Julia weiter aus. »In der aktuellen Umfrage steht sie bei 13 Prozent, die Ökopartei gerade einmal bei 12 Prozent. In einer schwarz-rot-grünen Koalition wäre die Sozialpartei also voraussichtlich erster Juniorpartner. Sie würde den Vizekanzler stellen und wahrscheinlich auch das Innenministerium fordern. Damit hätte der Chef der Ökopartei keine Chance mehr, sich als starken Mann zu profilieren.«

»Der kann dann ja Umweltminister werden und sich mit den Ökorebellen herumschlagen.« Die Laune des Bundeskanzlers hatte sich schon wieder aufgehellt. »Danke Julia. Ich werde dem Bundespräsidenten also die Auflösung des Bundestages vorschlagen. Es gibt Neuwahlen, und aus denen gehe ich gestärkt hervor.«

Der Regierungssprecher und der Agenturchef sahen sich erstaunt an, mit einer derartigen Entschlussfreude ihres Freundes hatten sie nicht gerechnet. »Wir müssen aber bedenken, dass bei Neuwahlen die Deutschlandpartei nach derzeitigem Stand auf 19 Prozent kommt«, warf der Regierungssprecher ein. »Und es kann auch noch mehr werden. Außerdem werden wir wohl einen zersplitterten Bundestag bekommen. Es ist damit zu rechnen, dass zehn Parteien ins Parlament einziehen.«

Der Kanzler wischte die Einwände schnell beiseite. »Das ist doch gut, wenn es viele Fraktionen im Bundestag gibt, solange wir die Mehrheit haben. Sollen die sich doch alle zerfleischen. Hauptsache ist doch, dass ich Kanzler bleibe.«

» «

Schuld daran, dass Friedrich Sehlings an einem der wohl entscheidendsten Tage für seine Mission nicht im Bundestag seine Runden drehen konnte, war ein verstopfter Abfluss. Irgendwo in den Abwasserleitungen des alten Bahnwärterhäuschens hatte sich etwas festgesetzt, und er musste den Klempner rufen.

Als er in der Vorwoche den Termin mit dem Handwerker gemacht hatte, war der große politische Knall noch nicht abzusehen. Gemäß der Verfassung mussten zwischen dem Antrag und der Abstimmung über die Verfassungsfrage 48 Stunden liegen – genug Zeit für die Abgeordneten, um sich der Tragweite ihrer Entscheidung bewusst zu werden. Situationsbedingte, durch momentane Gefühle beeinflusste Entscheidungen sollten so verhindert werden.

Wie die allermeisten Journalisten und Politikexperten hatte auch Friedrich Sehlings die Lage falsch eingeschätzt. Sonst hätte er den schwer zu bekommenden Termin mit dem Handwerker wieder abgesagt. Kaum einer glaubte, dass so viele innerparteiliche Gegner nicht für ihren Kanzler stimmen und das Wagnis von Neuwahlen eingehen würden.

Umso erschrockener war er, als er in seiner Bibliothek in der Live-Übertragung auf dem Parlamentskanal die Verkündung des Abstimmungsergebnisses verfolgte, während der Klempner sich in der Küche an den Rohren zu schaffen machte. Er wusste sofort: Das konnte nur Neuwahlen bedeuten.

Schlagartig war sein schöner Plan hinfällig geworden. Er hatte voll und ganz auf die nächste Wahl in zwei Jahren gesetzt. Bis dahin, so sein Kalkül, sollte sich die allgemeine Lage in Deutschland so verschlechtern, dass die Menschen gar nicht anders konnten, als die Deutschlandpartei zur stärksten Partei zu wählen. Seine Organisation war derzeit darauf ausgerichtet, Unruhe zu stiften, nicht aber darauf, Wahlkampf zu machen.

Zwei Stunden nach der Abstimmung trat der Bundeskanzler vor die Presse und verkündete, dass er den Bundespräsidenten ersuchen wolle, den Bundestag aufzulösen. Die Auflösung musste binnen 21 Tagen erfolgen, die Neuwahl innerhalb der darauffolgenden 60 Tage.

Zu allem Unglück lag Herbert just an diesem Tag mit einem grippalen Infekt im Bett, sodass der Oberst in Berlin ohne Kontrolle durch seinen Bürochef war. Friedrich Sehlings befürchtete das Schlimmste. Und genau das trat ein. Kaum hatte der Bundeskanzler die Neuwahlen bekannt gegeben, trat der Oberst auch schon vor die Kamera, erklärte sich zum Spitzenkandidaten der Deutschlandpartei und bot dem Bundeskanzler Koalitionsverhandlungen für eine Bahamas-Koalition an.

In diesem Moment meldete sich Herbert telefonisch von seinem Krankenbett. »Was macht der Idiot denn da?«, rief er mit heiserer Stimme. »Wir wollen doch nicht etwa als Bettvorleger für die Christpartei enden.«

»Und dann auch noch mit der Liberalpartei«, fauchte Sehlings. »Nicht, dass diese Laus von Müller noch Minister wird!«

Dr. Martin Müller war in der Fraktion der Liberalpartei mittlerweile zum stellvertretenden Fraktionschef aufgestiegen. Die Parteiführung hoffte, durch ihn einige der konservativen Liberalen zurückzugewinnen, die sie in den vergangenen Jahren an die Deutschlandpartei verloren hatten.

Herbert fiel das Sprechen schwer. »Wir können nur hoffen, dass der Bundeskanzler so fair ist und sein Versprechen einhält: ›Niemals eine Koalition mit der Deutschlandpartei.‹ Nicht, dass der auch noch umfällt.«

»Wir müssen jetzt improvisieren und für den Notfall vorbauen«, erwiderte Sehlings. Kannst du bitte dafür sorgen, dass der Oberst bald keine Sekretärin mehr hat.«

»Die, die er hat, ist aber sehr gut«, protestierte Herbert. »Die frisst mir aus der Hand.«

»Egal, ich besorg dir eine neue. Eine, die dem Oberst ein bisschen den Kopf verdreht.«

»Jawohl, Kommandeur«, krächzte Herbert.

»«

Die stellvertretende Chefredakteurin des *Jungen Deutschlands* saß im Büro des Fraktionsvorsitzenden der Deutschlandpartei und sah sich um. Sie kannte den Ort sehr gut, es war einmal das Büro ihres Onkels gewesen. Der war nun bereits seit fast zwei Jahren tot. In dieser Zeit hatte sich viel verändert, das Land war kaum mehr wiederzuerkennen.

Auch das Büro ihres Onkels nicht. Nachdem der Oberst zum Fraktionschef gewählt worden war, hatte er die Möbel umgestellt, wohl auch, um zu zeigen, dass hier ein neuer Ton herrschte. Das Porträt von Talleyrand war von der Wand verschwunden. Stattdessen hing dort jetzt ein Bild von Claus Schenk Graf von Stauffenberg, jenem Mann, der am 20. Juli 1944 die Bombe legte, die Hitler dann doch nicht tötete. Der Generalstabsoffizier war einer der Säulenheiligen der Bundeswehr. Das Militär des demokratischen Deutschland berief sich auf die Tradition des Widerstands der Offiziere gegen das Dritte Reich. Der Widerstandskämpfer war aber auch einer der Helden der Deutschlandpartei. In den Büros vieler bürgerlicher Bundestags- und Landtagsabgeordneter hing das Bild des adeligen Offiziers, der sich vom glühenden Patrioten und Unterstützer des Nationalsozialismus zum Widerstandskämpfer entwickelte.

»Warum wollen Sie Innenminister und Vizekanzler der Bundesrepublik Deutschland werden?«, begann Florentine Fischer das Interview.

Der Oberst antwortete: »Die Menschen sehnen sich nach Ordnung und Disziplin. Und sie wissen, dass nur ich als Innenminister ihnen das geben kann in diesen schweren Zeiten.«

»Worauf führen Sie die guten Umfragewerte der Deutschlandpartei zurück?«, fragte die Journalistin weiter.

»Wir haben als Partei der bürgerlichen Mitte durch unsere gute parlamentarische Arbeit unter meiner Führung überzeugt«, antwortete der Oberst.

Die Journalistin blickte den Mann skeptisch an.

Der sah, dass seine Antwort nicht sehr glaubwürdig war, und fügte sogleich hinzu: »Und natürlich trägt auch die Gesamtsituation in Deutschland zu unserem Erfolg bei. Die Menschen wollen eine Veränderung. Sie sind zornig, weil der Mob die Straße beherrscht und der derzeitige Innenminister nichts dagegen tut. In Polizei und Bundeswehr gärt es. Unter den Polizisten, weil sie ihren Job nicht machen und gegen die Ökoguerilleros nicht einschreiten dürfen und bei ihren Einsätzen zum Tofu-Essen verdonnert werden. Unter den Soldaten, weil die Christpartei statt für vernünftige Ausrüstung zu sorgen, das Geld in solche Ungeheuerlichkeiten wie einen Transen-Truck steckt.«

Obwohl die LGBT-Truck-Geschichte jetzt bereits einige Jahre her und der frühere Verteidigungsminister inzwischen Kanzler war, holte der Oberst sie immer wieder gern hervor. Der Ex-Militär kramte auch sehr gerne und oft die ein oder andere Anekdote aus seiner Bundeswehrzeit in den Achtzigerjahren des vergangenen Jahrhunderts hervor.

»… Transen-Truck steckt«, murmelte Florentine Fischer. Sie schrieb wie immer jedes Wort mit. Dabei stand die Grundlinie ihres Artikels längst fest. Die Deutschlandpartei ist die Partei der bürgerlichen Mitte: Diese Botschaft hämmerte der Chef des *Jungen Deutschlands* seinen Redakteuren bei jeder Gelegenheit ein. Seitdem Friedrich Sehlings zum Parteistrategen im Bundesvorstand gewählt worden war, war das die Linie der Partei. Das vom Newsroom aus gesteuerte Medienimperium der Partei verbreitete diese Botschaft jeden Tag auf sämtlichen Kanälen: in der *Deutschen Wahrheit*, im *Deutschen Mann*, in der *Germanischen Sappho*, im *Handschar*, im *Deutschen Arkadien*, im *Deutschen Fernsehen* und all den anderen Produkten und Plattformen, die auf die jeweilige Zielgruppe maßgeschneidert waren. Selbst Hans-Jürgen Lehmann benutzte den Slogan von der bürgerlichen Mitte mittlerweile. Um den Star der Völkischen war es ziemlich ruhig geworden, vorbei die Zeiten, als er sein Deutsches Herz mit Lenins Bolschewiki verglich. Öffentliche Provokationen und inszenierte Tabubrüche erschienen derzeit wenig opportun.

Dass die Wirklichkeit in der Partei eine andere war, wusste die Journalistin. Doch darüber schrieb sie nicht. Sie war mittlerweile ein fester Teil der Parteiszene, als Nichte des verstorbenen Parteipatriarchen sogar einer ihrer Stars. Ihre Freunde, mit denen sie früher abends im Prenzlauer Berg um die Häuser zog und Tofu-Snacks naschte, hatten sich von ihr abgewendet. Sie hatte neue gefunden: Angelika Erdmann-Benz und Adela, die Frau Barbarossas, waren jetzt ihre besten Freundinnen. Mit Lorenz Meyer hatte sie sich ausgesöhnt, und auch Friedrich Sehlings erschien ihr gar nicht mehr so unsympathisch. Nur vor Barbarossa mit seinem finsteren Blick und seiner schnarrenden Rhetorik fürchtete sie sich immer noch. Der war ihr unheimlich.

»Dann hätten wir wohl alles Wichtige beisammen«, sagte Florentine Fischer ein paar Minuten später und steckte ihren Block in die Tasche.

»Schon?« Der Oberst zog die Augenbrauen hoch. »Finden Sie alleine raus? Ich habe leider derzeit keine Sekretärin.«

Die Journalistin nickte und erhob sich. »Gar kein Problem.« Sie sah noch einmal auf das Bild von Stauffenberg, der sie aus dem Augenwinkel anblickte. Die Journalistin lächelte. Hausdings Porträt von Talleyrand hing jetzt als Andenken an ihren Onkel im Büro der Journalistin im Kaulsdorfer Redaktionskomplex des *Jungen Deutschlands*.

» «

Lorenz Meyer und Herbert gingen über den Flur des Bundestages, als ihnen der Oberst entgegenkam mit einer atemberaubend schönen jungen Frau im Gefolge. Sie trug ein enges, schwarzes Kleid, das ihren wohlproportionierten Körper wunderbar betonte und sehr viel von ihren langen Beinen zeigte, die in edlen schwarzen High Heels endeten.

»Frau Fallangi«, rief der Oberst gut gelaunt, »darf ich Ihnen meinen Fraktionsgeschäftsführer, Herrn Dr. Lorenz Meyer vorstellen. Herbert, meinen Büroleiter, kennen Sie ja bereits.«

Artig gab der Jurist der schlanken Frau mit den langen schwarzen Haaren die Hand. »Sehr angenehm«, sagte sie mit einem Lächeln. Dabei blickte sie ihn mit ihren großen dunklen Augen und einem verführerischen Lächeln an.

»Frau Fallangi hat mich kürzlich nach einer Veranstaltung angesprochen, weil sie ein großes Interesse an unserer Partei hat. Sie ist jetzt meine neue Sekretärin«, sagte der Oberst knapp zu Meyer. Dann wandte er sich wieder seiner neuen Mitarbeiterin zu und ließ die beiden Männer stehen.

»Mund zu, Lorenz«, sagte Herbert.

Meyer war ganz von der Rolle. »Woher kommt die denn?«, japste er. »Wie ist der denn an die geraten?«

Herberts Augen verengten sich. »Was willst du wissen? Legendiert oder in Wirklichkeit?«

Meyer blickte Herbert staunend an. »Was? Beides natürlich!«

»Legendiert ist sie die Chefsekretärin eines Vorstandsvorsitzenden eines Industrieunternehmens, die unheimlich für die Deutschlandpartei und noch mehr für den Fraktionsvorsitzenden und potenziellen Vizekanzler schwärmt.«

Meyer stand immer noch mit offenem Mund da. »Und in Wirklichkeit?«

Über Herberts Gesicht zog sich ein breites Lächeln. »In Wirklichkeit ist sie die … na ja, sagen wir mal … Mitarbeiterin eines Freundes vom Kommandeur, der im hochwertigen Pferdchengeschäft tätig ist.«

»Sie ist eine Nutte?«, rief Meyer laut über den Flur.

Herbert musste lachen. »So kann man es auch nennen.«

»Wie hast du die alte Sekretärin denn so schnell wegbekommen?«

»Erinnerst du dich an das Strategiepapier des Obersts, über das Florentine vor zwei Jahren im *Demokratischen Beobachter* geschrieben hat? Jetzt hat sich doch tatsächlich herausgestellt, dass es die Sekretärin des Obersts war, die es an Florentine weitergegeben hat.«

»Ich verstehe. Der ganz alte Trick«, meinte Meyer.

»Der Oberst hat keine Minute gezögert und sie sofort entlassen, als er das hörte. Und genau in dem Augenblick taucht ganz zufällig Isabella Fallangi beim Bürgerdialog des Obersts auf, die einen neuen Job als Sekretärin sucht. Und glaub es mir: Sie hat als Sekretärin ein höheres Gehalt als du als Fraktionsgeschäftsführer. Dafür habe ich gesorgt.«

Meyer schüttelte den Kopf. »Sie machen es uns alle aber auch zu einfach.«

Der Oberst hatte mit seiner neuen Sekretärin mittlerweile das Büro der Vizepräsidentin des Bundestags erreicht, um auch dort mit ihr ein bisschen anzugeben. Auf dem Besprechungstisch lag die neueste Ausgabe des *Demokratischen Beobachters*. Auf dem Cover zu sehen waren Hans-Jürgen Lehmann und der russische Präsident, wie sie sich innig umarmten. Der Titel lautete: »Ziemlich beste Freunde.«

»Was ist denn das?«, rief der Oberst.

Angelika Erdmann-Benz war erstaunt. »Ach, Sie haben das noch gar nicht mitbekommen? Das sollten Sie mal lesen. Lehmann war auf Einladung des Vereins zur Förderung des eurasischen Parlamentarismus in Moskau und hat sich mit dem Präsidenten getroffen. Ganz nebenbei hat er da auch noch erklärt, dass er Kanzler werden will.«

Der Oberst wurde bleich im Gesicht.

»Nun setzen Sie sich doch erst mal und lesen Sie das Interview«, erwiderte die Philosophin. »Ich lass uns mal Kaffee machen.«

»Das kann ich doch übernehmen«, sagte die neue Sekretärin lächelnd, die noch in der Tür stand.

Angelika Erdmann-Benz schaute den Oberst fragend an.

»Isabella Fallangi, meine neue Sekretärin«, stellte der Oberst sie vor. »Für mich schwarz und mit viel Zucker, Frau Fallangi.«

Der Oberst fing an zu lesen. Plötzlich rief er wie wild: »Was ist denn bloß in den gefahren! Haben Sie das gelesen?!« Er las laut vor: »Als Politiker der nationalen und sozialen Bewegung weiß ich, wie wichtig die Verbindungen zu Russland sind. Wenn ich in Verantwortung bin, werde ich mich für ein gutes Verhältnis einsetzen.«

Der Oberst rang nach Luft. »Und er greift mich persönlich an!« Er las weiter vor: »Unser Parteivorsitzender lebt noch im Kalten Krieg. Er hat die Zeichen der Zeit nicht erkannt. Er betont immer, dass er 40 Jahre als Offizier mit Ehre und Freude an der Seite Amerikas gekämpft hat. Als ich ihn einmal auf unser Verhältnis zu Russland ansprach, bügelte er mich ab: ›Sie sollten sich lieber mit den USA beschäftigen. Russland ist unser Feind.‹«

Die Vizepräsidentin schaute den Oberst erstaunt an. »Haben Sie das wirklich so gesagt?«

Der Parteivorsitzende wurde kleinlaut. »Das war in einem persönlichen Gespräch. Ich konnte ja nicht wissen, dass der das rausbläst.«

Der Oberst las weiter: »Ich werde dafür sorgen, dass wir uns von der Ideologie der Westbindung lösen und uns Russland zum Vorbild nehmen. Auch wir in Deutschland brauchen einen Führer der Nation wie den russischen Präsidenten.«

»Kennen Sie diesen Verein zur Förderung des eurasischen Parlamentarismus eigentlich genauer?«, fragte Angelika Erdmann-Benz. Der Oberst verneinte.

Sie stand auf, setzte sich hinter den Schreibtisch und tippte etwas in die Tastatur ihres Rechners. »Hier haben wir etwas.« Sie las vor: »Der Verein fördert den Parlamentarismus auf internationaler Ebene. Er soll enge Verbindungen zum Kreml und zum russischen Nachrichtendienst haben.« Sie hob den Blick. »Sagt der Präsident des Bundesamtes für Verfassungsschutz.«

Der Oberst schaute seine Kollegin an. »Der Lehmann weiß gar nicht, wie gefährlich das ist, sich mit den russischen Nachrichtendiensten einzulassen. Die bauen den Mann perspektivisch auf.«

»Die bauen den perspektivisch auf?«, wiederholte die Vizepräsidentin.

»Ja, die Nachrichtendienste schauen, wer für sie in Zukunft wichtig werden könnte, und schaffen Abhängigkeiten. Oder sie sorgen für Dinge, mit denen sie einen später erpressen können. Zum Beispiel mit kompromittierenden Fotos von irgendwelchen Affären. Ganz klassische Methode. In der Ausbildung zum Offizier lernt man, solche Gefahren zu erkennen.«

In diesem Augenblick klopfte es an der Tür. Die neue Sekretärin trat herein, mit einem Tablett in der Hand, und lächelte charmant. »Kaffee!«

» «

»Es ist schon ein bisschen komisch, dass deine vierte Ehe ausgerechnet an deinen fleischlichen Gelüsten gescheitert ist«, sagte der Chefredakteur des *Demokratischen Beobachters* zum Vizekanzler.

Der Innenminister schaute seinen Freund vorwurfsvoll an. »Das ist überhaupt nicht lustig. Diese Schnepfe wirft mir vor, ich hätte sie mit einer Currywurst betrogen.«

Mit drei Koffern stand der Innenminister vor der Wohnungstür seines besten Freundes. Seine Frau hatte ihn mit der Begründung hinausgeworfen, sie könne nicht länger mit einem Mann zusammenleben, der Fleisch isst.

»Die Currywurst war doch nur ein Vorwand«, sagte der Innenminister. »Seit dem Artikel im *Demokratischen Beobachter* vor einigen Jahren weiß doch jeder, dass ich mir ab und zu eine gönne.«

Zwischen den beiden – nicht nur in Bezug auf das Alter – höchst unterschiedlichen Ehepartnern gab es schon lange keine Berührungspunkte mehr. Sie gehörte zu den Mitgliedern der Ökopartei, die nach dem Anschlag auf das Alexa zu den Ökorebellen übergelaufen waren. Mit einem politischen Hardliner, der die Bundeswehr auf den Straßen Berlins aufmarschieren ließ, wollte sie nicht länger zusammen sein. Sie hatte ihn sogar öffentlich als »Militarist« bezeichnet, und das mitten im Wahlkampf.

Mit einer guten Flasche Rotwein vor sich saßen die beiden jetzt auf der Sofa-Landschaft des Wohnzimmers. »Du kannst gerne bei mir bleiben. Wie in alten Zeiten«, sagte der Chefredakteur. »Bei mir kannst du so viel Currywurst essen, wie du willst.«

Der Innenminister lächelte gequält. »Verrückte Zeiten! Hast du die neueste Umfrage gelesen? 22 Prozent für die Christpartei, 23 Prozent für die Deutschlandpartei. Hättest du dir jemals vorstellen können, dass die an allen vorbeizieht und stärkste Partei wird?«

»Aber du siehst doch: Jetzt, wo sie so viel Erfolg haben, beginnen wieder die Streitigkeiten. Sowohl der Oberst als auch der Lehmann wollen jetzt Kanzler werden und greifen sich gegenseitig an. Und der Lehmann fängt schon wieder mit seinen völkischen Parolen an. Die sind Wölfe im Schafspelz.«

»Leicht wird es auf keinen Fall«, seufzte der Innenminister. »Nach dem jetzigen Stand der Umfragen müssen wir eine Vier-Parteien-Koalition bilden, um einen Kanzler der Deutschlandpartei zu verhindern: Christpartei, Sozialpartei, Liberalpartei und wir. Stell dir mal vor: Die vier Parteien, die bis zur Wiedervereinigung zwei Jahrzehnte allein im Bundestag saßen und sich dort ideologisch auf das heftigste bekriegt haben, müssen jetzt eine Koalition eingehen, damit wir keinen Nazi-Bundeskanzler bekommen.«

Der Journalist blickte nachdenklich. »Denkst du, dass der Kanzler sein Wort hält: Keine Koalition mit der Deutschlandpartei?«

»Bei dem weiß man nie. Für die Karriere macht der doch alles.«

Der Chefredakteur blickte jetzt noch betrübter. »Ich muss

dir was sagen: Auch bei mir wird sich nach der Wahl wohl etwas ändern.«

Der Innenminister schaute erstaunt, erwiderte aber nichts. Gespannt wartete er auf die Erklärung seines Freundes.

»Meine Geschäftsführung hat mir heute eröffnet«, fuhr der Journalist fort, »dass wir nach der Wahl verkauft werden. An die Deutsche Verlags- und Druckgesellschaft. Die kennt keiner. Das Geld soll aus dem Osten kommen, wird gemunkelt. Unsere Verkaufs- und Anzeigenzahlen sind schlecht. Ich kann mir nicht vorstellen, dass die mich als Chefredakteur behalten.«

»Und damit geht wieder ein Teil der alten Bundesrepublik unter«, sagte der Innenminister und Vizekanzler wehmütig und nahm seinen Freund in den Arm.

» «

Für Friedrich Sehlings' Mission lief der Wahlkampf nicht nach Plan. Je näher der Wahltag kam, desto höher stiegen die Umfrageergebnisse für die Deutschlandpartei. Jetzt hatte seine Partei sogar schon die Christpartei überrundet. Damit rückte eine blau-schwarz-gelbe Bahamas-Koalition unter der Führung der Deutschlandpartei in den Bereich des Möglichen. Die Aussicht auf das Kanzleramt ließ den alten Konflikt zwischen den Bürgerlichen und den Völkischen mitten im Wahlkampf wieder aufbrechen. Bisher hatte Hans-Jürgen Lehmann Sehlings' scheinbürgerlichen Kurs mitgetragen. Minister unter einem Kanzler der Christpartei wollte der Führer der Völkischen nicht sein. Einen solch zweitrangigen Posten konnte er ruhig dem Oberst überlassen. Aber jetzt, wo es um die Kanzlerschaft ging, wollte er auf keinen Fall zurückstecken.

Auch dem Oberst waren die Umfrageergebnisse zu Kopf gestiegen. Statt den politischen Gegner anzugreifen, schoss er sich auf Lehmann und die Völkischen ein. Die Bockigkeit der beiden Männer wuchs sich zur massiven Bedrohung für das Projekt der Machtergreifung aus.

Friedrich Sehlings setzte auf den Oberst als Spitzenkandidaten, nur mit ihm ließ sich die liberale Fassade der Partei aufrechterhalten. Ein Krisentreffen mit dem Oberst und Lehmann sollte die Entscheidung bringen. Doch dazu war Lehmann nicht bereit. Dem Kommandeur blieb nur eine letzte Waffe, um Lehmann zum Einlenken zu bewegen: Adela. Sie war die Einzige, die auf Barbarossa einwirken konnte. »Entweder Lehmann spricht mit dem Oberst, oder ich verlasse dich«, warf sie ihrem Gatten an den Kopf. »Dann kannst du deine Revolution mit dem Lebensmittelhändler allein machen.« Der Rotbärtige wusste, dass er ohne seine Frau nichts war. Die Barbarossa GmbH und alle Immobilien liefen auf den Namen seiner Frau. Er musste alle rhetorischen Register ziehen, bis er Lehmann soweit hatte, dem Krisentreffen zuzustimmen.

Das heikle Gespräch sollte auf neutralem Boden, in der Wohnung der Vizepräsidentin des Bundestags Dr. Angelika Erdmann-Benz stattfinden. Es waren noch einige Minuten bis zum Eintreffen der Kontrahenten. Die Philosophin hatte bereits die Kaffeetassen auf den Esstisch im Wohnzimmer gestellt, und höflichkeitshalber auch einen Teller mit Schokoladenkeksen dazu.

Sie ging zu Friedrich Sehlings und umarmte ihn: »Glaubst du, dass Lehmann auf das alles eingeht?«

Der seufzte. »Ich hoffe. Sonst ist alles verloren.«

Da klingelte es auch schon, und der Oberst stand vor der Tür. Zwei Minuten später traf Lehmann ein.

Sehlings ergriff das Wort: »Ich gehe mal davon aus, dass wir alle wollen, dass die Deutschlandpartei stärkste Partei wird.«

Er schaute erst den Oberst an. »Ja, natürlich will ich das«, erwiderte er.

Dann blickte er auf Lehmann. »Ja, das will ich auch.«

Sehlings griff nach der Aktenmappe, die er unter den Esstisch gestellt hatte, und holte vier DIN-A4-Blätter heraus, die er an die beiden Männer und seine Freundin verteilte. Das vierte hielt er selber in der Hand.

»Wir haben eine geheime Wählerumfrage machen lassen. Die besagt ganz eindeutig, dass unsere Partei nur eine Chance hat, wenn wir jetzt Einigkeit bewahren. Jede weitere Auseinandersetzung wird uns den Wahlsieg kosten.«

Alle vier studierten jetzt die Zusammenfassung auf dem Blatt. Auch wenn es schnell gehen musste, hatte der Perfektionist Lorenz Meyer doch ganze Arbeit geleistet. Die Blätter mit den aufbereiteten Ergebnissen sahen genauso aus wie die, die sie sonst immer von dem Forschungsinstitut bekamen, das für die Deutschlandpartei Umfragen durchführte.

»Wenn Sie möchten, kann ich Ihnen natürlich auch gerne die Langversion geben«, sagte Sehlings. Das war hoch gepokert, denn seine Aktenmappe war leer. Aber weder der Oberst noch Lehmann wollten sich lange mit Details aufhalten.

»Ich schlage vor, dass Sie beide einen gegenseitigen Nichtangriffspakt schließen«, sagte Sehlings. »Keiner verliert mehr in der Öffentlichkeit ein böses Wort über den anderen oder über seine Anhänger. Weder in den Medien noch bei anderen Veranstaltungen. Sie«, dabei wandte er sich an den Oberst, »lassen Hans-Jürgen Lehmann in Ruhe. Und du, Hans-Jürgen, hörst auf, die Bürgerlichen anzugreifen. Keiner dringt in die Sphäre des jeweils anderen Flügels ein.«

Lehmann wollte aufbegehren, doch Sehlings hob die Hand, um ihn zum Schweigen zu ermahnen. »Moment. Ich bin noch nicht fertig, Hans-Jürgen. Außerdem schließen beide Parteien ein geheimes, mündliches Zusatzprotokoll, von dem nur wir vier etwas wissen.«

Lehmanns blaue Augen blitzten vor Neugier. Der Kommandeur wusste: Jetzt kam der entscheidende Punkt, von dem alles abhing. Nach einer kurzen Spannungspause fuhr er fort: »Wenn wir stärkste Fraktion und in der Regierung sind, haben wir das Vorschlagsrecht für den Bundespräsidenten. Dafür werden wir dich, Hans-Jürgen, vorschlagen. Der Oberst wird Bundeskanzler, du Bundespräsident.« Sehlings blickte Lehmann fest in die Augen. »Dafür wirst du morgen verkünden, dass du auf einen Ministerposten und auf ein Amt in einer zukünftigen Regierung verzichtest.«

Der Oberst nickte heftig. Für ihn war das Amt des Bundespräsidenten zweitrangig, besaß der doch nur wenig politische Macht. Lehmann sah das ganz anders. Er träumte von einer Prädialdemokratie nach russischem Zuschnitt, er war ein Fan des russischen Autokraten. Wenn er einmal in Schloss Bellevue saß, würde er das Amt in ein politisches verwandeln und dem Land seinen Stempel aufdrücken. Zumindest spekulierte Friedrich Sehlings darauf, dass Lehmann es so sah. Lehmann überlegte einen Augenblick, dann sagte er: »Einverstanden.«

»Wenn Sie beide mit diesem geheimen Zusatzprotokoll einverstanden sind«, erklärte Sehlings förmlich, »dann geben Sie sich die Hand und besiegeln damit den gegenseitigen Nichtangriffspakt und die Aufteilung der Ämter. Frau Dr. Erdmann-Benz und ich sind Zeugen.«

Nach dem Handschlag verließen die beiden Kontrahenten im Abstand von wenigen Minuten die Wohnung der Vizepräsidentin, zuerst Lehmann, dann der Oberst. Die ganze Krisensitzung hatte nur 20 Minuten gedauert. Von den Schokoladenkeksen hatte keiner probiert.

Als die beiden Männer weg waren, atmete Sehlings tief durch. Die Anspannung war von ihm abgefallen. »Das hätte auch schiefgehen können.« Dann umarmte er seine Freundin.

Der Oberst flog nur so die Treppe herunter, er konnte es kaum erwarten. Als er im Auto saß, griff er erregt sein Mobiltelefon, tippte eine Nummer ein und rief: »Isabella, ich werde Bundeskanzler. Und dich mache ich zur First Lady. Lass uns feiern. Wir treffen uns in einer Stunde im Hotel. Wie immer.«

KAPITEL 17

Egal, ob Landtags- oder Bundestagswahl, der alte Sehlings hielt an seinem Ritual fest. Auch bei dieser Schicksalswahl hatte er kurz vor 18 Uhr eine Flasche Rotwein geöffnet, das erste Programm des öffentlich-rechtlichen Rundfunks angeschaltet und es sich in seinem Sessel bequem gemacht.

Mit Spannung wartete er jetzt auf die erste Prognose. Ihm fiel fast das Rotweinglas aus der Hand, als er den hellblauen Balken nach oben schießen sah. Die Deutschlandpartei war der große Gewinner der Wahl. Sie konnte 33 Prozent der Wähler für sich gewinnen und wurde mit Abstand stärkste Fraktion. Einen solchen Erdrutschsieg hatte keiner der Demoskopen vorausgesagt. Die Christpartei erlitt eine Niederlage historischen Ausmaßes, sie war noch mehr abgerutscht, als es die Wahlforscher zuletzt vorhergesagt haben: Sie kam auf gerade einmal 19 Prozent.

Der zweite große Sieger der Wahl neben der Deutschlandpartei war die Solidarpartei von Annerose Nesserland. Ihr gelang es auf Anhieb, zehn Prozent der Stimmen zu erringen und damit drittstärkste Fraktion zu werden. Auf Platz vier kam die Ökopartei. Sie war von 22 Prozent auf acht Prozent abgesackt, hatte ganze 17 Prozentpunkte verloren. Insgesamt zogen der Prognose zufolge zehn Parteien ins Parlament ein, die weiteren sechs Parteien allerdings mit jeweils nur rund fünf Prozent der Stimmen: die Linkspartei, die Liberalpartei, die Migrantische Alternative und die Migrantenpartei sowie die Partei der Ökorebellen. Auch die einst so stolze Sozialpartei kam nur noch auf gut fünf Prozent der Stimmen und konnte froh sein, es überhaupt wieder in den Bundestag geschafft zu haben.

Die erste Hochrechnung 20 Minuten später bestätigte die Prognose: Im neuen Bundestag würden zehn Parteien sitzen. Der ansonsten stocksteife, immer sachliche Journalist, der seit Jahren im ersten Programm den Wahlabend moderierte, geriet regelrecht in Ekstase und rief: »Wahnsinn, das ist einfach nur Wahnsinn! Dieser Abend wird Deutschland verändern. Nichts bleibt so, wie es war. Das sind Verhältnisse wie in Weimar.«

Das Wort »Weimar« hörte der alte Sehlings in den kommenden Stunden noch viele Male. Noch nie in der Geschichte der Bundesrepublik, darin waren sich alle Kommentatoren einig, war die Bildung einer Regierung so schwierig wie diesmal. Kurz nach der ersten Hochrechnung trat der Partei- und Fraktionsvorsitzende der Deutschlandpartei vor die Journalisten und lud die Christpartei zu Koalitionsgesprächen ein. Ausdrücklich betonte der Oberst dabei noch einmal, dass Hans-Jürgen Lehmann versichert habe, kein Ministeramt anzustreben. Bald darauf trat der Anführer der Völkischen selbst vor die Kameras und wiederholte seine Aussage, kein Amt zu wollen.

Jetzt waren alle gespannt, wie die Christpartei auf die Einladung der Deutschlandpartei reagieren würde. Doch deren Vorsitzender ließ sich Zeit, viel Zeit. In der Zwischenzeit schaltete der Moderator zwischen den Parteizentralen hektisch hin und her, wo die Chefs der anderen Parteien ihre Statements abgaben.

Gerade interviewte einer der altgedienten Schlachtrösser des ersten Programms einen Experten, einen emeritierten Professor für Politikwissenschaft, der die Wahl einordnete, ein stets willkommener Pausenfüller zwischen den Politikerstatements. Vater

Sehlings hörte auch ihm genau zu, so wie er es seit Jahrzehnten gewohnt war.

»Worauf führen Sie den überwältigenden Erfolg der Deutschlandpartei bei diesen Wahlen zurück?«, fragte der Journalist den ergrauten Wissenschaftler.

Der antwortete: »Im Gegensatz zu allen anderen politischen Lagern hat es die Deutschlandpartei geschafft, ihr Lager zusammenzuhalten. Sie hat zudem zwei Führungspersönlichkeiten, die ihre eigenen Ambitionen für den gemeinsamen Erfolg zurückgestellt haben. Diese Eintracht haben die Wähler in diesen schwierigen Zeiten belohnt. Außerdem hat sich die Partei in den vergangenen zwei Jahren deutlich entradikalisiert. Dadurch wurde sie für viele erst wählbar.«

»Welche Rolle spielt Hans-Jürgen Lehmanns Aussage, nach der Wahl auf keinen Fall ein Ministeramt übernehmen zu wollen?«

»Das war ein geschickter Schachzug«, kommentierte der Professor. »So konnten auch Wähler von der Christpartei gewonnen werden, die sich von seiner früher sehr radikalen Rhetorik abgestoßen fühlen und ihn auf keinen Fall als Minister sehen möchten. Außerdem zeigt es, dass das rechte Lager es geschafft hat, seine Konflikte innerhalb der Partei zu lösen. Hier haben die anderen politischen Lager kläglich versagt.«

»Wie meinen Sie das?«, wollte der Journalist wissen.

»Insbesondere die Ökopartei hat es nicht geschafft, die Spaltung des grün-ökologischen Lagers zu verhindern. Dafür haben sie die Wähler abgestraft.«

»Das gilt aber doch auch für das soziale Lager«, warf der Journalist ein.

Der Professor nickte. »Die Funktionäre der Sozialpartei und der Linkspartei haben komplett versagt. Der charismatischen Annerose Nesserland ist es auf Anhieb gelungen, so viele Wähler von sich und ihrer Solidarpartei zu überzeugen wie die beiden etablierten Parteien auf der Linken zusammen.«

Jetzt griff sich der Journalist an sein rechtes Ohr, um den Lautsprecher, der ihn mit dem Regieraum verband, etwas fester in die Ohrmuschel zu drücken. »Ich höre, dass der Vorsitzende der Christpartei noch immer auf sich warten lässt. Ich gebe ab zu meiner Kollegin, die eine sehr interessante Runde von politischen Beobachtern bei sich hat …«

» «

Der Bundeskanzler war am Boden zerstört. Mit diesem verheerenden Wahlergebnis hatte er nicht gerechnet. Seinen Plan, mit einer schwarz-rot-grün-gelben Vier-Parteien-Koalition Regierungschef zu bleiben, konnte er vergessen.

Zwar war ohne die Christpartei keine Regierungsbeteiligung möglich. Doch die einzigen beiden Optionen, die sich dem Parteivorsitzenden boten, erschienen ihm gleichermaßen fatal: Entweder trat er als Juniorpartner und Vizekanzler in eine Koalition mit der Deutschlandpartei ein, oder er konnte versuchen, ein Sechs-Parteien-Bündnis zu schmieden und sich so als Kanzler zu halten.

»Was soll ich jetzt bloß machen?«, fragte er hilflos in die Runde. Zusammen mit dem Agenturchef, dem Regierungssprecher und Senior Consultant Julia hatte er sich in sein Büro in der Bundeszentrale seiner Partei zurückgezogen. Er sah in leere Gesichter. Auch sie waren völlig verzweifelt. Sie wussten auch nicht, was er den wartenden Anhängern im Foyer der Parteizentrale verkünden sollte.

Irgendwann brach Senior Consultant Julia das Schweigen. »Vielleicht sollten wir doch über eine Koalition mit der Deutschlandpartei nachdenken. Zusammen hätten beide Parteien eine sichere Mehrheit und könnten eine stabile Regierung bilden. Anscheinend ist es das, was die Mehrheit der Deutschen will. Immerhin hat sich ein Drittel der Bevölkerung in einer demokratischen Wahl für die Deutschlandpartei entschieden.«

Der Parteivorsitzende schaute die Frau an. Sein Gesicht wurde knallrot. »Wir können Sie an so etwas überhaupt denken!«, brüllte er. »Es geht doch hier nicht um Demokratie. Es geht darum, dass ich ...« Dann besann er sich, hielt einen ganz kurzen Augenblick inne und sagte, schon etwas ruhiger als zuvor: »Es geht darum, dass wir den Kanzler stellen.«

Die Senior Consultant Julia fuhr mit ihrer nüchternen Analyse fort: »Fassen wir doch mal die Fakten zusammen. Erstens: Die Wähler haben heute den grünen Kurs unserer Partei abgestraft. Zweitens: Eine Sechs-Parteien-Koalition wird nur extrem schwer zu schmieden sein und droht fortwährend auseinanderzubrechen. Drittens: Wenn eine solche Koalition misslingt, wird es unvermeidlich Neuwahlen geben. Die Gefahr, dass die Deutschlandpartei dann die absolute Mehrheit gewinnt, ist hoch.«

Der Agenturchef war stolz auf Julia. Seine Mitarbeiterin, die er einst als schüchterne, zurückhaltende Politikwissenschaftsstudentin in seine Agentur holte, hatte sich nicht nur zu einer knallharten Analystin, sondern auch zu einer guten Rednerin entwickelt. Auch der Parteivorsitzende hörte ihr jetzt aufmerksam zu.

»Viertens«, fuhr Julia fort. »Wenn die Sechser-Koalition scheitert und es Neuwahlen gibt, wird man es Ihnen anlasten, Herr Bundeskanzler. Dann werden Sie der Sündenbock sein und, verzeihen Sie, wenn ich das so offen sage, als Loser in die Geschichte eingehen.«

Der Agenturchef sah seinen Freund an und wartete darauf, dass er wegen der offenen Worte seiner Mitarbeiterin in die Luft ging. Aber nichts dergleichen geschah. Im Gegenteil: Der Bundeskanzler nickte bedächtig.

Die Senior Consultant ließ sich davon nicht beeindrucken und redete weiter. »Und wenn Sie weg sind, wird auch das große Projekt Ihrer Generation, die Entmuffung der Partei, wie mein Chef es immer so schön formuliert, Geschichte sein.«

Die Worte »Ihrer Generation« betonte sie besonders und schaute dabei dem Minister direkt ins Gesicht. »Eine neue, eine junge Generation steht marschbereit und wird all das zurückdrehen, für das Sie und Ihre Generation standen – mit einer ebenso großen Hartnäckigkeit, wie Sie Ihr Projekt verfolgt haben.«

War sie vielleicht selbst Teil dieser Bewegung, vielleicht sogar eine treibende Kraft? Die Idee kam ihrem Chef jetzt, während die Frau den Bundeskanzler von einer Koalition mit der Deutschlandpartei zu überzeugen suchte.

Julia war noch nicht am Ende ihres Vortrages. »Fünftens: Als Vizekanzler in einer Koalition mit der Deutschlandpartei könnten Sie sich, Herr Bundeskanzler, als Korrektiv, als Bewahrer der Demokratie inszenieren. Ihnen kann es gelingen, zur Deutschlandpartei abgewanderte Wähler wieder zurückzugewinnen, sodass wir bei der nächsten Wahl wieder stärkste Kraft werden. Wenn wir eine Sechser-Koalition mit zum größten Teil linken Parteien eingehen, werden wir eher noch mehr Wähler verlieren und am Ende womöglich das gleiche Schicksal ereilen wie die Sozialpartei.«

Das war ein gekonnter Schlusspunkt ihrer Rede. Der Agenturchef war fasziniert von dem Vortrag seiner Mitarbeiterin.

Der Regierungssprecher meldete sich als Erster zu Wort: »Sie hat recht. Uns bleibt gar nichts anderes übrig. Außerdem macht die Deutschlandpartei einen Riesenschritt auf uns zu. Der Lehmann hat doch noch einmal extra betont, dass er keinen Ministerposten will. In einer Koalition mit der Deutschlandpartei stehst du als jugendlicher Held gegen den verknöcherten Oberst. In einem Sechs-Parteien-Bündnis ist deine Gegenspielerin Annerose

Nesserland. Sie ist der Liebling der Massen und auch der Journalisten.«

Der Bundeskanzler schaute entgeistert. Von der charismatischen Sozialrebellin wollte er sich ungern die Schau stehlen lassen.

Der Agenturchef hatte ein persönliches Interesse daran, dass sein Freund noch lange in einem Regierungsamt blieb. Nur so war sichergestellt, dass seine Agentur einen ständigen Strom von lukrativen Aufträgen aus Regierungskreisen bekam. Deshalb versuchte auch er jetzt, den Parteivorsitzenden von einer Zusammenarbeit mit der ungeliebten Konkurrenz zu überzeugen: »Im Gegensatz zur Deutschlandpartei können wir in das Kabinett Minister mit Erfahrung einbringen. Ihre unerfahrenen Leute werden eine Menge Fehler machen. Du kannst als erfahrener Politiker dabei nur gewinnen.«

Der Parteivorsitzende überlegte eine Weile, dann sagte er: »Ihr meint, dass wir der Demokratie einen Dienst erweisen, wenn wir eine Koalition mit der Deutschlandpartei eingehen und damit ihre Unfähigkeit entlarven?« Die anderen drei nickten.

»Okay, dann muss ich wohl diesen Umweg nehmen: über das Amt des Vizekanzlers zurück an die Spitze der Macht. Ich werde diesen Generalstabsoberst an die Wand drücken, bis er quietscht.« Diesen Ausdruck hatte er einmal irgendwo gehört, er schien ihm jetzt passend.

Der Regierungssprecher sah den Agenturchef bedeutungsvoll an, der Agenturchef den Regierungssprecher. Sie beide wussten genau, woher der Spruch kam: Vizekanzler Franz von Papen hatte dies im Januar 1933 in Bezug auf Adolf Hitler erklärt. Sein Plan war es, den Reichskanzler von einer konservativen Kabinettsmehrheit »einzurahmen« und so kontrollieren zu können.

» «

Ein paar Minuten später trat der Bundeskanzler vor die Kameras. Er dankte den Wählern, er dankte den Mitgliedern seiner Partei für den tollen Wahlkampf, er dankte seinem Team. Er sprach von einer Schicksalswahl und von den schweren Bedingungen, unter denen der Wahlkampf ablief. Dann sagte er den Satz, auf den alle gewartet hatten: »Nach reiflichen Überlegungen haben wir uns entschieden, die Verantwortung, die uns aus dem Wählerauftrag erwachsen ist, zu übernehmen. Wir werden das Angebot der Deutschlandpartei zu Koalitionsgesprächen annehmen. Wir werden in diese Gespräche unsere gesamte Erfahrung zum Wohle unseres Volkes einbringen. Wir werden harte Bedingungen stellen. Eine davon ist, dass Hans-Jürgen Lehmann niemals in ein Regierungsamt kommen darf.«

Auf der Wahlparty der Deutschlandpartei brach Jubel aus, als das Statement des Bundeskanzlers über die Monitore lief. Kaum einer hatte ernsthaft damit gerechnet, dass der Parteivorsitzende der Christpartei das Angebot annahm, hatte der die Deutschlandpartei doch immer wieder als Feind der Demokratie bezeichnet und eine Koalition mit ihr kategorisch ausgeschlossen.

Friedrich Sehlings stand zusammen mit Angelika Erdmann-Benz, Lorenz Meyer und Herbert am Cocktailtisch, um auf ihren Sieg anzustoßen. Sie alle waren an diesem Abend in den Bundestag gewählt worden. Da klingelte Sehlings' Mobiltelefon. Es war sein Vater: »Hallo Friedrich, ich gratuliere dir zu eurem Sieg. Du kannst jetzt Minister werden. Hast du jetzt dein Ziel erreicht?« Sein Vater war der ehrlichste Mensch, den er kannte. Dafür bewunderte er ihn. Deshalb war auch er ehrlich und antwortete: »Nein, Vater, ich will mehr.«

Die Deutschlandpartei hatte für ihre Wahlparty extra einen großen Festsaal in einem edlen Berliner Hotel angemietet. Auch Florentine Fischer war unter den Feiernden. Sie wich den ganzen Abend über nicht von der Seite ihres Freundes. Herbert sonnte sich in dem Glanz seiner erfolgreichen jungen Freundin. Als Nichte des Parteigründers war sie der Star des Abends. Sie genoss es und lächelte wie eine Königin, während das ungleiche Paar durch die Reihen flanierte.

Jetzt stand sie am Cocktailtisch und las noch ein letztes Mal das Formular durch, das sie soeben mit ihrer Kleinmädchen-Handschrift sorgfältig ausgefüllt hatte. Dann unterschrieb sie. Alle am Tisch schauten genau zu und jubelten, als sie den Stift beiseitelegte. Sie sah auf und strahlte vor Glück. »Das hätte ich schon längst tun sollen.« Dann fragte sie: »Und wer bekommt jetzt meinen Mitgliedsantrag?«

»Den bekommt Friedrich«, sagte Herbert stolz. »Er ist zuständig für die Mitgliederverwaltung. Der wird deinen Antrag genau prüfen, ob du auch würdig bist, bei uns mitzumachen.« Alle lachten.

Friedrich Sehlings steckte das Formular in die Aktenmappe, die er schon den ganzen Abend mit sich herumschleppte. »Ich werde mir das mal genau anschauen. Aber ich denke, es wird schon in Ordnung gehen.« Wieder lachten alle.

Sehlings war bester Laune, doch er stand unter einer leichten Anspannung. Sein Blick schweifte suchend durch den Raum. Da sah er den Oberst, wie er sich gerade von einigen Anhängern verabschiedete, die ihn umringt hatten. »Ihr entschuldigt mich mal kurz«, rief Sehlings in die Runde und ging mit seiner Aktenmappe auf den Oberst zu.

Angelika Erdmann-Benz sah Herbert fragend an. »Was hat er denn nun schon wieder vor?«

Herbert lächelte breit. »Er bereitet den Showact des heutigen Abends vor.«

Als der Oberst Sehlings bemerkte, kam er ihm freudestrahlend entgegen. »Herr Sehlings, ist das nicht ein wundervoller Tag heute! Es ist die Krönung unserer Arbeit der ganzen Jahre. Wir haben es geschafft. Wir werden die Regierung stellen. Ich denke, in meinem Kabinett werden wir auch für Sie einen netten Posten finden.«

»Zu gütig von Ihnen«, sagte Sehlings bewusst unterwürfig. »Darf ich Sie aber vorher noch einmal kurz sprechen? Ich möchte Ihnen etwas zeigen. Aber dazu gehen wir lieber in eines der Hinterzimmer.«

Beide gingen in einen kleinen Nebenraum, der als Stühle-Lager diente. Dort holte Sehlings aus seiner Aktenmappe einen Packen Hochglanzfotos heraus und reichte sie wortlos dem Oberst.

Der Ex-Militär erbleichte auf der Stelle, als er das erste Foto sah. Langsam blätterte er die Bilder durch. Dann blickte er Sehlings an und fragte: »Woher haben Sie die?«

»Jemand, den ich von früher her kenne, hat sie mir zukommen lassen.«

Der Oberst seufzte. »Es war nur eine kurze Affäre. Dann habe ich das mit Frau Fallangi beendet«, log er.

Sehlings schüttelte sachte den Kopf. »Wenn Sie die Bilder umdrehen, finden Sie Ort und Datum darauf. Allein diese Bilder sind bei neun verschiedenen Stelldicheins in den letzten Wochen gemacht worden. Und wollten Sie nicht heute Abend noch mit ihr in Ihrem Stammhotelzimmer den Sieg feiern?«

Dem Oberst brach der Schweiß aus.

»Aber das tut nichts zur Sache. Wenn die Fotos erscheinen, ist ihre Ehe im Eimer. Und Ihr Image als politischer Saubermann ist schlagartig dahin. Schon das würde einer Wahl zum Bundeskanzler sehr hinderlich sein. Wenn dann noch rauskommt, dass die junge Dame eine Prostituierte ist, die ihr recht üppiges Gehalt aus Fraktionsmitteln bezieht, dann dürfte sich auch die Staatsanwaltschaft dafür interessieren. Oder wollen Sie, dass morgen in den Medien steht: ›Zukünftiger Bundeskanzler finanziert seine Privatnutte aus Steuermitteln‹?«

Der Oberst blickte Sehlings erstaunt an. »Eine Prostituierte?«

»Und wenn dann noch bekannt wird, dass diese Prostituierte Russin ist und möglicherweise Kontakte zum russischen Nachrichtendienst hat ... Sie können froh sein, dass mir die Fotos und die Informationen jetzt zugespielt wurden. Man darf sich gar nicht ausdenken, was unserem Land passieren könnte, wenn wir einen durch den russischen Nachrichtendienst erpressbaren Bundeskanzler hätten.«

Sehlings trat ein wenig näher und blickte dem Oberst fest ins Gesicht. »Aber sagen Sie mir mal eins: Wie kann ein so erfahrener Offizier wie Sie auf den ältesten Trick der Welt reinfallen? Schon in der Grundausbildung warnt der Sicherheitsoffizier jeden Rekruten vor genau so was, und als Generalstabsoffizier müssten Sie doch eigentlich wissen, dass die Nachrichtendienste Leute wie Sie perspektivisch aufbauen.«

Der Oberst schaute Sehlings entgeistert an. »Was wollen Sie von mir?«

»Ich möchte Ihnen einen Deal vorschlagen«, erklärte Sehlings ebenso nüchtern wie zuvor. »Sie werden heute Abend einen Schwächeanfall bekommen. Ein Arzt wird da sein. Er wird Sie in einem Hinterzimmer behandeln, und Sie werden noch heute Abend mit einem Krankenwagen in eine Privatklinik gebracht, in der Sie ein paar Tage bleiben. Das ist alles arrangiert. Morgen Früh wird die Partei eine Mitteilung herausgeben, in der Sie verkünden, dass Sie aus gesundheitlichen Gründen von allen Ämtern zurücktreten. Dafür wird diese Fotos kein anderer zu Gesicht bekommen. Und für die Russen sind Sie, wenn Sie sich zurückziehen, völlig wertlos.«

Der Oberst zögerte. Doch seine schnelle Lagebeurteilung ergab, dass er keine Wahl hatte, wollte er nicht alles riskieren, was ihm lieb und teuer war: seine Ehe, seine Pension, seinen tadellosen Ruf als Soldat. »Und wie soll es dann weitergehen? Sie können doch nicht ernstlich wollen, dass der Lehmann Bundeskanzler wird? Arbeiten Sie für Lehmann?«

Sehlings ignorierte die Fragen. »Wenn ich Ihnen in den nächsten Wochen ein Zeichen gebe, werden Sie sich öffentlich für den Kandidaten aussprechen, den ich Ihnen nennen werde. Das gilt ebenso für Ihre Nachfolge als Bundesvorsitzender. Das gehört ebenso zum Deal. Schlagen Sie ein?«

Der Oberst rieb sich mit der Hand über die Stirn und murmelte: »Einverstanden.«

»Ach ja, zum Deal gehört noch etwas …«

Der Oberst stöhnte auf. »Was denn noch?«

Sehlings lächelte wieder und sagte: »Wir machen Sie zum Ehrenvorsitzenden der Deutschlandpartei. Damit werden Sie neben Hausding als großer Vorsitzender in die Annalen der Partei eingehen.«

Der Oberst lachte gequält auf. »Na, das ist ja auch etwas.«

Sehlings ließ den Oberst in dem Nebenraum stehen und ging zurück in den Saal. Lorenz Meyer und Herbert eilten ihm schon entgegen.

»Glück gehabt?«, fragte Meyer.

Sehlings nickte. »Wir werden heute noch eine kleine Showeinlage sehen. Übrigens denkt er, dass Isabella Fallangi eine russische Agentin ist.«

Meyer schaute ihn verwundert an: »Aber das stimmt doch gar nicht.«

»Ist doch egal. Hauptsache, wir sind ihn los.« Er war stolz auf sich. Sein Sicherheitsdienst hatte ganze Arbeit geleistet.

In diesem Moment kam Angelika Erdmann-Benz auf ihren Freund zu. »Da bist du ja. Was ist eigentlich in der Aktenmappe, die du den ganzen Abend mit dir herumträgst?«

Sehlings gab ihr einen Kuss. »Das zeige ich dir nachher zu Hause. Das ist nicht ganz jugendfrei.«

»«

Die Nachricht, dass der Oberst aus gesundheitlichen Gründen von allen Ämtern zurücktrat, schaffte es nicht mehr auf die Titelseiten der Zeitungen am nächsten Morgen. Aber der haushohe Sieg der Deutschlandpartei bei den Bundestagswahlen war überall das Thema der Schlagzeilen. Und in vielen nachdenklichen Leitartikeln wurden »Weimarer Verhältnisse« beschworen.

Traditionell stellten sich die Vorsitzenden und Spitzenkandidaten aller großen Parteien am Morgen nach der Wahl den Fragen der Hauptstadtjournalisten. So auch die Deutschlandpartei mit ihrem noch verbliebenen Spitzenpolitiker Hans-Jürgen Lehmann. Nach der Rücktrittspressemitteilung des Obersts erklärte er kurzerhand: »Ich habe die Wahl gewonnen. Und ich werde Kanzler werden.«

Der Andrang der Journalisten war riesig, der Saal der Bundespressekonferenz bis zum letzten Platz gefüllt.

»Wir haben die Systemparteien hinweggefegt«, rief Hans-Jürgen Lehmann siegesgewiss auf dem Podium. »Wir werden jetzt die Macht übernehmen. Wir werden dieses Land jetzt zum Besseren bekehren.« Jetzt, wo er die Kanzlerschaft zum Greifen nahe sah, war er wieder ganz der Alte. Friedrich Sehlings' Strategie der bürgerlichen Mitte war für ihn erledigt.

Mit Lehmann auf dem Podium saß Dr. Angelika Erdmann-Benz. Die Philosophin gehörte neben dem Oberst und dem ehemaligen Lebensmittelhändler zu den Spitzenpolitikern im Wahlkampf, sie hatte vor allem beim Bildungsbürgertum für die Deutschlandpartei geworben. Jetzt sollte sie neue Bundestagspräsidentin werden. Als stärkste Fraktion im Bundestag stand der Deutschlandpartei dieser Posten zu.

Angelika Erdmann-Benz rutschte unruhig auf ihrem Stuhl hin und her, während Lehmann einen großen Teil seines Eingangsstatements darauf verwendete, die Journalisten zu beschimpfen und ihnen sogar zu drohen: »Sie haben gegen die Deutschlandpartei gearbeitet. Dafür werden Sie jetzt ihre Rechnung bekommen, meine Herren.«

Unter den Pressevertretern regte sich Unmut. Der Erfolg war Lehmann eindeutig zu Kopf gestiegen. Friedrich Sehlings hatte in der hintersten Stuhlreihe Platz genommen und beobachtete das Schauspiel genüsslich lächelnd, wobei ihm doch seine Freundin auf dem Podium etwas leidtat.

Jetzt war Angelika Erdmann-Benz an der Reihe mit ihrem Statement: »Bevor ich beginne, möchte ich erst einmal unserem Spitzenkandidaten und zurückgetretenen Bundesvorsitzenden die besten Genesungswünsche aussprechen. Ich bin sehr betrübt, was mit ihm passiert ist. Er hat viel für unsere Partei getan. Er ist der Vater des Wahlsiegs, über den wir heute hier reden.« Lehmann war mit keinem Wort auf den Oberst eingegangen.

»Außerdem möchte ich mich bei unseren Wählern bedanken und auch bei den Medien. Ich weiß, dass viele Journalisten mit unserer Politik nicht einverstanden sind, und trotzdem haben Sie in den letzten Wochen immer professionell und korrekt über uns berichtet. Das möchte ich hier noch einmal betonen.« Lehmann blickte seine Kollegin böse an.

Kaum waren die Eingangsstatements beendet und die Fragerunde eröffnet, gingen die Hände der Pressevertreter nach oben. Jeder wollte seine Frage loswerden. »Herr Lehmann, der Vorsitzende der Christpartei hat heute Morgen nach dem Rücktritt Ihres Spitzenkandidaten sofort ausgeschlossen, mit der Deutschlandpartei unter Ihrer Führung in eine Koalition zu gehen. Er hat angekündigt, ein Sechs-Parteien-Bündnis schmieden zu wollen.«

Lehmann lachte hämisch. »Der bekommt nie eine Sechser-Koalition hin. Der wird bei uns noch angekrochen kommen, dieser Narr, und betteln, dass wir mit ihm koalieren. Und wenn es Neuwahlen gibt, werden wir die absolute Mehrheit erhalten und ich werde sowieso Kanzler. Dann sage ich, wo es langgeht. Dann wird sich viel ändern in unserem Land.«

Durch die Reihen der Pressevertreter ging ein Raunen, einige Journalisten erhoben sich und verließen empört den Saal. Friedrich Sehlings in der letzten Reihe lehnte sich entspannt zurück und lächelte breit.

» «

Der Vizekanzler betrat den Plenarsaal. An diesem Tag versammelten sich die neugewählten Abgeordneten zur konstituierenden Sitzung des neuen Bundestags. Er war früh dran, die meisten Plätze waren noch leer. Der Politiker blieb stehen, schaute über das Halbrund der Abgeordnetenplätze nach vorn zur Rednertribüne, zum Platz des Bundestagspräsidenten. Sein Blick schweifte etwas nach links zur Regierungsbank. Erste Reihe, zweiter Platz von rechts. Dort hatte er in den vergangenen zwei Jahren immer gesessen, direkt neben dem Bundeskanzler, dessen herausgehobene Position die etwas höhere Rückenlehne seines Stuhles kenntlich machte.

Noch war er Innenminister, doch war er es nur noch geschäftsführend. Solange es keine neue Bundesregierung gab, blieb die alte im Amt. Wie lange er noch Minister war, hing vom Fortgang der Koalitionsverhandlungen ab. Die konnten sich lange hinziehen. Nach dem überraschenden Rückzug des Obersts verhandelte der Bundeskanzler nun über eine Regierung mit sechs Parteien. Die verschiedenen Interessen unter einen Hut zu bringen, würde schwer.

Er war ein Minister auf Abruf. Seine jahrzehntelange Karriere hatte ein abruptes Ende genommen. Für seine Partei war er der Sündenbock, verantwortlich für die großen Stimmenverluste.

Noch am Wahlabend hatte er seinen Rücktritt als Parteichef verkündet. Die neuen Machthaber in der Partei waren nicht zimperlich. Die junge, radikale, feministische Vorsitzende seiner Fraktion hatte ihm frech ins Gesicht gesagt: »Sie sind ein alter, verbrauchter, chauvinistischer Machtpolitiker. Sie passen nicht mehr in die Zeit.« In seiner Partei herrschte jetzt ein noch rauerer Ton als schon zuvor.

Der neue Bundestag stellte die alte parlamentarische Ordnung auf den Kopf. Während draußen das Chaos herrschte, war auf den Fluren zwischen den Fraktionen ein Krieg um die Sitzordnung im Plenarsaal ausgebrochen. Die Migrantische Alternative wollte nicht neben der Migrantenpartei sitzen, weil sie deren Mitglieder für Falschgläubige hielt. Linkspartei und Sozialpartei sahen sich als die wahren Hüter sozialer Ideen und wollten möglichst weit weg von der Solidarpartei sein. Die neue linke Führung der Ökopartei wiederum suchte bewusst die Nähe der radikaleren Ökorebellen. Aber alle Fraktionen wollten in der Mitte des Plenums sitzen.

Schon diese Streitigkeiten ließen erahnen, was auf die Abgeordneten in den nächsten vier Jahren zukommen, welcher Ton die Politik bestimmen würde. Schließlich zog der sogenannte Vorältestenrat die Reißleine und brach mit dem traditionellen Links-Rechts-Schema. Seit dem 19. Jahrhundert war es in deutschen Parlamenten üblich, dass die Konservativen immer rechts und die Progressiven links saßen. Die Mitglieder des Rates dagegen entschieden, dass die Fraktionen zukünftig in alphabetischer Reihenfolge im blauen Rund des Bundestages Platz nehmen sollten.

So saßen jetzt ganz links die Abgeordneten der Christpartei. Daran schlossen sich zur Mitte hin die Parlamentarier der Deutschlandpartei an. Diesem linken Block gegenüber saßen als rechter Block die restlichen acht Kleinfraktionen, die man, wie Linkspartei und Ökopartei, früher traditionell eher dem linken Spektrum zuordnete. Am rechten Rand des Blockes fanden die kläglichen Reste der einst so starken Fraktion der Sozialpartei ihre neue Heimat. Sie hatten Glück gehabt. Nur um Haaresbreite hatte die alte und einst so stolze Sozialpartei die Fünf-Prozent-Hürde übersprungen.

Allmählich füllte sich der Plenarsaal. Der Innenminister blickte sich weiter um. Er war nun seit über 40 Jahren Parlamentarier. Doch dieses Mal war vieles anders. Parteien hatten jetzt uniformierte Truppen, ihre Kämpfer zogen auch in den Bundestag ein und trugen dort ungeniert ihre Uniform. So etwas gab es im Reichstagsgebäude schon lange nicht mehr.

Es gab auch viele neue Gesichter im Plenum, vor allem unter den Abgeordneten der Deutschlandpartei. Rund ein Drittel ihrer Parlamentarier trug die Uniform der Diskrepanten Bewegung. Einige Abgeordnete trugen ihre Braunpullover zur Schau, darunter ihr beleibter Vorsitzender Herbert Hahn. Zusammen mit Lorenz Meyer saß er nun in der ersten Reihe, wo die Spitzenpolitiker der Parteien ihre Plätze hatten. Daneben Hans-Jürgen Lehmann in der aggressiv-überheblichen Pose des künftigen Kanzlers sowie der neue Fraktionsvorsitzende Friedrich Sehlings.

Bei der Wahl zum Fraktionsvorstand hatte Lehmann darauf verzichtet, als Fraktionschef zu kandidieren. »Ich werde ja sowieso bald Bundeskanzler«, erklärte er vor den Abgeordneten seiner Fraktion. »Und außerdem hat diese Quasselbude ohnehin bald nichts mehr zu sagen.« Also schlug er Friedrich Sehlings als Fraktionsvorsitzenden vor.

Auch in der ersten Reihe der anderen Fraktionen waren komplett neue Gesichter zu sehen. Die Linkspartei und die Sozialpartei hatten ihre Parteiführer nach der Wahlniederlage abgesäbelt. In der ersten Reihe saßen jetzt Frauen und Männer, die er nur vom Sehen kannte. Die Ökorebellen hatten Simone Satellit zu ihrer Fraktionschefin gewählt, die Fraktion der Migrantenpartei Mustafa Kemal.

Rechts und links neben dem Vizekanzler strömten die Abgeordneten in den Saal. Kaum einer grüßte, er war unwichtig geworden. Plötzlich hört er hinter sich eine bekannte Stimme: »Guten Tag, Herr Innenminister.« Es war Annerose Nesserland, jetzt Vorsitzende der drittgrößten Fraktion im Bundestag. Sie lächelte ihn an. »Ich wollte mich noch einmal bei Ihnen bedanken, dass Sie uns vor ein paar Monaten den Anschlagsort gezeigt und Mustafa Kemal und mich so freundlich behandelt haben. Haben Sie für mich als Parlamentsneuling vielleicht einen Tipp, wie ich mich verhalten soll?«

Den hatte das Politiker-Schlachtross. »Halten Sie das, was hier im Plenum läuft, nicht für die wahre Politik. Das hier ist alles nur eine große Inszenierung. Die echte Politik findet woanders statt.«

Annerose Nesserland lächelte und nahm in der ersten Reihe ihrer Fraktion Platz. Der Innenminister versuchte erst gar nicht, einen Platz in den vorderen Reihen seiner Fraktion zu ergattern, die regelmäßig von den Kameras eingefangen wurden. Er setzte sich in die letzte Reihe. Von dort aus ließ er das Schauspiel der konstituierenden Sitzung des neuen Bundestags über sich ergehen.

Die frisch gewählte Bundestagspräsidentin Dr. Angelika Erdmann-Benz begrüßte die Abgeordneten: »Noch nie war ein Deutscher Bundestag so divers wie dieser. Ich sehe hier die schwarzen Uniformen der Diskrepanten, die roten Hosenträger der Jungdeutschen, die Braunpullover, die graue Kluft des Ökofrontkämpferbundes sowie die Turbane der Osmanen 1453. Und ich sehe hier die Parlamentarier der Ökorebellen mit ihren farbenfrohen gelben Totenkopf-T-Shirts.

Der Parlamentspräsidentin schien das zu gefallen. Sie beschloss ihre Rede mit den Sätzen: »Die genormte Einheitskultur des dunklen Politikeranzugs ist der Diversity der Bürgeruniformen gewichen. Wir haben zum ersten Mal zehn Fraktionen im Bundestag. Das ist wirklich gelebter Pluralismus.«

Die Abgeordneten der Deutschlandpartei halblinks klatschten begeistert, ebenso die der Ökorebellen. Zaghaft stimmten auch die anderen Fraktionen in den Applaus ein.

KAPITEL 18

Barbarossa mochte Berlin nicht. Hier hatte er studiert, hier hatte er als Redakteur für das *Junge Deutschland* gearbeitet. Seitdem er sich zum Schafezüchten in die Provinz zurückgezogen hatte, hatte es ihn selten in die Hauptstadt verschlagen. Jetzt stand er auf dem Vorplatz des großen, gläsernen Hauptbahnhofs, sein Blick ging zum Kanzleramt und zum Reichstag. Auf dem Platz herrschte geschäftiges Treiben. Geschäftsleute, Reisende, Schulklassen und hochgerüstete Soldaten erfüllten den Ort. Mitten auf dem Vorplatz standen zwei Fenneks der Bundeswehr, vierrädrige Panzerspähwagen im Flecktarnanstrich.

Soldaten der Bundeswehr in Flecktarnanzügen mit Splitterschutzwesten, Helmen und G36-Gewehren patrouillierten über den Platz. Auf dem Bahnsteig und auf allen Ebenen des Bahnhofes hatte Barbarossa zahlreiche Soldaten in der gleichen Aufmachung gesehen, dazu Bundespolizisten, die ebenfalls mit Schutzweste und Maschinenpistolen ihre Runden machten. Der Hauptbahnhof galt als Hochrisiko-Objekt, als eines der vermuteten Anschlagsziele von Terroristen.

Barbarossa ging in Richtung Bundestag, suchte sich seinen Weg durch das Gedränge der Menschen. Sie wichen nicht so schnell aus wie seine Schafe. Die Menschen beachteten ihn kaum, obwohl er mit seinem roten Rauschebart und seiner Kim-Jong-Il-Uniform auch hier auffiel. Er nahm eine kleine Brücke über die

Spree, folgte der Menschenmenge auf einem kleinen geteerten Weg mitten durch die Rasenflächen.

Er steuerte den Platz zwischen dem Bundeskanzleramt und dem Paul-Löbe-Haus an. Auf dem Platz gab es Wasserspiele, kleine Bäume und Bänke. Auf der Straße, die vor der Schweizer Botschaft entlangführte und an den Platz grenzte, kam er nicht weiter. Ein zwei Meter hoher Zaun aus beweglichen Metallgittern versperrte den Weg. Oben auf dem Zaun war eine Rolle aus NATO-Draht befestigt. In der Offiziersausbildung hatte er gelernt, wie man solche Rollen verlegte und aus ihnen Sperren baute, die Panzer aufhalten oder zumindest deren Weiterfahrt verzögern konnte.

Er sah nach rechts, er sah nach links. Der Zaun zog sich Hunderte Meter weit nach beiden Seiten hin, schirmte das Paul-Löbe-Haus zur Linken und das Bundeskanzleramt zur Rechten ab. Vor dem Zaun patrouillierten Soldaten in Helm, Weste und mit Gewehren. In einiger Entfernung sah er zwei Dingos der Bundeswehr stehen, gepanzerte und bewaffnete Radfahrzeuge für Patrouillen- und Spähfahrten. Die beiden Fahrzeuge markierten einen Einlass in dem bewehrten Zaun. Dorthin ging er.

Vor dem Einlass, der mit einem rotweißen Schlagbaum versehen war, waren Soldaten in Kampfmontur. In den Dachluken der Dingos standen Soldaten mit Maschinengewehren, die die Umgebung beobachteten.

Vor dem Schlagbaum stand ein Leutnant, ebenfalls mit Helm und Weste bekleidet, am rechten Oberschenkel trug er ein Holster mit seiner Dienstpistole, in der Hand hielt er ein Klemmbrett. »Guten Tag. Sie kommen hier nicht weiter«, erklärte der Leutnant. Das Areal des gesamten Bundestags und des Kanzleramtes sind Sperrgebiet. Zum Betreten benötigen Sie einen Sonderausweis.«

»Ich möchte einen Freund besuchen. Er ist Abgeordneter«, erwiderte Barbarossa.

Der Leutnant hatte eine Standardantwort parat: »Rufen Sie ihn an. Dann wird er Sie abholen lassen.«

Barbarossa entfernte sich, kramte sein Mobiltelefon heraus und rief Hans-Jürgen Lehmann an. »Ich stehe am Einlass bei der Schweizer Botschaft. Hol mich bitte rein.«

»Ich komme zu dir raus«, entgegnete Lehmann. Der Rotbärtige wartete. Nach einer Weile sah er Lehmann über den menschenleeren Platz auf der anderen Seite des Zauns herankommen.

Als der Leutnant den Abgeordneten sah, befahl er den Soldaten, den Schlagbaum zu öffnen, nahm Grundstellung ein und salutierte: »Guten Tag, Herr Lehmann.« Der nickte nur und ging auf seinen Freund zu.

»Ich bin mit dem Zug gekommen«, begrüßte Barbarossa ihn.

»Mit dem Zug?«

»Ja, wie Lenin. Der ist doch auch mit dem Zug zur Revolution gefahren«, erklärte der Rotbärtige.

Lehmann schüttelte den Kopf. »Das muss aus deinem Kaff ja Stunden gedauert haben. Lass uns ein bisschen gehen.« Dabei schlug Lehmann den Weg über eine große Rasenfläche ein. Er führte Barbarossa zur Spree, weg vom Bundestagsareal. »Was willst du denn?«

»Ich komme wegen der Revolution. Die Gelegenheit ist günstig. Wir müssen jetzt zuschlagen.«

Lehmann sah ihn erstaunt an. »Ich werde bald Kanzler sein. Bei einer Revolution sitzen am Ende nie die auf dem Thron, die sie angezettelt haben.«

»Aber das ist doch unser Traum«, rief der Rotbärtige verstört.

Sein Freund blickte auf den Boden. »Deiner vielleicht. Ich habe nie von der Revolution geträumt.«

»Das haben wir doch alles geplant. Bei unseren Waldspaziergängen und unseren Gesprächen in meiner Bibliothek.«

Lehmann machte eine abfällige Handbewegung. »Das waren doch nur intellektuelle Gedankenspiele.«

»Wir müssen die Revolution jetzt machen«, insistierte Barbarossa. »Meine Truppen stehen bereit. Du wirst der neue Führer.«

»Du bist ein Spinner«, rief Lehmann verärgert. »Pass auf, dass ich dich nicht verhaften lasse.« Dann drehte er sich um, ging schnellen Schrittes zurück zum Bundestag und ließ seinen Freund stehen.

Barbarossa blieb allein zurück, er war wie gelähmt. Es dauerte, bis er sich wieder halbwegs gefangen hatte. Er wollte einfach nur weg, weg von diesem schaurigen Ort. Er ging im Laufschritt, nahm die nächste Brücke über die Spree. Seine Beine trieben ihn weiter, von seiner Umgebung nahm er nichts wahr. Plötzlich stand er auf der Prachtstraße Unter den Linden. Er schlug den Sandweg in der Mitte zwischen den Fahrbahnen ein in Richtung Alexanderplatz. Auf der Flaniermeile mischten sich Menschen in Freizeitkleidung, Politiker, Beamte und Lobbyisten im dunklen Anzug und Soldaten mit Helm, Weste, Flecktarnanzug und Gewehr.

An der Straße Unter den Linden lag das Hauptgebäude der Humboldt-Universität. Dort hatte er studiert. Er hatte sich geschworen, das Gebäude nie wieder zu betreten. Es galt für ihn als Inbegriff all dessen, was er ablehnte: intellektuelle Dekadenz, moralischen Verfall, geistiges Siechtum. Jetzt war die Universität das Hauptquartier der Ökorebellen. Auf dem Dach des Gebäudes wehte die gelbe Flagge mit dem schwarzen Totenkopf. Ein schwarzer Metallzaun trennte den breiten Fußweg vom Vorhof des Haupteingangs. Davor hatten Buchhändler wie eh und je ihre Tische mit gebrauchten Büchern aufgebaut. Das Tor, das auf den Vorhof führte, bewachten Männer des Ökofrontkämpferbundes.

Die Soldaten der Ökorebellen kontrollierten Studenten und ließen sich die Ausweise zeigen. Barbarossa ging strammen Schrittes auf das Tor zu, er wurde nicht angehalten. Die Soldaten nahmen Grundstellung ein und salutierten. In seiner Kim-Jong-Il-Uniform hielten sie ihn für einen Offizier ihrer Bewegung.

Er grüßte zurück und trat durch die Türen in die Halle des Universitätsgebäudes. Dutzende von jungen Männern und Frauen mit den gelben T-Shirts der Ökorebellen und in der Uniform des Ökofrontkämpferbundes kreuzten seinen Weg. Dann sah er die große Treppe, die in das Obergeschoss führte. Er las den Spruch an der Wand, der dort seit DDR-Zeiten angebracht war, als jeder Student neben seinem Fach noch Marxismus-Leninismus studieren musste: »Die Philosophen haben die Welt nur verschieden interpretiert, es kommt aber darauf an, sie zu verändern.« Das war die bekannte elfte These von Karl Marx über Feuerbach.

In diesem Moment wusste Barbarossa, was er zu tun hatte. Er holte sein Mobiltelefon heraus und rief seinen besten Freund an. »Ich muss dich wegen der Revolution sprechen.«

»Wo bist du?«, fragte Friedrich Sehlings.

»Humboldt-Universität.«

»In zwanzig Minuten unterm Pferdehintern«, sagte Sehlings und legte auf.

Der Pferdehintern war der Platz, wo sich die beiden Freunde oft getroffen hatten, als Barbarossa noch studierte und ihn der Zeitsoldat Friedrich Sehlings in der Hauptstadt besuchte. Gemeint war das Pferd der Reiterstatue von Friedrich dem Großen mitten auf der Straße Unter den Linden vor dem Hauptgebäude der Universität.

Barbarossa sah Friedrich Sehlings schon von weitem. Wie immer, verzichteten sie auf eine Begrüßung. »Du hättest auf dem Lehmanntreffen lieber eine Hans-Jürgen-Rede gehalten, oder?«, rief Sehlings. Dabei schaute er zum Standbild des großen Preußen-Friedrich.

Der Rotbärtige sah seinen Freund mit traurigen Augen an und sagte: »Die deutsche Geschichte kennt keinen großen Hans-Jürgen.«

Wortlos überquerten beide den breiten Boulevard, gingen über den Bebelplatz, zur Rechten das Juridicum der Humboldt-Universität, zur Linken die Staatsoper. Der Platz war voller Menschen. Man hörte Englisch, Spanisch, Französisch, Russisch. Auch eine Gruppe von Chinesen war zu sehen, dazwischen Soldaten in Kampfmontur. Dann begann Barbarossa zu sprechen, pathetisch, wie Sehlings ihn kannte: »Die Zeit des Waldganges ist gekommen. Wir müssen die Revolution jetzt starten.«

Sehlings hörte nur mit einem Ohr zu, zu oft hatte er das alles schon gehört. Beide schlenderten über den Platz, in dessen Mitte ein breites Loch im Boden eingelassen war, bedeckt von einer Glasscheibe. Es war das Denkmal, das an die Bücherverbrennung durch die Nationalsozialisten erinnerte, die hier am 10. Mai 1933 stattfand. An jenem Tag hatten hier Mitglieder des Nationalsozialistischen Studentenbundes und Professoren 20.000 Bücher von jüdischen, kommunistischen, liberalen und sozialkritischen Autoren ins Feuer geworfen. Sehlings warf einen Blick hinein. Unten im Boden gab es einen Raum mit leeren weißen Regalen an den vier Seitenwänden. Es waren genau solche weißen Bücherregale wie die in seinem Elternhaus, die bis vor Kurzem noch vollgepackt waren mit der antifaschistischen Literatur Nachkriegsdeutschlands.

Die beiden Freunde gingen an der katholischen St. Hedwigs-Kathedrale vorbei zu der Straße, an der das Auswärtige Amt lag. Es war abgeriegelt mit den gleichen Zäunen und dem gleichen NATO-Draht wie Bundestag und Kanzleramt. Die Drahtrollen mit den wundenreißenden Widerhaken waren allgegenwärtig in den Straßen von Berlin. Die Weltmetropole war eine Stadt im Kriegszustand.

Auf der Straße vor dem Auswärtigen Amt gab es einen ähnlichen Checkpoint mit zwei gepanzerten Dingos wie zwischen Paul-Löbe-Haus und Bundeskanzleramt. Auch dort standen Soldaten in Kampfmontur, ein Leutnant war der höchste Dienstgrad.

Friedrich Sehlings ging auf die Soldaten zu, sagte: »Na Jungs, wie geht es? Von welcher Einheit kommt ihr denn?«

Die Soldaten nahmen Grundstellung ein. Der Leutnant salutierte, sagte voller Stolz: »Wir sind vom Fallschirmjägerbataillon 721.«

Sehlings lächelte. »Ich bin auch Fallschirmjäger.«

Der Leutnant strahlte. »Das wissen wir, Herr Abgeordneter. Wir kennen alle Ihre Biografie. Wir sind große Fans von Ihnen.«

»Wir geht es euch?«, fragte Sehlings. Seid ihr zufrieden? Wie ist eure Ausrüstung?«

Der Leutnant seufzte. »Wir kaufen uns unsere Ausrüstung schon selber, damit wir vernünftiges Zeug haben.«

Sehlings nickte. »Wir werden das ändern, wenn diese böse Zeit hier erst einmal vorbei ist.« Mit der Hand deutete er auf die Absperrungen, den Stacheldraht, den Checkpoint.

»Herr Abgeordneter … Herr Abgeordneter«, rief der junge Offizier verlegen. Er wusste nicht, wie er es sagen sollte. Sehlings lächelte sanft. Dann fasste der Offizier Mut. »Ist es möglich, dass Ihr Mitarbeiter ein paar Fotos von meinen Männern und mir macht. Mit Ihnen natürlich.«

Sehlings rief: »Aber klar, Jungs.« Der Leutnant gab Barbarossa das Mobiltelefon.

Nach dem Fotoshooting verließen die beiden Männer die überglücklichen Fallschirmjäger, umgingen das abgesperrte Auswärtige Amt, schlenderten weiter in Richtung Alexanderplatz und überquerten den Kupfergraben. Dann standen sie auf dem weiten, offenen Areal zwischen dem neuen Berliner Schloss und dem Staatsratsgebäude, von wo aus einst Erich Honecker über die DDR herrschte und wo heute eine elitäre Business School untergebracht war.

»Da, da, das Portal, von dem Karl Liebknecht am 9. November 1918 die sozialistische Republik ausgerufen hat«, rief Barbarossa seinem Freund aufgeregt zu. Er wies auf das Eingangsportal des Staatsratsgebäudes aus Sandstein. Das Portal war bei der Sprengung des alten Stadtschlosses gerettet und in den modernen Neubau des Staatsratsgebäudes integriert worden.

»Sie haben damals die Novemberrevolution gewagt. Jetzt müssen wir es ihnen gleichtun«, rief der Rotbärtige wie in Ekstase. »Es gibt keinen besseren Zeitpunkt. Das Militär beherrscht die Straße. Die laufen alle zu uns über, und dann machen wir eine richtige Revolution.«

Sehlings seufzte. »Wir machen keine Revolution.«

Barbarossa blickte seinen Freund verständnislos an, dann brüllte er los: »Ihr seid doch alles Verräter. Alle! Du, Lorenz, Lehmann. Alles Verräter!« Dann drehte er sich um und ging, ohne ein weiteres Wort zu sagen, so wie Lehmann ihn hatte stehen lassen.

Sehlings blickte seinem Freund nach. Er wusste: Es war ein Abschied für immer.

» «

Ein paar Tage später kamen Friedrich Sehlings, Herbert und Lorenz Meyer in dessen Bundestagsbüro im Paul-Löbe-Haus zusammen. Eigentlich lief für die drei Freunde alles nach Plan. Jetzt mussten sie nur noch warten, bis der Vorsitzende der Christpartei mit seiner angekündigten Sechser-Koalition scheitern würde. Doch wirkte der Kommandeur an diesem Vormittag ungewöhnlich ruhig, irgendwie abwesend und in sich gekehrt.

Nach einer Weile brach Friedrich Sehlings sein Schweigen. »Ich glaube, wir müssen die ›Operation Eispickel‹ starten. Er dreht langsam durch. Ein Intellektueller, dem die Macht zu Kopfe gestiegen ist. Das sind die gefährlichsten. Und außerdem soll unser Lorenz endlich sein Burgfräulein bekommen.«

Die beiden Freunde blickten Sehlings an. Herbert sagte freudig, noch immer die Worte seines Freundes leicht anzweifelnd: »Ist es endlich soweit?«

Sehlings nickte. »Als Toter nützt er uns mehr. Die Partei kann einen Märtyrer gut gebrauchen.«

Jetzt gab es keine Zweifel mehr, und Herbert strahlte bis über die Ohren. Lorenz Meyer sagte nichts. Seine beiden Freunde sahen, dass er feuchte Augen hatte. Es war einer jener seltenen Augenblicke, in denen ihr Freund Gefühle zeigte. Er dachte an seine geliebte Germanenfrau, auf die er schon so lange warten musste.

»Na, dann ist die Sache klar«, rief Herbert. »Wir schlagen drei Fliegen mit einer Klappe. Für Lorenz ist der Weg zu seinem Burgfräulein frei. Die Bewegung bekommt einen Märtyrer, und ich habe auch meinen Spaß. Darf ich loslegen, Kommandeur?«

Friedrich Sehlings nickte. »Ja, Herbert. Du darfst.«

»Wem wollen wir es in die Schuhe schieben? Den Osmanen 1453 oder dem Ökofrontkämpferbund?«

»Nein, der Solidarbewegung.«

»Der Solidarbewegung?«, wiederholte Herbert ungläubig.

»Diese Annerose Nesserland ist sehr beliebt. Zu beliebt. Die hat so etwas Charismatisches, das ist gefährlich.«

Herbert nickte. »Florentine hat mir erzählt, dass die Nesserland einen Freund hat, der einmal Fotograf beim *Demokratischen Beobachter* war. Eine ganz linke Zecke. Sie glaubt, dass der sie damals verraten hat. Ich werde Florentine den Kopf dieses Fotografen als Geburtstagsgeschenk bringen.«

Lorenz Meyer, mittlerweile aus seiner sentimentalen Phase aufgewacht, entgegnete: »Ich hoffe, das meinst du jetzt nur bildlich und nicht real?«

Herbert lachte. »Was denkst du denn?«

Meyer klang ziemlich verunsichert. »Bei dir weiß man nie.«

» «

Oliver Felsenstier klopfte dreimal an die Tür und wartete. Dann hörte er die helle Stimme von Florentine Fischer: »Herein!«

Als die junge Frau ihren Chef sah, sprang sie auf, umrundete den Schreibtisch und lief dem Mann strahlend entgegen. »Guten Abend, Herr Geschäftsführer!«

Der Angesprochene sagte, ebenso strahlend und ebenso scherzhaft: »Guten Abend, Frau Chefredakteurin.« Dann gab er der Journalistin die Hand und schaute sich in ihrem neuen Büro um. »Das haben Sie sich aber schön eingerichtet.«

Die Chefredakteurin lachte. Sie hatte die kalten Designermöbel ihres Vorgängers durch eine gediegene dunkle Holzvertäfelung und traditionelle braune Ledersessel ersetzt. »Das passt doch viel besser zu dem Lebensgefühl der neuen Zeit, die gerade anbricht«, erklärte sie.

Nachdem Oliver Felsenstier als Geschäftsführer der Deutschen Verlags- und Druckgesellschaft den *Demokratischen Beobachter* übernommen hatte, war seine erste Amtshandlung, den alten Chefredakteur zu entlassen und die frühere Leiterin des Berliner Büros als neue Chefin zu installieren. Die richtete nicht nur ihr Büro neu ein, sondern wechselte auch gleich große Teile der Redaktion aus. Sie wusste, dass sie unter den alten Kollegen eine Menge Feinde hatte. Der erste, der gehen musste, war ihr früherer Fotograf. Viele Journalisten des *Demokratischen Beobachters* konnten mit der in Deutschland anbrechenden neuen Zeit nichts anfangen. Dafür standen andere Schlange, ihre Posten zu übernehmen. Der Leiter des Newsrooms der Deutschlandpartei hatte Florentine Fischer eine Reihe besonders leistungsfähiger Frauen und Männer seiner Medien empfohlen.

Den Kauf des in den letzten Jahren finanziell ins Trudeln geratenen Flaggschiffs des linksliberalen Journalismus durch die Deutsche Verlags- und Druckgesellschaft hatten russische Strohleute für Oliver Felsenstier eingefädelt. Er selbst trat erst in die Öffentlichkeit, als alles in trockenen Tüchern war. Das und der Coup, Dr. Florentine Fischer zur neuen Chefredakteurin des *Demokratischen Beobachters* zu machen, hatte in der deutschen Medienszene Furore gemacht.

Unter dem Dach der Deutschen Verlags- und Druckgesellschaft erschienen jetzt alle Medien des Beobachter-Verlags und des Jungen-Deutschland-Verlags. Zu dem Konzern gehörte auch der Buchverlag von Oliver Felsenstier, der den Bestseller von Florentine Fischer, *Sorge um Deutschland*, verlegt hatte. Oliver Felsenstier war der Besitzer und Geschäftsführer des Konzerns, blieb aber gleichzeitig Chefredakteur des *Jungen Deutschlands*. Er spekulierte auf den Präsidenten-Posten des prestigeträchtigen Chefredakteursclub. Der war gerade vakant, nachdem der alte Chef des *Demokratischen Beobachters* seine journalistische Heimat verloren hatte.

Und das Medienimperium sollte weiter wachsen. Gerade bereitete sich Felsenstier darauf vor, die Zeitschrift Barbarossas, den *Funken*, jetzt offizielles Organ der Diskrepanten Bewegung, sowie dessen Polyphem-Verlag in sein Medienimperium zu integrieren. Hans-Jürgen Lehmanns Buch *Anleitung zum Deutschsein – Manifest eines aufrechten Deutschen* war wieder auf der Bestsellerliste, all die vielen neuen Parteimitglieder wollten es haben. Auch das Modelabel »Deutsche Kluft« und die Barbarossa GmbH sollten bald Teil von Felsenstiers Konzern sein.

»Da haben Sie ja einen niedlichen Teddy stehen«, sagte Felsenstier, noch immer den Einrichtungsstil seiner Chefredakteurin bewundernd. »Der sieht ja fast aus wie Herbert.«

Die junge Frau ging zum Regal, nahm den Plüsch-Herbert, drückte ihn ganz fest an sich und sagte: »Der beschützt mich seit meiner Kindheit. Bis vor Kurzem saß er noch auf der Kommode in meinem Schlafzimmer. Aber da passt jetzt ein lebender Teddy auf mich auf. Jetzt ist er hier mein Beschützer.« Sie stellte den Teddy-Herbert sanft zurück aufs Regal und bot ihrem Gast einen Platz in einem der schweren Ledersessel an.

»Ihr Leitartikel über die neue Zeit und die neuen Mitglieder in der Partei war sehr gut«, lobte Oliver Felsenstier seine Mitarbeiterin.

»Ich weiß, wovon ich schreibe«, erwiderte Florentine Fischer. »Ich bin ja auch recht spät in die Partei eingetreten, bin ja selbst eine Märzgefallene. Die Wahlergebnisse haben uns so richtig Zulauf gebracht. Das ist richtig toll. Alle wollen den Aufbruch und die neue Zeit miterleben.«

Ihr Chef nickte. »Was denken Sie, wie die erst Schlange stehen, wenn wir an der Regierung sind. Doch ich wollte mit Ihnen noch über etwas anderes reden.«

Die junge Journalistin hörte aufmerksam zu.

»Sie haben ja von dem traurigen Schicksal Barbarossas gehört.«

Die Chefredakteurin blickte besorgt. »Ja, wie schrecklich!« Es war am Morgen die erste Meldung in den Nachrichten. Der Rotbärtige war einem Anschlag zum Opfer gefallen. Als er nach einem Vortrag spätabends zu seinem Auto ging und die Wagentür öffnete, ging die Bombe hoch.

»Wir sollten herausstellen, dass er ein Märtyrer unserer Partei ist. Sie haben gehört, dass dort, wo die Bombe explodierte, ihr früherer Fotograf gesehen wurde.« Florentine Fischer nickte betreten.

»Wir müssen die Story pushen, dass der Mörder aus dem Umfeld von Annerose Nesserland kommt. Es wäre gut, wenn man denkt, dass er etwas damit zu tun hat.«

Florentine Fischer war bestürzt. »Oh mein Gott. Das kann ich mir gar nicht vorstellen. Der ist ein Linker, aber doch kein Mörder.« Dann besann sie sich und sagte: »Was meinen Sie damit, dass es gut wäre, wenn man denkt, dass er es war? Wissen Sie denn, wer es war?«

Oliver Felsenstier schaute seine Mitarbeiterin an wie ein Vater seine begriffsstutzige Tochter. »Ich gebe Ihnen einen guten Rat. Je weniger Sie wissen, desto besser für Sie.«

Die Journalistin lächelte gequält. »Danke für den Rat. Ich werde ihn beherzigen.«

» «

Der frühere Chefredakteur des *Demokratischen Beobachters* fühlte sich wie ein Hochleistungssportler, der nach dem Ende seiner Karriere nicht einfach aufhören konnte. Den ganzen Tag saß der News-Junkie vor seinem Fernseher und schaute die Nachrichtensender oder den Parlamentskanal. Jede noch so unwichtige Information über die Koalitionsgespräche, die sich jetzt bereits seit neun Monaten hinzogen, sog er begierig auf.

Es war bereits der dritte Anlauf von Koalitionsgesprächen. Die beiden vorhergehenden waren jeweils nach Monaten zähen Verhandelns gescheitert. Zuerst hatte der Vorsitzende der Christpartei eine Sechs-Parteien-Koalition mit der Solidarpartei, der Ökopartei, der Sozialpartei, der Liberalpartei und der Linkspartei schmieden wollen.

Der Beginn der Verhandlungen gestaltete sich vielversprechend. Doch dann kam es zwischen der Linkspartei und der Liberalpartei zum Streit. Beiden stand je ein Ministerposten in der

Regierung zu. Beide wollten das Wirtschaftsministerium haben. Für die Liberalpartei brachte sich Dr. Martin Müller in Stellung, der nach seiner Odyssee durch Ökopartei, Christpartei und Deutschlandpartei nun den radikalen Neoliberalismus als neue ideologische Heimat gefunden hatte. Die Linkspartei dagegen war nach innerparteilichen Säuberungsaktionen weiter nach links gerutscht und hatte unter ihrer neuen blutjungen, radikalen Vorsitzenden den Kommunismus als Leitideologie wiederentdeckt. Die beiden Parteien lieferten sich am Verhandlungstisch einen andauernden Kleinkrieg.

Und dann weigerte sich die neue, radikale Vorsitzende der Ökopartei plötzlich, in einer Regierung mit Annerose Nesserland einzutreten. Sie hatte sich mittlerweile mit Simone Satellit angefreundet, die beiden Parteichefinnen tickten ähnlich und strebten die Wiedervereinigung ihrer beiden Parteien an. So kam es, dass Simone Satellit als Schatten mit am Verhandlungstisch saß. Und die hatte ein großes Interesse daran, ihre Erzrivalin Annerose Nesserland als Vizekanzlerin zu verhindern. Auch dem Chef der Christpartei war die Vorsitzende der Solidarpartei suspekt. Neben der charismatischen, bei den Massen und den Journalisten gleichermaßen beliebten jungen Frau sah er ziemlich blass aus.

Der geschäftsführende Bundeskanzler ließ deshalb die Koalitionsverhandlungen platzen und lud in den zweiten Verhandlungen jetzt statt der Solidarpartei die Partei der Ökorebellen ein. Allerdings fehlten ihm dann immer noch ein paar Stimmen zur Mehrheit, sodass bald auch die Migrantenpartei mit am Tisch saß. Damit sprachen sieben Parteien über eine Regierungsbildung.

Die Gespräche scheiterten nach Monaten an der Frage, wer Vizekanzler werden sollte. Die Vorsitzende der Ökopartei beanspruchte diesen Posten für sich, war ihre Partei doch mit acht Prozent der Wählerstimmen in den Bundestag eingezogen und damit zweitstärkste Fraktion in der Siebener-Koalition. Die Ökorebellen hatten nur fünf Prozent der Wählerstimmen erreicht. Doch auch Simone Satellit hielt an ihrem Anspruch fest. Sie ließ das demokratische Mehrheitsprinzip nicht gelten und drohte unverhohlen mit dem Druck der Straße und dem Ökofrontkämpferbund. Die unverhoffte Freundschaft der beiden Parteivorsitzenden schlug in ebenso heftige Feindschaft um, von einer möglichen Wiedervereinigung der beiden Parteien sprach keine mehr. Auch diese Koalitionsverhandlungen platzten schließlich.

Die Lage auf den Straßen hatte sich unterdessen durch das anhaltende Machtvakuum weiter zugespitzt. Die Mikroanschläge nahmen wieder zu. Die Straßenschlachten zwischen Ökofrontkrieger, den Osmanen 1453 und den Diskrepanten wurden immer erbitterter.

Zu den dritten Verhandlungen lud der Vorsitzende der Christpartei wieder die Parteien der ersten Gespräche ein. Nur saß statt der Linkspartei diesmal die Migrantenpartei von Mustafa Kemal mit am Tisch. Und auch mit Annerose Nesserland konnte er sich auf einmal wieder anfreunden: »Alles ist besser als diese beiden zänkischen Ökotanten«, hatte er dem Vizekanzler und ehemaligen Vorsitzenden der Ökopartei erklärt.

Der Journalist schaltete den Fernseher aus und überlegte, ob er sich an den Schreibtisch setzen sollte. Er hatte sich vorgenommen, ein Buch zu schreiben. Aber er schwankte noch, ob es eine historische Analyse des Dritten Reichs, seine Autobiografie oder doch lieber ein Kochbuch sein sollte. Das Kochen war ihm in den letzten Monaten immer mehr ans Herz gewachsen, seitdem er seinen Mitbewohner, den geschäftsführenden Innenminister, jeden Abend mit immer neuen Köstlichkeiten verwöhnte.

»Wenn diese Koalitionsverhandlungen endlich gelingen, wird Annerose Nesserland ja doch deine Nachfolgerin als Vizekanzler«, sagte der Ex-Chefredakteur beim gemeinsamen Abendessen zu seinem Freund.

Der Innenminister, der immer noch kommissarisch die Geschäfte weiterführte, erwiderte: »Das wäre auch der einzige Lichtblick in dieser ganzen verfahrenen Situation.«

»Der Bundeskanzler sieht richtig schlecht aus«, sagte der Journalist.

»Kein Wunder: Nach zwei gescheiterten Koalitionsrunden steht der jetzt unter einem enormen Druck. Die Rufe nach einem starken Mann werden immer lauter. Viele Mitglieder seiner Partei können sich mittlerweile sogar mit einem Bundeskanzler Hans-Jürgen Lehmann anfreunden.«

»Und die Parteijugend fordert seinen Rücktritt als Parteichef. Die waren ziemlich verstört darüber, dass er die Kommunisten von der Linkspartei mit in die Regierung holen wollte.«

»Und dass er damals Annerose Nesserland den Laufpass gegeben hat«, ergänzte der Innenminister. »Die kommt beim linken Parteiflügel erstaunlich gut an, wo sie sich doch explizit auf die Grundsätze der christlichen Soziallehre beruft. Aber wie es aussieht, wird dieses Mal alles klappen und Annerose Nesserland wird deine Nachfolgerin.«

Sein Freund machte ein nachdenkliches Gesicht. »Es gibt da aber auch noch die Hürde der Mitgliederbefragung.« Der Vorsitzende der Christpartei hatte vor der Wahl versprochen, dass die Parteimitglieder über einen Koalitionsvertrag abstimmen sollten. Dieses Versprechen musste er jetzt auch halten.

»Und wenn sie Vizekanzlerin wird«, bemerkte der Innenminister, »wird die arme Frau es nicht leicht haben. Die Deutschlandpartei und die Diskrepanten fahren eine richtige Schmutzkampagne gegen sie, bezeichnen ihren Freund als Terroristen.«

»Was denkst du eigentlich über den Fall?«

»Du kennst den Mann doch. Der war doch mal dein Mitarbeiter. Deine Nachfolgerin hat ihn auf der Stelle rausgeschmissen. Jetzt ist er der Pressesprecher der Solidarpartei. Kannst du dir vorstellen, dass der Mann in aller Öffentlichkeit eine Bombe unter das Auto Barbarossas legt und die dann mit seinem Mobiltelefon fernzündet? Es gibt überhaupt keinen Beweis dafür, dass er mit dem Mord irgendetwas zu tun hat. Allerdings gibt es bei dem Fall viele Ungereimtheiten.«

Was für Ungereimtheiten?«, hakte der Ex-Chefredakteur nach, dessen journalistische Neugier nun geweckt war.

Der Innenminister hatte sich über den Bombenanschlag genau briefen lassen und plauderte nun aus dem Nähkästchen. »Der Mann wird von einem Journalisten per Mail in eine Kneipe zu einem Termin gebeten, und zwar genau zu der Zeit, als der Rotbart im Haus nebenan einen Vortrag hält. Das wiederum ist das Haus einer rechtsradikalen Burschenschaft. Der einzige freie Parkplatz, auf den sich dein ehemaliger Mitarbeiter stellt, ist ausgerechnet der vor dem Wagen Barbarossas direkt vor dem Burschenschaftshaus. Der Journalist wiederum, der ihn zu dem angeblichen Termin gebeten hat, existiert überhaupt nicht, die Rückverfolgung der Mails lief ins Leere. Nachdem dein Fotograf einige Zeit in der Kneipe gewartet hat, ist er wieder weggefahren.«

»Das klingt in der Tat alles sehr merkwürdig«, sagte der Journalist.

»Es wird noch merkwürdiger«, fuhr der Innenminister fort. »Mehrere Burschenschaftler haben ausgesagt, dass der Mann, bevor er wieder in seinen eigenen Wagen stieg, sich an dem Wagen Barbarossas zu schaffen machte. Das wollen sie durch das Fenster des Vortragsraumes beobachtet haben.«

»Sind die Zeugen denn glaubwürdig?«

»Nein«, sagte der Minister. »Das Merkwürdigste aber ist, dass der einzige ernst zu nehmende Zeuge, noch bevor die Polizei seine Aussage aufnehmen konnte, spurlos verschwunden ist.«

Der Journalist war jetzt hellwach. »Ein Zeuge ist verschwunden?«

»Ja, ein Fotograf namens Woody, der seit Jahrzehnten die Veranstaltungen von Nazis beobachtet und dokumentiert. Der saß etwas entfernt in seinem Wagen und hat alle Besucher der Veranstaltung in dem Burschenschaftshaus beim Betreten fotografiert. Der kannte übrigens auch deinen früheren Mitarbeiter. Obwohl der ziemlich links ist, stellt er den Nachrichtendiensten seit Jahrzehnten Bilder zur Verfügung. Er gilt als sehr zuverlässig und extrem korrekt.«

»Und was hat der ausgesagt?«

»Von dem Fotografen hat er nichts gesehen. Aber er hat zwei junge Frauen beobachtet und sogar fotografiert, die an den beiden Wagen mit einer Plastiktüte in der Hand vorbeigingen, sich auf Höhe von Barbarossas Auto bückten und dann ohne Plastiktüte weitergingen. Da war wahrscheinlich die Bombe drin. Irgendjemand hat sie per Fernbedienung genau dann zur Explosion gebracht, als der Rotbart in seinen Wagen stieg. Dieser Woody hat die beiden Frauen sogar fotografiert.«

»Und?«, fragte der Ex-Chefredakteur.

»Vor Ort hat er der Polizei erzählt, was er gesehen hat, und wollte danach ins Polizeipräsidium fahren, um die Bilder auf den Polizeicomputer zu überspielen. Doch da ist er nie angekommen. Er selber, seine Kamera und auch sein Wagen sind seitdem spurlos verschwunden.«

»Das gibt es doch nicht.« Der Journalist witterte eine große Story.

»Und da gibt es noch etwas Merkwürdiges. Kaum war die Nachricht raus, dass Barbarossa durch eine Autobombe ums Leben gekommen ist, hat die *Deutsche Wahrheit* schon darüber berichtet, dass der Pressesprecher der Solidarpartei und Freund von Annerose Nesserland sich an dem Auto zu schaffen gemacht haben soll. Zu dem Zeitpunkt wusste die Polizei selber noch nicht, dass der in der Nähe des Tatorts war.«

»Du meinst …« Der Journalist sah seinen Freund mit einem vielsagenden Blick an.

Der Innenminister nickte bedächtig. »Vielleicht solltest du dir überlegen, statt eines Kochbuchs ein Enthüllungsbuch zu schreiben.

» «

Friedrich Sehlings saß an seinem Schreibtisch im Büro des Fraktionsvorsitzenden der Deutschlandpartei. Es war dasselbe Büro, das bereits Adalbert Hausding und der Oberst als Dienstzimmer hatten. Statt eines Porträts von Talleyrand oder Claus Schenk Graf von Stauffenberg hing jetzt ein Bildnis von Niccolò Machiavelli an der Wand.

Sehlings sah auf die Uhr. »Oh, es ist gleich soweit«, sagte er zu sich selbst. Er nahm die Fernbedienung, die griffbereit neben ihm lag, und schaltete den Parlamentskanal ein. Die Christpartei wollte in ihrer Parteizentrale das Ergebnis der Mitgliederabstimmung zum Koalitionsvertrag live verkünden.

Er kam gerade noch rechtzeitig. Im Fernsehen sah er, wie ein älterer, ziemlich seriös wirkender Mann einen weißen Umschlag in der Hand hielt, der versiegelt war. Er stand im Foyer der Parteizentrale der Christpartei. Hinter ihm standen die Spitzenfunktionäre der Partei im Halbkreis mit versteinerten Gesichtern. Der Sender blendete den Namen und die Funktion des Mannes ein: Es war der Notar, der für den ordnungsgemäßen Ablauf der Mitgliederbefragung verantwortlich war.

Der Notar brach das Siegel, holte einen Zettel heraus, der zweimal gefaltet war, entfaltete das Blatt und strich es mit der Hand glatt. Er überflog kurz den Inhalt, dann schaute er in die Kamera und sagte feierlich: »Ich verkünde jetzt das Ergebnis der Mitgliederbefragung. 39,7 Prozent der Mitglieder, die an der Befragung teilgenommen haben, haben sich für den Koalitionsvertrag entschieden, 60,3 Prozent haben sich dagegen entschieden.«

Das Fernsehbild sprang jetzt von dem Notar zu einer Großaufnahme des Parteivorsitzenden, dem die Gesichtszüge entglitten waren. Die Demoskopen hatten vorhergesagt, dass die Mitglieder mit knapper Mehrheit für den Vertrag stimmen würden. Dass die Befragung negativ ausgehen könnte, und dann auch noch so deutlich, damit hatte keiner gerechnet. Das war das Aus für die Karriere des Parteivorsitzenden. Der trat jetzt vor die Kamera, sagte ein paar nichtssagende Worte des Dankes an die Mitglieder und verschwand, ohne das Ergebnis zu kommentieren, von der Bühne.

Friedrich Sehlings strahlte. Die Mitglieder der Christpartei hatten ihm ein wunderbares Geschenk gemacht. Er griff zu seinem Mobiltelefon und tippte eine SMS: »Ich habe für Sie eine Lösung, wie Sie Parteivorsitzender bleiben und sogar Vizekanzler werden können. Friedrich Sehlings.« Dann drückte er auf »Senden« und schaute auf die Uhr. »Mal sehen, wie lange der Herr Bundeskanzler braucht«, murmelte er halblaut.

Der Politiker brauchte genau drei Minuten und 30 Sekunden. Dann hatte Friedrich Sehlings ihn am Apparat. »Treten Sie noch nicht zurück«, sagte er ins Telefon. »Wir haben ein großes Interesse an einer Koalition und Ihnen als Vizekanzler. Wir haben ebenfalls kein Interesse daran, Lehmann zum Bundeskanzler zu machen. Wir würden ihn fallen lassen. Alles weitere heute Abend bei einem gemeinsamen Essen.« »Das darf aber keiner erfahren«, gab der Bundeskanzler zurück. »Und es muss an einem geheimen Ort stattfinden.«

»Selbstverständlich. Frau Dr. Erdmann-Benz würde uns heute Abend um 19 Uhr zu sich zum Essen einladen. Nur wir drei.«

Der Minister sagte nur: »Einverstanden. Bis heute Abend.«

»«

Der Vorsitzende der Christpartei und geschäftsführende Bundeskanzler war pünktlich, er hatte sogar Blumen für die Bundestagspräsidentin mitgebracht. Die hatte ein leichtes Abendessen vorbereitet und den Esstisch fein gedeckt. Kurz bevor der Vorsitzende die Wohnung betrat, umarmte Friedrich Sehlings seine Freundin noch einmal und erklärte: »Egal, was ich heute sagen werde, setz bitte immer dein Pokerface auf und lass dir auf keinen Fall etwas anmerken.«

Der Politiker der Christpartei gab sich alle Mühe, seine Niedergeschlagenheit zu verschleiern. Gleich nach der Vorspeise kam Sehlings zur Sache: »Wir werden Lehmann schassen und dann mit Ihnen koalieren.«

Der Mann der Christpartei verstand die Botschaft sogleich. Nach dem Ergebnis des Mitgliederentscheids war sein Rücktritt eigentlich unvermeidlich. Friedrich Sehlings machte ihm gerade ein Angebot, wie er sich als Vorsitzender retten konnte. Deshalb fragte er: »Wen würden Sie stattdessen als Bundeskanzler vorschlagen?«

»Ich würde es machen«, antwortete Sehlings.

Der Chef der Christpartei verzog keine Miene. Er hatte das Gespräch innerlich vorbereitet, hatte einige Konstellationen durchgespielt, auch personalmäßig. Er nickte. »Mit Ihnen können wir leben.«

»Sie würden Vizekanzler«, fuhr Sehlings fort. »Wir würden der Christpartei sogar ein Ministerium mehr geben, als Ihnen zusteht. Also statt sechs bekommen Sie sieben. Das können Sie als Verhandlungserfolg verbuchen.«

Der Bundeskanzler fragte: »Was wollen Sie dafür?«

»Wir bekommen das Innenministerium, das Verteidigungsministerium, das Familienministerium und einen Minister für Bürgerinformation, der das Bundespresseamt als Ministerium leitet. Unter allen anderen Ministerien können Sie frei auswählen.«

»Wer würde Innenminister?«

»Herbert Hahn, der Büroleiter des Fraktionsvorsitzenden in der vergangenen Legislaturperiode«, erwiderte Sehlings.

»Ist das nicht der Vorsitzende der Braunpullover?«

Sehlings nickte. »Ja, genau.«

»Der soll ja ein guter Organisator sein«, erwiderte der Minister matt. »Und mein ›Nachnachfolger‹ als Verteidigungsminister?«

»Das soll unser früherer Fraktionsgeschäftsführer werden, Dr. Lorenz Meyer. Der ist selber Hauptmann der Reserve und kennt sich im Militär etwas aus.«

Der frühere Verteidigungsminister deutete ein Nicken an. »Dann wird er sich dort sicherlich sehr wohl fühlen. Gibt es sonst noch Forderungen?«

»Inhaltlich können wir einige Zugeständnisse machen. Nur über eines werden wir nicht verhandeln: über die Einführung von Volksentscheiden, die auch Verfassungsänderungen ohne Zustimmung des Parlaments möglich machen. Das war eines unserer zentralen Wahlversprechen.«

Das war für den Vorsitzenden der Christpartei eine harte Nuss. Er überlegte eine ganze Weile. Auch in seiner Partei wuchsen die Forderungen nach mehr direkter Demokratie, erst recht nach dem Desaster mit dem Mitgliederentscheid. Der Politiker seufzte. »Okay.«

Sehlings war noch nicht am Ende. »Eine letzte Forderung: In ein paar Monaten wird ein neuer Bundespräsident gewählt. Wir werden unsere Bundestagspräsidentin Dr. Angelika Erdmann-Benz ins Rennen schicken, und wir würden uns freuen, wenn unser Koalitionspartner auch für sie stimmt.«

Angelika Erdmann-Benz erschrak innerlich, aber ihr Pokerface hielt. Sie lächelte freundlich. Der Vorsitzende der Christpartei sah die Philosophin an und sagte: »Abgemacht. Dann haben wir bald das schönste Staatsoberhaupt der Welt.«

Nachdem der Vorsitzende der Christpartei gegangen war, fiel Angelika Erdmann-Benz ihrem Freund um den Hals und küsste ihn ab: »Du willst mich wirklich zum Staatsoberhaupt machen? Dafür gibt es aber jetzt eine Super-Bonus-Spezial-Bundespräsidentinnen-Belohnung.« Während die schöne Philosophin ihrem Freund langsam das Hemd aufknöpfte, tastete der nach dem Mobiltelefon und rief Herbert an: »›Operation 30. Januar‹ wie geplant starten. Ruf auch den Oberst an, damit ...« Weiter kam er nicht, da hatte seine Freundin ihm schon das Telefon entwendet und ihn rücklings aufs Sofa geworfen.

Es wurde eine kurze Nacht für die beiden. Sie wollten sich unbedingt im Frühstücksfernsehen die Nachricht von der plötzlichen Wende ansehen. Pünktlich für die Morgensendungen in Radio und Fernsehen hatte der Vorsitzende der Christpartei die Nachricht von den Gesprächen mit der Deutschlandpartei noch in der Nacht an Journalisten durchsickern lassen. So hatte er es mit Friedrich Sehlings abgesprochen. Bereits in den frühen Morgenstunden lief die Sensationsmeldung über die Ticker. Noch vor Sonnenaufgang war bereits ein Fernsehteam beim Parteivorsitzenden, um ein Statement des Politikers aufzunehmen.

Der Bundesvorsitzende der Christpartei sprach sehr ruhig, sachlich, staatstragend: »Die Deutschlandpartei hat uns gestern ein Angebot für Gespräche gemacht. Ich habe unserem Bundesvorstand vorgeschlagen, diese Einladung anzunehmen, und dafür grünes Licht bekommen. Die Entscheidung ist uns nicht leichtgefallen. In vielen Themen haben wir eine andere Vorstellung als die Deutschlandpartei. Wir sehen uns aber als eine Partei, die sich ihrer großen Verantwortung für unser Land bewusst ist. Wir stehen für Stabilität. Mit unserer Entscheidung möchten wir die Krise im Land abwenden. Wir möchten den Stillstand und die

Unsicherheit, die sich in den vergangenen Monaten breitgemacht haben, endlich beenden.«

Das Frühstücksfernsehen des öffentlich-rechtlichen Rundfunks hatte den zurückgetretenen Vorsitzenden der Deutschlandpartei, den Oberst, um 8 Uhr als Studiogast angekündigt. Angelika Erdmann-Benz und Friedrich Sehlings verfolgten das Gespräch vor dem Fernsehgerät.

Der Oberst sah nach seiner vermeintlichen Krankheit recht gut erholt aus. Sein Auftritt an diesem Morgen war Teil des Deals, zu dem ihn Sehlings am Wahlabend genötigt hatte. Der Offizier machte seine Sache gut. »Ich bin sehr froh, dass sich die Christpartei entschlossen hat, unser Angebot anzunehmen«, erklärte er in die Kameras. »Die bisherigen Koalitionsgespräche haben das Land in eine Krise geführt, aus der wir, die Christpartei und die Deutschlandpartei, es schnell gemeinsam wieder herausholen werden. Dafür werden wir unseren besten Mann ins Rennen schicken. Friedrich Sehlings wird als Bundeskanzler eine hervorragende Regierung führen, die den Stillstand überwinden wird.«

Die Journalistin hakte nach: »Nach der Wahl hat Hans-Jürgen Lehmann Anspruch auf das Amt des Bundeskanzlers erhoben. Was sagt er denn dazu?«

Der Oberst war auf diese Frage vorbereitet. »Hans-Jürgen Lehmann hat sich große Verdienste um die Partei erworben. Doch wir sind uns alle einige, dass in der jetzigen Situation Friedrich Sehlings der richtige Mann ist, um die Probleme zu lösen.«

Angelika Erdmann-Benz blickte ihren Freund erstaunt an. »Hat Lehmann das gesagt?«

Sehlings lächelte. »Natürlich nicht. Der weiß von dem Ganzen auch noch gar nichts. Wenn meine Planungen funktioniert haben, kraucht der jetzt irgendwo in der Pampa Mittelasiens als Wahlbeobachter herum, auf Einladung des Vereins zur Förderung des eurasischen Parlamentarismus, und ist völlig abgehängt von allen Informationen. Der kommt erst morgen wieder. Bis dahin habe ich Fakten geschaffen.«

Die Philosophin schien nicht überzeugt. »Aber der Lehmann wird doch ausrasten. Was willst du gegen ihn machen?«

Sehlings erwiderte darauf nichts, stand auf und ging in den Flur, um seine Aktenmappe zu holen. Aus der holte er eine Fotografie heraus, die er seiner Freundin gab.

»Oh, mein Gott«, rief die Philosophin aus. »Ist das wirklich Lehmann?«

»Ich denke, das wird ihn überzeugen.« Friedrich Sehlings steckte die Fotografie sorgsam in die Aktenmappe zurück. Da meldete sich auch schon sein Mobiltelefon.

Es war Lorenz Meyer. »Kommandeur, hier klingelt das Telefon pausenlos. Alle wollen dich interviewen: Der *Demokratische Beobachter*, das öffentlich-rechtliche Fernsehen, die Zeitungen … Womit wollen wir anfangen?«

» «

Als Hans-Jürgen Lehmann Stunden später von dem Auftritt des Obersts erfuhr, brach er seine Wahlbeobachtermission in Transnistrien auf der Stelle ab. Ein Funktionär des Vereins zur Förderung des eurasischen Parlamentarismus stellte ihm freundlicherweise seinen Privatjet für den Rückflug zur Verfügung.

Am frühen Vormittag traf Lehmann in Berlin ein. Vom Flughafen aus nahm er sofort ein Taxi zum Bundestag. Ohne anzuklopfen, stürmte er in das Büro von Friedrich Sehlings. »Das steckst doch du Arschloch dahinter«, fuhr er ihn an. »Das lass ich mir nicht bieten. Ich werde Bundeskanzler. Wenn du mich nicht unterstützt, lasse ich die Bombe platzen.«

Sehlings blickte nur von seinem Schreibtisch auf und machte keine Anstalten, aufzustehen. »Welche Bombe denn?«, fragte er ruhig. Lehmann stand jetzt direkt vor dem Schreibtisch seines Kollegen und brüllte: »Deine ganzen Machenschaften. Wie du die Partei unterwandert hast. Wie du den Nichtangriffspakt diktiert hast. Einfach alles.«

Sehlings schien weder beeindruckt von dem, was Lehmann sagte, noch schien er irgendwelche Angst zu haben. »Wer soll sich darüber aufregen?«, fragte er ebenso gelassen wie vorher. »Hast du für das alles Zeugen oder Beweise? Und im Übrigen: Drohst du mir gerade? Ich glaube, dann habe ich da etwas für dich.«

Sehlings nahm seine Aktentasche, die neben seinem Schreibtisch stand und holte das Foto heraus, das er seiner Freundin gezeigt hatte. Er gab es Lehmann.

Der erbleichte. »Wo… woher hast du das?«, stammelt er. »Das war doch auf der Reenactment-Veranstaltung auf der Pfalz. Da haben wir die Schlacht von Stalingrad nachgespielt.«

Sehlings nahm Lehmann das Foto wieder aus der Hand und betrachtete es ziemlich lange. Seinen Blick immer noch auf das Foto gerichtet, sagte er: »Das sehe ich hier aber nicht. Ich sehe dich hier nur, wie du von Männern in SS-Uniform umringt bist. Du trägst die Uniform eines SS-Sturmbandführers. Ich sehe auch, wie du den verbotenen Hitlergruß machst und dabei in die Kamera lächelst.«

Der Politiker schaute wieder auf das Foto, dann auf das Gesicht Lehmanns: »Wenn ich mich nicht irre, ist das Tragen der SS-Uniform und vor allem das Zeigen des Hitlergrußes in Deutschland strafbar.« Er schüttelte übertrieben langsam den Kopf. »Als Politiker sollte man mit seinen Hobbys vorsichtig sein.«

Lehmann wurde noch bleicher. »Aber du hast doch selber die Hakenkreuzfahne gehisst, damals in Frankreich!«

Sehlings schüttelte wieder den Kopf. »Du solltest dich besser informieren. Ich habe die Fahne heruntergezogen. Stand doch alles im *Jungen Deutschland.*

Lehmann stand immer noch wie angewurzelt vor dem Schreibtisch von Sehlings, allerdings jetzt eher wie ein Schüler, der vor dem Pult des Lehrers stand und auf seine Bestrafung wartete.

Sehlings blickte seinen Kollegen scharf an. »Du hast so viel Dreck am Stecken. Ich könnte dich ohne weiteres so vernichten, dass du nie wieder hochkommst. Du hast mit Barbarossa die Revolution geplant. Das ist Hochverrat. Dafür wanderst du etliche Jahre in den Knast.«

Lehmann war jetzt ganz fahl. Ihm dämmerte, dass Sehlings ihn in der Hand hatte.

»Aber das will ich gar nicht, solange du machst, was ich sage. Und jetzt sage ich dir Folgendes. Du wirst deinen Anspruch auf das Amt des Bundeskanzlers fallenlassen. Du wirst auch deinen Anspruch als Bundesvorsitzender der Deutschlandpartei fallenlassen und mich als Parteichef vorschlagen.«

Lehmann starrte ihn mit leerem Blick an.

Sehlings fuhr fort: »Wenn ich Bundeskanzler bin, übernimmst du meinen Posten als Fraktionsvorsitzender. Und wenn du schön brav bist, mache ich dich, wie damals im Nichtangriffspakt mit dem Oberst besprochen, zum Bundespräsidenten. Und jetzt darfst du gehen.«

»Aber …«, begann Lehmann, dann besann er sich, drehte sich langsam um und verließ mit gesenktem Kopf das Büro.

KAPITEL 19

»Jetzt räume ich auf«, sagte Friedrich Sehlings zu seinem Spiegelbild, »und zwar richtig!« Er stand im Bad seines frisch bezogenen Büros im Bundeskanzleramt und betrachtete eingehend sein Gesicht. Am Morgen hatte er sich seinen Hipsterbart abrasiert und sein Haar kurzgeschoren. Auf seiner Nase saß jetzt wieder das alte Bert-Brecht-Modell, die schwarze Nerdbrille hatte ausgedient.

Er trat auf die riesige Terrasse, stützte die Arme auf das Geländer und atmete tief durch. Zufrieden lächelnd betrachtete er den Reichstag, dessen Kuppel im Sonnenlicht glänzte. Es war der große Tag der Vereidigung der Regierung. In Schloss Bellevue sollte die Ministerriege vom Bundespräsidenten ihre Ernennungsurkunden überreicht bekommen.

Vorher hatte der neue Bundeskanzler seine engsten Mitarbeiter zu sich ins Bundeskanzleramt geladen, um die ersten Maßnahmen seiner Regierung zu besprechen. Anwesend waren Lorenz Meyer als Verteidigungsminister, Herbert Hahn als Innenminister, die Witwe Barbarossas als Ministerin für Familienplanung und Kindeserziehung und der Leiter des Newsrooms als Minister für Bürgerinformation und Regierungssprecher.

»Ich werde den Ministern der Christpartei wenig Entscheidungsspielraum lassen«, erklärte Friedrich Sehlings. »Wir werden sehr schnell Gesetze verabschieden, damit machen wir uns beim Volk beliebt. Der Vorsitzende der Christpartei steht enorm unter Druck, der wird sich uns nicht in den Weg stellen. Seine größte Angst ist, dass es Neuwahlen gibt«, ratterte der neue Bundeskanzler seine Agenda herunter. Er wollte jetzt keine Zeit mehr verlieren, so kurz vor dem Ziel.

»In der Zwischenzeit darf er ein bisschen Außenminister spielen. Mit unseren wichtigsten Partnern werde ich natürlich direkt verhandeln. Als Erstes reise ich nach Moskau. Und dann in die Türkei. Das wird uns helfen, die Terroristen bei uns im Land ruhig zu stellen«, erklärte der Kanzler.

Dann wandte er sich Lorenz Meyer zu: »Du sorgst dafür, dass die Bundeswehr sofort von den Straßen verschwindet. Das Straßenbild muss wieder zivil werden. Aber wir kurbeln die Rüstung an und erhöhen die Zahl der Streitkräfte. Wir führen die Wehrpflicht wieder ein. Sie soll auch für Frauen gelten. Das bringt die Arbeitslosen erst einmal von der Straße. Außerdem werden deine Diskrepanten sofort alle ihre Operationen einstellen. Sie sollen auf Aktionen bürgerlicher Unterstützung umschwenken: Eintopfsonntage, Seniorenunterstützung, so was in der Richtung, was beim Volk gut ankommt.«

»Jawohl, Kommandeur«, gab Meyer zurück.

Dann richtete der Bundeskanzler das Wort an Herbert: »Deine Braunpullover werden sich ab sofort ruhig verhalten. Die Polizei wird aufgestockt und bekommt bessere Ausrüstung. Ebenso die Nachrichtendienste. Unser Sicherheitsdienst wird in die Nachrichtendienste soweit integriert, dass wir die Oberhand behalten. Du machst kurzen Prozess mit Terroristen und Autoanzündern.«

Auch Herbert antwortete nur mit: »Jawohl, Kommandeur.«

»Ich werde mich mit Simone Satellit und dem Parteiführer der Migrantischen Alternative treffen. Wir werden mit ihnen Verhandlungen führen über eine Verfassungsänderung zur Einführung von Volksentscheiden. Das ist ja auch eine ihrer Hauptforderungen. Sie sollen ihre Unruhe-Aktionen einstellen. Was können wir ihnen dafür anbieten?«, fragte der Bundeskanzler in die Runde.

Adela meldete sich. »Im Programm der Migrantischen Alternative gibt es so manches, wo wir leicht mitgehen können: Kopftücher, getrennter Schwimmunterricht, was auch immer. Im Grunde sind unser beider Weltbilder ja gar nicht so weit auseinander.«

Friedrich Sehlings strahlte. »Sehr gut. Was haben wir für die Ökorebellen?«

Jetzt ergriff Lorenz Meyer das Wort. »Sie fordern die Verstaatlichung der Privatwälder. Die Wälder sollen umgebaut, der Holzeinschlag verboten werden.«

Sehlings schaute skeptisch. »Geht denn das so einfach?«

»Im Prinzip ja«, erwiderte Meyer. »Ein Teil des Waldes ist sowieso Bundes-, Landes- und Kommunalwald. Ein anderer Teil betrifft Klein- und Kleinstwaldbesitzer. Denen kann der Staat ihren Wald abkaufen. Der Rest sind Großwaldbesitzer, darunter viele Adelige, die von der Forstwirtschaft leben. Denen können wir Subventionen zahlen, wenn sie kein Holz mehr schlagen und ihre Wälder umbauen. Allerdings müssten wir das Holz dann hauptsächlich importieren.«

»Klingt doch gut«, sagte Sehlings. »Herbert, besorg für deine Braunpullover Spaten zum Bäumepflanzen. Dann haben die auch was Sinnvolles zu tun. Bewegung an der frischen Luft tut gut. Vielleicht können wir auch ein paar Aufforstungslager für diejenigen einrichten, die sich mit der neuen Zeit nicht so anfreunden können.«

»Für eine Zweidrittelmehrheit, die wir für die Verfassungsänderung brauchen, reicht es damit aber immer noch nicht«, warf Meyer ein.

Sehlings überlegte. »Dann müssen wir eben noch ein paar Abgeordnete durch den Druck der Straße überzeugen.«

Wieder richtete er das Wort an Herbert: »Treff dich mit dem Chef der Agentur ›Zum Silbernen Reh‹. Er ist ein guter Freund des Vorsitzenden der Christpartei. Der ist wirklich gut. Wir müssen verhindern, dass der weiter für die Christpartei und die Migrantenpartei arbeitet. Den kaufen wir uns ein. Der soll uns eine schöne Kampagne schneidern.«

Dann wandte er sich an den Leiter des Newsrooms: »Wir werden demnächst ein paar Hochzeiten haben. Herbert heiratet seine Florentine. Die Ministerin für Familienplanung und Kindeserziehung heiratet den Verteidigungsminister.« Die Witwe Barbarossas ergriff die Hand des neben ihr sitzenden Lorenz Meyer. Beide schauten sich verliebt an. »Und ich werde auch in den Ehestand treten«, fuhr Sehlings fort. Das müssen wir propagandistisch ausnutzen. Plane dazu bitte die ›Operation Emmy‹.«

Alle im Raum wussten, worauf der Kommandeur anspielte. Am 10. April 1935 hatten sich Hermann Göring und die Schauspielerin Emmy Sonnenschein mit großem Pomp und viel Tamtam im Berliner Dom das Jawort gegeben. Trauzeuge war Adolf Hitler. Da der seine Geliebte, Eva Braun, vor der Öffentlichkeit geheim hielt, übernahm Emmy Göring die Rolle der First Lady des Dritten Reiches.

Friedrich Sehlings schaute in die Runde: »Noch Fragen? Dann war es das fürs Erste. Weitere Befehle folgen in den nächsten Tagen. Jetzt müssen wir aber los. Wir wollen doch den Bundespräsidenten nicht warten lassen, und heute Abend gibt es ja noch den Fackelzug. In meinem Staat herrschen Ordnung, Disziplin, Sauberkeit und Pünktlichkeit.«

» «

Es war für den Innenminister der letzte Tag im Amt. Zum letzten Mal hatte sein Fahrer ihn in der großen Limousine chauffiert und ihn vor dem Haus abgesetzt, wo er mit dem geschassten Chefredakteur des *Demokratischen Beobachters* in einer WG lebte. Der Ex-Minister ging die Treppe hinauf, schob den Schlüssel ins Schloss, drehte ihn um und öffnete die Wohnungstür. Sofort strömte ihm köstlicher Kuchenduft entgegen. Sein Mitbewohner hatte gebacken. Der Duft durchzog die gesamte Wohnung.

»Was ist denn hier los?«, wollte der Politiker wissen.

Der Journalist schaute seinen Freund mit leicht vorwurfsvollem Blick an. »Heute ist doch der große Tag.«

Der frühere Innenminister überlegte. Der Geburtstag seines besten Freundes war es nicht. Den hatte er noch nie vergessen. Im Gegensatz zu den Hochzeitstagen seiner vier Ehen und den Geburtstagen seiner Ex-Frauen hatte er sich das Datum gemerkt.

Der Journalist wollte seinen Freund nicht länger auf die Folter spannen. »Heute genau vor 45 Jahren haben wir unsere erste WG gegründet. Das müssen wir feiern.«

Seinem Freund war gar nicht zum Feiern zumute, bedeutete der Tag doch das offizielle Ende seiner Karriere.Die beiden alten Männer setzten sich an den festlich gedeckten Esstisch. Es gab das Lieblingsessen des Politikers: Currywurst. Danach wechselten sie auf die Sofa-Landschaft, öffneten eine Flasche Rotwein und schauten sich die Live-Übertragung des Fackelzugs zu Ehren des neuen Kanzlers an.

Noch hatte er nicht angefangen. Das Fernsehbild zeigte den nächtlichen Pariser Platz. Auf der Südseite hatten Bühnenbauer eine riesige, temporäre Tribüne installiert, die vom Adlon im Osten bis zum Commerzbank-Haus im Westen gleich neben dem Brandenburger Tor reichte. Auf der Tribüne saßen die wichtigsten Funktionäre der Deutschlandpartei. Sie waren extra aus ganz

Deutschland für diesen denkwürdigen Anlass mit Bussen herangekarrt worden. Auf der Nordseite des Platzes stand das Fußvolk der Partei und Anhänger, die ihrem neuen Kanzler zujubeln wollten.

Die Straßenlaternen waren ausgeschaltet. Nur Fackelträger der Diskrepanten Bewegung beleuchteten den Pariser Platz und die Straße Unter den Linden. Sie standen in Habachtstellung wie die Perlen auf einer Kette in regelmäßigen Abständen rechts und links des Prachtboulevards. Scheinwerfer tauchten das Brandenburger Tor in ein sanftes Himmelblau.

In der Mitte der riesigen überdachten Tribüne war eine zehn Meter breite Bühne aufgebaut. Sie ragte wie ein Laufsteg weit in den Pariser Platz hinein. Der hintere Bereich der Bühne war durch eine große himmelblaue Wand von der Vorderbühne abgetrennt, in der Mitte mit einer hohen Flügeltür. Rechts und links neben der Tür je ein Mannschaftsdienstgrad der Diskrepanten Bewegung im Stillgestanden.

An der Seite der Bühne wartete Lorenz Meyer in seiner Diskrepanten-Uniform, vor ihm ein Mikrofonständer. Er ging ans Mikrofon und sagte: »Meine Damen und Herren, liebe Parteigenossen, bitte erheben Sie sich. Ich melde jetzt den Kommandeur der Deutschlandpartei und den Bundeskanzler der Bundesrepublik Deutschland.«

Nach den Rücktritten des Obersts als Parteivorsitzenden war ein Sonderparteitag notwendig geworden. Hans-Jürgen Lehmann und der Ex-Militär hatten ihren jeweiligen Parteiflügeln empfohlen, Friedrich Sehlings zum Vorsitzenden zu wählen. Das geschah einstimmig. Der Parteitag brachte auch einige organisatorische Veränderungen mit sich. Der Bundesvorsitzende hieß ab sofort Kommandeur. Friedrich Sehlings' Spitzname wurde somit sein offizieller Titel. Nun war er der Bundeskanzler der Bundesrepublik Deutschland und Kommandeur der Deutschlandpartei.

Die anderen Mitglieder des Bundesvorstandes hießen jetzt Bundesleiter. Sie waren nach dem Kommandeur die höchsten Parteiränge. Jeder Bundesleiter hatte ein besonderes Aufgabengebiet, das mit seiner staatlichen und gesellschaftlichen Position eng verzahnt war.

Der Verteidigungsminister, Dr. Lorenz Meyer, war Bundesleiter der Partei für die Diskrepante Bewegung und ihr Befehlshaber im Rang eines Vier-Sterne-Generals. Der Parteitag hatte die Bewegung zu einer Parteiorganisation erhoben. Außerdem war er noch Bundesjugendführer der Jungdeutschen.

Innenminister Herbert Hahn war als Bundesleiter zuständig für die Braunpullover. Sein offizieller Titel war Stabschef. Außerdem war er der fachliche Beauftragte des Sicherheitsdienstes, des Geheimdienstes der Partei. Organisatorisch blieb der Sicherheitsdienst aber eine Einheit der Diskrepanten Bewegung und disziplinarisch dessen Befehlshaber unterstellt.

Die Bundestagspräsidentin und Verlobte des Bundeskanzlers, Dr. Angelika Erdmann-Benz, war Bundesleiterin für Demokratiefragen und Parteiphilosophie.

Die Verlobte des Innenministers, Chefredakteurin des *Demokratischen Beobachters* und hochgeachtete Nichte des Parteigründers, Dr. Florentine Fischer, war für Ahnenfragen der Partei zuständig.

Die Witwe Barbarossas und Verlobte von Dr. Lorenz Meyer, von dem sie ihr zehntes Kind erwartete, war als Ministerin für Familienplanung und Kindeserziehung die oberste Mutter Deutschlands und damit Vorbild in der Kinderproduktion. In der Partei war sie Bundesleiterin für Kinderfragen und die Frauenbeauftragte. Zudem war sie Vorsitzende der neu eingerichteten Forschungsgemeinschaft Barbarossaerbe, die das wissenschaftliche Werk des Märtyrers der Partei pflegte.

Der Besitzer und Geschäftsführer der parteinahen Deutschen

Verlags- und Druckgesellschaft, Oliver Felsenstier, wurde Bundesleiter für Auslandsbeziehungen der Partei. Zudem war er Präsident des elitären Chefredakteursclubs. Er blieb Chef des *Jungen Deutschlands,* das in den Rang einer offiziellen Parteizeitung erhoben worden war. Jedes Mitglied bekam sie jetzt automatisch im Abonnement.

Der Leiter des Newsrooms war Minister für Bürgerinformation und Regierungssprecher. Als Bundesleiter der Partei für die Presse war er zudem der offizielle Pressesprecher der Deutschlandpartei. Ihm unterstand damit die gesamte staatliche und die parteiliche Propagandamaschinerie.

Kaum waren die Worte von Lorenz Meyer verklungen, da erhoben sich die Funktionäre auf der Tribüne. Scheinwerfer flammten auf und beleuchteten die Flügeltür. Mit zackigen militärischen Bewegungen öffneten die beiden Diskrepanten jetzt die Tür. Aus der Weite des Raumes schritt Friedrich Sehlings langsam durch die Tür und über die lange Bühne. Ein beweglicher Scheinwerfer warf einen Lichtkegel auf ihn. Im vorderen Teil der Bühne blieb er stehen.

Lorenz Meyer trat auf ihn zu, nahm militärische Grundstellung ein, legte die rechte Hand zum Gruß an die Kopfbedeckung und sagte laut: »Kommandeur! Herr Bundeskanzler! Ich melde Ihnen: Formationen der Partei zum Ehrenmarsch bereit.«

Sehlings erwiderte ebenso laut: »Herr General! Herr Verteidigungsminister! Beginnen Sie mit dem Ehrenmarsch!«

Dann stellte sich Sehlings direkt in die Mitte der Bühne. Der höchste Parteiadel hatte jetzt, ebenfalls durch die Flügeltür kommend, die Bühne betreten. Meyer und Herbert positionierten sich links und rechts neben Sehlings, einen Meter hinter ihm. Hinter dieser Dreiergruppe gruppierten sich die anderen fünf Bundesleiter. Nur zum Teil warf der Scheinwerfer, der den Kommandeur beleuchtete, sein Licht auch auf sie. In der Mitte des

Lichtkegels stand allein Friedrich Sehlings. Mit lauter Stimme befahl Meyer: »Ehrenformationen! Marsch!«

In diesem Augenblick war in der Ferne vor dem Brandenburger Tor auf der Straße des 17. Juni Trommelmusik zu hören. Sie dauerte einige Sekunden an. Dann kamen Flötenspieler dazu. Die Trommeln und Flöten kamen näher. Die ersten Fackelträger und Trommler marschierten durch das Brandenburger Tor. Dabei setzte die volle Kapelle ein.

An der Spitze der Ehrenformationen marschierte ein Musikkorps der Jungdeutschen ein. Es spielte den Yorkschen Marsch von Ludwig van Beethoven. Dem Musikkorps folgten mehrere Tausend Mitglieder der Jugendorganisation der Partei in ihren typischen Uniformen mit den blutroten Krawatten und ebensolchen Hosenträgern. Viele der jungen Frauen und Männer trugen die Fahnen ihrer Organisation: eine blutrote Fackel auf himmelblauem Grund. Fackelträger der Jungdeutschen rahmten die Marschierenden ein. Dr. Lorenz Meyer war jetzt ein wenig vorgetreten, aber immer noch hinter Sehlings stehend.

Dann folgte wieder ein Musikkorps. Es war das der Braunpullover. Auch das spielte den Yorkschen Marsch. Alle, auch die sie begleitenden Fackelträger, trugen ihre typischen Uniformen: braune Hosen, ein braunes Hemd und einen braunen, ärmellosen Pullover, wie ihn Herbert immer trug. Auch Herbert stand auf der Bühne in dieser Uniform.

Meyer trat einen Schritt zurück, dafür Herbert einen vor. Tausende Braunpullover trugen stolz ihre Fahnen an Friedrich Sehlings und dem Partei-Hochadel vorbei: ein blutrotes Herz auf himmelblauem Grund. Das war früher einmal das Logo des Deutschen Herzens. Für den heutigen Tage hatte Herbert etwas Neues befohlen: Alle Braunpullover trugen braune Basecaps mit einem blutroten, metallenen Herz an der Stelle der Kokarde.

Nach dieser Ehrenformation blieb der Platz erst einmal leer. Plötzlich setzte erneut der Yorksche Marsch ein. Es war der Höhepunkt des Zuges. Jetzt kam die Elitenformation der Partei: die Diskrepante Bewegung. An der Spitze marschierte das Stabsmusikkorps. Es folgte die Truppenfahne mit dem blutroten großen D auf himmelblauem Grund. Ein hochgewachsener, blonder Feldwebel der Bewegung trug sie, neben ihm marschierten rechts und links je ein Offizier als Fahnenbegleitkommando. Hinter der Fahne in perfekter Marschformation zogen Tausende von Soldaten der Diskrepanten Bewegung. Immer sechs Frauen und Männer in ihren tiefschwarzen Uniformen in völligem Gleichschritt nebeneinander, eingerahmt von Fackelträgern ihrer Bewegung. Sie waren, wie auch die Braunhemden und die Jungdeutschen, aus ganz Deutschland angereist, um dem Kommandeur die Ehre zu erweisen. Während seine Diskrepanten vorbeimarschierten, war Meyer wieder einen Schritt vorgetreten.

Es folgte die letzte der Parteiformationen, wieder mit einer Truppenfahne und einem Fahnenbegleitkommando. Nur zeigte das himmelblaue Tuch dieses Mal ein großes blutrotes SD. Die folgende Formation bestand nur aus wenigen Frauen und Männern, hauptsächlich Offizieren, aber alle in der Uniform der Diskrepanten.

Als Herbert sah, dass Lorenz Meyer nicht zurückgetreten war, trat er auch selber vor, darauf achtend, dass er zwanzig Zentimeter vor Meyer stand. Als der das sah, korrigierte er seine Position, sodass er wieder auf einer Höhe mit Herbert war. Beide beanspruchten die Befehlsgewalt über den Sicherheitsdienst der Partei für sich.

Der frühere Chefredakteur des *Demokratischen Beobachters* saß immer noch mit seinem Freund auf der Sofa-Landschaft. Beide schauten sich mit Schaudern die Fernsehbilder des abendlichen Fackelzuges durch das Brandenburger Tor an.

»Wofür steht denn das SD in der Flagge dort?«, fragte der Journalist.

Der frühere Innenminister sah die Flagge zum ersten Mal. »In einer anderen Zeit stand das mal für Sicherheitsdienst des Reichsführers SS. Aber hier steht das bestimmt für etwas anderes«, sagte er sarkastisch.

Der Journalist zog die Augenbraunen hoch. »Das kommt mir alles sehr bekannt vor. Glaubst du, dass sich Geschichte doch wiederholt?«

Sein Freund antwortete: »Nein, Geschichte wiederholt sich nicht, aber jedes Regime klaut bei früheren, die die gleichen Ziele hatten.«

Der alte Journalist seufzte. »Dann wissen wir ja, was wir von denen da zu erwarten haben.«

Der Politiker nickte. »Erinnerst du dich noch, welchen Traum wir damals hatten, als wir unsere WG gegründet haben?«

Der frühere Chefredakteur sah seinen Freund an. »Du meinst, das Land zu verändern? Schau auf den Bildschirm! Das Land hat sich verändert. Aber leider so, wie wir es nie wollten.«

Der ehemalige Vizekanzler erklärte: »Das meine ich nicht.«

Der Chefredakteur überlegte. »Du meinst doch nicht etwa die Rattenlinie?«

Der Politiker nickte heftig. »Ganz genau. Wir hatten damals doch dieses Seminar über das Ende des Dritten Reichs. Es war unser zweites gemeinsames. Wir hielten die damalige Bundesrepublik für einen faschistoiden Staat. Wir waren damals auf die Idee gekommen, die Rattenlinie zu bereisen, um nachzuvollziehen, wie die Alt-Nazis flüchteten.«

»Du meinst, wir sollten die Rattenlinie bereisen?«

»Lass uns unseren Traum erfüllen und uns ein Land suchen, wo wir unseren Lebensabend verbringen können. Hier wird bald vieles anders sein.«

Der Journalist blickte auf den Bildschirm, der jetzt wieder die durch das Brandenburger Tor marschierenden Massen aus der Totale zeigte. »Vielleicht gar keine so schlechte Idee.«

» «

Es dauerte nicht lange, und die ersten Beschlüsse der neuen Regierung zeigten ihre Wirkung. Gleich nach der Regierungsübernahme waren die Radpanzer und Soldaten der Bundeswehr, der NATO-Draht und die Schlagbäume von den Straßen verschwunden. Die Ökorebellen hatten ihre Straßenblockaden beendet, die Braunhemden pflanzten zusammen mit den Ökofrontkämpfern im großen Stil Bäume, statt zu demonstrieren, von der Bevölkerung Aufforstarbeitsdienst genannt.

Die Diskrepante Bewegung kochte an jedem ersten Sonntag auf öffentlichen Plätzen für die Deutschen Eintopf. Die Propagandamaschinerie der Deutschlandpartei verlieh dem Ganzen einen Happening-Charakter, dem man sich kaum entziehen konnte, wenn man hip sein und dazugehören wollte.

»Ruhe und Ordnung« war auch das Thema der ersten Regierungserklärung des Bundeskanzlers im Reichstag, für die der neugewählte Regierungschef großen Applaus erhielt. Nun rückte die anstehende Bundespräsidentenwahl in den Blickpunkt der Öffentlichkeit, die ersten Parteien hatten bereits ihre Kandidaten aufgestellt.

Am Rande des Plenarsaals des Bundestags stand Friedrich Sehlings mit dem Fraktionsvorsitzenden seiner Partei, Hans-Jürgen Lehmann zusammen.

»Wir hatten doch eine Abmachung«, sagte der Fraktionsvorsitzende, an die Wand des alten Gemäuers gelehnt. »Ich soll Bundespräsident werden. Das sollten wir jetzt langsam mal bekannt geben.«

»Ja, das war unsere Abmachung«, erwiderte Sehlings ungerührt. »Aber da war mir noch nicht bekannt, dass du ein russischer Spion bist.«

Lehmann blickte seinen Parteikollegen ungläubig an. »Ich soll ein russischer Spion sein. Wie kommst du denn darauf?«

Sehlings rückte noch etwas näher an Lehmann heran und sprach noch leiser als zuvor: »Als Regierungschef werde ich regelmäßig von den Nachrichtendiensten gebrieft. Vielleicht sollte ich dir mal ein paar Dinge erzählen. Weißt du eigentlich, wer dein Buch und dein großes Lehmanntreffen finanziert hat?«

Lehmann schaute erstaunt. »Der Verein zur Förderung des eurasischen Parlamentarismus.«

»Und als du neulich so schnell von deiner Wahlbeobachtermission in Transnistrien zurückgekommen bist, wie bist du da eigentlich geflogen?«

Da haben sie mir einen Privatjet gestellt«, erklärte Lehmann.

»Wer hat dir denn seinen Privatjet zur Verfügung gestellt?«, fragte Sehlings mit säuselnder Stimme.

»Na, einer der Funktionäre des Vereins, der die Reise organisiert hat.«

»Ist das schon öfter passiert, dass du mit dessen Jet geflogen bist?«

»Ja, schon. Immer, wenn ich in Russland bin, fliegen wir mit …« Lehmann stutzte. »Warum fragst du das eigentlich?«

Sehlings blickte treuherzig. »Die Flüge hast du natürlich alle ordnungsgemäß abgerechnet.«

»Ähh … Ähh …«, stammelte Lehmann.

»Weißt du, wer hinter diesem Verein steckt?«

Lehmann wusste nicht, worauf sein Parteigenosse hinauswollte. »Parlamentarier aus Eurasien. Das ist doch nichts Schlimmes.«

Sehlings lächelte. »Genauer gesagt: russische Politiker und Oligarchen, die dem Kreml nahestehen. Wenn sich ein deutscher

Politiker von russischen Politikern kaufen lässt, ist das nicht gut. Wenn das Geld dann noch aus dubiosen Quellen des russischen Geheimdienstes kommt, ist das noch weniger gut. Da könnten einige auf die Idee kommen, das sei Landesverrat.«

Lehmann stand regungslos neben dem Bundeskanzler, der ihn anlächelte und dann mit seiner Rede fortfuhr: »Was denken wohl deine Anhänger und Fans, wenn sie im *Jungen Deutschland* lesen müssen, dass du dich vom Kreml kaufen lässt? Sie werden denken, dass du ein Spion der Russen bist, ein Verräter. Ich kann doch als Bundeskanzler nicht jemanden als Bundespräsidenten vorschlagen, den man für einen Verräter und Spion hält. Ich mache dir einen Vorschlag. Du vergisst das mit dem Bundespräsidenten und bleibst weiterhin Fraktionsvorsitzender. Und tust das, was ich dir sage. Verstanden!«

»Aber …«, setzte Lehmann an. Er brachte den Satz nicht zu Ende, Widerspruch erschien ihm sinnlos. Mit hängenden Schultern tappte er aus dem Plenarsaal.

» «

Durch die Fensterfront des Lofts der Agentur »Zum Silbernen Reh« brannte die Sonne. Der Himmel über dem Fernsehturm war strahlend blau, kein Wölkchen weit und breit.

Im Meetingraum saß Senior Consultant Julia mit einem prominenten Klienten, dem Innenminister zusammen. Der Minister hatte sich das Sakko ausgezogen und über die Stuhllehne gehängt. Unter den Achseln seines Hemdes zeichneten sich dunkle Schweißflecken ab.

Die beiden hatten mit der Besprechung bereits begonnen, als der Agenturchef den Raum betrat. Er war noch ganz außer Atem. »Entschuldigen Sie die Verspätung, Herr Minister, ich wurde aufgehalten. Herzlichen Glückwunsch übrigens zur Wahl der

Bundespräsidentin.« Dr. Angelika Erdmann-Benz war am Tag zuvor von der Bundesversammlung mit den Stimmen der Deutschlandpartei und der Christpartei zum neuen Staatsoberhaupt der Bundesrepublik Deutschland gewählt worden.

Der Innenminister lächelte breit. »Haben wir nicht die schönste Bundespräsidentin der Welt?«

»Sicher«, erwiderte der Agenturchef. »Ich wollte Sie aber nicht unterbrechen, Sie waren ja schon mitten im Gespräch.«

»Sehen Sie, Julia. Ich darf Sie doch Julia nennen?« setzte Herbert die Unterhaltung fort und sah der Senior Consultant dabei tief in die Augen. Sie nickte nur. Doch der Agenturchef meinte, ein leises freudiges Glucksen zu hören.

»Sehen Sie, Julia. Meine Generation ist es Ihrer Generation doch schuldig, die Wunden zu heilen, die der Demokratie geschlagen wurden«, fuhr der Innenminister mit sanfter Stimme fort, immer noch der jungen Frau in die Augen blickend. »Wir möchten die Demokratie verbessern, sie an die Bedingungen der neuen politischen Vielfalt, wie wir sie jetzt erleben, anpassen. Und ein Mittel dazu ist es, dem Volk mit Volksentscheiden Möglichkeiten zur direkten Mitbestimmung zu geben.«

Der Innenminister verstand sein Handwerk. Julia gluckste wieder, dieses Mal etwas lauter. Der Agenturchef registrierte ein Funkeln in den Augen seiner sonst so nüchtern analysierenden Mitarbeiterin. Verschacherte Herbert Hahn früher als Marktschreier Wurst an Passanten, so versuchte er jetzt die junge Beraterin davon zu überzeugen, dass Volksentscheide, die Verfassungsänderungen ohne Zustimmung des Parlaments möglich machten, eine Verbesserung der Demokratie seien. Die junge Frau hing förmlich an den Lippen des doppelt so alten Mannes.

Um verfassungsändernde Volksentscheide im Grundgesetz zu verankern, bedurfte es einer Änderung der Verfassung, die der Bundestag mit einer Zweidrittelmehrheit beschließen musste.

Eine solche Mehrheit hatte die Regierungskoalition aber nicht. Die Migrantische Alternative und die Ökorebellen unterstützten das Vorhaben, auch sie hatten es sich auf die Fahnen geschrieben, die direkte Demokratie zu stärken. Doch auch mit ihrer Zustimmung fehlten zu einer Zweidrittelmehrheit noch immer mindestens 36 Stimmen.

»Wir möchten mit der Kampagne ein Klima erzeugen, dass den anderen Parteien die Entscheidung erleichtert, für die Verfassungsänderung zu stimmen und den Weg für mehr direkte Demokratie in Deutschland freizumachen«, erklärte Herbert.

Der Agenturchef sagte: »Wir können hier doch offen sprechen. Sie wollen, dass der Druck der Straße die anderen Fraktionen dazu zwingt, sich für Volksentscheide und damit im Prinzip gegen ihre eigenen Interessen zu entscheiden.«

Herbert grinste. »Ich sehe, wir verstehen uns.«

Als Demokrat sah der Agenturinhaber die Idee von verfassungsändernden Volksentscheiden kritisch, waren sie doch ein extrem machtvolles Instrument für den Bundeskanzler. Er konnte damit auch in wichtigen politischen Fragen das Parlament umgehen. Die Demokratie konnte damit leicht in eine Art Dauerwahlkampf ausarten. Kleine, finanzschwache Parteien konnten da auf Dauer kaum mithalten, allein schon, weil ihnen das Geld für kostspielige Kampagnen fehlte. Selbst für seine eigene Partei, die Christpartei, würde es nicht einfach werden. Die herben Verluste der letzten Bundestagswahl und der anhaltende Mitgliederschwund hatten die Parteifinanzen in Schieflage gebracht. Der an die Wahlergebnisse gekoppelte Strom der Wahlkampfkostenerstattung floss längst nicht mehr so stark wie in den Jahrzehnten zuvor.

Allerdings war der Agenturchef auch Geschäftsmann. Der Etat für die Kampagne, die der Innenminister in Aussicht stellte, war größer als alle Etats, die er bisher ergattern konnte. Das Geld kam nicht nur aus dem Innenministerium, sondern auch aus anderen Ministerien der Deutschlandpartei.

»Ich bin Ihr Mann. Ich denke, ich habe da auch schon eine Idee. Wir werden das Land überziehen mit Lichterketten für Volkspolitik«, erklärte der Kommunikationsprofi.

»Ich verlasse mich da ganz auf Sie«, sagte Herbert und strahlte dabei die Senior Consultant Julia an. Und sie strahlte zurück.

» «

Es war die größte Demonstration, die Deutschland je gesehen hatte. Größer noch als die Bonner Hofgarten-Demo gegen den NATO-Doppelbeschluss im Jahr 1983, größer auch als die Demo am 4. November 1989 auf dem Alexanderplatz, ein paar Tage bevor die Mauer fiel. Die Polizei sprach von über einer Million Teilnehmern, die kurz vor dem Bundestagsbeschluss zur Einführung von verfassungsändernden Volksentscheiden vom Reichstag durch das Brandenburger Tor und dann über den Prachtboulevard Unter den Linden zum Alexanderplatz marschierten.

Die Menschen zogen schweigend durch die Straßen, hatten blaue Kerzen in der Hand oder kleine runde Schilder mit einem Stiel daran in der Art von Stoppkellen, wie die Polizei sie benutzte. Sie waren himmelblau. Auf der einen Seite des Kreises stand in weißer Schrift: »Volkspolitik«. Auf der anderen Seite: »Stopp Parlamentsdemokratie«. Die beiden Worte waren mit einem dicken diagonalen weißen Balken durchgestrichen.

Andere Schilder, Flaggen oder Winkelemente waren nicht erlaubt. Darauf achtete die Ordnerschar. Sie rekrutierte sich aus Mitgliedern der Diskrepanten Bewegung, des Ökofrontkämpferbundes und der Osmanen 1453. Wer sich nicht so benahm, wie die Verantwortlichen der »Initiative Volkspolitik« es wollten, den zogen Greiftrupps der drei paramilitärischen Parteiverbände sofort aus dem Verkehr. Die Deutschlandpartei, die Ökorebellen und die Migrantische Alternative hatten die Initiative gegründet, um alle Kräfte zu bündeln, die für eine Änderung des Grundgesetzes eintraten, mit der verfassungsändernde Volksentscheide ermöglicht wurden.

Die Initiative hatte das Land in den Wochen zuvor mit Lichterketten für Volkspolitik überzogen. Noch im kleinsten Kaff zwischen Flensburg und Sonthofen organisierte die Initiative ihre Demos, tatkräftig unterstützt von den Ortsgruppen der Deutschlandpartei, der Jungdeutschen und der Braunpullover und den Ortskommandos der Diskrepanten Bewegung. Die Formationen der Deutschlandpartei standen jetzt überall im Land marschbereit.

Nach der Regierungsübernahme waren, wie schon nach der erfolgreichen Wahl, erneut viele Frauen und Männer in die Deutschlandpartei eingetreten. Die Mitglieder der Anfangszeit der Bewegung nannten sie spöttisch »Märzgefallene«. So bezeichneten einst die alten Kämpfer der NSDAP diejenigen, die nach der Reichstagswahl im März 1933 in die Partei eintraten, auch weil sie sich davon einen ökonomischen Vorteil versprachen.

Die Schilder in Form der Stoppkellen waren eine Idee der Senior Consultant Julia. Sie wurden das Markenzeichen der Kampagne. Der himmelblaue Kreis mit der Parole »Volkspolitik« war allgegenwärtig, ihm konnte sich keiner entziehen. Wenn Fotografen sie ablichteten oder Kameras auf sie gerichtet waren, hielten die Demonstranten die Kellen direkt hoch. Oder sie zeigten die Seite mit dem Slogan »Stopp Parlamentsdemokratie« aggressiv in die Kamera.

An der Spitze des großen Zuges durch Berlins Mitte, hinter einem blauen Banner mit dem Slogan »Volkspolitik«, marschierte die neu gewählte Bundespräsidentin direkt neben dem Bundeskanzler. Daneben lief die Führerin der Ökorebellen, Simone Satellit, und der Führer der Migrantischen Alternative. Auch der Vizekanzler und Chef der Christpartei demonstrierte in der ersten Reihe mit. Sogar bekannte Künstler beteiligten sich, waren sie doch alle davon überzeugt, dass mehr direkte Volkspolitik besser war als Parlamentsdemokratie. Die mit aller Kraft arbeitende Propagandamaschine der Partei hatte ihre Wirkung nicht verfehlt.

Höhepunkt der großen Berliner Lichterkette war die Abschlussveranstaltung auf dem Alexanderplatz, in Rufweite des Ortes, wo vor einigen Monaten ein Selbstmordattentäter das Alexa in die Luft gejagt hatte. Die Ruine war mittlerweile abgerissen worden. Dort baute die Deutschlandpartei gerade ihre neue gigantische Parteizentrale, das Himmelblaue Haus.

Es gab nur einen einzigen Redner. Der Innenminister Herbert Hahn schwor die Deutschen noch einmal auf die Volkspolitik ein: »Die Systemparteien können den Willen des Volkes, an politischen Entscheidungen direkt beteiligt zu sein, nicht länger ignorieren. Sie müssen den Wind des Wandels spüren, sie müssen am eigenen Leib erfahren, dass eine neue Zeit angebrochen ist. Ich fordere euch auf: Übt Druck auf die Abgeordneten von Liberalpartei, Sozialpartei, Linkspartei und Ökopartei aus. Belagert sie. Schreibt Briefe, Mails, ruft sie an, besucht sie, steht bei ihnen vor der Tür. Macht ihnen klar, dass Volkspolitik besser ist als Parlamentsdemokratie.«

Herbert hielt einen Augenblick inne. Das war das Zeichen für die in der Menge verteilten Claqueure der Diskrepanten Bewegung, ans Werk zu gehen. Sofort fingen sie an zu skandieren: »Volkspolitik, Volkspolitik!« Binnen Sekunden erschallte es aus Hunderttausenden von Kehlen über den Alexanderplatz und den sich anschließenden nicht bebauten Flächen, auf denen dicht an dicht gedrängt Menschen standen: »Volkspolitik, Volkspolitik!«

Herbert streckte jetzt beide Arme aus und bewegte sie langsam auf und ab. Es dauerte einige Sekunden, bis die Rufe verstummten und er weiterreden konnte. »Annerose Nesserland bezeichnet die Volksentscheide als Todesstoß für die Demokratie. Das zeigt doch, welch Geistes Kind sie ist. Sie ist eine Undemokratin. Sie möchte lieber, dass eine Clique von abgehobenen Politikern über die Menschen entscheidet. Sie und ihre Partei stellen sich gegen den Willen des Volkes. Nicht mit mir! Ich kenne ab sofort keine Parteien mehr. Ich kenne nur noch Volksdemokraten. Wer gegen Volksentscheide stimmt, ist gegen Volkspolitik. Und wer gegen die Politik des Volkes stimmt, der ist kein Demokrat. Und wer kein Demokrat ist, hat in Deutschland nichts verloren.«

Wieder erschallte es aus Hunderttausenden Kehlen: »Volkspolitik, Volkspolitik!«

» «

Irgendwie hatte der Agenturchef schon so etwas geahnt. Seit dem ersten Treffen mit dem neuen Innenminister im Meetingraum des Agentur-Lofts hatte sich Julias Verhalten verändert. Immer wenn einer ihrer Kollegen Witze über die neue Regierung und vor allem über den fetten Innenminister machte, der früher einmal Marktschreier für Wurstwaren und jetzt einer der Hauptkunden der Agentur war, wurde sie ganz still oder verließ den Raum.

Seine Ahnungen wurden zur Gewissheit, als er am Nachmittag vor dem Haus seiner Senior Consultant hielt, um sie abzuholen. Der Agenturchef hatte eine persönliche Einladung von Herbert Hahn erhalten, handgeschrieben auf Büttenpapier mit dessen persönlichem Briefkopf als Innenminister der Bundesrepublik Deutschland und Stabschef der Braunpullover: »Ich würde mich freuen, Sie und Ihre Mitarbeiterin Julia bei der feierlichen Urnenbeisetzung Barbarossas in Barbarossahall als Ehrengast begrüßen zu dürfen.« Das neue Regime war bemüht, einflussreiche Bürgerliche für sich zu gewinnen. Außerdem stand der Agenturchef auf der Gehaltsliste des Regimes, seine Agentur war inzwischen dessen Leitagentur.

Die Pfalz war erst vor Kurzem in einer feierlichen Zeremonie in Barbarossahall umbenannt worden, dort lebten jetzt der Verteidigungsminister und die Ministerin für Familienplanung und Kindeserziehung und hielten Hof. In der Nähe errichtete die Partei eine große kasernenartige Anlage. Hier sollte das Hauptquartier der Diskrepanten Bewegung entstehen mit angeschlossener Offiziersschule.

Der Agenturchef hupte. Die Fahrt nach Barbarossahall dauerte gut drei Stunden. Sie mussten sich beeilen, wenn sie nicht zu spät kommen wollten.

Als die Senior Consultant Julia endlich aus der Tür trat, sah sie ganz anders aus als sonst. Ihr langes braunes Haar, gewöhnlich in einem kecken Pferdeschwanz zusammengebunden, war zu einem dicken, strengen Zopf geflochten. Die größte Auffälligkeit aber war: Sie trug die Ausgehuniform für Frauen der Braunpullover-Jungdeutschen, einen braunen Rock mit weißer Bluse und einem braunen, ärmellosen Pullover sowie eine schwarze Krawatte. Als sich ihre Blicke kreuzten, wurde die Jungberaterin knallrot. Sie setzte sich, ohne etwas zu sagen, neben ihren Chef in die Limousine. Beide sprachen auf der gesamten Fahrt kein Wort miteinander.

Bei dem Empfang im Pfalzsaal des alten Gehöfts begrüßte der Innenminister den Agenturchef überschwänglich, wandte sich dann aber sofort seiner Mitarbeiterin zu. Ohne sich überhaupt die Mühe zu machen, irgendetwas vor dem Agenturchef zu verbergen, sagte der Innenminister zu Julia: »Hast du die Dessous erhalten, die ich dir habe schicken lassen? Gefallen sie dir? Dann sehen wir uns morgen um 22 Uhr im Hotel Adlon, gleicher Raum wie immer.« Julia wurde knallrot, sie wagte nicht, ihren Chef anzusehen.

Jetzt stand seine Mitarbeiterin in Braunpullover-Uniform neben ihm. Nur der Schein der Fackeln, gehalten von strammstehenden Mannschaftsdienstgraden der Diskrepanten Bewegung in schwarzen Uniformen mit blank geputzten Schaftstiefeln und schwarzen Wehrmachtsstahlhelmen, beleuchtete die Szenerie. Es verlieh dem Ganzen etwas schauererregend Mystisches. Sie sahen hoch zu dem wuchtigen Obelisken, in dem eine Sandsteinplatte eingelassen war. Darin eingemeißelt waren die Worte: »Einem großen Deutschen. Einem großen Mann. Einem großen Denker.«

Der Obelisk befand sich genau an dem Ort, an dem sich Barbarossa am liebsten aufhielt: bei seinen Schafen. Das Monument war aus den Feldsteinen des abgerissenen Schafstalls an dessen Stelle errichtet worden. Feierlich hatte der Bundeskanzler die Urne mit der Asche aus dem Grab, wo der Rotbärtige zuerst beerdigt worden war, nach Barbarossahall bringen lassen.

In das eigentliche Grab Barbarossas, direkt vor dem Obelisken, hatte Friedrich Sehlings die Urne seines besten Freundes und Kampfgefährten um Punkt Mitternacht hinuntergelassen. Direkt beim Grab stand nur der höchste Parteiadel: der Verteidigungsminister Dr. Lorenz Meyer, gekleidet in der schwarzen Uniform der Diskrepanten mit vier goldenen Sternen und goldenem Eichenlaub auf den Schultern, dem Dienstgradabzeichen eines Generals. Er salutierte, um Barbarossa die letzte Ehre zu erweisen. Neben ihm stand seine Verlobte, Barbarossas Witwe, in einem schwarzen Kleid mit einem filigranen Spitzenschleier, der einen deutlichen Gegensatz zu ihren markanten Gesichtszügen bildete.

Daneben stand der Innenminister, der fette Herbert, in der Uniform der Braunpullover. Seine zierliche Verlobte, Dr. Florentine Fischer, hatte er zärtlich eingehakt. Auch Oliver Felsenstier und der Leiter des Newsrooms standen direkt am Grab. Und natürlich auch das Staatsoberhaupt, die Bundespräsidentin und Verlobte des Bundeskanzlers und Kommandeurs der Partei, Dr. Angelika Erdmann-Benz.

Etwas weiter entfernt, aber dennoch eine gute Kulisse abgebend für die Fernsehbilder, stand die zweite Liga der Deutschlandpartei: Hans-Jürgen Lehmann, Fraktionsvorsitzender der Deutschlandpartei im Bundestag, und der jetzt seine Pension genießende Oberst, der Ehrenvorsitzende der Deutschlandpartei und Präsident der neuen Parteistiftung, die den Namen »Friedrich der Große« trug.

Neben dem Vizekanzler und Vorsitzenden der Christpartei war auch Simone Satellit gekommen. Eine Ehrenformation des Ökofrontkämpferbunds in ihren Gala-Uniformen begleitete die Chefin der Ökorebellen. In einem Interview mit dem *Jungen Deutschland* hatte sie auf die Verbundenheit Barbarossas mit der Natur hingewiesen, dabei auf eine Aussage in der Homestory aus dem Schafstall zurückgreifend, die Florentine Fischer einst für den *Demokratischen Beobachter* geschrieben hatte: »Wenn Barbarossa die Schafe für die besseren Menschen hielt, dann drückte das seine Erkenntnis über das wirkliche Wesen der Natur und der ihr innewohnenden Kräfte aus. Barbarossa war in diesem Sinne auch ein Ökorebell, einer von uns.«

Auch der Parteiführer der Migrantischen Alternative war da, auch er begleitet von einer Ehrenformation seiner paramilitärischen Kampftruppe in ihren Turban-Uniformen und mit dem arabischen Säbel, dem Handschar. Ihr Vorsitzender sah sich ebenfalls in der Tradition Barbarossas, wie er im Interview mit dem *Jungen Deutschland* betonte: »Barbarossa war ein Freund und Versteher des Islam. Würde er noch leben, so würde wir ihn zum Ehren-Osmanen 1453 machen.«

Der Agenturchef verfolgte, wie die Ehrengäste einer nach dem anderen an das Grab traten, um dem toten Märtyrer die letzte Ehre zu erweisen. Nun war sein alter Freund, der frühere Bundeskanzler und jetzige Außenminister und Vizekanzler, an der Reihe. Das flackernde Licht der Fackeln schälte die Gestalt des Ministers aus dem Dunkeln. Der Agenturchef runzelte die Stirn. Für seinen Geschmack beugte sich sein Freund etwas zu tief und blieb etwas zu lange vor dem Grab Barbarossas stehen, um seine Verbundenheit mit dem Märtyrer der Deutschlandpartei zum Ausdruck zu bringen. Er konnte den Ausdruck gespielter Ehrfurcht im Gesicht des Vorsitzenden der Christpartei deutlich erkennen.

»«

»Das, was wir gerade im Fernsehen sehen, ist doch so etwas wie eine postmoderne Version von 1934«, sagte der frühere Innenminister zu seinem Freund. Beide Politikrentner hatten es sich auf der Sofa-Landschaft ihrer WG gemütlich gemacht und schauten sich die Live-Übertragung der bombastischen Trauungszeremonie von Friedrich Sehlings und Dr. Angelika Erdmann-Benz im Berliner Dom an.

Der Ex-Chef des *Demokratischen Beobachters* fühlte sich an die legendäre Hochzeit von Lady Diana und Prinz Charles im Sommer 1981 erinnert, die weltweit Millionen von Menschen an den Fernsehbildschirmen verfolgt hatten. Er hatte das Jawort der beiden in der Londoner St. Paul's Cathedral selbst miterlebt. Als blutjunger und reichlich unerfahrener Journalist des Blattes gehörte er zu den auserwählten deutschen Journalisten, die persönlich dabei sein durften.

Gerade schritt die schöne Bundespräsidentin, geführt von ihrem Vater, in einem atemberaubenden, schneeweißen Brautkleid mit meterlanger Schleppe auf den Traualtar zu. Dort wartete der Bundeskanzler auf sie, gekleidet in einem vornehmen Frack. Neben ihm standen der Innenminister und der Verteidigungsminister, seine beiden Trauzeugen, in den jeweiligen Galauniformen ihrer Parteiorganisationen.

In den Kirchenbänken des großen Doms saßen Staatsoberhäupter und Regierungschefs aus der ganzen Welt, gekrönte Häupter in bunten Uniformen neben gewählten Potentaten in unauffälliger Ziviltracht, hohe Militärs, kirchliche Würdenträger, die deutschen Parteichefs und Fraktionsführer. Nur Annerose Nesserland und Mustafa Kemal waren nicht dabei. Ihre Anwesenheit hatte sich das Brautpaar verbeten. Dafür saßen in der ersten Reihe, ganz nahe am Traualtar, die Autokraten von Russland und der Türkei.

Der frühere Chef des *Demokratischen Beobachters* schaute seinen Freund fragend an. »1934? Was meinst du damit?«

Der ehemalige Minister erklärte: »Damals hat Adolf Hitler nach dem Tod von Hindenburg die Ämter des Reichskanzlers und Reichspräsidenten auf sich vereinigt und sich fortan ›Führer und Reichskanzler des deutschen Volkes‹ genannt. Jetzt sind die Ämter in einem Ehepaar vereint.«

Der Journalist schaute belustigt. »Du meinst das, was die Propaganda-Maschinerie des neuen Regimes verharmlosend ›Staatshochzeit‹ nennt.«

Deutschland hatte endlich ein würdiges Herrscherpaar, und die deutschen Medien stürzten sich begierig auf das Ereignis, versprach es doch Auflage und Einschaltquoten. Schon seit Wochen gab es kein anderes Thema als die »Staatshochzeit« von Bundespräsidentin und Bundeskanzler. Die ausgewiesenen Parteiadelsexperten unter den Journalisten erörterten jedes erdenkliche Detail des Staatsereignisses, sogar über die Dessous wurde gesprochen, die die Bundespräsidentin in der Hochzeitsnacht trug. Die Deutschen liebten ihr Ersatzkönigspaar, sie wollten alles über die Romanze der beiden wissen, die schöne Philosophin galt ihnen als neue Königin Luise.

Die Staatshochzeit war nur der Höhepunkt eines rauschenden Festes, das Deutschland eine ganze Woche mit Galadinner, Aufmärschen, Fackelzügen und Volksfesten in Atem hielt. Es war das Geschenk des neuen Regimes an sein Volk. Ihr vorangegangen waren bereits zwei andere Hochzeiten: Erst hatte Innenminister Herbert Hahn die Top-Journalistin und Nichte des Parteigründers Dr. Florentine Fischer geheiratet, dann der Verteidigungsminister Dr. Lorenz Meyer die Witwe des großen Märtyrers der Partei.

»Dieser Star- und Personenkult ist einfach unerträglich«, sagte der frühere Vizekanzler und vierfach geschiedene Ehemann.

»Einer Demokratie einfach nicht würdig«, erwiderte der bisher unverheiratet gebliebene Chefredakteur.

»Gut, dass wir beide bald das Land verlassen und der Rattenlinie folgen.«

Sie griffen zu ihren Rotweingläsern und sahen zu, wie der Bundeskanzler der Bundespräsidentin den Ehering auf den Ringfinger schob.

KAPITEL 20

Schloss Bellevue lag in tiefer Finsternis, nur im Schlafgemach im ersten Stock des Seitenflügels brannte noch Licht. Die Bundespräsidentin saß vor dem Spiegel und kämmte ihr langes blondes Haar.

Friedrich Sehlings lag schon im Bett und las ein Buch, Aldous Huxleys *Brave New World.*

»Martin hat mich gestern angesprochen …«, sagte die Bundespräsidentin zum Bundeskanzler.

Nur nebenbei nahm der Bundeskanzler wahr, was seine Frau zu ihm sagte. »Welcher Martin denn?«

Die Bundespräsidentin kämmte weiter ihr Haar: »Na, Martin Müller. Du weißt schon. Mein …« Dann besann sie sich und sagte: »Der ehemalige Vorsitzende der Deutschlandpartei.«

Ohne von seinem Buch aufzusehen, fragte der Bundeskanzler: »Was will die Laus denn?«

»Er sagte, er müsse dringend mit mir reden«, erklärte die Bundespräsidentin beiläufig. »Er hätte Informationen und Beweise, woher die Partei ihr Geld bekommt.«

Friedrich Sehlings war plötzlich hellwach. »Was für Informationen? Was für Beweise?«, fragte er aufgeregt.

»Keine Ahnung«, erwiderte die Bundespräsidentin, immer noch im Plauderton. »Er klang irgendwie ernst. Er sagte nur, er habe recherchiert, auch im Ausland.«

Sehlings war jetzt ziemlich aufgeregt, versuchte jedoch cool zu wirken. »Und er will sich mit dir treffen?«

Das Staatsoberhaupt hatte mit dem Kämmen aufgehört und war dazu übergegangen, ihre Bürste zu reinigen. »Ja.«

»Wann?«, fragte der Bundeskanzler.

Die Bundespräsidentin hatte die Bürste weggelegt, war aufgestanden und stand jetzt in ihrem edlen Nachthemd direkt vor dem Ehebett. »Nächste Woche irgendwann. Wenn ich von meinem Staatsbesuch in Afrika zurück bin.«

Sehlings wollte weiterbohren. »Hat er gesagt, was genau er für Beweise hat?«

Seine schöne Frau wurde langsam ungeduldig. Statt sich mit ihr zu beschäftigen, schien sich ihr Ehemann mehr für diesen Müller zu interessieren. »Irgendwelche Beweise halt«, erwiderte sie gereizt. »Die will er mir mitbringen. Das ist doch jetzt egal. Kümmere dich lieber mal um mich.«

Dann stürzte sie sich auf ihren Ehemann und begann ihn leidenschaftlich zu küssen.

Sehlings blickte auf den Baldachin des Himmelbettes. Es fiel ihm schwer, sich in dieser Nacht auf seine Frau zu konzentrieren. Seine Gedanken waren ganz woanders.

» «

Die Agenturmeldung lief eine Woche später frühmorgens über die Ticker. »Der Fraktionsvorsitzende der Liberalpartei im Bundestag, Martin Müller, ist bei einem Autounfall ums Leben gekommen. Sein Wagen raste gegen einen Brückenpfeiler. Ein Test ergab, dass der Politiker 2,5 Promille hatte. In dem Wrack seines Autos wurden viele leere Flaschen Eierlikör gefunden.«

Als der Bundeskanzler auf Schloss Bellevue die Meldung beim Frühstück las, griff er sogleich zum Telefon und wählte die Nummer seines Innenministers. »Sind da nicht ein bisschen die Pferde mit euch durchgegangen? Wie kann man sich denn mit Eierlikör 2,5 Promille ansaufen?«

»Aber der stand doch so auf Eier«, protestierte Herbert.

In diesem Moment stürzte Angelika Erdmann-Benz, noch im Morgenmantel, in den Frühstückssalon mit einem Blatt Papier in der Hand. »Müller ist tot!«, rief sie entgeistert. »Der soll besoffen gegen einen Brückenpfeiler geprallt sein. Ich wollte mich morgen früh mit ihm treffen. Der wollte mir doch Unterlagen wegen der Parteifinanzen geben.«

»Das wird er jetzt wohl nicht mehr können«, sagte Friedrich Sehlings regungslos.

»Dich lässt sein Tod wohl völlig kalt, was?«, bemerkte die Bundespräsidentin empört.

»Er berührt mich nicht besonders«, erwiderte der Bundeskanzler.

»Moment mal«, sagte Angelika Erdmann-Benz und las noch einmal das Papier mit der Agenturmeldung, das ihr persönlicher Referent ihr ein paar Minuten zuvor gegeben hatte. »Hier steht, dass in seinem Auto viele leere Flaschen Eierlikör gefunden wurden. Aber er mochte gar keinen Eierlikör.«

Jetzt blickte Friedrich Sehlings seine Freundin direkt an. »Wie?«, rief er mit lauter Stimme. »Der stand doch sonst so auf Eier.«

»Ja, aber nicht auf Eierlikör«, gab die Bundespräsidentin zurück. »Es gibt nämlich keinen Eierlikör, der aus Bioeiern gemacht wird.« Mit einem Mal wurde sie kreidebleich. Sie sah Sehlings mit großen Augen an. »Hast du mit dem Tod etwas zu tun?«

Der Bundeskanzler stand vom Tisch auf, ging zu ihr hin und drückte sie fest an sich. »Es musste sein«, flüsterte er ihr ins Ohr. »Für uns, für unsere Mission.«

Seine Frau war entsetzt. Sie riss sich von ihm los und schrie:

»Du Mörder.« Dann machte sie einen Schritt zurück. »Ich muss hier raus. Ich muss weg von hier.« Sie drehte sich um und rannte im wehenden Morgenmantel aus dem Raum.

Sehlings stand da, verlassen, einsam, verraten. Er ging zurück an den Tisch, ließ sich auf den Stuhl fallen und seufzte. Dann nahm er sein Mobiltelefon und wählte erneut Herberts Nummer. Der ging sofort ran. Sehlings sagte nur drei Worte: »›Operation Marinus‹ sofort.«

Herbert antwortete: »Jawohl, Kommandeur.«

» «

Es war ein herrlicher Herbsttag. Die Bundespräsidentin hatte Ökokleingärtner ins Schloss Bellevue geladen, um sie für ihre wertvolle Arbeit zu ehren. Im Garten ihres Amtssitzes hatten verschiedene ökologisch orientierte Kleingartenvereine Stände aufgebaut und präsentierten die Früchte ihrer Arbeit. Es war ein buntes, fröhliches Bürgerfest.

Bundeskanzler Friedrich Sehlings und seine beiden Minister Dr. Lorenz Meyer und Herbert Hahn machten einen Rundgang durch den Schlossgarten. Sie ließen sich die Früchte zeigen, die verwendeten Anbaumethoden erklären und stellten eifrig Fragen. Besonders der Bundeskanzler interessierte sich neuerdings sehr für solche Themen. Bei den Kochabenden mit seinen beiden Freunden gab es jetzt nur noch Biofleisch und Gemüse aus ökologisch einwandfreiem Anbau. Kürzlich wollte er sogar wieder ein vegetarisches Gericht auf die Speisekarte setzen, da war aber Herbert auf die Barrikaden gegangen.

Seitdem sie aus dem Salon gerannt war, hatte Friedrich Sehlings seine Frau nicht mehr gesehen. Das offizielle Protokoll des Bürgerfestes sah an diesem Nachmittag eine Begegnung der beiden vor. Für den Bundeskanzler war ein Rundgang und die Besichtigung der Stände geplant, während die Bundespräsidentin im Schloss Orden an verdiente Kleingärtner verlieh. Anschließend sollte der Kanzler mit seinen beiden Ministern dazustoßen.

Die drei waren gerade an einem der letzten Stände am Ende des Areals angelangt. Interessiert betrachteten sie einen besonders großen und schönen Kürbis. Der Kleingärtner hinter dem Stand wurde rot, als er das Lob aus dem Mund des Bundeskanzlers vernahm. Herbert blickte auf seine Armbanduhr und sagte leise, sodass es niemand anders hören konnte, zu seinen beiden Freunden: »Hier sind wir weit genug weg. Gleich gibt es einen Knall. Dann sind die Bundespräsidentin und der Freund von Annerose Nesserland Geschichte.«

»Wie habt ihr den hierher bekommen?«, fragte Meyer mit gesenkter Stimme.

»Unter den Preisträgern ist auch ein Mitglied der Solidarpartei«, wisperte Herbert. »Er ist der offizielle Vertreter der Partei bei der Ehrung. Ist das nicht ein skrupelloser Mensch, der nicht einmal davor zurückschreckt, seine eigenen Leute in die Luft …«

Er konnte den Satz nicht mehr beenden. Ein lauter Knall brachte die Erde zum Beben. Die Menschen warfen sich auf den Boden, andere brachte die heftige Druckwelle zu Fall. Auch die drei Freunde lagen jetzt auf dem Rasen vor dem Kürbisstand. Friedrich Sehlings hob leicht den Kopf und sah zum Schloss. Es stand in Flammen.

» «

Der Ex-Chefredakteur des *Demokratischen Beobachters* und der frühere Innenminister saßen an der Bar ihres Hotels in Genua. Sie hatten Deutschland den Rücken gekehrt und folgten der Rattenlinie. Den ganzen Tag über hatten sie sich die Sehenswürdigkeiten der Stadt angeschaut, jetzt waren sie müde. Ihre Rotweingläser fest umklammernd, hingen die beiden alten Männern über dem Bartresen. An der Wand flimmerte ein Fernseher, dem keiner von ihnen Beachtung schenkte.

Plötzlich stieß der Journalist seinen Freund mit dem Ellenbogen an. »Schau mal dort! Das ist doch das Schloss Bellevue. Da brennt's.« Ein internationaler Nachrichtensender zeigte Bilder des Schlosses mit hohen lodernden Flammen über dem Sitz des deutschen Staatsoberhauptes. Leise waren Martinshörner zu hören. »Mach mal lauter«, sagte der Chefredakteur, nicht daran denkend, dass sie nicht zu Hause auf seinem Sofa saßen. Der Barkeeper verstand aber sofort und drehte den Ton lauter.

Der Nachrichtensender schaltete zurück in die Sendezentrale. Ein Journalist erklärte auf Englisch, dass es am Sitz des deutschen Staatsoberhauptes eine Explosion gegeben hatte und das Schloss in Flammen stand. Die Bundespräsidentin und weitere Personen sollen dabei umgekommen sein.

»Mein Gott, das ist ja schrecklich«, rief der Journalist.

»Lass uns hoch gehen auf mein Hotelzimmer. Da haben wir einen deutschen Sender.«

Die beiden Männer waren jetzt hellwach. Sie orderten noch eine Flasche Rotwein und gingen auf das Zimmer des Chefredakteurs. Für den Abend war ein Pressestatement des Innenministers angekündigt. Um 22 Uhr war es soweit. Herbert Hahn trat vor die Journalisten und gab eine Erklärung ab.

»Unser Land ist heute Ziel eines hinterhältigen Terroranschlags geworden, bei dem die Bundespräsidentin sowie weitere 45 Menschen getötet wurden. Der Bundeskanzler, der Verteidigungsminister und ich selbst sind nur durch viel Glück dem Tode entronnen. Es ist davon auszugehen, dass der Selbstmordattentäter die Bombe zu früh ausgelöst hat. Nur Minuten später hätte uns unser Rundgang über ein Bürgerfest im Schloss Bellevue direkt in seine Arme geführt. Bei dem Attentäter handelt es sich um den Pressesprecher der Solidarpartei. Annerose Nesserland soll mit ihm auch eine geschlechtliche Beziehung unterhalten haben. Der Selbstmordattentäter war bereits behördenauffällig. Er war schon einmal an einem Bombenanschlag beteiligt. Damals haben die Behörden auf politischen Druck meines Vorgängers den Mann nicht verhaftet. Bei dem Anschlag heute ist er selber getötet worden. Er hat sogar in Kauf genommen, Mitglieder seiner eigenen Partei in den Bombentod zu schicken.«

»Lüge, das ist eine glatte Lüge!«, schrie der frühere Innenminister in den Fernseher. Aufgebracht erklärte er seinem Freund: »Es gab überhaupt keine Hinweise, dass der irgendetwas mit dem Anschlag zu tun hatte. Wir haben das Dutzende Male überprüft.«

Im Fernsehen war Herbert Hahn gerade dabei, sein Statement zu beenden. »Wir müssen zum gegenwärtigen Zeitpunkt davon ausgehen, dass hinter diesem feigen und brutalen Anschlag die Solidarbewegung von Annerose Nesserland steckt. Sie ist die Verantwortliche für diesen feigen Mord an unserer geliebten, schönen Bundespräsidentin. Ich fordere alle Bürger dieses Landes auf, Ruhe zu bewahren und sich nicht zu unüberlegten Handlungen verleiten zu lassen. Die Sicherheitskräfte haben die Lage im Griff. Wir dürfen uns unsere deutsche Lebensweise nicht von diesen Terroristen zerstören lassen.«

» «

Der Tag nach dem Bombenanschlag auf Schloss Bellevue verlief alles andere als friedlich. Beim Verlassen ihres Hauses wurde Annerose Nesserland auf offener Straße von Uniformierten der Braunpullover angegriffen und niedergeschlagen. Passanten, die die Anführerin der Solidarpartei reglos am Boden liegen sahen, alarmierten den Notarzt, der die Politikerin in die Charité brachte.

Friedrich Sehlings war außer sich, als er die Nachricht hörte. »Du hast die Schlägertrupps deiner Braunpullover zu früh losgeschickt. Wir sind noch nicht so weit«, beschimpfte er Herbert am Telefon. »Dann stellen die sich auch noch so dämlich an und lassen sich sofort verhaften. Und das Dümmste: Die erzählen der Polizei, dass sie von der Deutschlandpartei kommen und die Bundespräsidentin rächen wollen. Was sind denn das für Idioten?«

»Friedrich!«, unterbrach Herbert seinen Freund scharf. Er benutzte nicht die sonst unter ihnen geläufige Ansprache »Kommandeur«, sondern seinen richtigen Namen.

Sehlings beendete abrupt seine Schimpftirade, sodass Herbert sprechen konnte: »Die kommen nicht von mir. Das ist echter Volkszorn.«

»Wie? Echter Volkszorn?«

»Ja, Friedrich, so was gibt es auch. Ungelenkter, spontaner Volkszorn. Das sind fanatische Fans von dir und Angelika. Die haben auf eigene Faust gehandelt. Oder glaubst du, ich lasse Annerose Nesserland in der jetzigen Situation krankenhausreif schlagen? Und dann auch noch auf offener Straße am hellichten Tag?«

Sehlings wusste, dass jetzt eine Entschuldigung fällig war. Er kannte die dunklen Seiten seines Freundes, seinen Hang zu Frauen, zu jungen Frauen. Er wusste, wie sehr sich Herbert an Gewalt berauschen konnte. Doch solange die beiden zusammenarbeiteten, hatte er sich immer unter Kontrolle gehabt.

Der Bundeskanzler kam gar nicht dazu, sich bei seinem Innenminister zu entschuldigen, denn jetzt schimpfte Herbert selber drauflos: »Diese Trottel gefährden in letzter Minute noch alles. Sie haben der Polizei auch erzählt, dass sie verhindern wollten, dass die Nesserland am Samstag bei ihrer großen Abschlusskundgebung spricht. Ich hoffe nicht, dass dieser Opferstatus unseren Gegnern nützt. Wir haben Millionen in die Kampagne gesteckt.«

Es waren nur noch drei Tage bis zum verfassungsändernden Volksentscheid, bei dem das deutsche Volk darüber abstimmen sollte, ob das Amt des Bundeskanzlers mit dem des Bundespräsidenten vereinigt werden sollte. Die Bundesregierung hatte ihn unmittelbar nach dem tödlichen Anschlag auf Schloss Bellevue initiiert. Die von der Agentur »Zum Silbernen Reh« erdachte Kampagne hatte den Deutschen in den letzten Wochen immer wieder und auf allen Medienkanälen eingehämmert, dass jetzt nur ein starker Mann an der Spitze Deutschland noch retten konnte.

» «

Mustafa Kemal wusste: Er war kein mitreißender Redner. Er war ein nüchterner Geschäftsmann, setzte auf Vernunft. Er konnte die Massen nicht so begeistern wie eine Annerose Nesserland. Sie hatte Charisma, sie verzauberte die Menschen. Doch sie lag noch immer in der Charité.

Er hätte sich so sehr gewünscht, dass sie an seiner Stelle jetzt die kleine Treppe zur Bühne auf dem Alexanderplatz hinaufgestiegen wäre. Jetzt musste er die Hauptrede auf der Abschlussveranstaltung der Initiative »Parlamentspolitik« halten. Es war die letzte Gelegenheit, die Menschen in Deutschland davon zu überzeugen, gegen die Zusammenlegung der Ämter des Regierungschefs und des Staatsoberhauptes zu stimmen. Er hoffte auf die Vernunft der Deutschen.

Beide Politiker hatten die Initiative ins Leben gerufen, als das neue Regime das Land mit ihren Lichterketten für Volkspolitik überzog. Mit ihr wollten sie alle Kräfte vereinen, die in verfassungsändernden Volksentscheiden eine Gefahr für die Demokratie sahen. Damit waren Annerose Nesserland und Mustafa Kemal allerdings gnadenlos gescheitert. Im Bundestag hatten nur ihre beiden Fraktionen gegen die Einführung gestimmt. Die Deutschlandpartei, die Christpartei, die Migrantische Alternative, die Ökorebellen und die Liberalpartei votierten geschlossen für die Änderung des Grundgesetzes. Auch in der Ökopartei, der Sozialpartei und der Linkspartei hatten die meisten Parlamentarier dem Druck der Straße nicht standgehalten. Auch sie stimmten für die Verfassungsänderung. Sie ging mühelos durch. Der Bundestag hatte damit seiner eigenen Entmachtung zugestimmt.

Die schlimmsten Befürchtungen der beiden Politiker waren wahr geworden. Sofort nach der Verfassungsänderung legte die Bundesregierung wichtige Entscheidungen dem Bundestag erst gar nicht mehr vor, sondern ließ gleich das Volk entscheiden. Teure Kampagnen begleiteten die Entscheide. Es herrschte Dauerwahlkampf. Die Propagandamaschinerie der Deutschlandpartei lief ständig auf Hochtouren.

Die erste Verfassungsänderung, die der Kanzler dem Volk zur Abstimmung gab, betraf Artikel 22 des Grundgesetzes. Die Wirmer-Flagge wurde zur offiziellen Bundesflagge erklärt. Sie wehte jetzt vor allen öffentlichen Gebäuden, die Soldaten der Bundeswehr trugen sie am linken Arm ihrer Flecktarnanzüge. Viele Menschen sprachen schon offen vom »Vierten Reich«.

Den Kampf gegen die Volksentscheide hatte die Initiative »Parlamentsdemokratie« verloren. Doch Annerose Nesserland und Mustafa Kemal hatten noch nicht aufgegeben, auch wenn es für sie immer schwerer wurde. Die Bevölkerung vertraute dem neuen Regime. Es brachte Ruhe, Stabilität und Sicherheit.

Den Volkszorn lenkten die neuen Machthaber nun gegen die Mitglieder der Solidarbewegung, die im Volk latent vorhandene Fremdenfeindlichkeit gegen die Anhänger der Migrantenpartei. Mustafa Kemal wurde jetzt oft auf der Straße als »Kümmeltürke« oder »Kameltreiber« beschimpft, ihm wurde abgesprochen, Deutscher zu sein. Kürzlich hatte ein Abgeordneter der Deutschlandpartei zu ihm im Plenum gesagt, dass man ihn Gott sei Dank bald »in Anatolien entsorgen« könne. Die neue Parlamentspräsidentin von der Deutschlandpartei, die Nachfolgerin von Angelika Erdmann-Benz, war gegen die Entgleisung nicht eingeschritten.

Annerose Nesserland aber schien der Erzfeind des neuen Regimes zu sein. Anhänger der neuen Machthaber hatten sie auf offener Straße krankenhausreif geschlagen. Als Mustafa Kemal das hörte, dankte er Allah dafür, dass sie nicht tot im Landwehrkanal gelandet war. Die Anhänger der beiden Politiker waren eingeschüchtert, sie hatten Angst.

Mit dieser schweren Last betrat Mustafa Kemal die Tribüne. Es waren nicht mehr als 9000 Menschen, die sich zu der Abschlussveranstaltung auf den Alexanderplatz gewagt hatten, ganz in der Nähe des Himmelblauen Hauses, der neuen, riesengroßen Parteizentrale der Deutschlandpartei auf dem Gelände des ehemaligen Alexa.

Mustafa Kemal ging zum Rednerpult, nahm all seinen Mut zusammen und begann, darüber zu reden, worüber er am liebsten sprach: über deutsche Geschichte. Er sprach über das nationalsozialistische Deutschland, über das Jahr 1933 und auch über das Jahr 1934, als Hitler die Ämter des Reichskanzlers und Reichspräsidenten auf sich vereinigte und sich fortan »Führer und Reichskanzler des deutschen Volkes« nannte.

Er sprach darüber, dass die »Machtübernahme«, wie die Nationalsozialisten es selber nannten, ein längerer Prozess war, der mit Hitlers Einzug in die Reichskanzlei am 30. Januar begann. »Für unser deutsches Volk hat es in diesem Prozess immer Alternativen und Handlungsspielräume gegeben. Unsere Vorgänger haben sie nur nicht genutzt«, erklärte er. »Die Machtergreifung war kein Staatsstreich, bei dem das Volk passiv war. Die NSDAP hatte in der Bevölkerung eine große Unterstützung. Die konservativen Politiker und Parteien halfen Hitler an die Macht, sie haben sich an seiner Regierung beteiligt, haben dem Ermächtigungsgesetz zugestimmt.«

Mustafa Kemal redete darüber, dass der Reichstag mit dem Beschluss des Ermächtigungsgesetzes im März 1933 Hitler faktisch die gesetzgebende Gewalt übergeben hatte. »Wie der Reichstag Adolf Hitler ermächtigt hat, so hat der Bundestag Friedrich Sehlings mit den verfassungsändernden Volksentscheiden ermächtigt, de facto die Gesetzgebung an sich zu reißen und einen Führerstaat aufzubauen.«

Während er sprach, merkte Mustafa Kemal, dass ihm Tränen in die Augen stiegen. Dennoch sprach er weiter: »Genauso wie die Deutschen 1933 und 1934 Alternativen und Handlungsspielräume hatten, so haben wir sie auch. Wir dürfen als Volk nicht erneut die Augen verschließen. Anders als unsere Vorgänger sollten wir sie nutzen und morgen gegen die Zusammenlegung beider Ämter stimmen. Wenn wir uns dafür aussprechen, dann hat sich unser Volk zweimal in noch nicht einmal 90 Jahren auf demokratischem Weg für die Diktatur und für den Führerstaat entschieden. Dann schäme ich mich, Deutscher zu sein.«

» «

Die weiße Bücherwand in der Münchner Wohnung der Familie Sehlings, wo früher die antifaschistischen Werke Buchrücken an Buchrücken standen, waren leer. Vor zwei Tagen hatte der Vater von Friedrich Sehlings die letzten Bücher ins Antiquariat gebracht.

Es war Sonntagabend. Der alte Sehlings saß vor dem Fernseher. Das gefüllte Rotweinglas stand vor ihm. Das deutsche Volk konnte wieder einmal wählen. Es war zum Volksentscheid an die Urne gerufen worden. Da ertönte der Gong. Auf dem Bildschirm erschienen zwei Balken für Ja und Nein.

Der Moderator verkündete im feierlichen Ton: »66 Prozent der Deutschen haben mit Ja gestimmt, 34 mit Nein. Damit haben sich die Bürger der Bundesrepublik Deutschland heute in einem verfassungsändernden Volksentscheid dafür entschieden, die Ämter des Bundeskanzlers und des Bundespräsidenten zu vereinigen. Damit hat Deutschland wieder einen Führer.«

Dann zeigte das Fernsehen Bilder, wie der Innenminister und der Verteidigungsminister seinem Sohn Friedrich gratulierten, ihn umarmten. Die drei waren außer sich vor Freude.

Der alte Sehlings hatte Tränen in den Augen. Laut sagte er zu sich selbst: »Was haben wir bloß falsch gemacht?«

ENDE

PERSONEN IN DER REIHENFOLGE IHRES AUFTRITTS

Vater Sehlings
Der greise Vater von Friedrich Sehlings kämpft 1968 als Mitglied des Sozialistischen Studentenbundes (SDS) in Berlin gegen den Schah, bevor er in München Vorstandsvorsitzender eines Unternehmens wird.

Friedrich Sehlings, genannt Kommandeur
Der Träger einer Bert-Brecht-Brille ist Kommandeur der Küchenbrigade, mit deren Hilfe er die Machtergreifung in Deutschland anstrebt. Schnell wird der Vieltelefonierer der Strippenzieher der Deutschlandpartei.

Dr. Adalbert Hausding
Der promovierte Jurist und ehemalige Karrierebeamte gründet als greiser Mann die Deutschlandpartei, weil er sich in der grünen Vegetarier-Latte-macchiato-Christpartei nicht mehr wohlfühlt.

Der Verteidigungsminister
Der junge, schwule Verteidigungsminister will unbedingt Bundeskanzler der Bundesrepublik Deutschland werden. Der starke Mann der Christpartei ist ein Ingenieur der Macht, der die Rolle des Charming Boy nur spielt.

Der Chef der Ökopartei
Der alte Patriarch der Ökopartei trägt stets Dreiteiler und lässt sich von seinem Chauffeur zur Currywurstbude fahren. Als Innenminister hat er keine Hemmungen, in der Krise die Bundeswehr in der Hauptstadt aufmarschieren zu lassen.

Dr. Florentine Fischer
Für die junge promovierte Juristin und Redakteurin des *Demokratischen Beobachters* ist die Gründung der Deutschlandpartei ein Glücksfall. Sie hat ein Näschen für tolle Geschichten, die auch ihrer Karriere nützen.

Herbert Hahn
Der ehemalige Marktschreier hat bereits eine bewegte Parteikarriere hinter sich, bevor er Büroleiter des Fraktionsvorsitzenden der Deutschlandpartei im Bundestag wird. Das Organisationstalent ist in der Küchenbrigade der Versorgungsspezialist.

Dr. Martin Müller
Der promovierte Jurist und deutsche Biedermann hat ein Faible für Bioeier und schöne Frauen. Er gründet die Deutschlandpartei mit, weil er die alte Christpartei der Achtzigerjahre wiederauferstehen lassen will.

Der Oberst
Der ehemalige Generalstabsoberst und verhinderte General will seinen alten Kumpels in der Bundeswehr noch einmal zeigen, was er drauf hat. Er träumt davon, Bundeskanzler zu werden, doch neigt er dazu, Politik und Medien mit einem Kasernenhof zu verwechseln.

Ronny Matschinski
Der Rechtsanwalt taucht immer genau dann bei einer neu gegründeten Rechtsaußenpartei auf, wenn es Posten und Pfründen zu vergeben gibt. Unter seiner pfauenhaften Hülle verbergen sich teuflische Zeichen.

Hans-Jürgen Lehmann
Statt sich als Geschichtslehrer in einer links-grünen Umerziehungsanstalt entmannen zu lassen, übernimmt der Mann mit den stechend blauen Augen lieber den Lebensmittelladen seiner Eltern. Als völkischer Posterboy träumt er davon, ein brauner Lenin zu werden.

Der Pressesprecher
Im Schatten der Karriere seines Freundes bringt es der demütige Diener des Verteidigungsministers bis an die Spitze der Ministerialbürokratie. Dabei achtet er stets darauf, dass sein Minister nicht aus der ihm zugedachten Rolle fällt.

Der Agenturchef
Der Politikberater arbeitet für jeden, der die Leistungen seiner Agentur »Zum Silbernen Reh« bezahlen kann. Er kennt die deutsche Geschichte, doch für sein Geschäft ist es besser, sie manchmal einfach zu vergessen.

Senior Consultant Julia
Die junge Frau glaubt an das Gute in der Politik. Doch als Beraterin des Verteidigungsministers lernt sie schnell, worum es in der Politik wirklich geht und wie man Wähler und auch Politiker manipulieren kann.

Marie Köster, genannt BDM-Marie
Ihre Kinder tragen alte germanische Namen. Selbst trägt die Fleischereifachverkäuferin im Bundestag am liebsten ihre BDM-Uniform. Richtig politisch wurde sie erst in der Flüchtlingskrise.

Der Chefredakteur
In seinen jungen Jahren mal ein gefürchteter Investigativjournalist, hat der Altlinke als Chefredakteur des *Demokratischen Beobachters* einen Fetisch für Nazis entwickelt. Wenn er nicht gerade die Rattenlinie bereist, brät er für seinen besten Freund Currywurst.

Der Leiter des Newsrooms
Bevor er bei der Deutschlandpartei anheuert, betreibt das Mitglied von Friedrich Sehlings' Schläfer-Netzwerk Influencer-Kommunikation für Weltmarken. Als Chef des Medium-Imperiums der Deutschlandpartei sprudelt er nur so vor Propaganda-Ideen.

Barbarossa
Friedrich Sehlings' bester Freund lebt in einer anderen Welt. Am liebsten ist der Rotbärtige bei seinen Schafen, die sind für ihn die besseren Menschen. Mit seinem Traum einer rechten Oktoberrevolution fasziniert er seine Jünger von der Diskrepanten Bewegung.

Dr. Angelika Erdmann-Benz
Für die promovierte Philosophin ist die Deutschlandpartei die Partei des demokratischen Aufbruchs aus der Mitte der Gesellschaft in Zeiten der Abklärung. Für Friedrich Sehlings ist die schöne Frau der Grund für schlaflose Nächte.

Oliver Felsenstier

Den Mann mit dem Aussehen des netten Hausmeisters von nebenan umweht eine Aura des Geheimnisvollen. Der Chefredakteur des *Jungen Deutschlands* folgt der Ideologie des Pragmatismus. Er gehört zu den Männern, die Führer erschaffen.

Dr. Lorenz Meyer

Der promovierte Jurist übernimmt in Friedrich Sehlings' Küchenbrigade die Rolle des intellektuellen Workaholics. Für die Mission tut er alles – auch unter Einsatz seines Körpers. Doch auch er hat ein schwarzes Geheimnis.

Der Fotograf

Der junge Fotojournalist des *Demokratischen Beobachters* will nicht, dass wieder Nazihorden durch die Straßen Deutschlands ziehen. Deshalb engagiert er sich bei der Solidarpartei. Aber auch deren charismatische Gründerin hat es ihm angetan.

Woody

Das linke Urgestein verfolgt seit dreißig Jahren die Naziszene und schießt Fotos. Er hat ein riesiges Archiv und kennt die Geheimnisse der Ultrarechten wie kein anderer. Dafür steht er aber schon auf gewissen Listen.

Adela

Die geschäftstüchtige Amazone mit dem pechschwarzen Haar leitet das Recht auf einen Zweitmann aus dem Zeugungsbefehl des Tausendjährigen Reiches ab. Einige ihrer neun Kinder mögen wohl auch von ihrem Ehemann sein.

Simone Satellit
Die charismatische Chefin der Ökorebellen ist für ihre Anhänger ein Guru. Für viele andere ist sie ein Hassobjekt. Die andauernden Straßenblockaden ihrer Jünger verhindern nämlich, dass die Deutschen morgens rechtzeitig zur Arbeit kommen.

Annerose Nesserland
Die sanftmütige, intellektuelle Frau mit der Vorliebe für aus der Zeit gefallene Outfits fasziniert junge und alte Männer gleichermaßen. Sie erkennt die Fehler im politischen System und gründet die Solidarpartei.

Artemis Schneider
Nachdem sie Vorarbeiterin auf einem Schrottplatz war, soll das robuste Mädchen mit vorlautem Mundwerk Fraktionsgeschäftsführerin der Deutschlandpartei im Bundestag werden. Doch leider hat sie als Stabsunteroffizier beim Bund über die Stränge geschlagen.

Mustafa Kemal
Der türkischstämmige Fast-Food-Unternehmer liebt die deutsche Geschichte. Angesichts der Bedrohungen durch die paramilitärischen Organisationen anderer Parteien gründet er die Migrantenpartei. Am Ende liegt die Zukunft Deutschlands in seinen Händen.

DIE PARTEIEN DES ROMANS IN ALPHABETISCHER REIHENFOLGE

Christpartei

Die Christpartei ist eine der tragenden Parteien der Bundesrepublik. Aus ihren Reihen kamen schon viele Bundeskanzler. Nach der ersten Kanzlerin stellt sie auch den ersten schwulen Regierungschef in Deutschland.

Demokratiepartei

Die Demokratiepartei konnte Anfang der Achtzigerjahre als Rechtsaußenpartei unter einem Journalisten, der früher einmal bei der SS war, einige regionale Erfolge erringen.

Deutschlandpartei

Die Deutschlandpartei wurde nach der Flüchtlingskrise gegründet. Die Junge Alternative ist die Jugendorganisation der Partei, das Deutsches Herz die Vereinigung der Völkischen. Die Braunpullover und die Diskrepante Bewegung werden später als paramilitärische Organisationen der Deutschlandpartei offiziell anerkannt.

Liberalpartei

Die Liberalpartei ist eine Kleinpartei, die in der Geschichte der Bundesrepublik oft Zünglein an der Waage spielte und ebenso oft um ihren Einzug in den Bundestag bangen musste.

Linkspartei
Die Linkspartei ist eine Partei, die aus der systemtragenden Partei der DDR hervorgegangen ist und seit der Wiedervereinigung durchgehend im Deutschen Bundestag sitzt.

Migrantenpartei
Mustafa Kemal gründet die Migrantenpartei als politisches Sprachrohr der demokratisch gesinnten deutschen Muslime und als Gegenpol zur islamistischen Migrantischen Alternative.

Migrantische Alternative
Die Migrantische Alternative ist eine islamistisch orientierte Partei. Ihr paramilitärischer Arm sind die Osmanen 1453.

Ökopartei
Die Ökopartei wurde Anfang der Achtzigerjahre gegründet und sitzt seitdem durchgehend im Bundestag.

Ökorebellen
Simone Satellit gründet die Partei der Ökorebellen als parlamentarischen Arm ihrer Straßenbewegung. Ihr paramilitärischer, uniformierter Ableger ist der Ökofrontkämpferbund.

Rechtsstaatspartei
Die Rechtsstaatspartei war eine Rechtsaußenpartei, die Anfang des neuen Jahrtausends in einigen Bundesländern Erfolg aufweisen konnte und auch einen Innenminister stellte.

Solidarpartei
Annerose Nesserland gründet die Solidarpartei als den parlamentarischen Arm ihrer Solidarischen Bewegung.

Sozialpartei

Die älteste Partei Deutschlands mit bewegter Geschichte sitzt seit der Gründung der Bundesrepublik im Bundestag und hat auch schon mehrere Bundeskanzler gestellt.